欧亚备要

主办：中国社会科学院历史研究所内陆欧亚学研究中心

主编：余太山　李锦绣

半山与马厂彩陶研究

李水城 著

图书在版编目（CIP）数据

半山与马厂彩陶研究 / 李水城著. — 北京：商务印书馆，2022
（欧亚备要）
ISBN 978-7-100-20187-2

Ⅰ.①半… Ⅱ.①李… Ⅲ.①半山类型－彩陶－研究 ②马厂类型－彩陶－研究 Ⅳ.①K876.3

中国版本图书馆CIP数据核字（2021）第153386号

权利保留，侵权必究。

（欧亚备要）
半山与马厂彩陶研究
李水城　著

商 务 印 书 馆 出 版
（北京王府井大街36号　邮政编码 100710）
商 务 印 书 馆 发 行
北京富诚彩色印刷有限公司印刷
ISBN 978－7－100－20187－2

2022年5月第1版　　开本 710×1000　1/16
2022年5月第1次印刷　印张 21 3/4　插页4
定价：118.00元

编者的话

《欧亚备要》丛书所谓"欧亚"指内陆欧亚（Central Eurasia）。这是一个地理范畴，大致包括东北亚、北亚、中亚和东中欧。这一广袤地区的中央是一片大草原。在古代，由于游牧部族的活动，内陆欧亚各部（包括其周边）无论在政治、经济还是文化上都有了密切的联系。因此，内陆欧亚常常被研究者视作一个整体。

尽管司马迁的《史记》已有关于内陆欧亚的丰富记载，但我国对内陆欧亚历史文化的研究在很多方面长期落后于国际学界。我们认识到这一点并开始急起直追，严格说来是在20世纪70年代末。当时筚路蓝缕的情景，不少人记忆犹新。

由于内陆欧亚研究难度大，早期的研究者要克服的障碍往往多于其他学科。这也体现在成果的发表方面：即使付梓，印数既少，错讹又多，再版希望渺茫，不少论著终于绝版。

有鉴于此，商务印书馆发大愿心，选择若干较优秀、尤急需者，请作者修订重印。不言而喻，这些原来分属各传统领域的著作（专著、资料、译作等）在"欧亚"的名义下汇聚在一起，有利于读者和研究者视野的开拓，其意义显然超越了单纯的再版。

应该指出的是，由于出版时期、出版单位不同，尤其是研究对象的不同，导致诸书体例上的差异，这次重新出版仅就若干大的方面做了调整，其余保持原状，无意划一，借此或可略窥本学科之发展轨迹也。

愿本丛书日积月累，为推动内陆欧亚历史文化的研究起一点作用。

余太山

图 版

图版一 小口长颈壶
（半山类型第一期）
甘肃兰州牟家坪遗址出土

图版二 大口矮领瓮
（半山类型第二期）
甘肃康乐杨家楞遗址出土

图版三 高低耳罐
（半山类型第二期）
甘肃康乐边家林遗址出土

图版四 大口矮领瓮
（半山类型第三期）
甘肃广河地巴坪遗址出土

图版五　小口高领瓮
（半山类型第三期）
甘肃采集品

图版六　小口高领瓮
（半山类型第三期）
甘肃采集品

图版七　小口高领瓮
（半山类型第四期）
青海循化丹麻遗址出土

图版八　陶鼓
（半山类型第五期、马厂类型第一期）
青海民和阳山遗址出土

图 版 | III

图版九　小口瓮
（马厂类型第一期）
甘肃永登蒋家坪遗址出土

图版十　小口瓮
（马厂类型第一期）
甘肃采集品

图版十一　敛口带盖瓮
（马厂类型第二期）
青海乐都柳湾遗址出土

图版十二　小口瓮
（马厂类型第三期）
青海乐都柳湾遗址出土

图版十三　双耳罐
（马厂类型第一期）
青海乐都柳湾遗址出土

图版十四　双耳罐
（马厂类型第一期）
青海民和古鄯遗址出土

图版十五　双耳罐
（马厂类型第二期）
甘肃采集品

图版十六　双耳盆
（马厂类型第二期）
甘肃采集品

图版十七　单耳长颈瓶
（马厂类型第二期）
甘肃采集品

图版十八　小口壶
（马厂类型第三期）
甘肃采集品

序

在中国史前文化中，彩陶是非常引人注目的一个因素。从1921年发现第一批彩陶算起，至今已经过去四分之三个世纪了。在这期间发现的彩陶遗址不下千处，彩陶遗存之丰富与谱系之繁复，在世界上无出其右。且中国彩陶发生甚早，在老官台文化和裴李岗文化时期便已露出端倪，其年代当不晚于公元前6000年。到公元前5000—前3000年即进入兴盛时期，中原地区的仰韶文化、山东地区的大汶口文化、两湖地区的大溪文化、燕辽地区的红山文化、甘青地区的马家窑文化乃至广东地区的咸头岭文化或大湾文化都有非常发达的彩陶。到公元前3000—前2600年左右，上述大部分地区的彩陶进入衰落时期，再往后就没有彩陶了。不过福建和台湾的彩陶在较晚时期出现后还延续了一个时期。而甘肃、青海彩陶的发达期相对滞后，在一个短短的衰落时期之后又出现了一个复苏期，延续到东周时才逐渐消失。新疆彩陶出现和消失的时间都比甘肃、青海为晚。

中国史前彩陶如此丰富，而深入的整理研究并不很多，有必要组织人力有计划地开展这方面的工作。有鉴于此，所以当研究李水城的博士论文选题时，我特地提议他研究半山、马厂的彩陶，他欣然接受了，并且以他的能力所及做了最大努力。博士论文通过之后，他又做了较大的补充和修改，使内容更加充实，学术水平更加提高，这便是本书产生的原委。当初之所以选择半山、马厂的彩陶进行研究，主要有两个方面的考虑。一是在我国所有彩陶文化遗存中，半山、马厂的资料最丰富、最集中，过去的研究也多少有些基础；二是李水城在甘肃做过多年工作，对半山、马厂彩陶的资料比较熟悉，研究起来不至于过分费力。现在看来，这一决定是正确的。

半山、马厂彩陶最初是1923—1924年在甘肃和青海发现的，全部资料由巴尔姆格伦整理研究后发表了《半山及马厂随葬陶器》(《中国古生物志》丁种第三号第1册，1934年)一书。巴氏在该书中以甘肃宁定半山区边家沟大墓和青海民和马厂塬个别墓葬所出陶器为基础，对当时征集和收购的大量彩陶进行鉴别归类，进而从形制、花纹和制法等几个方面分析两种彩陶的基本特征、它们的异同和相互关系，使人们对半山、马厂彩陶有了一个比较明确的认识。比起当时一些学者的那种不着边际的比较研究，例如阿尔纳在其所著《河南石器时代之着色陶器》(《中国古生物志》丁种第一号第2册，1925年)一书所做的那样，要扎实和有价值得多。但那本书出版到现在也已经过去60多年了，在这个时期发现的半山、马厂彩陶比以前不知增加了多少倍。以前半山、马厂的彩陶全部出自墓葬，以至于发现者安特生还曾经以为这两种陶器是专门为死人随葬用的。而后来在甘肃兰州青岗岔等遗址的房屋中就出了不少半山式陶器，马厂式陶器出于居住遗址中的情况就更多了。即使出于墓葬的陶器，以前的资料极少是经过科学发掘的，失去了许多有用的信息；然而从50年代起，我国的考古工作者有计划地发掘了许多墓地，包括像青海柳湾等包含半山、马厂等多种文化遗存的大型墓地。这样就不只是获得了大量的器物，而且知道了器物在墓葬中的共存关系、某些墓葬的叠压打破关系、墓地中各墓葬的排列状况以及墓地与居住遗址的关系等重要资料。现在来研究半山、马厂的彩陶，就不会像过去那样单纯用器物学的方法研究器物，而可以用地地道道的考古学方法来研究器物了。就半山、马厂两类遗存来说，现在不但可以进行比较确切的划分，而且可以对它们各自进行更加细致的分期与分区研究，在这个基础上探讨两者之间的关系，以及它们与先行的马家窑—小坪子类型和后来兴起的齐家文化与四坝文化的关系，自然就有可能获得比较接近于实际的认识。再者，我国从60年代以来开展用碳十四方法测年的工作，陆续公布了上千个史前文化的绝对年代数据，包括半山、马厂的年代数据，加上大量文化遗址的发现，使我们有可能建构整个史前文化的时空框架，明确各类文化遗存的历史地位及相互关系。所有这些进展，使得半山、马厂彩陶的研究有可能提高到一个崭新的水平。

本书全面回顾了半山、马厂彩陶研究的历史，并且以大量的篇幅考察了半山、马厂两类彩陶的器形、花纹，进行了详细的类型学分析，同时考察了器形与花纹的关系，分析了不同器形与花纹的组合在时空框架上的位置，从而进行了比较细致的分期。在分析彩陶花纹时，突破了过去研究中只注意主体花纹而忽视配套的其他花纹，更不注意花纹在器物的不同部位上的变化的那种倾向，将多数器物上的花纹分为颈部花纹、腹部花纹和内彩花纹来分别加以考察；而每个部位除主体花纹外还注意配套花纹，这是一个很大的进步，从中可以获取更多的历史、文化信息。实际上任何彩陶花纹，都可以分为元素、母题和构图三个层次来进行分析。所谓元素是指构成花纹的最基本的形体，无非是点、线（宽一些就是条，再宽一些就是带，包括直的和各种弯曲形的）、块（三角形、方形、圆形、半圆形以及各种几何形实体）之类，也包括它们的颜色。例如锯齿纹就是半山彩陶的基本元素之一，而黑边紫色条带则是马厂早期常用的元素之一。本书对母题和构图的分析较为详细，对某些元素的来源也进行了考察。例如他认为半山彩陶中的红色线条和锯齿纹元素可能是来自庙底沟二期文化和内蒙古地区的史前文化，便是一个颇为新颖的见解。

　　本书在对半山、马厂彩陶研究的基础上，认为甘肃、青海地区确实存在着文化西渐的现象，并且考察了造成这一现象的社会历史原因和自然环境变化的原因。对于彩陶产生与消亡的原因、彩陶器形与花纹的辩证关系以及彩陶花纹演变的一般规律等过去多有争论的问题都发表了自己的看法，是值得一读的。

　　中国史前文化的彩陶是一个巨大的宝库，需要从考古学、历史学、文化人类学和美术史等各种角度进行发掘和研究，但首先需要进行考古学的基础性研究，包括分文化类型的研究、分区分期的研究、专题性研究、综合性研究和比较考古学研究等等，都要花大力气去做，半山、马厂彩陶的研究应该是这一宏伟工程的组成部分。希望本书的出版能够引起有关方面的注意，把我国史前彩陶的研究沿着科学的轨道切切实实地推向前进。

严文明
1998年初于日本京都

目 录

绪 论 1
    陶器与彩陶 1
    半山与马厂的发现与研究 5
    较量——彩陶"西来说"与"西渐说" 7

半山类型的发现与研究 11
    正式发掘的半山类型遗址 12
    有重要采集品的半山类型遗址 21

半山时期彩陶典型器的形态与谱系 23
    彩陶典型器形式划分与原则 23
    彩陶典型器形态与谱系 23
    典型单位器物组合与形态分析 45

半山类型彩陶花纹的形态与谱系 54
    半山类型彩陶花纹特征及绘彩部位 54
    颈部典型纹样及谱系 55
    腹部典型纹样及谱系 65
    内彩典型纹样及谱系 98
    典型单位彩陶纹样组合与形态分析 105

半山类型彩陶编年及时空框架 119
    典型器分组 119
    典型纹样分组 120

器形与花纹的对应关系 122

　　半山彩陶的分期 123

　　半山类型彩陶的时空框架 131

马厂类型的发现与研究 138

　　正式发掘的马厂类型遗址 139

　　有重要采集品的马厂类型遗址 148

马厂类型彩陶典型器的形态与谱系 149

　　彩陶典型器形式划分与原则 149

　　彩陶典型器形态与谱系 149

　　典型单位器物组合与形态分析 181

马厂类型彩陶花纹的形态与谱系 191

　　马厂类型彩陶花纹特征及绘彩部位 191

　　颈部典型纹样及谱系 192

　　腹部典型纹样及谱系 197

　　内彩典型纹样及谱系 226

　　典型单位彩陶纹样组合与形态分析 235

马厂类型彩陶编年及时空框架 241

　　典型器分组 241

　　典型纹样分组 242

　　器形与花纹的对应关系 244

　　马厂彩陶的分期 245

　　马厂类型彩陶的时空框架 250

半山与马厂的制陶工艺 258

　　半山时期的彩陶制作 258

　　马厂时期的彩陶制作 264

半山与马厂彩陶的源流及时空框架 267

　　半山类型的来源 272

马厂类型的流变 276
　　半山与马厂彩陶的历史地位 279
　　文化"西渐"——历史的大趋势 280

黄土的儿女 ——彩陶与黄土地带及旱地农业的关系 285

共时与多元 ——彩陶花纹演化规律的探索 289

附录一　甘肃省半山、马厂类型遗址一览表 293

附录二　宁夏回族自治区半山、马厂类型遗址一览表 300

附录三　青海省半山、马厂类型遗址一览表 301

参考文献 313

索　引 325

再版后记 335

绪 论

陶器与彩陶[①]

陶器发明于史前时期，是新石器时代到来的标志之一，也是人类定居生活的产物。陶器发明后，作为一种应用面广泛的日用消费品，迅速参与并作用到人类生活、生产的各个方面，在人类物质文化发展的历史中扮演了重要角色。中国是世界著名的文明古国，有着极其悠久的陶器生产历史，在漫长的岁月里，历代的能工巧匠们制作出大量美观实用、工艺精巧的陶制品，并难得地保留到今天，成为世界历史文化宝库中一笔珍贵的遗产。

陶器是利用自然界蕴藏的普通易熔粘土为原料，经过人为的开采、分选、浸润、淘洗、沉淀（发酵）、捣练、制坯成型、晾晒脱水等多道复杂的工序，最后放入窑炉内用火加热焙烧，最终获得具有稳定性良好、不变形、具有一定抗压力的器皿。此即我国明代科学家宋应星[②]在《天工开物·陶埏》中总结的"水火既济而土合"的陶器制作过程。在书中宋应星还谈道："一杯（陶杯）工力，过手七十二，方克成器。"可见陶器的制作工艺是非常复杂的。

制作陶器所用的粘土成分主要是硅和铝，它无毒、无味，可塑性良好，是制作各种生活用具的良好材料。从各项工艺指标看，陶器坯体一般尚未烧结，无透明性，有气孔和明显的吸水性，可经受轻微的机械冲撞力，其硬

[①] 本书的研究对象为半山类型、马厂类型的彩陶，对其他种类的陶器将不予涉及。
[②] 宋应星（1587—?），明代科学家。字长庚，江西奉新人。万历举人，曾在江西分宜、福建汀州、南直隶亳州等地做官，明亡弃官回乡，后曾仕南明政权。崇祯七年著《天工开物》一书，详细记录各地农工生产技术，是我国古代记录科学技术的重要著作。

度、密度明显低于后世出现的瓷器。由于陶器硬度偏低,易破碎,这也造成了陶器使用周期短、外形变化快、时代特征突出等特点。通过对陶器形态、组合及装饰花纹等方面的研究能够敏感地捕捉到不同时期、不同地区的文化特征及时空变化。因此,世界各国的考古学家、人类学家对古代陶器均予以特别的关注,陶器也因此成为考古学文化分期、年代学比较和跨文化研究的基本素材。

现有资料尚难以证明陶器是怎样发明的。早在19世纪,已有一些人类学家注意到,最早的陶器可能是人们将泥土涂抹在竹木编织物或木质容器表面、经火烧灼发生变化偶然得之的。英国著名人类学家爱德华·泰勒(E. B. Tylor)在《人类远古史研究》一书谈道:戈盖(Coquet)"于上一个世纪最先提醒大家注意陶器发明的过程。他说,人们先将粘土涂在这样一些容易着火的容器之上以免被烧毁,以至后来他们发现单单用粘土本身即可达到这个目的,于是世界上便出现制陶术了"[1]。戈盖还提到1503年游历过南美洲东南海岸的冈内维勒(Gonneville),这位船长见到"土著家里的土制器皿甚至烹煮食物的壶罐,都只涂着足有一指厚的某种粘土以防止被火烧毁"[2]。他还谈道:"在没有陶器以前,人们烹煮食物的方法很笨拙,其方法是:把食物放在涂着粘土的筐子里,或放在铺着兽皮的土坑里,然后再用烧热了的石头把食物弄熟。"[3]上述民族志资料说明,如果人们将涂有粘土的篮子、筐子放在火塘旁,其有机质部分经常会被火焚毁,而涂在有机质表面的泥土则保留完好,当这种经验累积到一定程度,人们便意识到粘土经火烧会硬化、固化,由此刺激了陶器的发明。但研究者也注意到,美洲印第安人发明陶器的民族志案例在世界范围内并不具备普遍意义,在以后的考古发掘和人类学调查中均未找到类似的证据。因此,有学者提出,最古老的制陶术应是1843年马克西米林(Maximilian)在曼丹(Mandan)发现的一种直接成型法。其程序

---

[1] 〔英〕爱德华·泰勒:《人类远古史研究》,第二版,伦敦,1870年,第273页。转引自〔美〕摩尔根:《古代社会》,杨东莼等译,商务印书馆1971年版,第16页。
[2] 〔英〕爱德华·泰勒:《人类远古史研究》,第二版,伦敦,1870年,第273页。转引自〔美〕摩尔根:《古代社会》,杨东莼等译,商务印书馆1971年版,第16页。
[3] 〔英〕爱德华·泰勒:《人类远古史研究》,第二版,伦敦,1870年,第265—272页。转引自〔美〕摩尔根:《古代社会》,杨东莼等译,商务印书馆1971年版,第13页。

是先将粘土塞入一个粗糙的、近似于容器的模具内翻制雏形，一手持卵石垫在器内，另一手用木棒从外侧拍打，使器壁加固、定型。从制陶工艺的发展进程考察，这种被称为"模制法"的制陶术与人类制陶初始阶段的技术水平相适应，很可能代表了人类早期制作陶器的基准方法。[①]

陶器是人类物质文化发展到一定阶段的产物，也是人类最早利用热能改变一种物质的化学性质、能动创造的人工产品。一般而言，陶器的发明与人类进入新石器时代、实行定居、从事农业生产有必然联系。在中国的古史传说中就有"神农耕而作陶"（《世本》）、"舜耕历山……陶河滨"（《墨子》）的记载。考古发现证明，在世界上大多数地区，一般都是先有农业，而后才发明陶器。但也有一些例外。[②]

制作陶器有一道重要工序，即器表装饰。在陶器发生之初，工艺原始、粗糙，不加装饰，但器表常常会留下一些在制作和加工过程中产生的与增强器皿质密度有关的纹饰。随着技术的进步及人类审美意识的加强，逐渐开始在器表刻意进行装饰。总体看，陶器装饰分为两大系统，一种在制坯过程中进行，用专门的工具在器表拍打、滚压、戳印、堆塑各类花纹（如绳纹、篮纹、方格纹、戳印纹、附加堆纹、刻划纹等），此类纹样的功能主要是强化陶器胎骨的质密度，有利于陶器的烧成和使用，也兼有一定的装饰性。另一类是将彩色颜料用"笔"在器表绘画各种花纹，此即彩陶。彩陶又分为彩陶、彩绘陶。前者是将花纹绘画在制好的陶坯上，经入窑高温焙烧，颜料牢固地附着于器表；后者是将陶器烧成后，再在器表绘画花纹，颜料的附着强度不如前者牢固。从时间上看，前者出现得早，后者出现得晚。

中国有着悠久的制陶历史，是世界上最早出现陶器的地区之一。[③] 到了新石器时代中期（距今9000—7000年），在西北的渭河流域和陕西南部的

[①] A. O. Shepard (1980), *Ceramics for the archaeologist*, pp. 55-57, Fifth Printing, Washington, D. C. 转引自俞伟超：《中国早期的"模制法"制陶术》，《文物与考古论集》，文物出版社1986年版，第228—238页。
[②] 日本在距今1万年前的绳纹时代草创期已发明陶器，直至距今两三千年才出现栽培农业。
[③] Xiaohong Wu, Chi Zhang, Paul Goldberg, David Cohen, Yan Pan, Trina Arpin, Ofer Bar-Yosef (2012), Early Pottery at 20000 Years Ago in Xianrendong Cave, China, 2012, Vol. 336, Science.

汉水上游便出现了彩陶[1]，尽管花纹图案很简单，但意义重大，它表明黄河文明彩陶出现的时间与两河流域文明是同步的[2]。到新石器时代晚期（距今7000—4000年），彩陶这一文化特质迅速传播，扩展到大河上下、长城内外、长江流域和华南沿海一带，但黄河流域一直是彩陶最发达的地区。大约距今5500年以降，各地的彩陶普遍衰落下去，但唯独黄河上游地区是个例外，那里的马家窑文化[3]彩陶特别发达，不仅数量多得超乎寻常，工艺水平也发挥到极致，这一文化现象的背后或许隐含着某些我们今天还不十分了解的、更深层次的原始宗教情结，但直接的流露是黄河上游地区远古居民对彩陶艺术的情有独钟。正是由于马家窑文化对彩陶的大力张扬，使得这一原始艺术门类在我国西北地区持续存在了相当长的一段时间。随着马家窑文化的不断"西渐"，彩陶工艺也随之西迁，最终对新疆的古代文化产生了深远的影响。

本书研究的是史前时期广泛分布在我国西北甘青地区马家窑文化（距今5300—4000年）半山、马厂两个类型的彩陶。按照考古学的划分，马家窑文化分为三个类型，即早期的马家窑类型（距今5200—4650年），中期的半山类型（距今4650—4300年）和晚期的马厂类型（距今4300—4000年）。

---

[1] 距今8500—7000年，我国渭水流域和陕西南部汉水上游出现了绘画简单花纹的彩陶，这是中国目前所知年代最早的彩陶。有关这方面资料参见：甘肃省博物馆、秦安县文化馆大地湾发掘小组：《甘肃秦安大地湾新石器时代早期遗存》，《文物》1981年第4期，第1—8页；甘肃省博物馆、秦安县文化馆大地湾发掘组：《1980年秦安大地湾一期文化遗存发掘简报》，《考古与文物》1982年第2期，第1—4页；陕西省文物考古研究所、陕西省安康水电站库区考古队：《陕南考古报告集》，三秦出版社1994年版。
[2] 吴耀利：《我国最早的彩陶在世界早期彩陶中的位置——再论我国新石器时代彩陶的起源》，《史前研究》（辑刊），1988年，第88—99页。
[3] 马家窑文化，1923年发现于甘肃省临洮县马家窑遗址，后正式命名。该文化主要分布在甘肃中西部和青海东部地区，绝对年代为距今5200—4000年。马家窑文化分早、中、晚三个类型。早期为马家窑类型，距今5200—4650年。其分布及影响范围东达陕西宝鸡，西至甘肃酒泉，北抵宁夏南部的西（吉）海（原）固（原）地区，南达四川西北的岷江上游一带。中期为半山类型，得名于甘肃广河半山遗址，距今4650—4300年。其分布范围东至甘肃天水，西至甘肃永昌和青海同德，北抵甘肃景泰，南达洮河中游一带。晚期为马厂类型，得名于青海民和马厂塬遗址，距今4300—4000年。其分布范围更为偏向西北，主要集中在甘肃与青海两省交界的河湟地区和甘肃西北的河西走廊。

半山与马厂的发现与研究

甘肃、青海两省地处我国西北黄土高原，这里是中国田野考古工作起步最早的地区之一。1923年春，经北洋政府农商部矿政司和地质调查所批准，由瑞典科学研究会资助，瑞典地质学家安特生博士（J. G. Andersson）[①]前往中国西北地区进行了一次大范围的考古调查。当年，安特生和他的助手就在西宁河谷（湟水上游）、青海湖沿岸及贵德谷地发现一批古遗址。1923年12月和1924年3月，经英国传教士乔治·安德鲁（G. F. Andrew）介绍，安特生在兰州购买了一大批出自洮河谷地的史前陶器，其中，有相当一批精美的彩陶，尤以半山、马厂时期的最多。随后，他与助手进入洮河流域，调查了13处史前时期的遗址，并对个别遗址做了发掘。同时他还派助手前往碾伯县（今青海乐都）收购陶器，在享堂（今民和县）一带发现了史前时期的墓葬并收购到一些陶器。从1923年春至1924年，安特生在甘青两省共发现史前至青铜时代遗址49处[②]，其中与本书直接相关的有：甘肃宁定（今广河县）的半山遗址和碾伯的马厂塬（今民和县）遗址（也有作马厂沿、马厂垣遗址）。

1925年，安特生在其所著《甘肃考古记》中简要报道了西北之行及收获。根据此次调查所得，他将中国西北地区的史前文化分为6期[③]，以半山遗址所出彩陶为代表，称"半山期"（当时归入"仰韶期"）；以马厂塬遗址发

[①] 安特生（1874—1960年），瑞典著名地质学家、考古学家。毕业于瑞典乌普萨拉大学（Uppsala University），1902年获博士学位。早年数次赴极地探险。1906年任"万国地质学会"秘书长。1914年受聘任中国北洋政府农商部矿政顾问，在寻找矿藏过程中，亦热衷于古生物的调查发掘。1918—1921年，曾数次考察北京房山鸡骨山（周口店北京猿人遗址），为日后"北京人"的发现奠定了基础。1921年，与中国学者共同发掘辽宁锦西沙锅屯遗址、河南渑池仰韶村遗址。1923—1924年，赴中国西北的甘青地区进行考古调查，发现史前至青铜时代遗址49处。1929年，瑞典"远东古物博物馆"（The Museum of Far Eastern Antiquities，今瑞典东方博物馆）在斯德哥尔摩建立，由安特生任首任馆长。安特生一生有关中国的著述颇丰，涉及范围包括地质学、古生物学、考古学等。

[②] 参见 J. G. Andersson (1934), *Children of the Yellow Earth*, London; B. Sommarström (1956), The Site of Ma-kia-yao, *BMFEA*. No.28, Stockholm; 安特生：《甘肃考古记》，乐森璕译，《地质专报》甲种第五号，1925年（Preliminary Report on Archaeological Reasearch in Kansu）; N. Palmgren (1934), *Kansu Mortuary Urns of the Panshan and Machang Groups*, 《中国古生物志》丁种第三号第1册; J. G. Andersson (1943), Researches into the Prehistory of the Chinese, *BMFEA*. No.15, Stockholm。

[③] 在《甘肃考古记》中，安特生将中国西北的史前文化分为：齐家、仰韶、马厂、辛店、寺洼、沙井6期。

现的彩陶为代表,称"马厂期"。

20 年代中期,安特生返回瑞典,将他在中国西北所获半山、马厂陶器交助手尼尔斯·巴尔姆格伦(Nils Palmgren)整理研究。1934 年,巴尔姆格伦著《半山马厂随葬陶器》一书出版,内容涉及半山、马厂时期陶器的制作工艺、器类形态、彩陶花纹等,对半山、马厂彩陶做了初步的界定、分期。[①] 该书对半山、马厂彩陶的界定基本成立,但分期结论缺乏根据,有明显的主观色彩。客观地、历史地看,无论是安特生提出的"六期"说,还是巴尔姆格伦的半山、马厂陶器研究,均对中国考古界产生了重要影响,在此后较长一段时间里,有关半山、马厂的研究基本停留在他们的认识水平上。

1945 年春,夏鼐先生参加了中央研究院、中央博物院发起的西北考察团,赴西北洮河流域进行考古调查发掘。通过此次的工作,他认为甘肃仰韶文化与河南仰韶文化不同之处颇多,主张不如以临洮马家窑遗址为代表,称"马家窑期"或直呼"马家窑文化"。[②] 与此同时,裴文中先生通过在甘青地区所做的考古调查,也意识到洮河流域的彩陶与渭河上游不无少别,认为这是仰韶时期一种有地方性质的彩陶,应以"马家窑式"呼之。[③] 但是,这一阶段安特生的观点还很有影响,马家窑文化长期被归入"甘肃远古文化仰韶期",包括马家窑式陶器和半山式陶器,前者被认为是"仰韶期"人们的日常用具,后者是专为死者制作的随葬明器。

60 年代初,有些学者逐渐开始将马厂类型陶器归入马家窑文化,这样,马家窑文化被扩充为拥有三个类型(或三个时期)的区域文化。但受材料限制,对这三个类型的关系问题仍意见不一,名称也很杂[④],有学者将马家窑、半山视为两种并行的文化[⑤],有的认为马家窑、半山、马厂三种类型的彩陶是

---

① N. Palmgren (1934), *Kansu Mortuary Urns of the Panshan and Machang Groups*,《中国古生物志》丁种第三号第 1 册。
② 参见夏鼐:《临洮寺洼山发掘记》注②,《考古学论文集》,科学出版社 1961 年版,第 11—50 页;夏鼐、吴良才:《兰州附近的史前遗存》,《中国考古学报》第 5 册,1951 年,第 63—100 页。
③ 裴文中:《甘肃史前考古报告》第三章,《裴文中史前考古学论文集》,文物出版社 1987 年版,第 247 页。
④ 半山、马厂文化曾使用多种命名,如"半山式"、"半山期"、"半山类型"、"半山文化"、"马厂式"、"马厂期"、"马厂类型"、"马厂文化"、"半山—马厂文化"等。
⑤ 马承源:《略论仰韶文化和马家窑文化的问题》,《考古》1961 年第 7 期,第 375—379 页。

一种地域性差别或不同部落使用的陶器[1]，也有学者主张将半山、马厂从马家窑文化中分离出来，另立一文化或文化期[2]。70年代末以来，随着新材料的增多，学术界一般倾向将半山、马厂看作是马家窑文化中、晚期的两个类型[3]，早期则以马家窑类型为代表。但仍有学者坚持半山、马厂是时间上并行、地域上分离的两个文化类型[4]，或直呼半山文化、马厂文化[5]。

较量——彩陶"西来说"与"西渐说"

苏秉琦先生曾指出："中国彩陶成为学者研究专题差不多同近代中国考古发展史一样长，这说明它的重要性早就被人们认识到了。"[6]事实的确如此，西方的田野考古学引入中国不久，有关彩陶的专题研究就开始了。1923年，安特生在其所著《中华远古之文化》一书中，将河南渑池县仰韶村遗址所出彩陶与东南欧及中亚一带的特利波里（Tripolje）文化、安诺（Anau）文化做了简单类比，认为："河南与安诺之器相较，其图形相似之点既多且切，实令吾人不能不起同出一源之感想，两地艺术彼此流传未可知也。诚知河南距安诺道里极远，然两地之间实不乏交通孔道。"仰韶村彩陶的发现"亦证亚东河南与西方安诺、脱里波留（特利波里）及欧洲之西西利曾有交通"。[7]此时，有的外国学者甚至提出："河南彩色陶器，其陶质形式花纹，与近东石铜器时代

---

[1] 马承源：《仰韶文化的彩陶》，上海人民出版社1957年版。
[2] 参见石兴邦：《有关马家窑文化的一些问题》，《考古》1962年第6期，第318—329页；夏鼐：《碳-14测定年代和中国史前考古学》，《考古》1977年第4期，第217—232页；甘肃省博物馆、兰州市文化馆：《兰州土谷台半山—马厂文化墓地》，《考古学报》1983年第2期，第191—222、283—292页；李伊萍：《半山马厂文化研究》，《考古学文化论集》（三），文物出版社1993年版，第32—67页；苏秉琦主编：《远古时代》，《中国通史》第二卷，上海人民出版社1994年版。
[3] 参见杨建芳：《略论仰韶文化和马家窑文化的分期》，《考古学报》1962年第1期，第49—80页；张学正等：《谈马家窑、半山、马厂类型的分期和相互关系》，《中国考古学会第一次年会论文集》，文物出版社1980年版，第50—71页；严文明：《甘肃彩陶的源流》，《文物》1978年第10期，第62—76页。
[4] 陈雍：《关于半山文化和马厂文化关系的讨论》，《考古学文化论集》（三），文物出版社1993年版，第68—79页。
[5] 许永杰：《永昌鸳鸯池墓地彩陶图案的分类研究》，《文物》1992年第11期，第58—67页。
[6] 苏秉琦：《中国彩陶图谱·序》，转引自张朋川：《中国彩陶图谱》，文物出版社1990年版。
[7] 安特生：《中华远古之文化》，袁复礼译，《地质汇报》第五号第1册，1923年，第23—24页。

过渡期者同为一族。"①在这些观点影响下，安特生在1925年出版的《甘肃考古记》一书做了这样的总结：（1）甘肃地区的彩陶多于河南；（2）甘肃缺乏陶鬲一类代表中国文化特色的器物；（3）半山彩陶中的螺旋花纹与苏联特利波里文化相同；（4）齐家文化大双耳罐与希腊安佛拉罐相同。鉴于此，他认为："彩色陶器之故乡乃近东诸部，为一般学者所承认者也。著者深觉精美陶器之有彩纹者，其制作之术，首抵甘肃，次及河南，此说固属无疑。"②这一结论直接导引出了"中国彩陶源于西方"的错误认识。但同时安特生也感觉到："由地理环境上之分析，确示新疆为吾人最后决仰韶问题之地"，"此种文化（指仰韶文化）确实之发源地，非于新疆详加研究，不能判定"。③

1926年，从美国学成归来的李济先生在山西夏县发掘了西阴村遗址，根据这里出土的陶器，他认为："考较现在我们所有的材料，我们还没得着十分可靠的证据，使我们断定在中国所找到的带彩陶器确发源于西方。"④1946年，裴文中先生曾明确指出："欲明了中国彩陶文化之起源，必先对世界上其他地域之彩陶文化详细加以研究。同时对于中国之彩陶文化当再作进一步的研究，推知其绝对年代。若中国之彩陶文化较它处之绝对年代为古，则彩陶文化起源于中国，然后传布至他处；反之，则中国之彩陶文化由他处传播而来。在此项研究未完成之前，而加推测，实属言之过早。"⑤40年代末，有些学者通过夏鼐、裴文中等人在西北地区新获取的调查资料，感到中国彩陶文化有可能循"东来西向"的传播趋势。⑥也有学者指出，安特生有关中国彩陶在各地的分布、年代排列及人骨研究之结果与"彩陶文化西来"的传播途径相抵牾，甘肃与河南彩陶完全不同，应代表两种不同文化。⑦裴文中先生通过对新疆史前文化的研究指出："安特生等谓中国之彩陶文化来自西方；但李济等则谓此彩陶文化发源于中国之中原（豫、陕、甘），当为土著文化，并非由外界传布而来。若就现在所知，新疆彩陶文化分布及产物而论，李氏

---

① 安特生：《甘肃考古记》，乐森璕译，《地质专报》甲种第五号，1925年，第35页。
② 安特生：《甘肃考古记》，乐森璕译，《地质专报》甲种第五号，1925年，第42页。
③ 安特生：《甘肃考古记》，乐森璕译，《地质专报》甲种第五号，1925年，第36—37页。
④ 李济：《西阴村史前的遗存》，清华学校研究院印行，1927年，第28—29页。
⑤ 裴文中：《中国之彩陶文化》，《历史与考古》第一号（沈阳博物馆专刊），1946年，第9页。
⑥ 贾兰坡：《彩陶文化东来西向，甘肃考古获得结论》，《世界日报》1948年9月16日。
⑦ 荆三林：《安特生彩陶分布说之矛盾》，《新中华》（复刊）1948年第6卷第7期。

之说，似较近于事实，其理由有二：(1) 新疆之彩陶，似为中国本部之彩陶文化期之晚期；(2) 彩陶文化同时发现于天山南北，似由哈密而分南北二支，故其传布之途径，按地理而论，似由甘肃而来，至于哈密后，为天山所阻，而分向南北。反之，若此种文化由西而来，则由地理上观之，或只限于天山北路，未必能至天山南路。"① 由此，裴文中先生断言："新疆之彩陶文化，实较黄河流域为晚，故由亚细亚传布而来之说法似有修正之必要。"② 以上诸家之说明确表达出中国学者对"彩陶文化西来说"的怀疑和抵制。需要说明的是，尽管这一时期开始了对"彩陶文化西来说"的批评，但中国史前文化的发展脉络到底怎样，却还没有人能够说得清楚。

1937年，安特生再度来华，认真了解了中国学者在30年代前期所做的一些工作，查看了部分新出土文物，听取了一些中国学者的意见。他承认自己以往的工作有缺点，表示回国后对资料要认真核查。对中国彩陶文化的来源，他自己也有一个认识过程，最初他认为仰韶文化是中国的土著文化，后来受他人影响提出"西来说"，并成为他的关于中国史前文化发展的一个重要理论，在学术界产生较大影响。当得知中国学者对此问题持不同看法后，进行了反思，后来还公开承认了自己的错误，在1943年出版的《史前中国之研究》一书中，他写道："当我们欧洲人在不知轻重和缺乏正确观点的优越感的偏见影响下，谈到什么把一种优秀文化带给中国统治民族的时候，那不仅没有根据，而且也是丢脸的。"③

从50年代末开始，随着新出土材料的增多，更多的学者开始关注甘青地区新石器时代的彩陶，并着手探讨一些彩陶花纹的装饰部位、花纹演变序列、花纹母题分类及某些图案的象征含义等。④

1965年，苏秉琦先生通过研究仰韶文化彩陶花纹的变化指出："仰韶

---

① 裴文中：《新疆之史前考古》，《中央亚细亚》1942年第1卷第1期，第37页。
② 裴文中：《中国之彩陶文化》，《历史与考古》第一号（沈阳博物馆专刊），1946年，第9页。
③ J. G. Andersson (1943), Researches into the Prehistory of the Chinese, *BMFEA*. No. 15, Stockholm.
④ 参见石兴邦：《有关马家窑文化的一些问题》，《考古》1962年第6期，第318—329页；谷闻：《漫谈新石器时代陶图案花纹带装饰部位》，《文物》1977年第6期，第67—71页；吴山：《中国新石器时代陶器装饰艺术》，文物出版社1982年版；郑为：《中国彩陶艺术》，上海人民出版社1985年版；王仁湘：《甘青地区新石器时代彩陶图案母题研究》，《中国考古学研究论集——纪念夏鼐先生考古五十周年》，三秦出版社1987年版，第171—202页；张朋川：《中国彩陶图谱》，文物出版社1990年版。

文化遗存在甘肃境内的移动方向是自东部到中部；马家窑文化出现时间较早，同仰韶文化联系比较密切的马家窑类型遗存的移动方向也是自东部到中部；……出现时间稍晚的半山、马厂类型遗存，则是自中部向西延伸到河西走廊的西端。"[1] 1978 年，严文明先生就甘青地区彩陶的源流、不同时段的花纹特征及风格流变等做了细致的梳理和深入讨论，初步归纳出，中国西部地区新石器时代的彩陶是从东向西不断扩散的，年代学的检测结果亦证实"西渐说"是可信的。[2] 1982 年，陈戈先生研究了新疆地区出土的彩陶，得出这样几点认识：（1）从空间看，新疆彩陶的分布基本沿古代交通线连成一线，以东疆最为密集，愈向西数量愈少；（2）从时间看，以新疆东部吐鲁番一带最早，愈向西愈晚；（3）新疆发现彩陶与甘肃所出彩陶多有相似，尤同河西走廊最为密切。进而由此推测，距今 3400 年左右，彩陶经甘肃河西走廊进入新疆东部，春秋战国扩展至新疆中部，汉代前后，彩陶才最终在新疆绝迹。[3]

近十年来的新发现表明，马厂类型的彩陶在甘肃西部逐步演变为四坝文化，该文化控制着河西走廊中、西部的广大地区。大约在公元前 3800 年或稍晚，四坝文化越过星星峡进入新疆东部的哈密盆地，对东疆一带的青铜时代文化产生了深远影响。[4] 至此，除某些具体细节尚有待考古新发现充实外，有关中国彩陶源流之大轮廓的建构基本告一段落。

---

[1] 苏秉琦：《关于仰韶文化的若干问题》，《考古学报》1965 年第 1 期，第 51 页。
[2] 严文明：《甘肃彩陶的源流》，《文物》1978 年第 10 期；严文明等：《雁儿湾和西坡洼》，《考古学文化论集》（三），文物出版社 1993 年版，第 12—31 页。
[3] 陈戈：《略论新疆的彩陶》，《新疆社会科学》1982 年第 2 期。
[4] 参见李水城：《四坝文化研究》，《考古学文化论集》（三），文物出版社 1993 年版，第 80—121 页；常喜恩：《哈密市雅满苏矿、林场办事处古代墓葬》，《中国考古学年鉴（1989）》，文物出版社 1990 年版，第 274 页。

半山类型的发现与研究

1924年春，安特生在甘肃宁定（今广河县）发现了半山遗址群，这里位于今广河县城东南、洮河西岸八阳河以北的黄土丘陵上，在不很大的范围内分布有数处遗址，包括瓦罐嘴遗址、半山墓地、边家沟墓地，王家沟墓地以及半山以南、瓦罐嘴以东的另一处墓地。安特生在当地曾收购流散的彩陶100余件，并与他的助手在边家沟遗址发掘了一座半山时期的墓葬（即边家沟大墓）[①]，此墓为长方形竖穴土圹，无葬具，墓主单人侧身屈肢，头向东南。墓内随葬陶器12件，其中8件为彩陶，均绘黑红复彩，有发达的锯齿纹，与半山及周围遗址所出彩陶风格一致。后来的"半山式"陶器、马家窑文化半山类型均由此得名。

早在半山遗址发现之前，即1923年9月，安特生和助手曾在西宁以西约13公里的湟水西岸就发现了朱家寨遗址。10月开始发掘，共清理墓葬47座（编号M1—M47，其中，M2分A、B两墓），这批墓葬以二次单人葬为主，也有侧身屈肢葬、仰身直肢葬及合葬。墓主头向多朝北或略偏东，随葬陶器很少。从1945年出版的报告看，发掘相当草率，出土遗物分为五类，包括马家窑类型、半山类型、马厂类型、齐家文化和卡约文化。[②] 该址共发表彩陶20余件，约半数属半山类型。

自安特生在西北考察后的很长一段时间，有关半山类型的遗存没有什么值得一提的发现。五六十年代，甘青地区的考古工作主要配合基本建设进行，有一些小规模的调查、试掘。70年代以后，大规模的考古发掘逐渐增

[①] J. G. Andersson (1943), Researches into the Prehistory of the Chinese, *BMFEA*. No. 15, Stockholm.

[②] J. G. Andersson (1945), The Site of Chu Chia Chai, *BMFEA*. No. 17, Stockholm.（另见安特生：《西宁朱家寨遗址》，刘竞文译，青海人民出版社1992年版）

多。据目前掌握的统计资料,迄今为止,半山类型遗址已累计发现183处,涉及甘肃、青海、宁夏、陕西四省区,以甘、青两省为数最多,达174处。[①] 上述遗址中仅有少部分做过正式发掘,现将其中较为重要的发现介绍如下(依发现、发掘年代之先后)。

正式发掘的半山类型遗址

1. 青岗岔遗址[②]

青岗岔遗址位于兰州市以北15公里的西果园乡青岗岔村西岗家山,历史上曾做过多次调查。1945年春,夏鼐和凌洪龄首先发现这一遗址,并采集有标本,认为这里"似乎是马厂期的葬地"。[③] 1947年秋,裴文中先生来到青岗岔调查,认为这是一处"仰韶时期之葬地"(在很长一段时间里,半山遗存被归入"仰韶期")。[④] 1958年,甘肃省博物馆再次进行调查,确认该遗址含有半山时期的墓葬,首次证实半山时期的遗址与墓葬并存。[⑤] 1959年,上海博物馆马承源先生也曾到过该址调查。[⑥]

1963年秋,北京大学历史系考古专业师生与甘肃省博物馆联合对青岗岔遗址进行发掘,清理半山时期房屋基址1处、窖穴2座、陶窑1座、墓葬1座,墓主系二次葬,无随葬品。1号房基是一座面积48平方米的长方形半地穴式房屋,大致呈坐西向东的布局。屋内出土可复原的陶器12件,其中3件为彩陶。另有残破的彩陶碗2件、彩陶罐2件、彩陶盆1件(均未发表)。[⑦] 尽管该址出土彩陶数量不多,但却有着非同寻常的意义。说到这里还要提到瑞典人安特生,当年他在考察洮河流域后曾得出这样一个结论,即临洮马家

[①] 以上考古调查资料截止于1997年,参见本书附录一、二、三。
[②] 甘肃省博物馆:《甘肃兰州青岗岔遗址试掘简报》,《考古》1972年第3期,第26—31页。
[③] 夏鼐、吴良才:《兰州附近的史前遗存》,《中国考古学报》第5册,1951年,第63—100页。
[④] 裴文中:《甘肃史前考古报告》,《裴文中史前考古学论文集》,文物出版社1987年版,第247页。
[⑤] 甘肃省博物馆赵之祥先生调查,资料未发表,参见严文明:《难忘的青岗岔》(上),《文物天地》1993年第1期,第37—39页;《难忘的青岗岔》(下),《文物天地》1993年第2期,第39—41页。
[⑥] 马承源:《甘肃灰地儿及青岗岔新石器时代遗址的调查》,《考古》1961年第7期,第355—358页。
[⑦] 严文明:《难忘的青岗岔》(上),《文物天地》1993年第1期,第37—39页;《难忘的青岗岔》(下),《文物天地》1993年第2期,第39—41页。

窑遗址发现的彩陶均绘黑色单彩，广河半山区一带发掘、购买的彩陶全部绘黑红复彩，流行锯齿纹，这两处遗址后来均被归入"仰韶期"。那么，如何解释同一时期存在两种风格迥异的彩陶呢？鉴于半山遗址及周围所得彩陶与边家沟大墓所出随葬品一致，安特生认为，半山区所出黑红复彩、带锯齿纹的彩陶应该是专为死人随葬使用的明器，锯齿纹是一种特殊的、与葬礼有关的"丧纹"。而马家窑遗址所出的黑色单彩陶器是人们日常生活使用的实用器。① 50 年代以后，有些学者感到安特生的"驻地说"、"葬地说"理论缺乏事实依据②，但又缺乏过硬的材料予以驳斥。青岗岔遗址发掘的价值就在于首次在这里发现了半山的房屋建筑，证明半山时期是有聚落的。特别是在 1 号房基内还出土有绘黑红彩漩涡纹、锯齿纹发达的彩陶，遗址文化层和其他遗迹单位也出土有这种绘锯齿纹的彩陶片。这一发现对否定"丧纹说"提供了有力的实物证据，从此再也不能说半山式彩陶是专为死人随葬的了。通过这次发掘还证实，青岗岔遗址包含有半山类型、马厂类型和齐家文化三个不同阶段的遗存。

1976 年，甘肃省博物馆文物工作队再次发掘了青岗岔遗址③，共清理半山时期房基 3 座，墓葬 3 座。有两座房屋保存较好，均系半地穴式建筑，平面方形或不规则长方形，一座面积 16 平方米，另一座面积 45 平方米，均为坐西朝东的布局。两座竖穴土坑墓，无葬具，一座头向西，一座头向北，墓主均仰身直肢，随葬品仅有白色石块。另一座为儿童瓮棺葬，瓮棺顶部随葬 1 件彩陶。此次发掘有如下收获：（1）遗址中所出陶片约四分之三为细泥陶，而细泥陶多数系彩陶；（2）彩陶器主要有壶、罐、瓶三类；（3）彩陶器表多施陶衣，以橙红色居多；（4）彩陶均绘黑红复彩，流行锯齿纹；（5）该址第七探方下层所出彩陶圆圈纹较小、黑彩带纹较宽粗、锯齿纹较大，接近地巴坪彩陶作风。上层所出彩陶锯齿纹小、排列细密。据此，发掘者认为青岗岔遗址的时代晚于地巴坪，属半山类型晚期，与兰州沙井驿④遗址同时。

---

① 安特生：《甘肃考古记》，乐森璕译，《地质专报》甲种第五号，1925 年。
② 杨建芳：《略论仰韶文化和马家窑文化的分期》，《考古学报》1962 年第 1 期，第 49—80 页。
③ 甘肃省博物馆文物工作队：《甘肃兰州青岗岔半山遗址第二次发掘》，《考古学集刊》第二集，中国社会科学出版社 1982 年版，第 10—17 页。
④ 沙井驿包括兰州市焦家庄、十里店两处遗址。详见甘肃省博物馆文物工作队：《甘肃兰州焦家庄、十里店的半山陶器》，《考古》1980 年第 1 期，第 7—10、97—98 页。

2. 鸳鸯池遗址

位于甘肃永昌县东北约20公里的金川河西岸。1973年5月，甘肃省文物工作队、武威地区文物普查队对该址进行发掘，共清理墓葬151座。1974年再次发掘，清理墓葬38座（两次发掘编号M1—M189）。据随葬品可认定，半山时期墓葬仅有7座，这几座墓多集中于墓地西南角，结构为竖穴土坑式，无葬具，墓主单人仰身直肢，头向东南。共出土陶器31件，含彩陶9件。[1]1974年的简报报道了第一次发掘收获，认为：（1）鸳鸯池墓地属马厂类型，但所出彩陶器形、花纹及葬式与以往发现有所不同；（2）半山、马厂的碳十四数据年代接近，二者应为同时期遗存。[2]

1982年正式报告发表，披露了该墓地发现的两组打破关系，均系马厂墓打破半山墓，首次提供了半山早于马厂的层位证据。据此，发掘者将该墓地分为三期：早期属半山类型，特征是流行单人葬，随葬彩陶以单长颈耳瓶、双耳罐居多，绘黑红复彩，花纹中有锯齿纹或由锯齿纹演变的短条纹，有浓厚的半山晚期特征；中、晚期属马厂类型。报告对简报的结论做了修正，认为马厂是半山类型的继续和发展。[3]

3. 地巴坪遗址[4]

位于甘肃广河县城东南6公里、广通河南岸地巴坪村附近的台地上。1973年6—12月，甘肃省博物馆文物工作队和广河县文化馆先后两次发掘，共清理半山时期墓葬66座（编号M1—M66）。墓葬形制为近方形的竖穴土坑，均无葬具，墓主均为成人，葬式全部为单人侧身屈肢，头向东，未见叠压、打破关系。出土陶器392件，其中彩陶333件，占84.9%，为半山时期随葬彩陶比例最高的一处。报告仅发表彩陶65件，加之其他著述[5]，累计发

---

[1] 根据鸳鸯池墓地发掘报告资料统计确认。
[2] 甘肃省博物馆文物工作队、武威地区文物普查队：《永昌鸳鸯池新石器时代墓地的发掘》，《考古》1974年第5期，第299—308、289页。
[3] 甘肃省博物馆文物工作队、武威地区文物普查队：《甘肃永昌鸳鸯池新石器时代墓地》，《考古学报》1982年第2期，第199—227页。
[4] 甘肃省博物馆文物工作队：《广河地巴坪"半山类型"墓地》，《考古学报》1978年第2期，第193—210页。
[5] 参见张学正等：《谈马家窑、半山、马厂类型的分期和相互关系》，《中国考古学会第一次年会论文集》，文物出版社1980年版，第50—71页；甘肃省博物馆、甘肃省文物工作队编：《甘肃彩陶》，文物出版社1979年版；张朋川：《中国彩陶图谱》，文物出版社1990年版。

表彩陶近百件。

发掘者指出：(1)地巴坪墓地的发掘为否定安特生的"驻地"、"葬地"说提供了新证据，这里随葬的彩陶大多使用过，有的在随葬前已残破，多被钻孔、缀合、修补。如M3所出彩陶瓮，原器口破损，后将残器口打磨，继续使用，并随墓主下葬。这一现象暗示，在半山时期，彩陶是比较珍贵的。(2)与张家台遗址相比，地巴坪所出彩陶有明显的原始性，具半山早期特征。(3)地巴坪彩陶花纹以螺旋纹（即漩涡纹）最为普遍，是该址的基本纹饰。

4. 张家台遗址[①]

位于甘肃景泰县城东南2公里的芦阳乡张家台地，北临芦阳河。1975年，甘肃省博物馆会同县文化馆在该址发掘，清理半山类型墓葬22座（编号M1—M22）。其中，半石棺墓1座，木棺墓1座，余为土坑墓。墓主均单人侧身屈肢，头向多朝东，次朝南，个别向北。出土陶器共50余件，彩陶约占总量的50%。简报仅发表彩陶7件，加之其他著录[②]及县文化馆收藏[③]，本书共收集17件，占该址彩陶总量的66%。

张家台遗址的收获是：(1)首次在西北地区发现了新石器时代的石棺葬；(2)儿童与成人葬制无区别，葬在同一墓地；(3)与地巴坪墓地相比，张家台出土彩陶数量少，器形偏小。发掘者认为张家台晚于地巴坪。

5. 花寨子遗址[④]

位于兰州市区以南约10公里的花寨子乡水磨沟东岸第二台地。1977年，甘肃省文物工作队在该址征集一批流散陶器。同年开始发掘，清理半山墓葬49座（编号M1—M49），墓葬形制为方形、长方形竖穴土坑，绝大部分有

[①] 甘肃省博物馆：《甘肃景泰张家台新石器时代的墓葬》，《考古》1976年第3期，第180—186页。
[②] 参见张学正等：《谈马家窑、半山、马厂类型的分期和相互关系》，《中国考古学会第一次年会论文集》，文物出版社1980年版，第50—71页；甘肃省博物馆、甘肃省文物工作队合编：《甘肃彩陶》，文物出版社1979年版；张朋川：《中国彩陶图谱》，文物出版社1990年版。
[③] 甘肃省文物考古研究所、北京大学考古文博学院编著：《河西走廊史前考古调查报告》，文物出版社2011年版。
[④] 甘肃省博物馆：《兰州花寨子"半山类型"墓葬》，《考古学报》1980年第2期，第221—238页。

木质葬具；均系单人葬，以二次葬居多，侧身屈肢葬14座，头向以南偏东居多。其中有儿童葬14座。发掘区西部墓葬排列密集，东部稀疏。出土及征集陶器121件，含彩陶55件，占陶器总量的45%。简报发表彩陶18件，在其他相关著录[①]披露少量，所见仅占出土彩陶总量的40%。

发掘者认为，花寨子墓地代表半山类型的一个发展阶段。此类遗存在甘肃境内的黄河、洮河、大通河、渭河有发现。据遗址层位及叠压、打破关系，该墓地可分为早、晚两期，东墓区晚于西区。花寨子所出陶器特点为：(1)器类简单，早期更加突出，晚期器类略有增加。(2)壶、罐类器最大腹径位置偏上，腹部转折明显；晚期器形较矮，最大腹径移至腹中部，腹部转折圆缓。(3)早期以黑彩为主，出现了黑红复彩，但红彩色泽发暗，呈紫红色；晚期红彩比例加大，与黑彩比例相当。(4)早期彩陶有的通体彩绘，晚期则没有。(5)早晚期的彩陶花纹有变化，早期葫芦纹束腰不明显，晚期束腰明显；早期附属花纹以黑地折线阴纹为多，晚期变为两边镶有锯齿的黑线或红线；早期锯齿纹大而疏朗，晚期细密。据此发掘者认为，花寨子早期的年代接近马家窑类型晚期，但二者之间还有缺环；花寨子晚期半山特征明显，接近地巴坪墓地。

6. 土谷台遗址[②]

位于兰州市区以西72公里的红古区平安乡、湟水北岸的黄土台地上。1977—1978年，甘肃省博物馆文物工作队会同兰州市文化馆分两次对该址进行发掘，共清理半山、马厂墓葬84座（编号M1—M84），墓葬形制有土洞墓、土坑墓和木棺墓三种，葬式以侧身屈肢为主，其次为二次葬和瓮棺葬，包括成人墓、儿童墓和合葬墓。在可辨认墓向的墓中，有38座墓主头向东，18座头向西，从分布看，头向东的墓多分布在舌形台地前缘。共出土随葬陶器574件，彩陶占陶器总量的56%。器类组合有壶、瓮、罐、瓶、钵、盆、杯、盂等。由于报告资料发表不全，估计有近30座属半山类型。在报告及

---

① 参见张学正等：《谈马家窑、半山、马厂类型的分期和相互关系》，《中国考古学会第一次年会论文集》，文物出版社1980年版，第50—71页；甘肃省博物馆、甘肃省文物工作队编：《甘肃彩陶》，文物出版社1979年版；张朋川：《中国彩陶图谱》，文物出版社1990年版。
② 甘肃省博物馆、兰州市文化馆：《兰州土谷台半山—马厂文化墓地》，《考古学报》1983年第2期，第191—222、283—292页。

其他有关著录[①]发表的半山类型彩陶有70余件。

发掘者根据地层关系、器形、花纹变化和墓葬的空间分布将土谷台墓地分作三期,早期属半山类型,主要分布于东面台地上;中期属半山向马厂类型过渡,主要分布在西面的台地,这一阶段半山、马厂陶器往往共存于一墓;晚期属马厂类型。发掘者赞成使用半山—马厂文化的命名,原因是二者在文化面貌上共同点颇多,而马家窑类型与半山、马厂在分布地域上有一定程度的偏离,面貌上差距也较大。发掘者提出:马家窑类型向东发展,半山、马厂向西发展。

7. 柳湾半山墓地[②]

位于青海乐都县城以西17公里的高庙乡柳湾村、湟水北岸台地上。1974年发现并发掘,至1978年结束,共发掘半山类型墓葬257座。墓葬形制均为圆角长方形竖穴土坑,普遍使用木质葬具,分梯形木棺、吊头木棺、长方形木棺和独木棺四种。葬式分单人葬、合葬两种,单人葬以二次葬比例最高(168座),次为仰身直肢葬(54座),侧身直肢葬仅2座。合葬墓共33座,分2人、3人、4人、5人、6人、7人六种,墓主头向绝大多数朝北。共出土陶器266件,据《青海柳湾》报告介绍,彩陶约占陶器总量的三分之二。报告发表彩陶96件(1件仅发表花纹),另在有关著录[③]中披露2件,所见约占彩陶总量的50%还要多。

柳湾半山墓地发现一批墓葬叠压、打破关系,发掘者据此将该墓地分作两期:早期以M599为代表,特征是器类组合多为壶、盆、钵,彩陶花纹以黑色单彩较常见,每座墓一般随葬一两件陶器。晚期以M596为代表,每墓随葬陶器5件左右,器类较丰富,除壶、盆、钵外,新增单耳罐、双耳罐等,花纹主要以黑红二彩相间的锯齿纹为主。发掘者认为:柳湾半山类型的彩陶与地巴坪既有共性又有差异,前者造型小巧雅致、形体瘦长,腹部多呈椭圆形;后者造型肥矮硕大,腹部多扁圆或浑圆,这可能反映了时间早晚或地域

---

① 参见张学正等:《谈马家窑、半山、马厂类型的分期和相互关系》,《中国考古学会第一次年会论文集》,文物出版社1980年版,第50—71页;甘肃省博物馆、甘肃省文物工作队编:《甘肃彩陶》,文物出版社1979年版;张朋川:《中国彩陶图谱》,文物出版社1990年版。
② 青海省文物管理处考古队、中国社会科学院考古研究所:《青海柳湾》,文物出版社1984年版。
③ 张朋川:《中国彩陶图谱》,文物出版社1990年版。

8. 西滩 1 号墓[②]

位于青海循化撒拉族自治县清水乡西滩农场、清水河西岸第二台地上。1980 年，青海省文物考古队在进行考古调查中发现，并清理墓葬一座（编号 80.X.H.M1），这是在青海循化地区黄河沿岸首次发现的半山遗迹。此墓形制较特殊，在长方形墓穴内置木棺一具，两侧用木板垒筑，两端及棺盖用半圆木拼合，此种结构的葬具在该地区亦为首例。墓主葬式为单人俯身直肢，奇特的是将尸体放置在随葬陶器之上，头向朝西。随葬陶器 9 件，含彩陶 7 件，全部绘黑红复彩花纹，锯齿纹发达。在该址范围内还发现有半山时期的房屋遗迹，再次证明半山时期有自己的居址和墓葬。

9. 边家林遗址[③]

位于甘肃康乐县虎关乡关丰村、三岔河北岸第二台地山脊上。1975 年，当地农民在平田整地中对遗址造成很大破坏。1981 年，甘肃省文物工作队、临夏回族自治州博物馆、康乐县文化馆联合进行发掘，清理半山时期墓葬 17 座（编号 M1—M17）、灰坑 1 座。这批墓葬形制为竖穴土坑，分长方形、方形、圆形几种，均无葬具，以二次葬（8 座）、扰乱葬（7 座）为主，侧身屈肢葬 2 座，墓主多头向东偏北。随葬陶器 37 件，其中彩陶 18 件，约占陶器总量的 50%。另外，该址还征集到彩陶 139 件。简报仅发表彩陶 26 件，在其他有关著录[④]中披露 25 件，本书通过其他渠道获得 5 件[⑤]。

发掘者认为：（1）边家林墓地二次葬墓所出彩陶与半山类型同类器差别较大，与马家窑类型晚期同类器相似，代表该墓地早期。扰乱葬墓所出彩陶形体较高大，红彩比例增加，颈部出现上下两层图案，其葬式和随葬品与花

---

① 参见青海省文物管理处考古队、中国社会科学院考古研究所：《青海柳湾》，文物出版社 1984 年版。
② 卢耀光：《循化西滩半山类型墓葬清理简报》，《青海省考古学会会刊》1983 年第 5 期，第 27—29 页。
③ 临夏回族自治州博物馆：《甘肃康乐县边家林新石器时代墓葬清理简报》，《文物》1992 年第 4 期，第 63—76 页。
④ 参见张学正等：《谈马家窑、半山、马厂类型的分期和相互关系》，《中国考古学会第一次年会论文集》，文物出版社 1980 年版，第 50—71 页；甘肃省博物馆、甘肃省文物工作队编：《甘肃彩陶》，文物出版社 1979 年版；张朋川：《中国彩陶图谱》，文物出版社 1990 年版。
⑤ 甘肃临夏自治州博物馆石龙先生提供了边家林 M9、M16、M17 未发表的彩陶资料，特此致谢！

寨子下层墓有更多相似，属该墓地中期。侧身屈肢葬黑红彩器物增多，纹饰趋于繁密，属该墓地晚期。(2) 边家林1号墓所出陶盆有对称的穿孔，为当时修补的痕迹，说明这些随葬品为实用器。(3) 边家林彩陶花纹直接继承马家窑类型晚期，这一发现填补了马家窑类型与半山类型之间的缺环。据此，发掘者提出"边家林类型"的命名。

10. 苏呼撒遗址[①]

位于青海循化庄白乡科哇河东岸苏呼撒村北的黄土包上。1982—1983年，青海省文物考古队会同循化县文化局先后两次发掘，共清理半山类型墓65座，出土陶器190件。后来的报告发表彩陶69件，另经其他渠道搜集到未发表彩陶8件[②]，累计占该址出土彩陶的40%。

苏呼撒发现的半山时期墓除极个别为偏洞土坑形制外，绝大多数为竖穴土坑墓，少数墓内挖有放置随葬品的小龛。其中，35座有木质葬具，分作三种，第一种为长方形木框，多无底无盖；第二种在头尾两端插立木板，象征木棺；第三种在墓底垫放木板，权充葬具。葬式分一次葬、二次葬和火葬，以单人为主，包括仰身直肢葬、侧身屈肢葬和二次葬，以后者为数最多，占该墓地总数的五分之四，墓主一律头朝西南。火葬仅发现4座。这种火葬并非将尸体焚化，而是在墓内将墓棺点燃，略经焚烧后便掩埋。

苏呼撒报告的整理者认为，该墓地在埋葬制度、葬式、随葬陶器组合及彩陶花纹等方面与以往在洮河流域和湟水谷地的发现有所不同，特点较突出。有一部分彩陶花纹构图疏朗，与地巴坪、柳湾等地的半山彩陶不同。以上差别反映地处黄河河曲积石峡谷一带的半山遗存有比较独特的文化面貌。据此，整理者认为，青海东部积石峡谷一带有可能是当时湟水流域与洮河流域居民进行文化交往的中介地带。苏呼撒墓地未发现叠压、打破关系，整理者根据典型器的型式变化将墓地分作三组，通过与其他遗址比较，推测第一组年代约相当柳湾三组及地巴坪一期，第二、第三组与地巴坪二、三期年代接近。[③]

[①] 青海省文物考古研究所：《青海循化苏呼撒墓地》，《考古学报》1994年第4期，第425—469页。
[②] 北京大学考古学系张驰提供，特此致谢！
[③] 青海省文物考古研究所：《青海循化苏呼撒墓地》，《考古学报》1994年第4期，第425—469页。

11. 师赵遗址[①]

位于甘肃天水市以西 7 公里的太京乡。1958 年发现[②]，1981—1989 年，中国社会科学院考古研究所对该址进行了大规模发掘。其第六期遗存属半山类型，所出彩陶均系细泥橙黄陶。据发表的个别资料看，器类有小口长颈壶、双腹耳罐、盆、圈足碗等，所绘花纹以黑色单彩为主，也有黑红相间的锯齿纹。花纹有圆圈纹、竖齿带纹、内彩宽十字纹、回纹等。发掘者认为师赵六期遗存的特征与河湟地区的半山—马厂类型相似，应属同类遗存。

12. 菜园遗址群

位于宁夏海原县城西 15 公里的菜园村南侧一线。1985—1987 年，宁夏文物考古研究所和中国历史博物馆考古部联合发掘，全面揭露了切刀把、瓦罐嘴、寨子梁墓地，部分揭露了林子梁、马缨子梁遗址。在切刀把墓地有两座墓出土有半山类型彩陶，其中小口高领瓮 2 件（QM2:22、QM9:11），鸭形壶 1 件（QM9:6），双耳罐 1 件（QM9:5），出有半山彩陶的两座墓均为竖穴土坑形制。M9 为单人仰身屈肢葬，墓主头向西；M2 为单人侧身屈肢葬，墓主头向西偏北。据发掘者分析，这两座墓在该墓地属偏早阶段。[③] 在林子梁遗址第一期遗存中出土少量半山时期彩陶片（T3③A:6、T2③A:7）。[④] 在瓦罐嘴墓地出土 1 件彩陶单耳罐（WM35:18），该墓地以竖穴土洞墓居多，墓主皆屈肢一次葬，无葬具。M35 为土洞结构，墓主侧身屈肢，头朝南。[⑤]

[①] 中国社会科学院考古研究所甘青工作队：《甘肃天水师赵村史前文化遗址发掘》，《考古》1990 年第 7 期，第 577—586、673 页。

[②] 甘肃省文物管理委员会：《渭河上游天水、甘谷两县考古调查简报》，《考古通讯》1958 年第 5 期，第 1—5 页。

[③] 宁夏文物考古研究所：《宁夏海原县菜园村遗址切刀把墓地》，《考古学报》1989 年第 4 期，第 415—448 页。

[④] 宁夏文物考古研究所：《宁夏海原县菜园村遗址、墓地发掘简报》，《文物》1988 年第 9 期，第 1—14 页。

[⑤] 宁夏文物考古研究所：《宁夏海原县菜园村遗址、墓地发掘简报》，《文物》1988 年第 9 期，第 1—14 页。

有重要采集品的半山类型遗址

1. 张寨遗址[①]

位于甘肃康乐县城南2公里、三岔河南岸的张寨村。70年代中期,当地农民在平田整地时将该址严重破坏,临夏回族自治州博物馆在此征集流散彩陶41件,见诸报道的仅16件。据说陶器出土时伴出有人骨,表明这是一处葬地。

张寨遗址收集的彩陶有下列特点:一是器类简单,基本组合有小口长颈壶、单耳长颈瓶、盆、单耳罐四类。二是彩陶分为两类,一类着黑色单彩,锯齿纹少见;另一类着黑红复彩,锯齿纹较习见。张寨遗址出土彩陶中黑色单彩数量多,锯齿纹粗大,夹角近90度。发掘者将该址分为早晚两期,认为其时代与边家林相同。

2. 营盘岭遗址[②]

位于兰州市南侧、皋兰山顶一缓坡上,距花寨子遗址直线距离约5公里。1981年,当地村民在平田整地时挖出20件陶器,其中11件为半山类型彩陶。与陶器伴出有人骨,应为一处墓地。

营盘岭所出彩陶有壶、瓮、钵、双耳罐、单耳罐等,均绘黑红复彩,发掘者认为,其总体特征与花寨子晚期墓基本同时,早于地巴坪。

3. 焦家庄、十里店遗址[③]

这两处遗址均位于兰州市黄河北岸。1976年,焦家庄村民在平田整地时挖出一批陶器,后文物部门在当地征集到流散陶器23件,含彩陶19件。同年,在焦家庄以东数公里的十里店挖出陶器12件,含彩陶10件。两地所出彩陶均绘黑红复彩,锯齿纹发达。两处遗址均发现有人骨、石板等遗物,应

[①] 石龙:《甘肃康乐县张寨出土新石器时代陶器》,《文物》1992年第4期,第77—81页。
[②] 甘肃省博物馆文物工作队、兰州市城关区文化馆:《兰州皋兰山营盘岭出土半山类型陶器》,《考古与文物》1983年第6期,第1—4页。
[③] 甘肃省博物馆文物工作队:《甘肃兰州焦家庄和十里店的半山陶器》,《考古》1980年第1期,第7—10、97—98页。

为半山时期葬地，其墓葬形制或许为石棺葬。发掘者指出，两地所出彩陶与张家台、地巴坪有不少因素接近。

4. 乐山坪遗址[①]

位于兰州市以西的永登县河桥镇、大通河东岸黄土高台地上。1986年3月，该址遭人为大规模盗掘、破坏，整座墓地被毁。后当地文物部门收缴陶器800余件，分藏于兰州市博物馆（300余件）、兰州市红古区文化馆和永登县文化馆三地。目前仅兰州市博物馆的收藏见诸报道，计发表陶器90件，含彩陶43件，属半山时期的彩陶15件。所见器类有瓶、壶、瓮、钵、罐等。器腹普遍偏瘦，流行黑红复彩花纹，锯齿纹流行，齿尖锋利，排列较松散，有的齿尖斜向一侧。发掘者将乐山坪遗址的性质定为马厂类型早、中期。实际上有少部分为半山晚期遗存。

其他未经发掘，但零星出有半山类型彩陶的遗址还有很多，此处不做一一介绍，请参阅其他有关著录。[②]

[①] 马德璞等：《永登乐山坪出土一批新石器时代的陶器》，《史前研究》（辑刊），1988年，第201—211、99页。

[②] 参见张学正等：《谈马家窑、半山、马厂类型的分期和相互关系》，《中国考古学会第一次年会论文集》，文物出版社1980年版，第50—71页；甘肃省博物馆、甘肃省文物工作队编：《甘肃彩陶》，文物出版社1979年版；张朋川：《中国彩陶图谱》，文物出版社1990年版。

半山时期彩陶典型器的形态与谱系

彩陶典型器形式划分与原则

半山类型彩陶种类可细分为壶、瓶、瓮、罐、钵、盆、杯、盂等22种，不同器类在彩陶总量中所占比例出入较大，可分为三类，第一类复见率高，覆盖面广，演变系列长、形态变化敏感，典型性突出；第二类出现率略低，覆盖面略窄，演变系列短，时代特征较突出，具一定的典型性；第三类形态比较固定，演变系列弱，但亦具备时代特征。本书遴选标本面向半山类型的所有遗址，首选目标为第一类，次为第二类，个别为第三类。其中，属第一类的有小口长颈壶、单耳瓶、大口矮领瓮、小口高领瓮、盆、高低耳罐、单耳罐等。

半山类型的空间分布波及甘、青、宁三省区，在如此大的空间内，彩陶花纹的整体面貌相当一致，但也存在某些地域性差异。由于以往不同单位、不同发掘者包括研究者个人在器物定名方面的偏差，在所发表的考古报告、研究文章中，对半山彩陶（器形、花纹）名称、分类和型式划分等方面有较大的出入。为便于整体的比较研究，我们将完全依照自己的理解，确认半山彩陶器皿的功能，统一定名并重新进行分型定式。

彩陶典型器形态与谱系

1. 小口长颈壶

水器。此器源于马家窑类型同类器，造型有所改变，在半山彩陶中所占比例颇高，为主要的代表性器类。器高一般在20—30厘米之间，最高达35

厘米，最低 15 厘米左右。器颈细长，高度约当器腹的二分之一，个别几与器腹高度相等。形态特征为：小口，口沿略外侈，颈壁较直立，颈腹交接处转折明显，圆鼓腹，最大腹径处置环耳一对（有个别无耳长颈壶，可并入此类），平底。依形态差异，分为 A、B 两型。

A 型：最鲜明的标记是，器口外左右两侧捏塑一对齿状花边小耳，为半山类型彩陶中富有特征的标记之一。此类器耳纯属装饰附件，无实用价值。依形态变化，分为五式。

Ⅰ式：器腹最大径位置偏上，靠近肩部，肩腹相交处有明显的转折。器高与腹径之比为 1.11∶1 左右。标本如张寨：239（图一：1）。

Ⅱ式：器腹最大径位置仍偏上，肩部圆鼓，腹部圆胖，呈球形。器高与腹径之比为 1.15∶1 左右。标本如半山：K.5069[①]（图一：2）。

Ⅲ式：器腹最大径位置下移，圆弧肩，腹部变深，比高增加。器口外侧装饰小耳制作比较随意。器高与腹径之比为 1.18∶1 左右。标本如柳湾 M627:7（图一：3）。

Ⅳ式：最大腹径移至腹中部，肩部斜溜，器腹略转瘦，器口两侧装饰小耳制作草率，有萎缩的趋势。器高与腹径之比为 1.17∶1 左右。如标本柳湾 M592:3（图一：4）。

Ⅴ式：器颈变细加长，溜肩，瘦腹，最大腹径位置居中或偏下，有的器耳略呈下垂，器高与腹径之比为 1.46∶1 左右。标本如柳湾 M673:3（图一：5）。

B 型：与 A 型小口长颈壶形态相同，但无装饰性小耳，依形态变化，分为四式。

Ⅰ式：器腹最大径位置偏上靠近肩部，肩腹相交处有明显的转折。器高与腹径之比为 1.11∶1 左右。标本如边家林 M12:3（图一：6）。

Ⅱ式：器腹最大径仍靠上，肩部圆鼓，腹部粗胖。器高与腹径之比为 1.07∶1 左右。标本如柳湾 M528:1（图一：7）。

Ⅲ式：器腹最大径下移至腹中部，肩部圆弧，腹部变深，略转瘦，比高增加。器高与腹径之比为 1.22∶1 左右。标本如柳湾 M421:5（图一：8）。

Ⅳ式：器形瘦高，溜肩，最大腹径位于腹中部，腹部消瘦。器高与腹径

[①] 凡此类号码均系安特生 20 世纪 20 年代在甘、青两省所获陶器的编号。

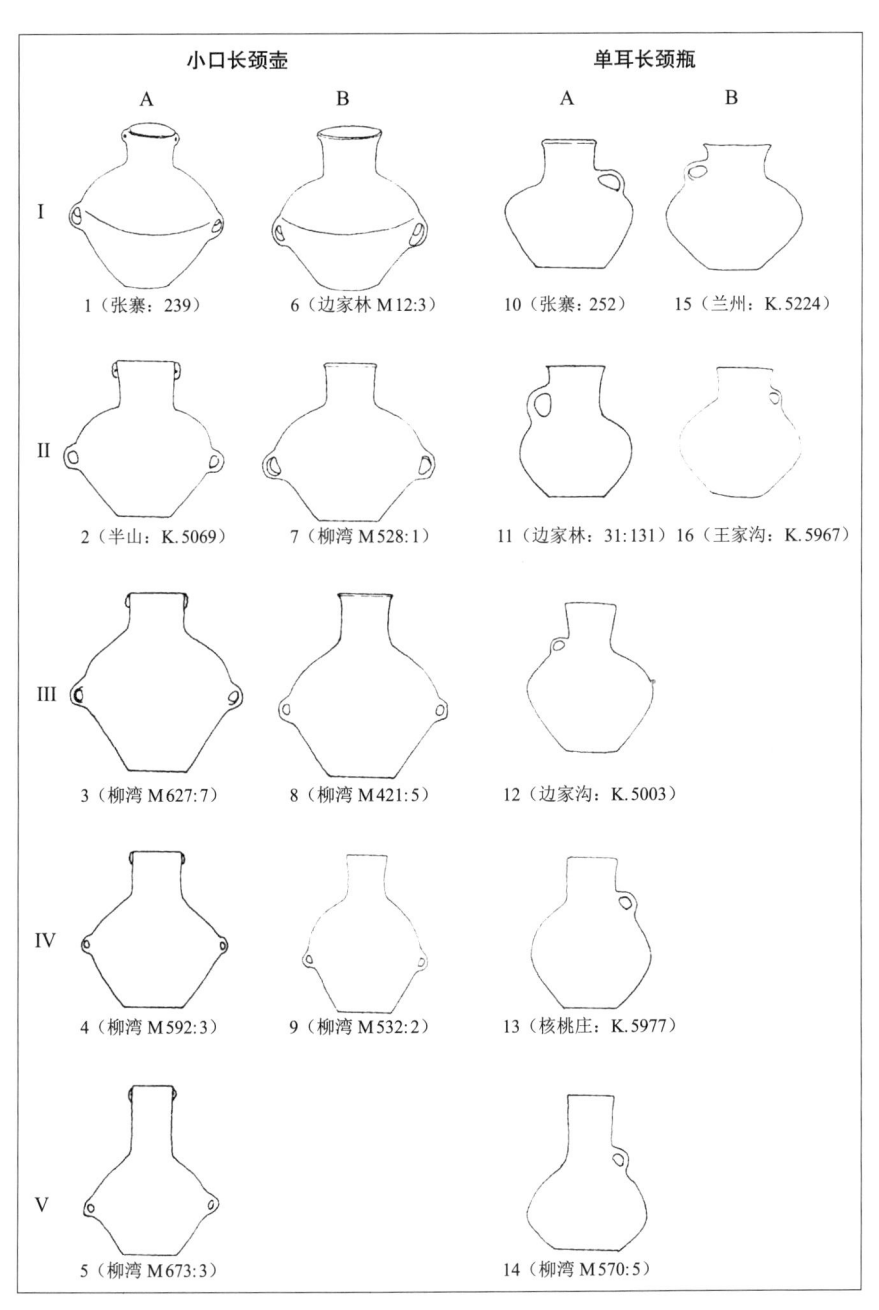

半山时期彩陶典型器的形态与谱系 | 25

	小口长颈壶		单耳长颈瓶	
	A	B	A	B
I	1（张寨：239）	6（边家林 M12:3）	10（张寨：252）	15（兰州：K.5224）
II	2（半山：K.5069）	7（柳湾 M528:1）	11（边家林：31:131）	16（王家沟：K.5967）
III	3（柳湾 M627:7）	8（柳湾 M421:5）	12（边家沟：K.5003）	
IV	4（柳湾 M592:3）	9（柳湾 M532:2）	13（核桃庄：K.5977）	
V	5（柳湾 M673:3）		14（柳湾 M570:5）	

图一

之比为 1.4∶1 左右。标本如柳湾 M532:2（图一：9）。

根据兰州花寨子墓地 M25 → M28 的层位关系，Ⅰ式小口长颈壶有可能早于Ⅱ式。[①]青海柳湾半山墓地的层位关系说明，Ⅰ、Ⅱ式小口长颈壶早于Ⅲ、Ⅳ式。从该器的形态演变趋势看，Ⅴ式应属最晚形态。依此，小口长颈壶的演变趋势为：比高逐渐增加，器形由粗胖变瘦长；由明显折肩而圆鼓肩而圆弧肩而溜肩；腹部最大径从上腹向腹中部下移；腹耳亦随腹径向下位移；装饰性小耳从制作规整到草率。

2. 单耳长颈瓶

水器。此器源于马家窑类型，在半山类型彩陶中所占比例高，为富有代表性的器皿之一。器高 15—25 厘米之间。形态特征为：小口，细长颈，颈部较直，高度约相当于腹高的二分之一，有的与腹部等高。器颈肩相交处置单环耳，腹部圆鼓，平底。依颈部粗细、长短之差异，分为 A、B 两型。

A 型：小口，细长颈，依形态变化，分为五式。

Ⅰ式：整体比例近正方形。肩腹之交转折明显，最大腹径位于肩部，腹部呈扁圆形。器高与腹径之比为 1∶1.03 左右。标本如张寨：252（图一：10）。

Ⅱ式：比高增加，器高超出腹径，肩部圆鼓，最大腹径略向下移，腹部变深，呈球形。器高与腹径之比为 1.16∶1 左右。标本如边家林：31:131（图一：11）。

Ⅲ式：比高又增加，肩部圆弧，腹部变深，最大腹径接近腹中部。器高与腹径之比为 1.19∶1 左右。标本如边家沟：K.5003（图一：12）。

Ⅳ式：比高再增加，器形瘦高。最大腹径移至腹中部，肩部略呈斜溜，腹部加深、明显转瘦。器高与腹径之比为 1.25∶1 左右。标本如民和核桃庄：K.5977（图一：13）。

Ⅴ式：比高再变，颈部细长，溜肩，最大腹径移至下腹，垂腹明显。器高与腹径之比为 1.27∶1 左右。标本如柳湾 M570:5（图一：14）。

B 型：器颈略粗、略短，口缘外侈明显，腹部圆鼓、粗胖。依形态变

[①] 参见本章"典型单位器物组合与形态分析"一节之"花寨子遗址"。

化，分为两式。

Ⅰ式：器形矮胖，腹部作扁椭圆形，较浅。器高与腹径之比为1∶1.1左右。标本如兰州：K.5224（图一：15）。

Ⅱ式：比高增加，器形转瘦，腹部圆弧、较深，整体比例近正方形。器高与腹径之比为1.05∶1左右。标本如王家沟：K.5967（图一：16）。

尚未发现证明单耳长颈瓶早晚的地层关系，但此器与小口长颈壶的共存关系可间接证实其早晚演变线索。如花寨子 M28 所出 AⅡ单耳长颈瓶与Ⅰ、Ⅱ式小口长颈壶共存，属半山类型时代偏早的单位。在柳湾遗址中，AⅠ单耳长颈瓶与Ⅰ式小口长颈壶共存（M528）。依此类推，不难发现，A 型单耳长颈瓶的演变趋势与小口长颈壶完全相同，即比高逐渐增加，由折肩而圆鼓肩而斜溜肩；腹部由矮胖变瘦高；最大腹径从上向下逐渐位移，从圆鼓腹到垂腹。据永昌鸳鸯池 M44 → M72 的地层关系，B 型单耳长颈瓶年代略偏晚。[①]

3. 大口矮领瓮

盛储器。此器源于马家窑类型，在半山彩陶中逐渐增多，为最富有代表性的典型器之一。器高一般在 25—30 厘米之间，形态特征为：大口，矮领，口缘外侈，肩部圆鼓，腹部肥胖，最大腹径处置环耳一对，平底。依器高矮之差异，分为 A、B 两型。

A 型：为大口矮领瓮主流，出土频率很高。整体比例近扁方形，肩腹部圆鼓肥胖，腹径普遍大于器高。依形态变化，分为四式。

Ⅰ式：器形高胖，口部大，约相当腹径的三分之二。最大腹径偏于上腹部，下腹壁斜弧。器高与腹径之比为 1∶1.17 左右。标本如边家林：31∶23（图二：1）。

Ⅱ式：器形矮胖，口部稍小，约当腹径的二分之一。肩腹部圆鼓突出，下腹斜直收为平底。器高与腹径之比为 1∶1.2 左右。标本如半山：K.5001（图二：2）。

Ⅲ式：比高再降低，口部与 AⅡ式相当，肩腹部圆鼓膨胀，下腹壁斜直，

---

① 参见本章"典型单位器物组合与形态分析"一节之"鸳鸯池半山墓"。

28 | 半山与马厂彩陶研究

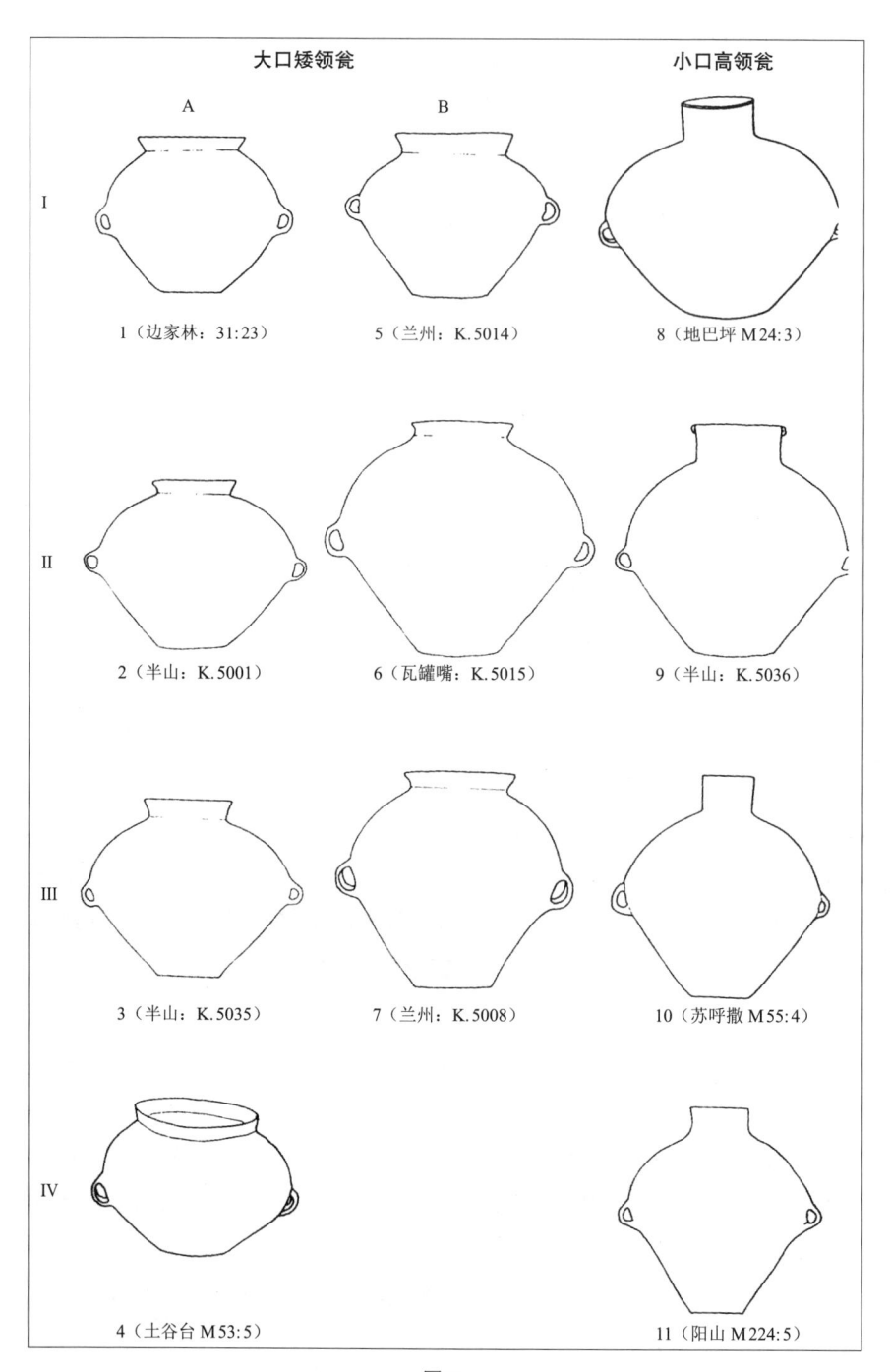

大口矮领瓮　　　　　　　　　小口高领瓮

I　A　　　　　　B

1（边家林：31:23）　　5（兰州：K.5014）　　8（地巴坪 M24:3）

II

2（半山：K.5001）　　6（瓦罐嘴：K.5015）　　9（半山：K.5036）

III

3（半山：K.5035）　　7（兰州：K.5008）　　10（苏呼撒 M55:4）

IV

4（土谷台 M53:5）　　　　　　　　11（阳山 M224:5）

图二

双腹耳略显下垂。器高与腹径之比为1∶1.24左右。标本如半山：K.5035（图二：3）。

Ⅳ式：器口增大，口径约相当于腹径的三分之二。肩部圆弧，腹部变浅，略转瘦，腹耳略下垂，下腹部略内敛。器高与腹径之比为1∶1.45左右。标本如土谷台 M53:5（图二：4）。

B型：器形较A型为高，出土率低于A型。最大腹径与器高相若，整体比例近正方形。肩部、上腹部圆鼓，腹部较深，平底。依形态变化，分为三式。

Ⅰ式：整体比例近扁方形，腹径大于器高，形体粗胖。特点是：大口，口径约相当于腹径的三分之二。肩部圆鼓，最大腹径位置靠近肩部。器高与腹径之比为1∶1.15左右。标本如兰州：K.5014（图二：5）。

Ⅱ式：整体比例近正方形，腹径略大于器高。形体高胖，口部较BⅠ略小，约相当于腹径的三分之一。肩部圆鼓，最大腹径向下位移。器高与腹径之比为1∶1.06左右。标本如瓦罐嘴：K.5015（图二：6）。

Ⅲ式：比高又增加，整体比例呈正方形，腹径与器高大致相等。器口与Ⅱ式相仿，肩部圆弧，腹部明显转瘦，下腹有的略向内敛。器高与腹径之比为1∶1左右。标本如兰州：K.5008（图二：7）。

A型大口矮领瓮的演变趋势为：器形由高胖而矮胖而瘦高；B型大口矮领瓮的演变趋势为：器形由矮胖变瘦高，下腹由圆弧而斜直而渐向内敛。目前尚未发现可证明大口矮领瓮早晚线索的地层关系。但共存关系反映出这样一个迹象，即凡出Ⅰ、Ⅱ式小口长颈壶和Ⅰ、Ⅱ式单耳长颈瓶的单位，往往不见或极少见此类器；凡出Ⅲ、Ⅳ式小口长颈壶和Ⅲ、Ⅳ式单耳长颈瓶的单位，大口矮领瓮的共存则十分频繁，间接证明了此类器的时代。

4. 小口高领瓮

盛储器。半山时期出现的新器型，出现率较高，为富有代表性的典型器之一。器形高大，一般高40厘米左右，个别高者达50厘米，为半山时期彩陶中个体最大的器皿。此器外形介于小口长颈壶与大口矮领瓮之间，器颈略高，器腹与B型大口矮领瓮相仿。形态特征为：小口，口缘直立或略向外侈，器口外侧有的装饰齿状花边小耳。肩部圆鼓，深腹，腹最大径处置双耳，下腹斜收，平底。依器形变化，分为四式。

Ⅰ式：整体比例呈扁方形，腹径大于器高，肩部圆鼓，腹部粗胖，最大腹径位于上腹。器高与腹径之比为1∶1.1左右。标本如地巴坪M24:3（图二：8）。

Ⅱ式：比高增加，腹部转瘦，器高等于或大于腹径，肩部圆鼓。器高与腹径之比为1.03∶1左右。标本如半山：K.5036（图二：9）。

Ⅲ式：比高增加，器高大于腹径，肩部圆弧，器高与腹径之比为1.09∶1。标本如苏呼撒M55:4（图二：10）。

Ⅳ式：比高再增加，整体比例呈竖长方形，圆弧肩，腹部瘦高，下腹壁略向内敛。器高与腹径之比为1.12∶1左右。标本如阳山M224:5（图二：11）。

小口高领瓮的演变趋势为：比高逐渐增加；腹部由胖变瘦；下腹由斜直变略向内敛。未发现可证明大口矮领瓮早晚线索的地层关系。共存关系显示，Ⅰ、Ⅱ式小口高领瓮多与Ⅱ、Ⅲ式大口矮领瓮共存，二者时代应相接近；Ⅳ式小口高领瓮器形接近马厂早期同类器，并发现共存的例证，说明Ⅳ式器属晚期形态。

5. 单耳罐

饮食、盛储器。形态较杂，本书选择其出现率较高的两种，分A、B两型。

A型：单耳大口罐。此器源于马家窑类型。在半山时期彩陶中出现率较高，为富有代表性的典型器。此器高10厘米左右，形态特征为：大口，矮领，口沿外侈，器口外一侧至肩部置单环耳，圆鼓腹，平底。个别器底部附加喇叭状圈足。依器形变化，分为四式。

Ⅰ式：整体矮胖，肩腹部圆鼓，最大腹径靠近肩部，器耳偏大，耳面上端一般高出器口。器高与腹径之比为1∶1.15左右。标本如边家林：31:41（图三：1）。

Ⅱ式：比高略增加，圆弧肩，腹部圆鼓，最大腹径下移至中部，器耳缩小，耳面上端或与器口平齐或置于肩部。器高与腹径之比为1∶1.11左右。标本如花寨子M27:1（图三：2）。

Ⅲ式：比高再增加，球形腹，最大腹径位于中部，耳面上端与器口平齐。器高与腹径之比为1∶1.07左右。标本现藏中国历史博物馆（图三：3）。

Ⅳ式：比高降低，腹部圆鼓膨胀，呈扁圆形，最大腹径位于腹中部，耳面上端与器口平齐。器高与腹径之比为1∶1.32左右。标本如土谷台M21:1

（图三：4）。

B 型：单耳小口罐。半山时期出现的新器型，出土率偏低。形态特征为：小口，颈部略高，深腹，平底，器口外一侧或肩部置单小耳。依形态不同，分为两式。

Ⅰ式：整体比例略呈竖长方形。颈壁斜直，颈腹转折明显，肩部圆鼓，腹部高胖，最大腹径位置靠上。器高与腹径之比为 1.03∶1 左右。标本如兰州营盘岭：9（图三：5）。

Ⅱ式：整体比例近正方形。颈部降低，颈腹转折不明显，斜溜肩，腹部圆鼓呈扁圆形，最大腹径下移，垂腹明显。器高与腹径之比为 1∶1.17 左右。标本如兰州：K.5257（图三：6）。

据兰州花寨子墓地 M27 → M26 的地层关系，可证 A 型单耳罐Ⅰ式早于Ⅱ式。AⅢ、AⅣ属此器的晚期形态。其演变趋势为：器形由高胖而瘦高而再矮胖；最大腹径从肩部而腹中部而下腹部位移；耳面上端从高出器口到与器口平齐。

B 型单耳罐的演变趋势为：器腹由深变浅，由瘦变胖，圆弧腹变垂腹。

6. 高低耳罐

盛储器。半山时期出现的新器型，出土量不大。形态特征与 A 型单耳罐接近，器高一般 20 厘米左右，大口，口缘外侈，矮领，器口一侧和器腹中部各有一耳，少数在腹中部捏塑一勾起的纽突。依器形变化，分为四式。

Ⅰ式：整体比例近扁方形，器形矮胖，圆鼓腹，最大腹径位置靠近肩部，下腹壁圆弧。器高与腹径之比为 1∶1.23 左右。标本如边家林：31:97（图三：7）。

Ⅱ式：器形矮胖，腹部圆鼓，最大腹径移至腹中部，下腹壁斜直。器高与腹径之比为 1∶1.37 左右。标本如兰州：K.5110（图三：8）。

Ⅲ式：比高明显增加，整体比例近正方形，腹部变深，下腹壁略向内敛。器高与腹径之比为 1∶1.16 左右。标本如地巴坪 M2:14（图三：9）。

Ⅳ式：比高明显增加，器高大于腹径，整体比例呈竖长方形，腹部瘦高，下腹拉长，腹壁内敛。器高与腹径之比为 1.11∶1 左右。标本如土谷台 M65:？（图三：10）。

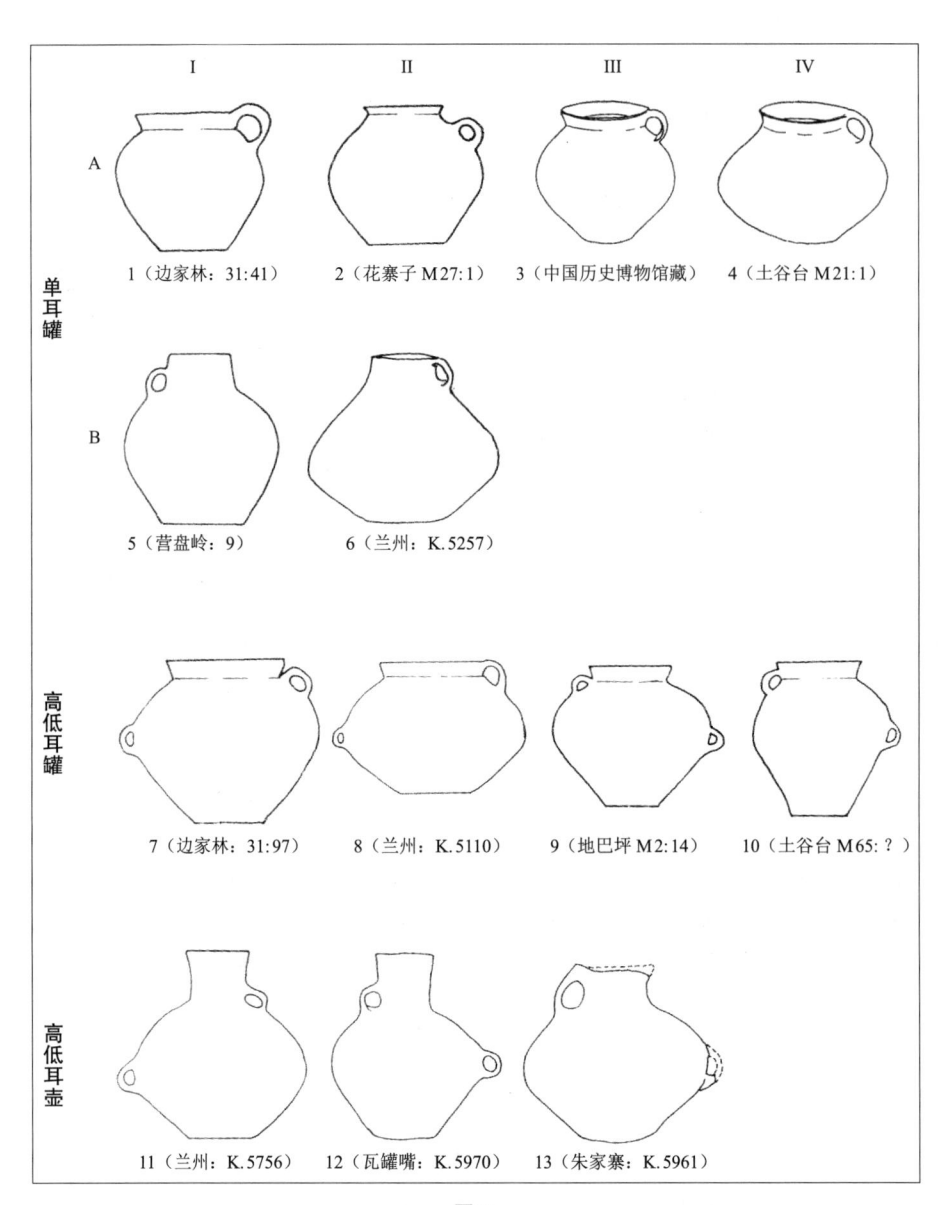

	I	II	III	IV
A	1（边家林：31:41）	2（花寨子 M27:1）	3（中国历史博物馆藏）	4（土谷台 M21:1）
单耳罐 B	5（营盘岭：9）	6（兰州：K.5257）		
高低耳罐	7（边家林：31:97）	8（兰州：K.5110）	9（地巴坪 M2:14）	10（土谷台 M65:？）
高低耳壶	11（兰州：K.5756）	12（瓦罐嘴：K.5970）	13（朱家寨：K.5961）	

图三

高低耳罐的演变趋势为：比高逐渐增加，器形由矮变高，由胖变瘦，腹部加深，下腹壁斜直到内敛。

7. 高低耳壶

水器。半山时期出现的新器型，出现频率一般，为半山时期彩陶中富有代表性的器类之一。其形态特征与单耳长颈瓶接近，所不同的仅是在腹中部增设一器耳，双耳一高一低，故名。其形态特征为：小口，细长颈，圆鼓腹，平底。依形态变化，分为三式。

Ⅰ式：整体比例近正方形，腹部圆鼓，近扁圆形，最大腹径位于腹中部。器高与腹径之比为1∶1左右。标本如兰州：K.5756（图三：11）。

Ⅱ式：比高明显增加，腹部变深、转瘦。器高与腹径之比为1.23∶1左右。标本如瓦罐嘴：K.5970（图三：12）。

Ⅲ式：比高降低，器颈明显缩短，腹部深度与Ⅱ式相当，比较圆肥，下腹壁略向内敛，略显垂腹。器高与腹径之比为1∶1.08左右。标本如朱家寨：K.5961（图三：13）。

高低耳壶的演变趋势与单耳长颈瓶接近，即比高逐渐增加，器形由矮变高；器腹由浅变深，由胖变瘦；器颈降低，腹部略有下垂。

8. 双耳罐

盛储器。半山时期出现的新器型，出土量适中，形态较复杂，本书遴选出现频率较高的几类，依形态差异，分为A、B、C三型。

A型：长颈双耳罐。形态特征为：整体比例近竖长方形，器口略小，口沿稍外侈，长颈，圆弧腹，器口下部至肩颈部置双耳，平底。依形态变化，分为两式。

Ⅰ式：器形瘦长，整体呈竖长方形。小口，长颈，双耳位于颈下部，腹部瘦高。器高与腹径之比为1.3∶1左右。标本如边家林：31:150（图四：1）。

Ⅱ式：比高大为降低，整体比例接近正方形，器口略增大，颈部降低，腹部圆鼓。器高与腹径之比为1∶1.03左右。标本如土谷台M65:?（图四：2）。

B型：大口双耳罐。出现率较高，为半山时期富有代表性的器类之一。

形态特征为：器形矮胖，大口，口缘外侈，短领，圆鼓腹，平底。器口外两侧置双耳，有的在耳面捏塑翘起的泥突，依器形变化，分为四式。

Ⅰ式：整体比例近正方形，腹径略大于器高。最大腹径位置偏于上腹部。器高与腹径之比为1：1.14左右。标本如兰州营盘岭：7（图四：3）。

Ⅱ式：比高略降低，器口略增大，最大腹径仍接近上腹，腹部略有降低。器高与腹径之比为1：1.17左右。标本如地巴坪M17:6（图四：4）。

Ⅲ式：比高再降，最大腹径移至腹中部，腹部变浅，略显下垂。器高与腹径之比为1：1.28左右。标本如瓦罐嘴：K.5479（图四：5）。

Ⅳ式：比高大幅降低，整体比例呈扁方形，腹部圆鼓，变浅，呈下垂状。器高与腹径之比为1：1.42左右。标本如兰州：K.5480（图四：6）。

C型：深腹双耳罐。出土量很少。器形略高大，口径大小不一，外侈，矮领，口外两侧置双小耳，圆鼓腹，平底。依形态差异，分为两式。

Ⅰ式：器口略大，相当于器腹的三分之二，矮颈，下腹壁内敛。器高与腹径之比为1：1.07左右。标本如地巴坪M41:5（图四：7）。

Ⅱ式：小口，相当于器腹的三分之一，颈部略高，下腹壁内敛。器高与腹径之比为1：1.04左右。标本如鸳鸯池M58:1（图四：8）。

AⅠ双耳罐见于康乐边家林遗址，该址所出小口长颈壶、单耳长颈瓶仅限于Ⅰ、Ⅱ两式，AⅠ双耳罐应与此类器时代接近或稍晚，AⅡ双耳罐晚于Ⅰ式。此器的演变趋势为：比高降低，器腹由瘦变胖，由深变浅。B型双耳罐的演变趋势为：比高渐次降低，器形由高变矮；最大腹径从上向下位移，腹部由深变浅。C型双耳罐所见无几，演变规律不明。

9. 双耳长颈瓶

水器。半山时期出现的新器型，出现率很低。形态特征为：器高15—20厘米之间，小口，长颈，器口外两侧置双耳一对，圆鼓腹，平底。依形态变化，分为三式。

Ⅰ式：颈部高度与器腹相当，颈上端有一对齿状花边装饰小耳，耳面低于器口。颈腹转折圆缓，腹部偏瘦。器高与腹径之比为1.36：1左右。标本如张寨：263（图四：9）。

Ⅱ式：颈部高度与器腹相当，颈壁垂直，口外两侧置齿状花边装饰小

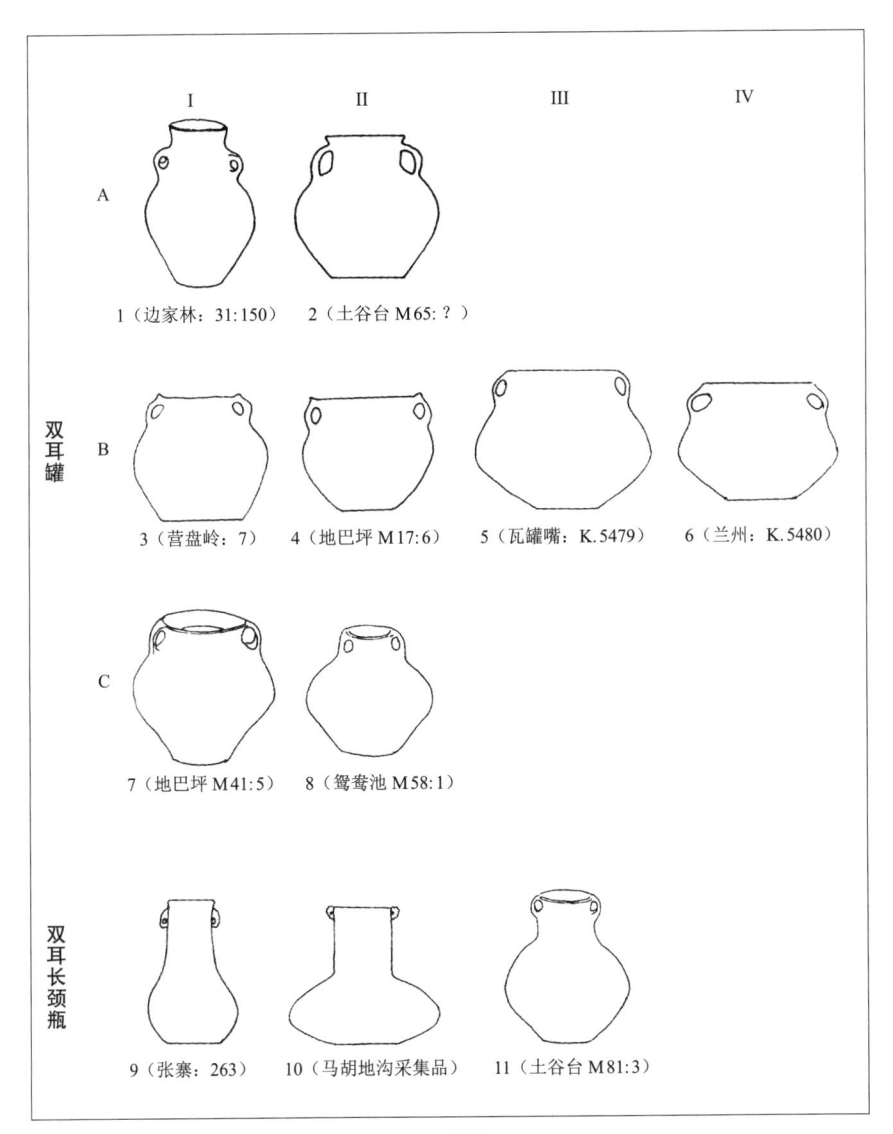

半山时期彩陶典型器的形态与谱系 | 35

图四

双耳罐
A
1（边家林：31:150）　2（土谷台 M65:?）
B
3（营盘岭：7）　4（地巴坪 M17:6）　5（瓦罐嘴：K.5479）　6（兰州：K.5480）
C
7（地巴坪 M41:5）　8（鸳鸯池 M58:1）

双耳长颈瓶
9（张寨：263）　10（马胡地沟采集品）　11（土谷台 M81:3）

耳，颈腹转折急促，腹部扁圆膨胀，折腹明显，器高与腹径之比为 1∶1.14 左右。标本如景泰马胡地沟采集品（图四：10）。

Ⅲ式：器颈降低，高度相当器腹三分之一，颈上端近口沿置双小耳，耳面与器口平齐。颈腹转折较明显，腹部变深，宛若圆球。器高与腹径之比为 1.19∶1 左右。标本如土谷台 M81:3（图四：11）。

双耳长颈瓶的演变趋势为：器腹由瘦变胖，由浅变深，器颈由高变矮。

10. 盆

盛储器。源于马家窑类型同类器，出土频率高，为半山时期富有代表性的典型器之一。造型比较复杂，依所选标本形态差异及器表附件装置有无，分为 A、B、C、D 四型。

A 型：双腹耳盆。此器源于马家窑类型晚期，出土量大。特征为：敞口，圆弧腹壁，腹部置双小耳，平底。普遍绘内彩花纹。依形态变化，分为四式。

Ⅰ式：窄缘，深腹，腹壁圆弧，腹上部设双小耳。器高与腹径之比为 1∶1.73 左右。标本如张寨：280（图五：1）。

Ⅱ式：造型与 AⅠ接近，器耳位置下移至腹中部，器高与腹径之比接近 1∶2。标本如柳湾 M599:1（图五：2）。

Ⅲ式：口沿外侈明显，呈喇叭状敞口，腹壁圆弧，腹中部置双耳。器高与腹径之比为 1∶1.55 左右。标本如兰州：K.5221（图五：3）。

Ⅳ式：比高降低，矮领，口缘外侈，腹壁弧鼓，变浅，双耳位置下移。器高与腹径之比为 1∶1.66 左右。标本如土谷台 M57:1（图五：4）。

B 型：双突纽盆。器形与 A 型盆近似，区别为腹中部捏塑一对向上勾起的突纽，出土频率较高，内外彩均有。依形态变化，分为四式。

Ⅰ式：微敛口，窄缘，深腹，腹壁圆弧，双纽置于腹部偏上。所见均绘内彩花纹。器高与腹径之比为 1∶1.61 左右。标本如花寨子 M23:9（图五：5）。

Ⅱ式：敞口，口缘变宽、外侈，腹壁圆弧，深腹，双纽位置居中。所见均绘内彩花纹。器高与腹径之比为 1∶1.55 左右。标本如柳湾 M620:1（图五：6）。

Ⅲ式：敞口，口缘外侈，矮领，腹壁圆鼓，腹部略浅，腹中部偏下置双突纽。所见均绘外彩。器高与腹径之比为1∶1.56左右。标本如苏呼撒M40∶3（图五∶7）。

Ⅳ式：比高显著降低，腹部变浅，上腹圆鼓，下腹壁内敛，双突纽位于腹部偏下。所见均绘外彩。器高与腹径之比为1∶1.72左右。标本如苏呼撒M37∶8（图五∶8）。

C型：敞口盆。此器源于马家窑类型，出土量适中。形态特征与A、B两型盆接近，不同的是腹部无耳无纽，依形态变化，亦分四式。

Ⅰ式：微敛口，窄缘，浅腹，腹壁圆弧。所见均绘内彩花纹。器高与腹径之比为1∶2左右。标本如花寨子M23∶18（图五∶9）。

Ⅱ式：比高增加，大敞口，窄缘微向外侈，腹部变深，腹壁圆弧。所见均绘内彩花纹。器高与腹径之比为1∶1.68左右。标本如兰州花寨子M26∶13（图五∶10）。

Ⅲ式：比高又增加，口缘加宽、外侈，腹壁圆鼓，深腹，下腹略内敛。所见均绘外彩。器高与腹径之比为1∶1.54左右。标本如地巴坪M2∶15（图五∶11）。

Ⅳ式：比高略降低，大敞口，宽缘、外侈，腹壁圆弧，腹部略变浅，下腹壁内敛。所见均绘外彩。器高与腹径之比为1∶1.7左右。标本如苏呼撒M51∶2（图五∶12）。

D型：单耳盆。出土量偏低。形态特征为：大口，器口外一侧置单耳，依形态变化，分为四式。

Ⅰ式：器口略内敛，圆弧浅腹，耳面上端低于器口。所见均绘内彩花纹。器高与腹径之比为1∶1.77左右。标本如张寨∶273（图五∶13）。

Ⅱ式：敞口，窄缘，腹部加深，腹壁圆弧，器耳位置略向上移，耳面上端低于器口。所见均绘内彩花纹。器高与腹径之比为1∶1.3左右。标本如花寨子M23∶8（图五∶14）。

Ⅲ式：口缘加宽，侈口，腹壁圆鼓，深腹。耳面上端与器口平齐。所见均绘外彩。器高与腹径之比为1∶1.42左右，标本如地巴坪M49∶13（图五∶15）。

Ⅳ式：比高略降低，微侈口，矮领，圆鼓腹，器耳位置上移，耳面上端高出器口。所见均绘外彩。器高与腹径之比为1∶1.51左右。标本如土谷台

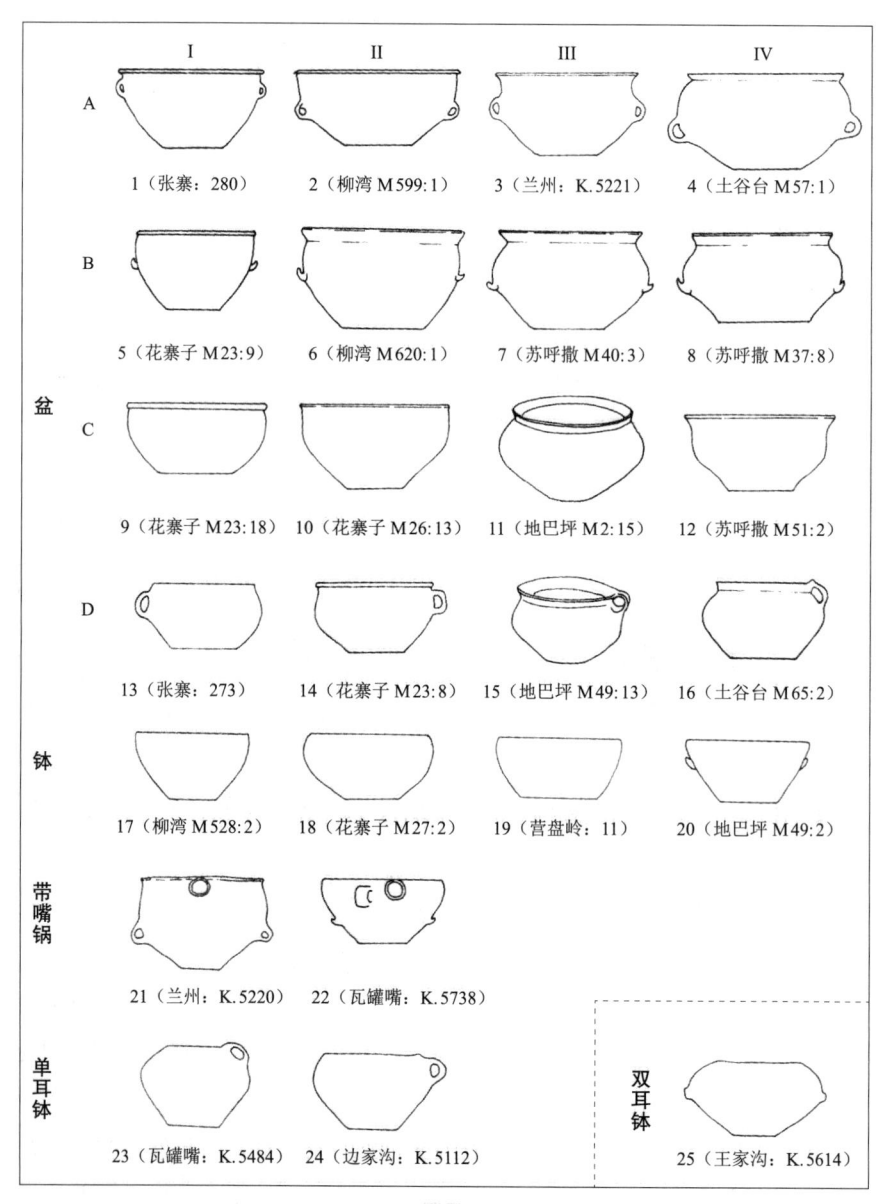

	I	II	III	IV
A	1（张寨：280）	2（柳湾 M599:1）	3（兰州：K.5221）	4（土谷台 M57:1）
B	5（花寨子 M23:9）	6（柳湾 M620:1）	7（苏呼撒 M40:3）	8（苏呼撒 M37:8）
盆 C	9（花寨子 M23:18）	10（花寨子 M26:13）	11（地巴坪 M2:15）	12（苏呼撒 M51:2）
D	13（张寨：273）	14（花寨子 M23:8）	15（地巴坪 M49:13）	16（土谷台 M65:2）
钵	17（柳湾 M528:2）	18（花寨子 M27:2）	19（营盘岭：11）	20（地巴坪 M49:2）
带嘴锅	21（兰州：K.5220）	22（瓦罐嘴：K.5738）		
单耳钵	23（瓦罐嘴：K.5484）	24（边家沟：K.5112）	双耳钵	25（王家沟：K.5614）

图五

注：虚线内器物表示没有型式划分或仅有型而无式别。后图同。

M65:2（图五：16）。

以上各式彩陶盆的总体演变趋势为：腹部由深至浅；口沿由窄至宽；双耳盆器耳位置逐渐向下移；单耳盆器耳位置则恰好相反，呈逐渐上移的趋势。另有一规律现象，即除去 A 型双耳盆全部绘内彩外，其余三型Ⅰ、Ⅱ绘内彩，Ⅲ、Ⅳ绘外彩。

11. 钵

饮食器。此器源于马家窑类型同类器，出土量颇大。形态多为内敛口，腹壁斜直，平底。部分在器腹中部捏塑小纽或乳突。彩陶钵所见普遍绘内彩。依形态变化，分为四式。

Ⅰ式：器口略向内敛，深腹，腹壁圆弧。器高与腹径之比为 1∶1.8 左右。标本如柳湾 M528:2（图五：17）。

Ⅱ式：比高降低，腹部稍浅，器口明显内敛，腹壁圆鼓。器高与腹径之比为 1∶1.9 左右。标本如花寨子 M27:2（图五：18）。

Ⅲ式：比高再降低，内敛口，斜弧腹壁。器高与腹径之比为 1∶2 左右。标本如兰州营盘岭：11（图五：19）。

Ⅳ式：敛口，腹壁斜直。器高与腹径之比为 1∶1.9 左右。标本如地巴坪 M49:2（图五：20）。

彩陶钵器形比较复杂，形态变化规律弱，演变趋势不十分明朗。整体观察，以腹壁从圆弧到斜直的变化较为突出。

12. 带嘴锅

水器。源于马家窑类型晚期，多为夹砂陶，有少部分绘彩，而且往往是内外绘彩，内彩一般较外彩复杂。其形态特征为：大口，器口外一侧置管状流，腹部置双耳或双纽耳，依形态差异，分为两式。

Ⅰ式：敞口，窄缘略外侈，深腹，腹壁圆弧，腹下部置双环耳，小平底。器高与腹径之比为 1∶1.67 左右。标本如兰州：K.5220（图五：21）。

Ⅱ式：敛口，腹部略浅，斜直腹壁，腹下部置突纽一对，管状流口旁设单耳，小平底。器高与腹径之比为 1∶1.28 左右。标本如瓦罐嘴：K.5738（图五：22）。

13. 单耳钵

饮食器。半山时期新出现的器类，出土量一般。形态特征为：敛口，口外一侧置单环耳，深腹，平底。依形态变化，分为二式。

Ⅰ式：小口内敛，圆鼓腹。器高与腹径之比为1∶1.45左右。标本如瓦罐嘴：K.5484（图五：23）。

Ⅱ式：比高略降低，大口内敛，圆鼓腹。器高与腹径之比为1∶1.48左右。标本如边家沟：K.5112（图五：24）。

14. 双耳钵

饮食器。半山时期新出现的器类，出土量很低。形态特征为：敛口，圆腹，双贯耳，平底。均绘外彩，无式别划分。标本如王家沟：K.5614（图五：25）。

15. 大口罐

盛储器。半山时期出现的新器型，出土量偏低。依器耳位置、形态方面差异，分为A、B两型。

A型：腹耳大口罐。形态特征为：侈口，矮领，圆鼓腹，最大腹径处置双耳或突纽。依形态差异，分a、b两个亚型。

Aa型：双环耳大口罐。形态接近大口矮领瓮，但器口颇大。依形态变化，分为二式。

Ⅰ式：器口直径几与腹径相当，器耳与腹壁近乎垂直。器高与腹径之比为1∶1.37左右。标本如柳湾M457∶2（图六：1）。

Ⅱ式：比高降低，器口略缩小，腹部圆鼓，腹耳下移，呈下垂状。器高与腹径之比为1∶1.42左右。标本如王家沟：K.5111（图六：2）。

Ab型：双纽耳大口罐。依形态变化，分为二式。

Ⅰ式：器口直径与腹径相当，深腹，双纽耳呈下垂状。器高与腹径之比为1∶1.17左右。标本如半山：K.5025（图六：3）。

Ⅱ式：比高大为降低，器口略缩小，腹部圆鼓，变浅。器高与腹径之比为1∶1.4左右。标本如兰州：K.5485（图六：4）。

B型：双颈耳大口罐，出土量偏低。形态特征为：大口，矮领，口外两侧至肩部置双环耳，圆弧腹，平底。依形态变化，分为两式。

Ⅰ式：直口，矮领，双耳置肩部，耳面低于器口，肩部圆鼓，最大腹径偏于上腹部。器高与腹径之比为1∶1.41左右。标本如边家林采集品（图六：5）。

Ⅱ式：比高降低。侈口，矮领，双耳置口外两侧，耳面上端与器口平齐，扁圆鼓腹。器高与腹径之比为1∶1.67左右。标本如兰州：K.5010（图六：6）。

16. 腹耳壶

水器。半山时期出现的新器型，出土量偏低。形态特征为：颈部较长，腹部圆胖，最大腹径处设双环耳，平底。依形态差异，分为三式。

Ⅰ式：喇叭口，细长颈，扁圆浅腹，最大腹径位于中部，双耳与腹壁角度近于垂直。器高与腹径之比为1∶1.08左右。标本如兰州营盘岭：10（图六：7）。

Ⅱ式：喇叭口，颈部略粗、变短，圆鼓深腹，最大腹径位于中部，器高与腹径之比为1.13∶1左右。标本如苏呼撒M35:3（图六：8）。

Ⅲ式：口略大，颈部变粗，最大腹径下移，双耳下垂。器高与腹径之比为1∶1左右。标本如苏呼撒M111:1（图六：9）。

17. 盂

饮食器。半山时期出现的新器类，出土量适中，是半山时期富有代表性的器皿。此器形体较小，高10厘米左右。形态特征为：内敛口，扁圆鼓腹，平底。器口周边流行连续或成组戳透的小孔，有的在腹中部捏塑乳丁或器钮等附件。依器形变化，分为三式。

Ⅰ式：器型扁矮，有的在器口外或腹中部捏塑一周装饰花边小耳，器高与腹径之比为1∶1.77左右。标本如王家沟：K.5615（图六：10）。

Ⅱ式：比高增加，无其他装饰部件。器高与腹径之比为1∶1.62左右。标本如边家沟：K.5090（图六：11）。

Ⅲ式：比高再增加，器口缩小，有些在腹部捏塑突钮。器高与腹径之比为1∶1.42左右。标本如地巴坪M22:5（图六：12）。

陶盂的演变趋势为：比高不断增加，器口由大变小。

	I	II	III

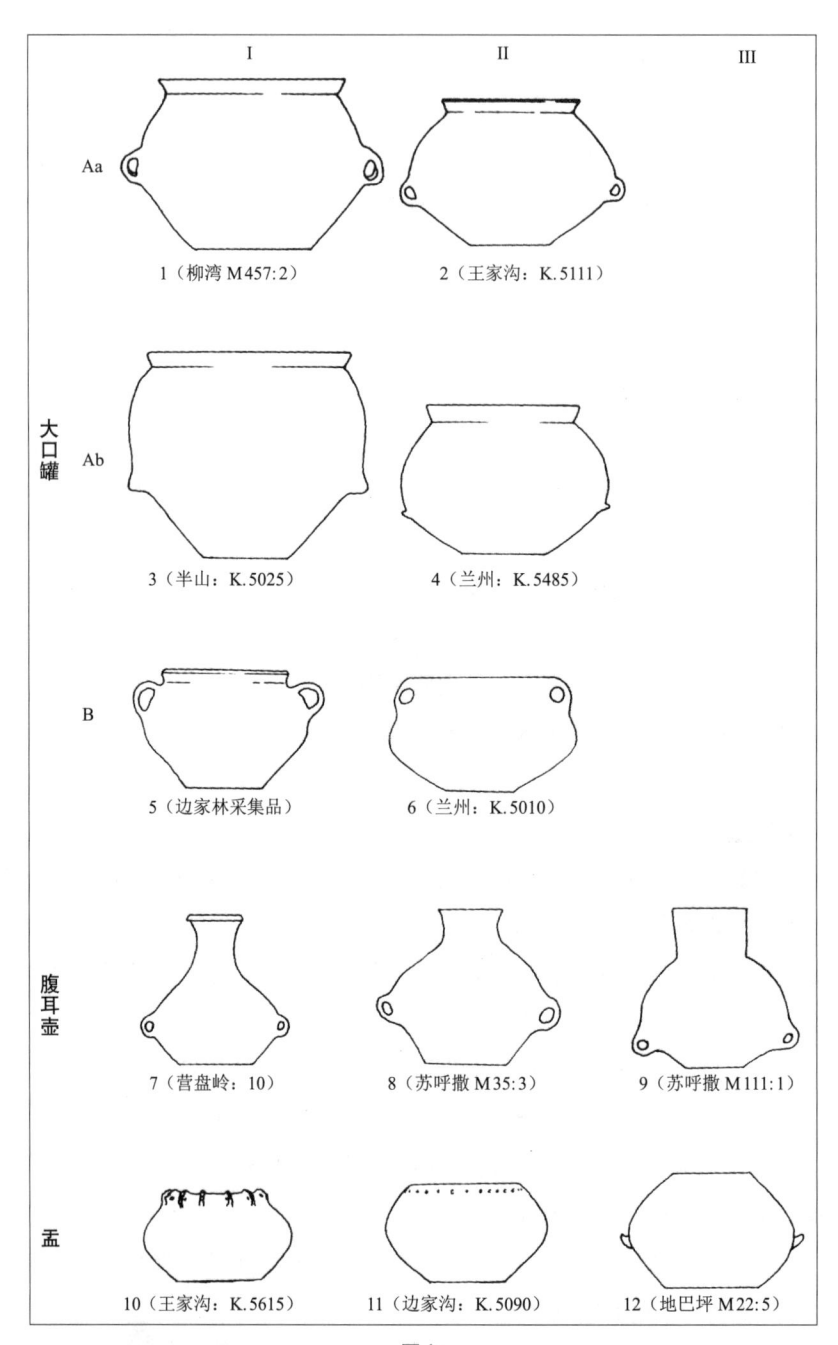

大口罐 Aa
1（柳湾 M457:2）
2（王家沟：K.5111）

大口罐 Ab
3（半山：K.5025）
4（兰州：K.5485）

B
5（边家林采集品）
6（兰州：K.5010）

腹耳壶
7（营盘岭：10）
8（苏呼撒 M35:3）
9（苏呼撒 M111:1）

盂
10（王家沟：K.5615）
11（边家沟：K.5090）
12（地巴坪 M22:5）

图六

18. 单把杯

饮食器。半山时期出现的新器型，出土量偏低。器形小，高 10—15 厘米之间，器口外一侧至腹部置单环耳，平底。依形态变化，分为两式。

Ⅰ式：内敛口，腹部圆弧，腹最大径位于中部，形似现代腰鼓。器高与腹径之比为 1.03∶1 左右。标本如土谷台 M49∶12（图七∶1）。

Ⅱ式：内敛口，最大腹径位于上腹部，下腹内敛。器高与腹径之比为 1∶1 左右。标本如土谷台 M39∶2（图七∶2）。

19. 鸭形壶

水器。此器源于马家窑类型同类器，半山时期出现率并不很高，却是半山类型很有代表性的典型器之一。其造型模仿禽鸟，器口设计在腹部前方上侧，斜置，以象禽鸟之头颈。与器口相对另一侧腹中部捏塑一翘起的突纽，以象禽鸟尾羽。腹部左右两侧置双耳或短附加堆纹，以象禽鸟之羽翼。有的在器口外饰齿状花边小耳。依形态差异，分为三式。

Ⅰ式：腹部卵圆形，颈部粗长，略有弧曲，短尾上卷。器高与腹径之比为 1∶1 左右，标本如边家林：31∶26（图七∶3）。

Ⅱ式：器腹较高大，最大腹径位于上腹部，颈部较细，尾短小。器高与腹径之比为 1∶1.2 左右，标本如瓦罐嘴：K.5505（图七∶4）。

Ⅲ式：腹部变为扁圆形，器颈粗短，尾短小。器高与腹径之比为 1∶1.25 左右。标本如土谷台 M50∶1（图七∶5）。

20. 双口壶

水器。此器源于马家窑类型，出土量偏低，属特殊造型器皿，是为半山时期有代表性的典型器。形态特征为：两个器口并列，腹部与大口矮领瓮接近，最大腹径处设双耳或突纽，平底。依形态差异，分为三式。

Ⅰ式：器口较粗大，呈上粗下细的喇叭状，球形圆腹，造型略显笨拙。器高与腹径之比为 1.2∶1 左右。标本如边家林：31∶163（图七∶6）。

Ⅱ式：比高降低。器口细高，上下等粗，作并列直立圆柱状，扁圆菱形腹，最大腹径位于中部。器高与腹径之比为 1∶1.04 左右。标本如瓦罐嘴：K.5599（图七∶7）。

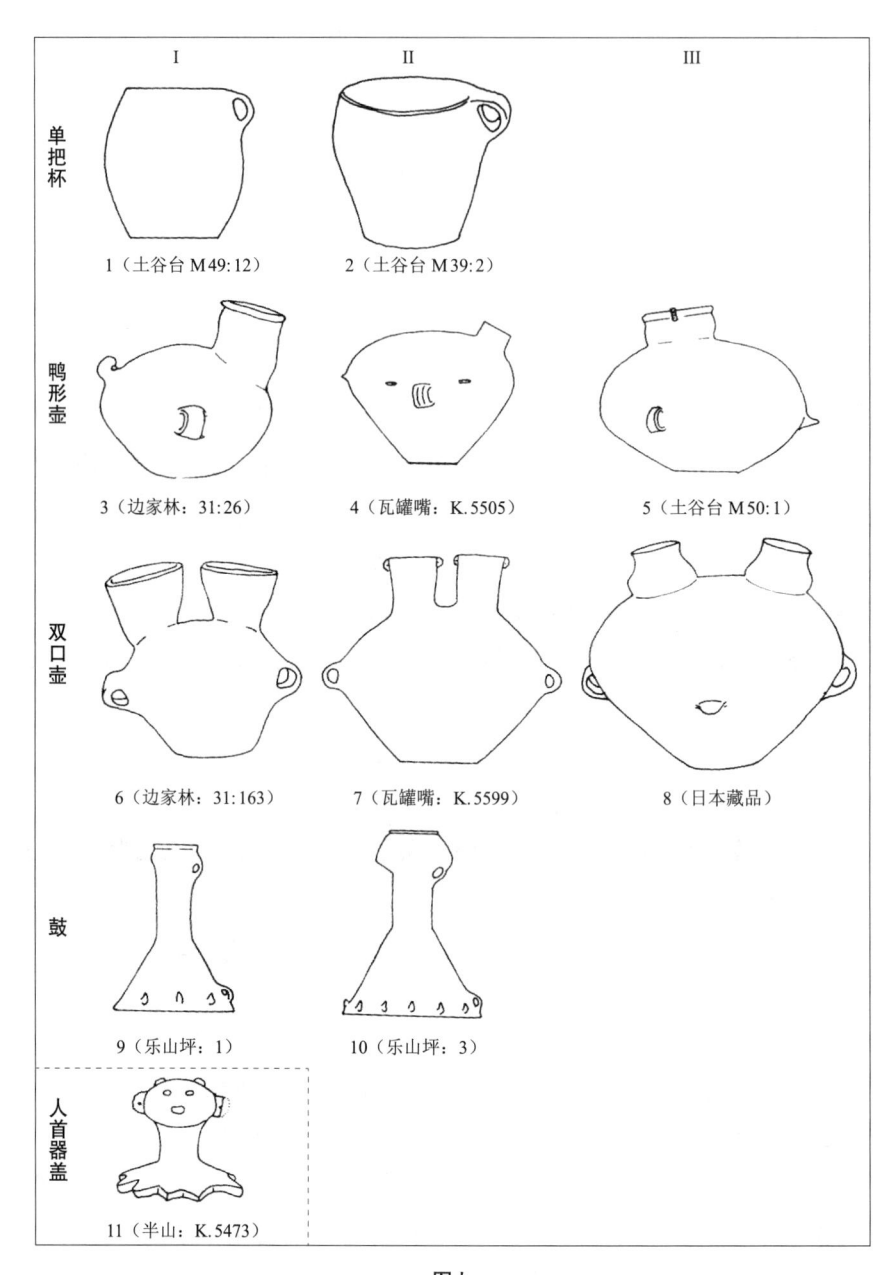

	I	II	III
单把杯	1（土谷台 M49:12）	2（土谷台 M39:2）	
鸭形壶	3（边家林：31:26）	4（瓦罐嘴：K.5505）	5（土谷台 M50:1）
双口壶	6（边家林：31:163）	7（瓦罐嘴：K.5599）	8（日本藏品）
鼓	9（乐山坪：1）	10（乐山坪：3）	
人首器盖	11（半山：K.5473）		

图七

Ⅲ式：器口短矮，形若鼓腹小杯，向两侧对称倾斜，腹部高大圆鼓，最大径靠近肩部。器高与腹径之比为1∶1.1左右。所选标本现藏日本（图七：8）。[①]

21. 鼓

乐器。半山时期出现的新器类，出土率很低，分布范围较窄，仅在大通河下游与湟水交界一带有少量发现。形态特征为：顶部为钵形或杯形器口，中间为细长筒形鼓腰，器口与鼓腰相交处置环形小耳一只。底部为大喇叭口，口外周边捏塑鸟喙状突纽若干及环耳一只，似模仿捆绑鼓面的构件。依形态差异，分为两式。

Ⅰ式：鼓上口为小杯形，矮领，外侈，圆弧腹，中部为长筒状鼓腰。标本如永登乐山坪：1（图七：9）。

Ⅱ式：鼓上口为深腹钵形，窄沿微外侈，折腹，鼓腰较Ⅰ式为短。标本如永登乐山坪：3（图七：10）。

22. 人首器盖

杂器。半山时期新出现的器类，出现率极低，分布范围较窄，仅见于洮河流域。顶部为捏塑的圆雕人首捉纽，颈部以下为器盖盖面，周边制成大锯齿状，无式别划分。标本如半山：K.5473（图七：11）。

典型单位器物组合与形态分析

1. 花寨子遗址

花寨子墓地的地层关系十分复杂，共发现下列一批叠压、打破关系[②]：

1）M27 → M28
2）M25 → M28
3）M6 → M15

[①]〔日〕山本正之等：《中国のタイル―悠久の陶・砖史》，INAXラギセリ―企画委员会，1994年，第19页。
[②] 根据原报告发表墓地平面图整理所得。

4）M8 → M9

5）M11 → M12

6）M13 → M14

7）M19 → M18 → M17

8）M21
　M22 ┤ M24
　M23

9）M27 → M26

（→ 表示叠压、打破关系，下同）

花寨子报告资料发表不系统，缺乏完整的单位随葬陶器组合，大大削弱了该遗址的资料价值，也对进一步的研究造成很大不便。经仔细核对，上述打破关系仅下列 4 组 8 墓互出彩陶：

1）M11 → M12

2）M13 → M14

3）M27 → M26

4）M25 → M28

经核对花寨子报告后所附墓葬登记表得知，以上第一组 M11 出 II 式彩陶壶 1、III 式彩陶壶 2；M12 出 II 式彩陶壶 1。第二组 M13 出彩陶大口罐 1；M14 出 III 式彩陶盆 1，III 式壶 1。第三组 M27 出 III 式彩陶单耳罐 1，彩陶钵 1；M26 出 III 式彩陶壶 4，I 式彩陶盆 1，II 式单耳罐 2。第四组 M28 出 II、III 式彩陶壶各 1，II 式瓶 1[①]；M25 出 IV 式彩陶壶 1（以上依原报告划分之型式）。发掘者根据上述打破关系及墓葬所在层位将花寨子墓地分为早、晚两期，早期以 M28、M26 为代表；晚期以 M25、M27、M18 为代表。

根据我们对半山类型彩陶的型式划分，花寨子报告中的 I、II 式壶与本书 I 式小口长颈壶对应，III、IV 式壶与本书 II 式小口长颈壶对应；I、II 式单耳罐与本书 A I 单耳罐对应，III 式单耳罐与本书 A II 单耳罐对应。I、II 式瓶与本书 I、II 式单耳长颈瓶对应（以下彩陶均为本书重新划定之型式）。

[①] 以上几件器物（M14 出 III 式壶，M27 出钵，M26 出 I 式盆、II 式单耳罐 2，M28 出 II 式瓶）在花寨子发掘报告的墓葬登记表中未注明是否为彩陶，根据原报告的记录格式，推测应为彩陶。

由于花寨子墓地上述 4 组出彩陶的墓随葬彩陶未悉数发表，因此无法得知这批墓葬所出彩陶的完整组合，只能就已发表资料做如下的分析。在上述墓例中，实际上只有两组出同类彩陶，具可比性。一组为 M27 → M26，前者出 AⅡ 单耳罐，后者出 AⅠ 单耳罐。另一组为 M25 → M28，前者出Ⅱ式小口长颈壶，后者出Ⅰ式、Ⅱ式小口长颈壶。Ⅰ、Ⅱ式小口长颈壶形态差异明显，Ⅰ式器形体较高大，肩部转折显著；Ⅱ式器形体略偏矮，肩部圆鼓。M28 共存有Ⅰ、Ⅱ两式小口长颈壶，可做如下推测：一种可能是Ⅰ、Ⅱ式小口长颈壶为同时之物，另一种可能为Ⅰ式小口长颈壶早于Ⅱ式，Ⅰ式属偏早阶段之遗留。从形态学的角度看，同时参照其他有关信息[①]，显然后一种可能性更大，即Ⅰ式小口长颈壶早于Ⅱ式。参考花寨子所出Ⅰ式单耳长颈瓶（0:23）之形态，也是肩部转折明显，与Ⅰ式小口长颈壶相同，Ⅱ式单耳长颈瓶（M28:5）肩部圆弧，与Ⅱ式小口长颈壶相同。两种形态代表着不同的时代特征。依此，Ⅰ式单耳长颈瓶与Ⅰ式小口长颈壶大体同时。

据此我们将花寨子墓地所出彩陶分为三组：甲组以采集品（包括 0:20、0:23、0:24）为主，该组典型器有Ⅰ式小口长颈壶、AⅠ单耳长颈瓶、AⅠ单耳罐；乙组以 M26、M28 两墓为代表，典型器有Ⅱ式小口长颈壶、AⅡ单耳长颈瓶；丙组以 M27 为代表，典型器有 AⅡ 单耳罐、Ⅱ式钵（参见后文表一）。

2. 柳湾半山墓地

柳湾墓地兼有半山、马厂两种类型。半山墓葬的特点是，随葬彩陶数量较低，每墓平均不到 1 件，有相当一批墓无随葬品。再就是彩陶器类简单，基本组合为小口长颈壶、盆或单耳长颈瓶、大口矮领瓮。柳湾半山墓地共发现 16 组叠压、打破关系，根据随葬品的差异分为三类：一是打破墓葬双方互出陶器，共 7 组；二是打破墓葬仅一方出陶器；三是打破墓葬双方均无陶器。第三类墓无意义，前两类墓可归纳为如下 12 组[②]：

1）M433 → M434

2）M494 → M635

---

① 经比较，Ⅰ式小口长颈壶与马家窑类型晚期的同类器形态接近。
② 青海省文物管理处考古队、中国社会科学院考古研究所：《青海柳湾》，文物出版社 1984 年版。

3）M536 → M533

4）M531 ──┘

5）M595 → M603

6）M596 → M599

7）M605 → M618

8）M616 → M612

9）M627 → M624

10）M630 → M631

11）M654 → M655

12）M657 → M656

以上 12 组打破关系共涉及 23 墓。这其中，绝大多数仅一墓出陶器或只发表其中一墓的彩陶；仅第三组（M595 → M603）互出彩陶，但器类不同，不具可比性。这大大冲淡了上述层位关系的价值。尽管如此，经过排比还是发现了一些规律现象。我们注意到，在被打破的墓中，随葬彩陶器形态接近，如在被打破的墓中有 7 座出小口长颈壶。其中，有 5 座（M533、M599、M618、M612、M635）出Ⅰ式器；1 座（M656）出Ⅱ式器；1 座（M603）出Ⅲ式器。反之，在打破他墓的墓中有 3 座出小口长颈壶，2 座（M433、M627）出Ⅲ式器；1 座（M654）出Ⅱ式器。这一规律性现象说明，Ⅰ、Ⅱ式小口长颈壶早于Ⅲ、Ⅳ式。

以小口长颈壶的型式为准，再看柳湾半山墓随葬彩陶之组合，与Ⅰ式小口长颈壶经常共存的有 AⅠ、BⅠ盆，AⅠ单耳长颈瓶；与Ⅱ式小口长颈壶共存的有 AbⅠ、BⅡ盆，AⅠ大口矮领瓮；与Ⅲ式小口长颈壶共存的有 BⅠ、BⅡ盆，AⅠ、AⅡ、BⅡ大口矮领瓮；Ⅳ、Ⅴ式小口长颈壶、单耳长颈瓶均系单独出土，未见共存关系。上述现象说明，小口长颈壶的不同式别与其他典型器有着固定的搭配，这种搭配经常出现，已不能用偶然来解释，应是一种客观规律的体现。如此，小口长颈壶的式别当有着重要的时间定位价值。参照前述对花寨子墓地的分析，柳湾半山墓地的时间跨度较长，至少可分为早、晚两大段，时代偏早的一批墓所出彩陶整体风格接近花寨子墓地；时代偏晚的一批墓所出彩陶为花寨子墓地所不见。具体可将柳湾半山墓划为四组，甲组墓出Ⅰ式小口长颈壶、AⅠ单耳长颈瓶；乙组墓出Ⅱ式小口长颈壶、

AⅠ大口矮领瓮；丙组墓出Ⅲ式小口长颈壶、AⅡ大口矮领瓮；丁组墓出Ⅳ、Ⅴ式小口长颈壶，BⅣ、BⅤ单耳长颈瓶（参见后文表二）。

3. 土谷台遗址

土谷台是一处兼有半山、马厂两种类型的墓地，原报告资料发表不完整，缺乏系统的随葬彩陶组合，共发现下列三组叠压、打破关系[①]：

1）M25 → M49
2）M55 → M56
3）M65 → M66

第一组两墓所出的同类器为单把杯，M25所出彩陶已显露出马厂类型的风格，该墓出单耳罐、长颈罐、钵等，器形普遍瘦高。M49出Ⅰ式单把杯，另出有Ⅱ式小口高领瓮、单颈耳长颈瓶、Ⅲ式高低耳罐及BⅢ、BⅣ双耳罐等，所出彩陶器形略显粗胖。第二组M55出AⅣ、BⅠ单耳长颈瓶；M56亦出2件单耳长颈瓶，但未发表，查墓葬登记表记录可知这两件单耳长颈瓶与M55所出同类器式别不同。[②]第三组M65出有长颈瓶（器形接近Ⅳ式小口长颈瓶）、Ⅳ式高低耳罐、AⅡ双耳罐、DⅣ盆。M66出Ⅱ式小口高领瓮、BⅢ大口矮领瓮、Ⅳ式钵，与第一组M49风格接近；据此打破关系，可将土谷台墓地分成三群，A群以M56为代表，时代最早，典型器为CⅡ盆；B群以M49、M55、M66为代表，时代居中，典型器包括Ⅱ式小口高领瓮，AⅣ、BⅠ单耳长颈瓶、Ⅲ式高低耳罐，BⅢ、BⅣ双耳罐；C群以M65为代表，时代最晚，典型器有长颈瓶、Ⅳ式高低耳罐、AⅡ双耳罐、DⅣ盆；M65与M25比较接近，属于带有过渡性质的单位（参见后文表三：1）。

依彩陶典型器组合，可将土谷台半山墓葬分为四组，甲组典型器以Ⅱ式小口高领瓮、Ⅰ式单把杯、AⅣ单耳长颈瓶为代表；乙组典型器以Ⅲ式小口高领瓮、AⅢ大口矮领瓮、Ⅱ式鸭形壶为代表；丙组典型器以BⅠ单耳长颈瓶、Ⅲ式鸭形壶、AⅣ大口矮领瓮为代表；丁组典型器以Ⅳ式小口高领瓮、Ⅳ式高

[①] 甘肃省博物馆、兰州市文化馆：《兰州土谷台半山—马厂文化墓地》，《考古学报》1983年第2期，第191—222、283—292页。

[②] 甘肃省博物馆、兰州市文化馆：《兰州土谷台半山—马厂文化墓地》，《考古学报》1983年第2期，第191—222、283—292页。

低耳罐、BⅡ单耳长颈瓶为代表。依此标准，也有矛盾之处，如第一组的M49和第二组的M33共出Ⅲ式高低耳壶，或许说明这两组时代比较接近。

同花寨子、柳湾两地相比，土谷台半山墓所出彩陶器形变化甚大，其典型器组合为Ⅱ、Ⅲ式小口高领瓮，Ⅲ、Ⅳ式大口矮领瓮，AⅣ、BⅠ、BⅡ单耳长颈瓶，Ⅲ式鸭形壶，Ⅰ式单把杯，BⅢ、BⅣ双耳罐，Ⅲ、Ⅳ式高低耳罐，Ⅲ、Ⅳ式盆等。花寨子、柳湾两地最为常见的小口长颈壶在这里已基本匿迹。此外我们也注意到，土谷台各组所出彩陶在器形、花纹等方面差异并不强烈，表明其时间跨度不是很大。而有些墓葬所出彩陶兼有半山、马厂两个类型的特征，说明土谷台墓地总体处在半山类型的晚期，有些已处在向马厂类型过渡的转型期。

4. 鸳鸯池半山墓

鸳鸯池也是一处兼有半山、马厂两个类型的墓地，资料发表很不完整。根据我们的标准，在公开发表的墓中有7座属半山类型，共发现下列两组墓葬打破关系[①]：

1）M44 → M72

2）M120 → M122

从随葬的彩陶看，可认定M44、M120属于马厂类型。在被打破的两墓中，M122未随葬彩陶。M72出有BⅠ单耳长颈瓶1，大口罐1。以上两组打破关系再次从地层上证实半山类型早于马厂。鸳鸯池半山墓所出彩陶类别简单，以双耳罐、单耳罐为大宗，造型也十分接近，时代应大致相同。以M72所出彩陶为例，其特征与土谷台B群最为接近。

5. 边家林遗址

边家林为一处单纯的半山墓地，未发现叠压、打破关系。随葬彩陶器类很简单，以小口长颈壶、单耳长颈瓶、盆、单耳罐为基本组合，另有少量大口矮领瓮、高低耳罐、鸭形壶、双连口壶。

据边家林墓葬随葬彩陶器物组合可将其分为两组，甲组以M12为代表

---

① 甘肃省博物馆文物工作队、武威地区文物普查队：《甘肃永昌鸳鸯池新石器时代墓地》，《考古学报》1982年第2期，第199—227页。

（包括M7、M9、M16）[①]，彩陶组合包括AⅠ小口长颈壶，AⅠ单耳长颈瓶，AⅠ单耳罐，AⅠ、BⅠ盆。乙组以M3（含M8）为代表，所出器类组合有AⅡ、BⅡ小口长颈壶，AⅠ大口矮领瓮，AⅠ盆等。根据上面对花寨子、柳湾墓地的分析，边家林甲组应早于乙组（参见后文表四）。

在边家林采集品中有一件双耳罐（AⅠ），推测其时代较乙组略晚，若此，该址应有三个阶段的内容。

6. 地巴坪遗址

地巴坪为一处单纯的半山类型墓地，未见叠压、打破关系。该址出土彩陶数量较大，但报告未发表一组完整的单位随葬组合。本书所列举的组合只是以公开发表的有两件彩陶以上的单位，其实都不完整。

与前述遗址相比，地巴坪墓地的特点是单位随葬彩陶数量增加，每墓达5件左右。基本组合为：小口高领瓮、大口矮领瓮、单耳长颈瓶、盆、钵及少量的小口长颈壶、盂、双耳罐等。该址最为突出的是大口矮领瓮数量剧增，总量占全部彩陶的三分之二还要多，其次为小口高领瓮。典型器中出现率较高的有AⅢ大口矮领瓮，Ⅰ式小口高领瓮，AⅢ、AⅣ单耳长颈瓶及AⅢ小口长颈壶、Ⅲ式盆等。与柳湾、花寨子、边家林三地相比，Ⅰ式小口高领瓮、盂为新增器型，再就是双耳罐的数量略有增加，其他典型器的形态变化也较大，代表着半山类型一个新的时段。依据发表的资料，地巴坪各墓普遍随葬AⅢ大口矮领瓮，数量集中，形态一致，该器与Ⅰ式小口高领瓮、AⅢ、AⅣ单耳长颈瓶及AⅢ小口长颈壶、Ⅲ式盆等频繁发生共存，表明该墓地使用时间相对集中，跨度不大（参见后文表五）。

7. 边家沟大墓

1924年，安特生在广河边家沟清理了一座半山时期的大墓，随葬8件彩陶悉数发表，计有Ⅱ式小口高领瓮5件、AⅢ大口矮领瓮2件、BⅢ双耳罐1件。该墓总的特点是，Ⅱ式小口高领瓮数量突出，与AⅢ大口矮领瓮、BⅢ双耳罐构成组合，为前述遗址所少见。边家沟大墓与地巴坪的风格比较接

[①] 甘肃省临夏自治州博物馆石龙先生提供了边家林M9、M16、M17未发表的随葬彩陶，特此致谢！

近，但考虑到Ⅱ式小口高领瓮在地巴坪墓地不见，可以断定该址绝对年代略晚于地巴坪遗址（参见后文表六）。

8. 青岗岔遗址

青岗岔为半山时期唯一一处经过发掘的聚落遗址，在F1出土3件小口高领瓮，均为Ⅱ式，其形态与边家沟大墓所出近似，时代亦应接近（参见后文表七）。

9. 苏呼撒遗址

苏呼撒是在青海东部黄河沿岸首次发掘的一处半山墓地，未见叠压、打破关系。该址常见彩陶典型器有Ⅲ式小口高领瓮，Ⅲ、Ⅳ式小口长颈壶，AⅢ、AⅣ单耳长颈瓶，BⅢ、BⅣ盆和AⅢ大口矮领瓮、BⅢ双耳罐。依据所见组合关系可将上述器类分为两组，甲组以Ⅲ、Ⅳ式小口长颈壶，AⅢ、AⅣ单耳长颈瓶和少量的Ⅱ式小口高领瓮、AⅢ大口矮领瓮为代表，乙组以Ⅲ式小口高领瓮为代表。实际上甲乙两组的彩陶常有共存（M37），如以苏呼撒墓地最为普遍的BⅢ、BⅣ盆为例，甲乙两组间共存单位更多（参见后文表八），这表明苏呼撒墓地时间跨度不大，时代比较接近，大致应属同期遗留。整体看，苏呼撒与地巴坪墓地的彩陶比较接近，但这里出现了地巴坪墓地所不见的Ⅱ、Ⅲ式小口高领瓮，器形变化较大，特别是同类器的形态明显偏瘦；再就是苏呼撒墓地AⅢ大口矮领瓮的数量很低，与地巴坪墓地形成较大反差；而苏呼撒墓地极为流行的BⅢ、BⅣ突纽盆在地巴坪墓地则一件不见。此外，苏呼撒墓地随葬彩陶数量也明显低于地巴坪墓地。以上差异或许暗示，苏呼撒的绝对年代要稍晚于地巴坪，当然也不排除空间差异的存在（参见后文表八）。

10. 西滩1号墓

与苏呼撒面貌相同的遗址还见于循化西滩1号墓，此墓随葬彩陶全部发表，计有BⅣ小口长颈壶、Ⅲ式小口高领瓮、AⅢ大口矮领瓮、BⅣ盆、Ⅱ式腹耳壶，器类组合、典型器形态与苏呼撒墓地几乎如出一辙（参见后文表九）。

11. 张家台遗址

张家台为一处单纯的半山时期墓地，未见叠压、打破关系。简报材料发表很简单，除 M11 发表两件彩陶外，其他不见组合关系。在见诸报道的 17 件彩陶中，9 件有出土单位，8 件系采集品，另在景泰县博物馆藏有 3 件该址出土的彩陶[①]，器类较简单，计有小口长颈壶、单耳长颈瓶、大口矮领瓮、小口高领瓮、双耳罐等。依照器类形态可分为两组，甲组以 M17 为代表，所见全部为 AⅡ小口长颈壶。其余为乙组，器类有 AⅣ、BⅠ单耳长颈瓶，Ⅱ式小口高领瓮，Ⅲ式小口长颈壶，BⅢ双耳罐，AⅢ大口矮领瓮等。其中，乙组大多数器类形态与地巴坪墓地接近或稍晚，甲组则早于地巴坪（参见后文表十）。

[①] 甘肃省文物考古研究所、北京大学考古文博学院编著：《河西走廊史前考古调查报告》，文物出版社 2011 年版。

半山类型彩陶花纹的形态与谱系

彩陶花纹是以陶器为载体的文化特质，彩陶花纹并非随着陶器形态的改变而变，它有着自身规律和花纹的内在的演变轨迹，因此有必要将花纹单独抽取出来，做独立的研究。本章即以半山类型的彩陶花纹为对象，进行细致的分门别类考察。

半山类型彩陶花纹特征及绘彩部位

在中国境内史前时期诸考古学文化中，半山类型的彩陶比例最高，据统计，在生活居址，彩陶比例最高达80%[1]，墓中随葬彩陶比例最高达85%[2]。半山类型彩陶盛行黑红复彩构图，一般用红彩勾勒花纹母题，两侧配以黑彩，与红彩相邻的黑彩内侧绘锯齿纹，齿尖刺向红彩（参见后文图二十八），这种配色和构图创意为半山彩陶花纹特有的范式。早在20世纪20年代，瑞典学者安特生就格外留意这种纹样，他在《甘肃考古记》中写道："有一种花纹，为吾人常见不爽者。乃一红色条纹，上下夹以黑色条纹，红纹与二黑纹之间，各留一缝，不施彩绘，并自黑纹之里边，向中心红带伸出若干如锯齿之纹。然此种图案，凡同期之殉葬陶瓮，几于无器无之，但同期之家用陶器，则绝无踪迹可寻，是以吾人视为一种与葬礼有关之'丧纹'，固实有理

---

[1] 甘肃省博物馆文物工作队：《甘肃兰州青岗岔半山遗址第二次发掘》，《考古学集刊》第二集，中国社会科学出版社1982年版，第10—17页。
[2] 甘肃省博物馆文物工作队：《广河地巴坪"半山类型"墓地》，《考古学报》1978年第2期，第193—210页。

由之依据也。"① 60 年代以来，在兰州青岗岔、青海循化西滩等地先后发现了半山时期的居址，在青岗岔遗址 1 号房基内出土 3 件绘有此类锯齿花纹的彩陶瓮。其实，半山时期墓中随葬的大量彩陶，也多为日常生活中使用过的陈器。这些新的考古发现使安特生的"丧纹说"不攻自破。但是，从界定半山类型彩陶的角度出发，这种黑红复彩加锯齿的程式化图案可谓是半山时期彩陶最鲜明也最独特的标志。尽管在半山类型中也有一些绘黑色单彩、不用锯齿纹的彩陶，但基本不影响上述界定原则。

半山时期彩陶的绘彩部位主要有以下几部分：

（1）口沿内彩花纹。几乎所有彩陶都在器口内缘绘一周简单的装饰纹样，最常见的图案有连弧纹、倒三角纹、条带纹、水波纹等。

（2）颈部、领部花纹。绘于器颈部、领部，分为两类：

A 类：长颈类器，图案设计往往与腹部花纹相呼应，构图规范、种类比较固定，时代感强。

B 类：矮领类器，一般仅绘简单的几何纹，如水波纹、横人字纹、X 纹等。

（3）腹部花纹。为花纹之主体，构图规范，内容复杂，形态变化富于规律性，时代特征突出。

（4）内彩花纹。绘于盆、钵、盘等大口浅腹器的内壁，内容比较固定，富于时代性。

（5）彩绘符号。在部分彩陶的下腹或底部绘简单的符号，内容比较随意。

本书所研究的花纹图案仅限于上述（2）A 类、（3）、（4）三大部分，这几部分的花纹构图规范，典型性突出，图案变化具备系列性。

颈部典型纹样及谱系

1. 锯齿纹

半山时期出现的新纹样，复见率极高。依配色、构图等方面的差异，分为 A、B、C 三型。

---

① 安特生：《甘肃考古记》，乐森璕译，《地质专报》甲种第五号，1925 年，第 13 页。

A型：黑色单彩。依锯齿纹形状大小，分为两式。

Ⅰ式：锯齿纹占据器颈突出位置，呈大三角构图，齿尖夹角近90度，锯齿纹上下配以粗横条带纹。标本如张寨：245（图八：1）。

Ⅱ式：锯齿纹略小，位置约相当AⅠ的一半，齿尖夹角近90度，锯齿上下配粗细不等的横条带。标本如张寨：239（图八：2）。

B型：黑红复彩。依锯齿大小、形态差异，分为五式。

Ⅰ式：构图与AⅠ同，不同的是在锯齿上下的黑彩横条带中夹一道红彩横条带。标本如张寨：244（图八：3）。

Ⅱ式：构图与AⅡ锯齿纹同，不同的是在锯齿纹上下的黑彩横条带中夹一道红彩横条带。标本如张寨：255（图八：4）。

Ⅲ式：锯齿纹占器颈约一半位置，齿尖夹角比较大，有的接近90度，锯齿纹或单排，或上下两排。变化较明显的是红彩条带增加至2—3股，另一特征是在器颈图案下部出现红彩条带加黑彩齿带的构图。标本如地巴坪M20:2（图八：5）。

Ⅳ式：锯齿纹单排或双排，齿尖夹角明显缩小，齿尖锋利，上下锯齿间有的用红彩横条带隔开。颈部图案下部流行红彩条带加黑彩齿带的构图。标本如张家台M12:1（图八：6）。

Ⅴ式：锯齿纹多作双排，齿尖夹角小而锋利，锯齿斜向一侧，颈部图案下流行红彩条带加黑彩锯齿带构图，画面略显草率。标本如兰州：K.5020（图八：7）。

C型：黑红复彩构图。锯齿纹较小，依形态差异，分为两式。

Ⅰ式：锯齿纹相对略大，齿尖夹角50度左右，上下两边均出锯齿，一般分作3排，锯齿之间绘红彩横条带。标本如庄浪徐家碾采集品（图八：8）。

Ⅱ式：锯齿纹细小、密集，仅上部出齿，一般分作3排，齿带之间为红彩横条带。标本如瓦罐嘴：K.5599（图八：9）。

依构图风格可将锯齿纹分为五组，AⅠ、AⅡ为第一组；BⅠ、BⅡ为第二组；第三组以CⅠ为代表；CⅡ、BⅢ为第四组；BⅣ、BⅤ为第五组。第一组均见于Ⅰ式壶、AⅠ瓶，第二、第三组常见于Ⅱ式壶、AⅡ瓶，第四组多见于Ⅱ、Ⅲ式壶，AⅡ、AⅢ瓶，第五组多见于Ⅳ式壶、AⅣ瓶或Ⅱ、Ⅲ式小口高领瓮。以上五组为依次早晚变化关系。

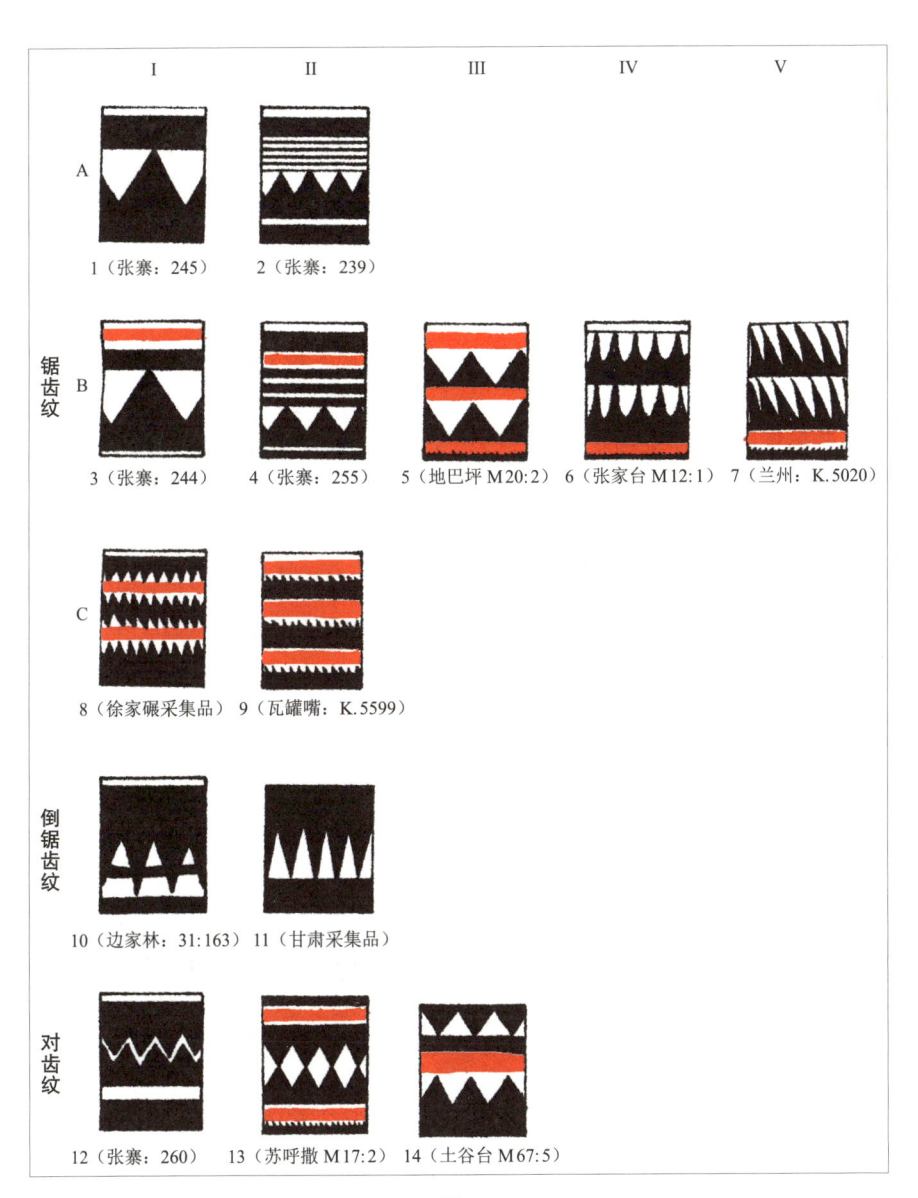

半山类型彩陶花纹的形态与谱系 | 57

	I	II	III	IV	V
A	1（张寨：245）	2（张寨：239）			
锯齿纹 B	3（张寨：244）	4（张寨：255）	5（地巴坪 M20:2）	6（张家台 M12:1）	7（兰州：K.5020）
C	8（徐家碾采集品）	9（瓦罐嘴：K.5599）			
倒锯齿纹	10（边家林：31:163）	11（甘肃采集品）			
对齿纹	12（张寨：260）	13（苏呼撒 M17:2）	14（土谷台 M67:5）		

图八

2. 倒锯齿纹

半山时期出现的新纹样，出现率很低。构图为齿尖朝下的倒三角锯齿纹，依变化，分为两式。

Ⅰ式：黑色单彩。单排大倒锯齿纹，画面占去器颈大半，齿尖夹角较大，锯齿下部绘横条带纹。标本如边家林：31:163（图八：10）。

Ⅱ式：黑色单彩。单排倒锯齿纹，画面占去器颈大部，齿尖夹角变小，锯齿下部绘横条带纹。标本如甘肃采集品（图八：11）。

Ⅰ、Ⅱ两式倒锯齿纹是为此类纹样早晚变化形态。

3. 对齿纹

此纹样源于马家窑类型同类花纹，在半山时期彩陶中出现率偏低。锯齿均作大三角构图，齿尖上下咬合或对立。依配色及构图差异，分为三式。

Ⅰ式：黑色单彩。锯齿纹粗大，齿尖夹角近90度，上下相对，咬合紧密，锯齿上下配以横条带纹。标本如张寨：260（图八：12）。

Ⅱ式：黑红复彩。上下锯齿齿尖相对，相互不咬合。锯齿上下穿插黑红彩横条带，颈部花纹下部出现红彩条带加黑彩齿带的构图。标本如苏呼撒M17:2（图八：13）。

Ⅲ式：黑红复彩。上下锯齿齿尖相对，互相不接触，间以黑红彩横线条带。标本如土谷台M67:5（图八：14）。

以上三式对齿纹依次代表该纹样的早晚变化形态，非常富于规律性。锯齿齿尖从咬合紧密到逐渐拉开距离。其对应关系为：Ⅰ式对齿纹仅见于Ⅰ式壶、AⅠ瓶；Ⅱ式对齿纹见于Ⅲ式小口高领瓮；Ⅲ式对齿纹见于BⅡ单耳罐。

4. 折线纹

此纹样源于马家窑类型同类花纹。在半山时期彩陶中出现率偏低。依配色及构图差异，分为四式。

Ⅰ式：单色黑彩。折线三角纹线条略粗，上下绘宽带纹，其构图与AⅠ锯齿纹风格类似，只是三角不涂黑而已。标本如兰州华林山采集品（图九：1）。

Ⅱ式：黑红复彩。构图与Ⅰ式接近，不同的是在折线下部或上部穿插红彩条带纹。标本如柳湾M475:1（图九：2）。

Ⅲ式：黑红复彩。折线三角主纹绘红彩，两侧辅以细线黑彩折线，上下绘粗细线横条带纹。标本如柳湾 M627:1（图九：3）。

Ⅳ式：黑红复彩。红彩绘折线纹，两侧辅以黑彩折线，折线上下绘黑红彩横条带，颈部图案下部出现红彩条带加黑彩齿带构图。标本如康乐清水采集品（图九：4）。

以上折线纹分为三组，Ⅰ式为第一组，黑色单彩构图，见于Ⅰ式壶；Ⅱ、Ⅲ两式为第二组，见于Ⅲ式壶；Ⅳ式为第三组，见于Ⅱ、Ⅲ式小口高领瓮。

5. 横条带纹

此纹样源于马家窑类型同类花纹，在半山时期彩陶中出现率很高。线条横向排列，粗细不等，依配色及构图差异，分为 A、B 两型。

A 型：黑色单彩。依构图变化，分为两式。

Ⅰ式：多为线条较粗的横列宽带纹，间以几股细线。标本如边家林采集品（图九：5）。

Ⅱ式：横条带纹变窄，粗细大体相若，等距离排列。标本如张寨：252（图九：6）。

B 型：黑红复彩。依构图变化，分为三式。

Ⅰ式：构图与 AⅠ横条带纹接近，配色改为黑红复彩，双色间隔使用，也有的间绘几道黑彩细线。标本如康乐阳山采集品（图九：7）。

Ⅱ式：构图与 AⅡ横条带纹类似，配色亦改为黑红复彩，条带纹变细，等距离排列。标本如边家林采集品（图九：8）。

Ⅲ式：条带纹粗细搭配，交替绘制，颈部图案下部出现红彩条带加黑彩齿带的构图。标本如瓦罐嘴：K.5034（图九：9）。

横条带纹 AⅠ、AⅡ为第一组，多见于Ⅰ式壶、AⅠ瓶；BⅠ、BⅡ为第二组，多见于Ⅱ式壶、AⅡ瓶；BⅢ为第三组，见于Ⅰ式瓮。以上三组依次为早晚关系。

6. 网格纹

此纹样源于马家窑类型同类花纹。在半山时期彩陶中出现率很高。主体纹样为交叉斜线构成的网纹，其间穿插黑红彩条带，依配色及构图差异，分

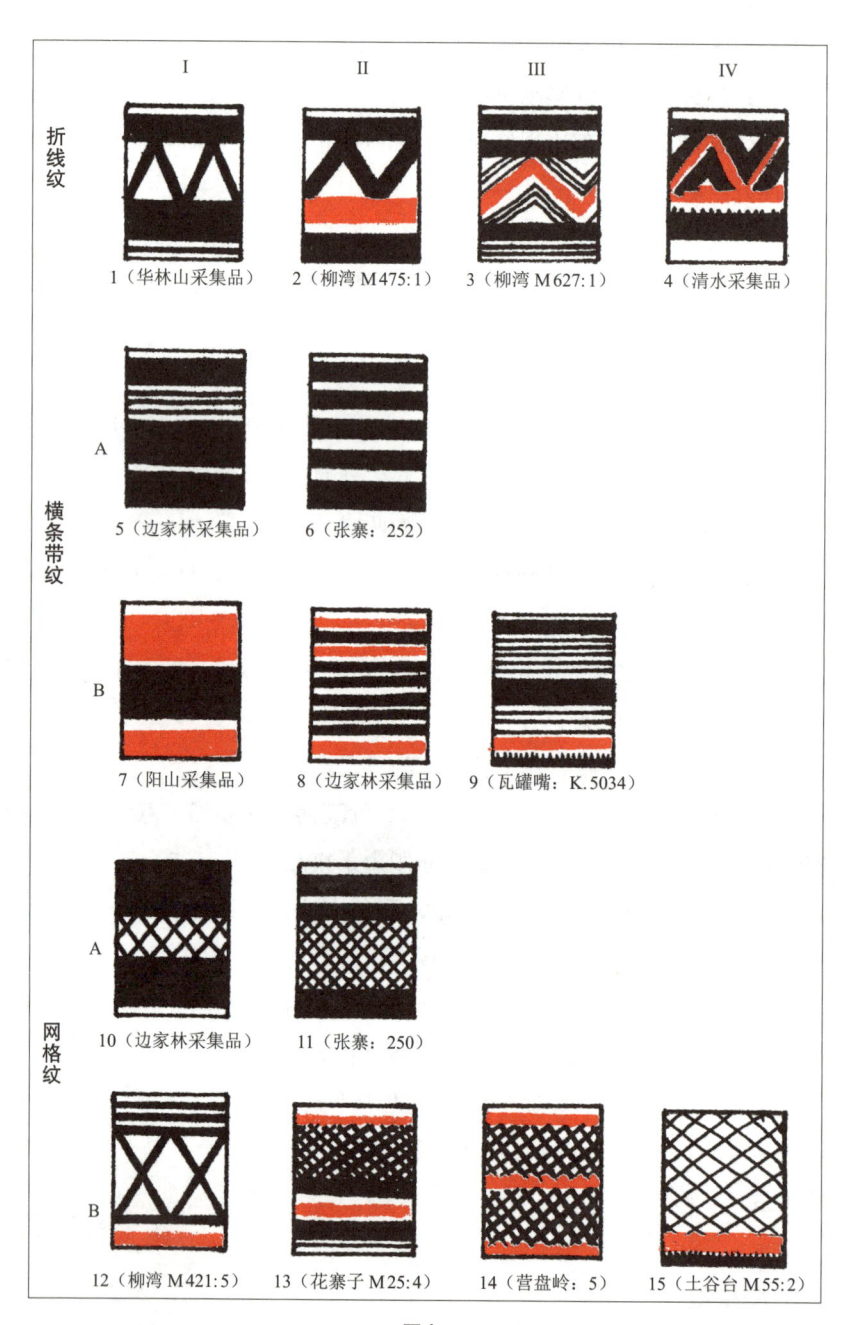

图九

为A、B两型。

A型：黑色单彩。依构图变化，分为两式。

Ⅰ式：网格纹排列粗疏，网目较大，上下配以粗大的宽带纹。标本如边家林采集品（图九：10）。

Ⅱ式：网格线条排列细密、规整，网目小，上下绘稍细的条带纹。标本如张寨：250（图九：11）。

B型：黑红复彩。依构图变化，分为四式。

Ⅰ式：黑彩绘粗疏网纹，画面呈连续"X"结构，网目疏大，上下绘黑红彩宽带纹。标本如柳湾M421:5（图九：12）。

Ⅱ式：黑彩绘一组规整网格纹，画面约占器颈二分之一，上下穿插粗细不等的黑红彩条带。标本如花寨子M25:4（图九：13）。

Ⅲ式：黑彩或红彩绘网格纹，占满器颈空间，再用黑彩或红彩横条将网格分割为上下两段。颈部图案下出现红彩条带加黑彩齿带的构图，齿尖夹角略大。标本如兰州营盘岭：5（图九：14）。

Ⅳ式：黑彩绘网格纹，构图略显不整，有些草率，颈部图案下流行红彩条带加黑彩齿带的构图，齿尖细密。标本如土谷台M55:2（图九：15）。

上述网格纹分三组，AⅠ、AⅡ为第一组，仅见于Ⅰ式壶、AⅠ瓶；BⅠ、BⅡ、BⅢ为第二组，多见于Ⅱ式壶、AⅡ瓶；BⅣ为第三组，见于Ⅳ式壶、AⅣ瓶或Ⅱ、Ⅲ式小口高领瓮等。以上四式代表了网格纹的阶段性变化。

7. 网格锯齿纹

半山时期出现的新纹样，复见率较高。均系黑红复彩构图，画面分上下两组，网格纹、锯齿纹各占一半，纹样搭配不固定，或上或下。依构图变化分为四式。

Ⅰ式：黑彩绘锯齿纹、网格纹，锯齿粗大，齿尖夹角近90度；网纹细密、排列规整，上下穿插黑红彩条带。标本如边家林M8:3（图十：1）。

Ⅱ式：构图与Ⅰ式相同，唯锯齿纹夹角变小，齿尖夹角约40度左右。构图规整，主纹样上下绘红彩条带。颈部图案下开始出现红彩条带加黑彩齿带构图。标本如地巴坪M40:7（图十：2）。

Ⅲ式：构图略有改变，锯齿纹或单排或双排，齿尖锋利，夹角小，网格构图略显粗放，颈部图案下流行红彩条带加黑彩齿带。标本如土谷台M49:1（图十：3）。

Ⅳ式：构图与Ⅲ式接近，网纹构图草率，锯齿小，齿尖锋利，往往向一侧倾斜。颈部图案下流行红彩条带加黑彩齿带。标本如兰州焦家庄：2（图十：4）。

以上四式网格锯齿纹分三组，Ⅰ式为第一组，仅见于Ⅱ式壶、AⅡ瓶；Ⅱ式为第二组，见于Ⅰ式小口高领瓮；Ⅲ、Ⅳ两式为第三组，多见于Ⅳ式壶、AⅣ瓶。

8. 横人字锯齿纹

半山时期出现的新纹样，出现率不高。黑红复彩构图，画面分两组，锯齿纹、横人字纹各占一半，纹样位置并不固定，或上或下。两种纹样以红彩条带纹间隔。依构图变化，分为两式。

Ⅰ式：锯齿纹粗大，齿尖夹角近90度。横人字纹、锯齿纹上下绘红彩条带。标本如边家林：31:131（图十：5）。

Ⅱ式：锯齿纹变小，齿尖夹角约30—45度间；锯齿纹、横人字纹上下绘黑红彩条带。颈部图案下流行红彩条带加黑彩齿带。标本如兰州：K.5056（图十：6）。

Ⅰ式横人字锯齿纹见于AⅡ瓶，Ⅱ式横人字锯齿纹见于Ⅰ式小口高领瓮。

9. 横人字条带纹

半山时期出现的新纹样，出现率偏低。黑红复彩构图，横条纹、横人字纹各占一半，纹样位置不固定，或上或下。依构图变化，分为两式。

Ⅰ式：黑彩绘横人字纹1—2列，主纹样上下绘黑红彩条带纹。标本如边家林采集品（图十：7）。

Ⅱ式：黑彩绘横人字纹，主纹样之上绘黑红彩条带、黑彩齿带纹，齿尖细密，颈部图案下流行红彩条带加黑彩齿带。标本如地巴坪M51:7（图十：8）。

Ⅰ式横人字条带纹见于AⅡ瓶，Ⅱ式横人字条带纹见于Ⅰ式小口高领瓮。

半山类型彩陶花纹的形态与谱系 | 63

图十

10. 漩涡纹

半山时期出现的新纹样，出现率偏低。黑红复彩构图，红彩绘主漩涡纹，漩涡纹周边绘黑彩弧曲线，向红彩一侧绘锯齿纹。颈部图案下流行红彩条带加黑彩齿带构图。无式别划分，此纹样见于Ⅱ式小口高领瓮。标本如兰州采集品（图十：9）。

11. 网格横人字纹

半山时期出现的新纹样，出现率偏低。黑红复彩构图，画面中有横人字、网格、横条带等，各约占画面三分之一，将器颈隔为3段，依构图差异，分为两式。

Ⅰ式：横条带纹略宽粗，网纹构图细密、规整。标本如甘肃采集品（图十：10）。

Ⅱ式：横条带线条较纤细，颈部图案下流行红彩条带加黑彩齿带。标本如地巴坪 M49:7（图十：11）。

Ⅰ式横人字网格纹见于Ⅰ式壶，Ⅱ式横人字网格纹见于Ⅰ式小口高领瓮。

12. 网格横条带纹

半山时期出现的新纹样，出现率很低。黑红复彩构图，画面分为2组，网格纹、横条带纹各占一半。黑彩绘网纹，其间穿插黑红彩条带、齿带等纹样，颈部图案下流行红彩条带加黑彩齿带。无式别划分。标本如兰州：K.5074（图十：12）。

13. 竖折线纹

半山时期出现的新纹样，出现率很低。黑色单彩，画面主要部分绘竖折线纹，呈密集的水波状，主纹样上下绘横条带纹。无式别划分，此纹样见于Ⅱ式壶。标本如边家林采集品（图十：13）。

14. 竖条带纹

为半山时期出现的新纹样，出现率极低。黑色单彩，依纹样差异，分为两式。

Ⅰ式：线条较细，排列不很规整。标本如半山：K.5488（图十：14）。

Ⅱ式：线条宽粗，排列较规整，条带两侧绘锯齿纹，颈下部绘齿带纹。标本如柳湾M570:5（图十：15）。

Ⅰ式竖列条带纹见于Ⅰ式壶，Ⅱ式竖列条带见于AV瓶。

腹部典型纹样及谱系

腹部花纹是为彩陶的主体，若从器物上部向下俯视，这部分的花纹会展现出多彩多姿的视觉影像，与平视的效果完全不同，有的像重重盛开的花朵，有的作层层套合的同心圆，有的作连续不断滚动的漩涡，往复循环、绵延不绝（图十一）。彩陶腹部花纹不仅形态复杂，种类多样，阶段性变化也相当富有规律，是彩陶编年研究的重要对象。现依花纹类别具体分析如下。

1. 横条带纹

此类纹样为马家窑类型同类花纹的延续，在半山类型彩陶中出现频率较高。画面由粗细不等的横条带构成。若俯视，这种花纹呈现等距套合的多重同心圆（图十一：1）。依配色及纹样差异，分为A、B两型。

A型：黑色单彩。由粗细不等的横条带组成，常见在条带纹中夹杂一些别的几何纹，或用条带将画面分为上下几组。依构图变化，分为五式。

Ⅰ式：横条带自上而下等距排列，线条粗细相若，间距均等，有的用双股竖线将画面分割；顶部和下部条带纹略粗，有的在下部绘一组垂弧水波纹。标本如张寨：252（图十二：1）。

Ⅱ式：画面分为上下两部分，上一半绘粗细间隔的横条带，下一半为辅助纹样，或绘多重水波纹，或绘旋涡纹。标本如边家林采集品（图十二：2）。

Ⅲ式：画面从上到下分为三组，上下两组绘粗细相间的横条带纹，中间一层在两条横带间绘竖折线纹，排列密集。标本如边家林：31:42（图十二：3）。

Ⅳ式：画面从上到下分为四层，每层用略粗的横条带间隔，顶部绘数组细线纹，以下绘两层密集网格纹，最下一层绘粗细相间的短竖线纹。标本如

66 | 半山与马厂彩陶研究

图十一

柳湾 M599:2（图十二：4）。

Ⅴ式：构图与Ⅳ式类似，用略粗的横带将画面分割为几组，每组内绘斜向排列的栅线纹，顶部出现齿带纹。标本如甘肃采集品（图十二：5）。

B型：黑红复彩。按构图变化，分为四式。

Ⅰ式：画面分为上下两部分，上一半绘细线黑彩条带和红彩宽带，下一半绘黑彩或黑红彩相间的漩涡纹、水波纹。标本如广河采集品（图十二：6）。

Ⅱ式：构图与BⅠ上半部相同，在红彩宽带间绘三条黑彩条带，也有的只绘红彩宽带纹。标本如边家林采集品（图十二：7）。

Ⅲ式：黑红彩宽带纹交替排列组合而成，线条基本等宽。标本如柳湾 M 656:2（图十二：8）。

Ⅳ式：黑红彩宽带纹交替排列而成，黑彩条带纹宽厚，其中用镂空技法处理出斜置的海贝状花纹。顶部和条带纹上部绘细密的锯齿，底部绘一组水波纹。标本如广河杜家坪采集品（图十二：9）。

横条带纹分为五组：AⅠ、AⅡ、AⅢ、AⅣ为第一组，BⅠ、BⅡ为第二组，AⅤ为第三组，BⅢ为第四组；以上四组的特征是主体纹样中基本不用或极少用锯齿纹，个别器在顶层出现齿带纹；BⅣ为第五组，特点是普遍出现锯齿纹。第一组仅见于Ⅰ式壶和AⅠ大口矮领瓮；第二组见于Ⅰ式壶和BⅠ大口罐；第三组见于Ⅱ式壶；第四组见于Ⅲ式壶；第五组见于Ⅱ式小口高领瓮。以上五组大致概括了横条带纹的变化历程。

2. 齿带纹

半山时期出现的新纹样，出现频率高。此类纹样俯视时，画面构图与横条带纹类似，呈带齿的同心圆结构（图十一：2）。有少量齿带纹为竖向排列，俯视时，画面呈辐射线状，与器口聚合，宛若光芒四射的太阳（图十一：3）。齿带纹大致分两类，一类在齿带之间绘黑彩或黑红彩条带；另一类全部由齿带纹组成。依配色和构图差异，分A、B、C三型。

A型：黑色单彩。依构图变化，分为五式。

Ⅰ式：画面分上下两部分，上一半绘粗细横条带；下一半绘粗大的齿带纹，齿尖粗大，夹角60度以上，呈相互咬合状。标本如张寨:260（图十三：1）。

横条带纹
A

1　Ⅰ（张寨：252）
2　Ⅱ（边家林采集品）
3　Ⅲ（边家林：31：42）
4　Ⅳ（柳湾 M599：2）
5　Ⅴ（甘肃采集品）

B

6　Ⅰ（广河采集品）
7　Ⅱ（边家林采集品）
8　Ⅲ（柳湾 M656：2）
9　Ⅳ（杜家坪采集品）

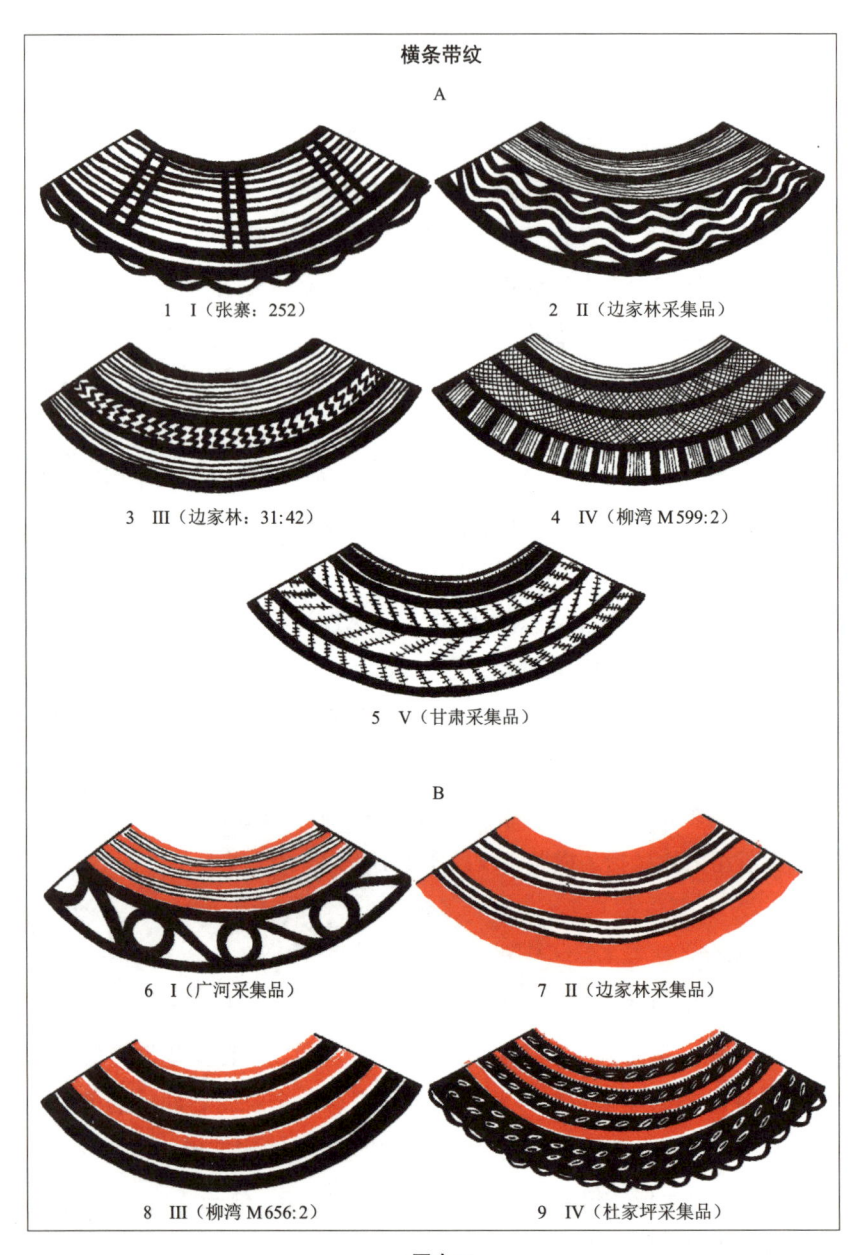

图十二

Ⅱ式：画面分上、中、下三层，上层为粗细横条带；中层为主体，绘粗大锯齿纹，齿尖角度90度左右，构图疏朗；下层绘两组水波纹，其间穿插条状鱼形纹。标本如边家林 M9∶1（图十三∶2）。

Ⅲ式：画面由粗细条带、齿带组成。画面结构与AⅠ接近，线条较细，在细条带纹之间穿插齿带纹，锯齿较宽大，夹角近90度。标本如边家林 M12∶5（图十三∶3）。

Ⅳ式：画面分为三层，上层绘细线横条带；中层绘齿带纹，排列十分密集，锯齿较小，齿尖夹角约30—40度；下层绘水波纹或漩涡纹。标本如花寨子采集品（图十三∶4）

Ⅴ式：画面分上下两部分，上一半绘齿尖向上的大锯齿，下一半绘齿尖相对的两组齿带纹，锯齿粗大，齿尖夹角近90度。顶部和上下两组大锯齿之间绘细密的齿带纹。标本如苏呼撒 M108∶1（图十三∶5）。

B型：黑红复彩。依构图变化，分为七式。

Ⅰ式：构图与AⅢ齿带纹相近，不同的是在横条带、齿带间穿插红彩条带，下部绘水波纹、漩涡纹。锯齿齿尖角度约50度左右。标本如边家林 M11∶1（图十三∶6）。

Ⅱ式：构图与AⅣ齿带纹相同，差别仅仅是在横条带、齿带纹之间穿插红彩条带，下部绘黑红彩漩涡纹或黑彩水波纹、漩涡纹。标本如花寨子 M11∶1（图十三∶7）。

Ⅲ式：齿带纹宽粗豪放，上下边缘均出大锯齿，齿带之间以红彩宽带纹隔开，底部绘一组水波纹。标本如兰州营盘岭∶8（图十三∶8）。

Ⅳ式：画面分为上下两层，每层构图相同，各绘三组黑彩齿带，锯齿夹角大于90度，顶部和上下两层间穿插1—2股红彩条带、齿带纹。标本如临洮牛头沟采集品（图十三∶9）。

Ⅴ式：由黑彩宽齿带和红彩宽带构成，黑彩上边绘锯齿，齿尖细小，排列密集，底部绘一组水波纹。标本如地巴坪 M20∶2（图十四∶1）。

Ⅵ式：画面由上下层层排列的齿带组成，齿尖锋利，夹角45度左右，排列密集，有些齿尖略向一侧倾斜，顶部绘红彩条带。标本如甘肃采集品（图十四∶2）。

Ⅶ式：用等粗的黑红彩条带将画面分为三组，每组间绘数道细线齿带，

齿带纹（一）

A

1　Ⅰ（张寨：260）　　　　2　Ⅱ（边家林 M9:1）

3　Ⅲ（边家林 M12:5）　　4　Ⅳ（花寨子采集品）

5　Ⅴ（苏呼撒 M108:1）

B

6　Ⅰ（边家林 M11:1）　　7　Ⅱ（花寨子 M11:1）

8　Ⅲ（营盘岭：8）　　　　9　Ⅳ（牛头沟采集品）

图十三

半山类型彩陶花纹的形态与谱系 | 71

齿带纹（二）

1　V（地巴坪 M20:2）

2　VI（甘肃采集品）

3　VII（焦家庄:8）

C

4　I（边家林采集品）

5　II（徐家碾采集品）

6　III（营盘岭:6）

7　VI（土谷台 M67:5）

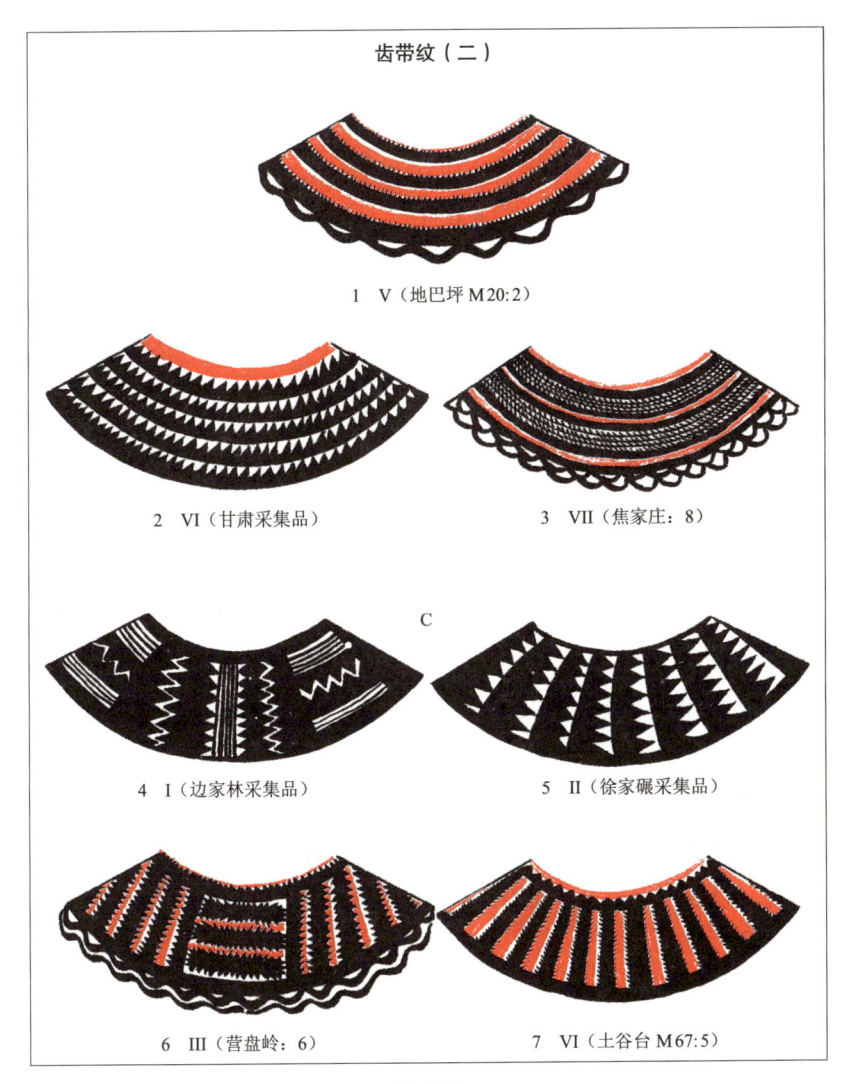

图十四

线条纤细，致使齿带近乎网状；底部绘1—2组水波纹。标本如兰州焦家庄：8（图十四：3）。

C型：出现频率偏低，齿带竖向排列。依配色及构图差异，分为四式。

Ⅰ式：黑色单彩。用竖列齿带、细线纹分割画面，每组画面之间穿插细线横条带、齿带纹，锯齿较粗大，呈相互咬合的对齿状。标本如边家林采集品（图十四：4）。

Ⅱ式：黑色单彩。画面由相同的竖列齿带构成，齿带一侧出齿，排列紧凑。标本如庄浪徐家碾采集品（图十四：5）。

Ⅲ式：黑红复彩。黑彩绘竖列齿带，双向出齿，齿尖较粗大，风格粗犷。两列齿带间绘红彩竖条带，底部绘1—2组水波纹。标本如兰州营盘岭：6（图十四：6）。

Ⅳ式：黑红复彩。竖列齿带形态相同，排列密集、紧凑，锯齿齿尖细密，风格细腻；顶部绘红彩条带、黑彩齿带。标本如土谷台M67:5（图十四：7）。

依画面风格齿带纹可分为六组：第一组包括AⅠ、AⅡ、CⅠ、CⅡ；第二组有AⅢ、BⅠ；第三组以AⅣ、BⅡ为代表；第四组以BⅢ、CⅢ为代表；第五组以BⅣ、BⅤ为代表；第六组有BⅥ、BⅦ、CⅣ。AⅤ纹样和器形均较特殊，从其出土于苏呼撒这一时间跨度不大的墓地考虑，可将其归入第五组。第一组多见于Ⅰ式壶、AⅠ瓶、AⅠ单耳罐；第二组见于Ⅰ、Ⅱ式壶，AⅠ大口矮领瓮；第三组见于Ⅰ、Ⅱ式壶；第四组见于Ⅱ式壶、AⅠ单耳罐；第五组见于AⅢ瓶、Ⅱ式小口高领瓮；第六组见于Ⅲ、Ⅳ式小口领瓮，BⅡ单耳罐等。以上六组代表了齿带纹在不同时段的特征。

3. 凸弧纹

此纹样源于马家窑类型晚期，在半山时期的彩陶中出现率较高。基本构图为向上凸起的弧状条带，线条粗细不一。一般每器绘四组凸弧纹，个别绘两组，每组凸弧纹之间的峰底用其他几何纹补白。俯视时，凸弧纹呈内敛的四角菱星形（图十一：4）。依配色差异，分为A、B两型。

A型：黑色单彩。依构图差异，分为四式。

Ⅰ式：画面主体绘凸弧纹，线条纤细，排列密集。凸弧上下辅以细线条带，底部绘一组水波纹。标本如边家林采集品（图十五：1）。

Ⅱ式：画面分上下两部分。凸弧纹居上部，为画面主体，约占图案带的三分之二。凸弧线条纤细，排列密集，构图与ＡⅠ式相近。凸弧之间有的绘细齿带，顶部绘细线条带，底部绘漩涡纹或对齿纹。标本如边家林采集品（图十五：2）。

Ⅲ式：画面主体部分的凸弧纹为细线凸弧中间夹一宽大凸弧齿带。两组凸弧之间绘弧三角对齿纹，顶部绘细线条带，底部绘一组辅助的齿带纹。锯齿纹均较粗大。标本如边家林采集品（图十五：3）。

Ⅳ式：由粗细相间的凸弧条带组成，等距离排列，每组粗线凸弧之间绘三组细线凸弧。顶部绘黑彩横条带纹，底部绘一组水波纹。标本如地巴坪 M35:7（图十五：4）。

Ｂ型：黑红复彩。依图案差异，分为五式。

Ⅰ式：凸弧纹居画面中心位置。黑彩凸弧线条纤细，其间穿插红彩凸弧。下部三分之一绘黑红彩条带纹、水波纹。标本如柳湾 M666:3（图十五：5）。

Ⅱ式：画面与ＡⅢ凸弧纹十分近似，主纹样为细线凸弧，其间穿插齿带凸弧，顶部绘黑彩细条带纹，下为齿带；底部绘横条带纹和数组水波纹。标本如边家林采集品（图十五：6）。

Ⅲ式：凸弧由黑彩齿带和红彩宽带交替而成，黑彩凸弧纹两侧边缘有锯齿，齿尖较大，风格粗犷。底部绘黑条带纹、水波纹。标本如边家林采集品（图十五：7）。

Ⅳ式：构图与ＢⅢ凸弧纹接近，黑红彩交替使用，唯锯齿齿尖小而密集。顶部开始出现红彩条带加黑彩齿带，底部绘黑红彩条带纹、水波纹。标本如地巴坪 M9:1（图十五：8）。

Ⅴ式：画面结构与ＢⅣ凸弧纹相仿，不同的是有不少采用镂空技法在黑彩凸弧带中处理出片片的棱形叶片，黑彩突弧边缘有小而细密的锯齿。或在突弧纹上下空白绘其他不同形状的几何纹。顶部流行红彩条带加黑彩齿带的构图；底部流行水波纹。标本如甘肃采集品、永靖樱桃山采集品（图十五：9、10）。

依构图变化可将凸弧纹分为五组，第一组以ＡⅠ、ＡⅡ为代表，特征是全部用黑色单彩，不见锯齿纹；第二组以ＢⅠ为代表，特征是出现红彩，但

凸弧纹

A

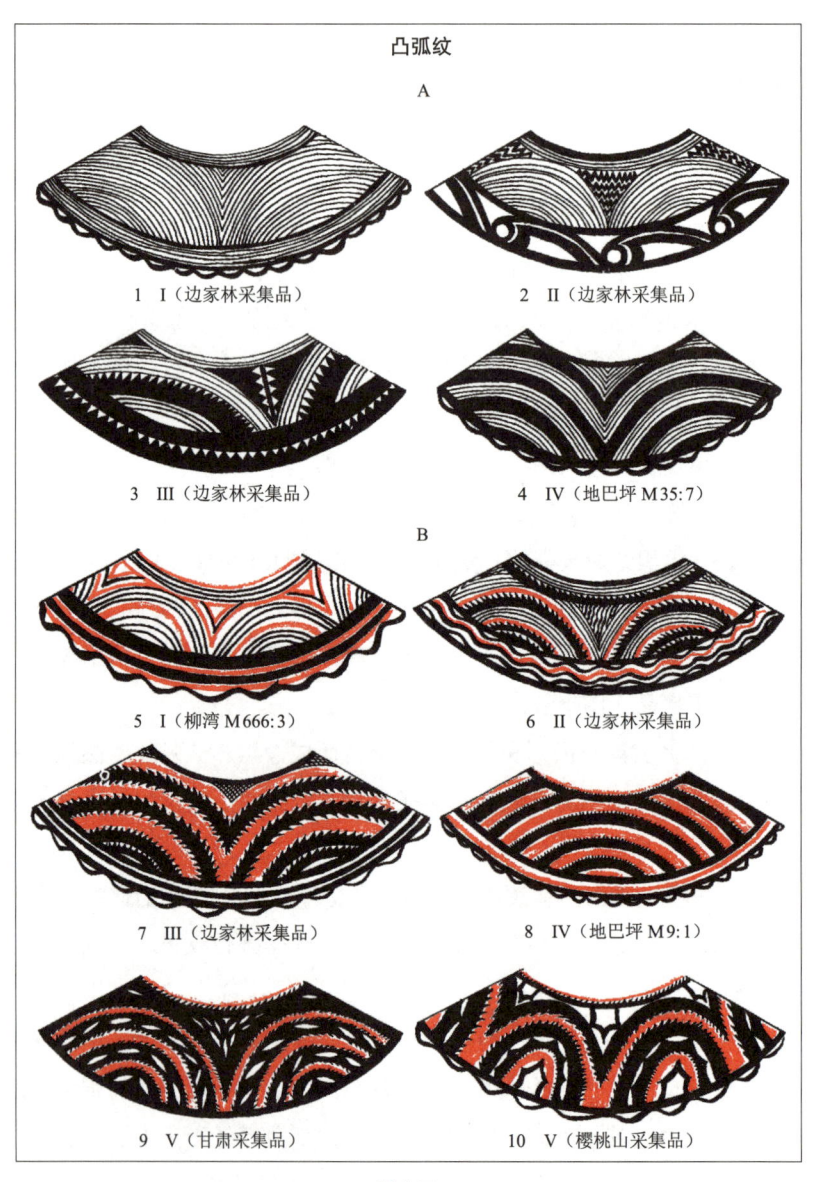

1 Ⅰ（边家林采集品）
2 Ⅱ（边家林采集品）
3 Ⅲ（边家林采集品）
4 Ⅳ（地巴坪 M35:7）

B

5 Ⅰ（柳湾 M666:3）
6 Ⅱ（边家林采集品）
7 Ⅲ（边家林采集品）
8 Ⅳ（地巴坪 M9:1）
9 Ⅴ（甘肃采集品）
10 Ⅴ（樱桃山采集品）

图十五

不用锯齿纹；第三组以AⅢ、BⅡ、BⅢ为代表，特征是出现红彩和锯齿纹，特点是锯齿较大，风格粗犷；第四组以AⅣ、BⅣ为代表，特点是兼用红彩和锯齿纹，但锯齿比较细小；第五组以BⅤ为代表，在黑彩凸弧纹中镂空出叶片或填绘其他几何纹。以上第一、第二两组见于Ⅰ式壶和AⅠ瓶；第三组见于Ⅱ式壶；第四组见于AⅢ大口瓮；第五组见于AⅢ大口瓮和Ⅰ式小口高领瓮。以上五组反映出凸弧纹的演变序列。

4. 漩涡纹

此纹样源于马家窑类型晚期，半山时期空前发展，出现率颇高，为极富代表性的典型花纹之一。画面构图由数组圆圈、弧线连接成连续旋转的漩涡状，涡心一般4个，也有的6个，最多9个，基本上按照逆时针方向旋转。若俯视，漩涡纹若呈弧曲旋转的四角星或六角星形（图十一：5、6、7）。依漩涡之大小、构图差异，分为A、B、C三型。

A型：漩涡纹涡心呈小圆圈状，涡心内一般空白，个别绘十字、卵点补白。依纹样变化，分为六式。

Ⅰ式：黑色单彩。漩涡线条略宽粗，四周环绕稍细的弧曲线纹。顶部绘横条带纹，底部绘横条带纹和数组水波纹。标本如甘肃采集品（图十六：1）。

Ⅱ式：黑红复彩。主漩涡纹用略宽粗的黑彩绘制，上下辅以黑红彩弧曲线、横条带纹。标本如兰州关帝坪M1:2（图十六：2）。

Ⅲ式：黑红复彩。主漩涡纹改用略宽粗的红彩绘制，涡纹下辅以宽粗的黑彩弧曲锯齿纹、红彩弧曲线纹，涡纹上部绘细线条带和锯齿带纹；下部绘黑红彩漩涡纹或水波纹。标本如甘肃采集品（图十六：3）。

Ⅳ式：黑红复彩。主漩涡纹用细线红彩绘制，周边交替绘有繁密、纤细的黑红彩弧曲线纹。也有的将画面分为上下两部分，上半部绘细线漩涡纹，下半部绘其他辅助类花纹，如漩涡纹、水波纹等。标本如花寨子M18:1（图十六：4）。

Ⅴ式：黑红复彩。主漩涡用红彩绘制，漩涡上下绘黑彩弧齿带纹、红彩弧曲线纹，除少数不用锯齿纹外，多数黑彩弧曲纹两侧出锯齿，齿尖较大，格调粗犷。顶部绘细线横条带纹。标本如边家林M8:3（图十六：5）。

Ⅵ式：黑红复彩。画面构图与AⅤ漩涡纹基本相同，有变化的是黑彩弧齿带上的锯齿小而细密，顶部绘黑彩齿带加红彩条带，底部绘一组水波纹。标本如地巴坪 M38：2（图十六：6）。

B 型：漩涡纹涡心直径增大，逐渐占满画面空间。均为黑红复彩，主漩涡一律用红彩绘制，一般 4 个圆涡组成一组，最多 6 个，周边辅以黑红彩弧曲线纹，黑彩边缘多绘锯齿，涡心内普遍绘有几何纹。依构图变化，分为四式。

Ⅰ式：漩涡涡心直径约占画面三分之二，圆涡上部空白绘齿带纹，漩涡下侧绘宽大的黑彩弧曲线。顶部绘黑彩齿带和红彩条带。标本如康乐范家采集品（图十六：7）。

Ⅱ式：圆涡涡心直径更大，挤满画面空间，四周绘黑红彩弧曲线纹，黑彩边缘绘锯齿，涡心内多绘棋盘格一类几何纹。顶部绘黑彩齿带和红彩条带纹，底部绘一组水波纹。标本如乐都贾湾采集品（图十六：8）。

Ⅲ式：构图与 BⅡ漩涡纹相近，漩涡之间空白用齿带或其他几何纹填补，构图略显松散。顶部绘黑彩齿带和红彩条带，底部绘水波纹。标本如土谷台 M26：5（图十六：9）。

Ⅳ式：漩涡四周多空白，画面显得比较虚空，红彩漩涡四周环绕的黑彩内缘多不用锯齿，涡心内特别流行双线井字网格纹；顶部绘黑彩齿带和红彩条带纹。标本如朱家寨：K.6380（图十六：10）。

C 型：漩涡纹用红彩绘制，涡心较小，与 A 型类似。画面作间断式构图，两个圆涡构成一组，或横列或斜置，漩涡亦从逆时针方向旋转。有的在两组漩涡之间绘葫芦纹、圆圈纹，漩涡周边的黑彩绘锯齿。依构图差异，分为两式。

Ⅰ式：漩涡纹横向排列，涡纹周边绘黑红彩弧曲线纹，漩涡之间绘葫芦纹、圆圈纹。顶部绘黑彩齿带和红彩条带纹，底部绘一组水波纹。所选标本藏法国巴黎（参见《半山马厂随葬陶器》FIG：209）（图十七：1）。

Ⅱ式：漩涡纹斜向排列，布局紧凑，漩涡四周绘黑红彩弧曲线纹。顶部绘黑彩齿带和红彩条带纹，底部绘一组水波纹。标本如兰州采集品（图十七：2）。

依构图及配色变化可将漩涡纹分作七组：AⅠ为第一组，特征是绘黑色单彩，尚无锯齿；AⅡ为第二组，特点是漩涡纹用黑彩，间以红彩，无锯齿纹；AⅢ、AⅣ、AⅤ为第三组，特点是黑红复彩，普遍出现锯齿纹，风格

半山类型彩陶花纹的形态与谱系 | 77

旋涡纹（一）

A

1　Ⅰ（甘肃采集品）

2　Ⅱ（关帝坪 M1:2）

3　Ⅲ（甘肃采集品）

4　Ⅳ（花寨子 M18:1）

5　Ⅴ（边家林 M8:3）

6　Ⅵ（地巴坪 M38:2）

B

7　Ⅰ（范家采集品）

8　Ⅱ（贾湾采集品）

9　Ⅲ（土谷台 M26:5）

10　Ⅳ（朱家寨：K.6380）

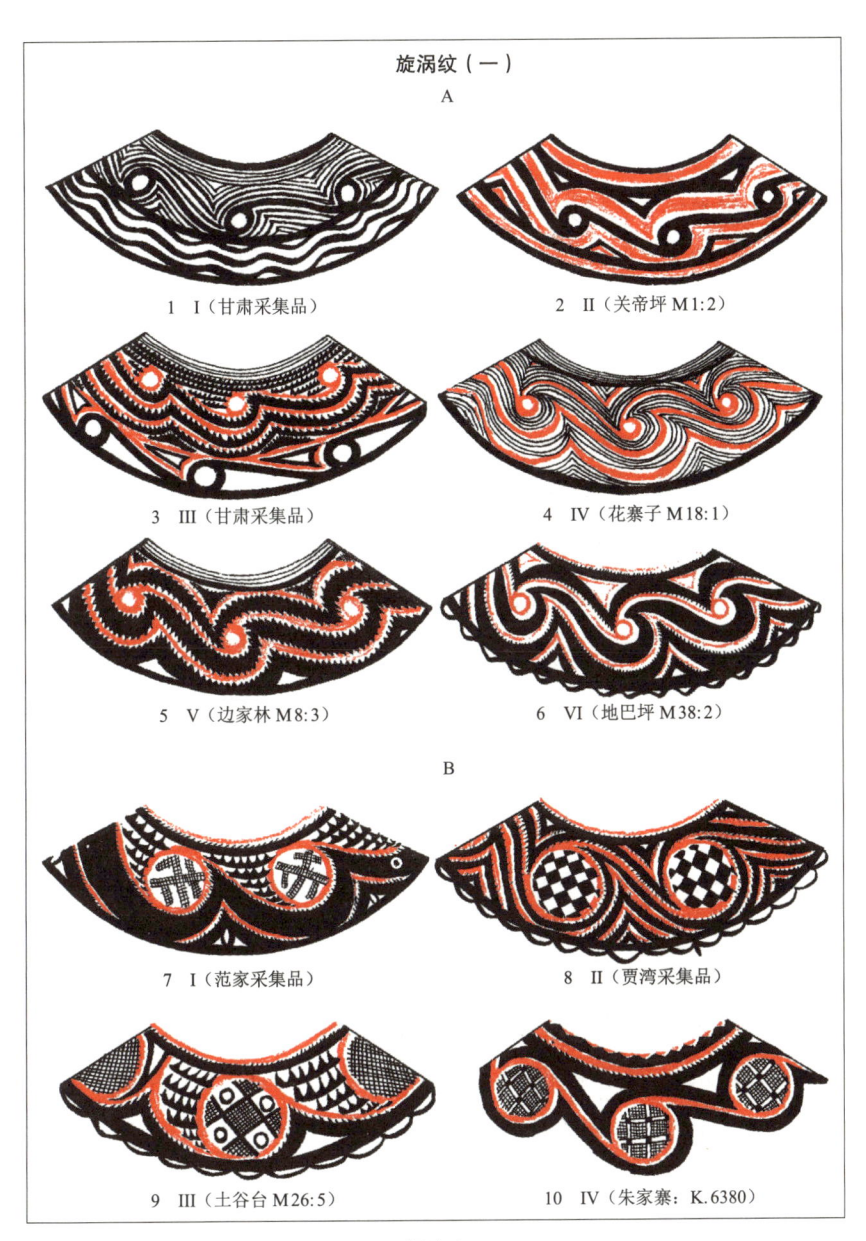

图十六

粗犷；AVI、C型为第四组，特点是黑红复彩构图，锯齿纹细小密集，顶部流行黑彩齿带加红彩条带，底部流行水波纹；BⅠ、BⅡ为第五组，特点与第四组接近；BⅢ为第六组，构图与前两组接近，但构图略显松散；第七组以BⅣ为代表，锯齿纹锐减，涡纹周边多空白，圆心内流行双线井字网格纹。第一、第二组见于Ⅰ式壶；第三组见于Ⅱ式壶和AⅡ大口瓮；第四组多见于Ⅲ式壶、AⅢ瓮；第五组见于Ⅱ、Ⅲ式小口高领瓮；第六组多见于Ⅲ式小口高领瓮、AⅣ瓮；第七组仅见于西宁朱家寨遗址出土的Ⅲ式高低耳罐、双耳罐等。以上七组花纹代表了漩涡纹的早晚演变轨迹。

5. 垂弧纹

半山时期发展出的新纹样，出现率较高。画面为上下多层重叠、向下弯垂的弧形纹。此类花纹若俯视，画面呈繁缛而热烈的复瓣大团花状（图十一：8）。依配色、构图差异，分为A、B两型。

A型：垂弧纹线条纤细，排列紧凑，间距较密，依纹样变化，分为四式。

Ⅰ式：黑色单彩。画面分上下两部分，上半部绘垂弧纹，排列密集；下半部在两组横带间绘水波纹。标本如边家林采集品（图十七：3）。

Ⅱ式：黑红复彩。构图与AⅠ类似，上半部绘黑红彩细线垂弧纹，每三组黑彩间绘一组红彩；下半部在两组横条带之间绘黑彩漩涡纹。标本如边家林采集品（图十七：4）。

Ⅲ式：黑红复彩。构图与AⅡ上半部雷同，但顶部出现两道黑彩锯齿带纹加红彩条带纹。标本如瓦罐嘴：K.5752（图十七：5）。

Ⅳ式：黑红复彩。线条明显加粗，构图略显松散不整，黑彩垂弧纹上缘普遍绘锯齿纹；底部绘不规则水波纹。标本如康乐辛雍家采集品（图十七：6）。

B型：垂弧纹线条宽粗，垂弧加大拉长，依配色、构图不同，分为四式。

Ⅰ式：黑色单彩。垂弧纹弧距较大，围绕器腹2—4匝，弧线上缘绘锯齿。标本如边家林：31:163（图十七：7）。

Ⅱ式：黑红复彩交替使用。垂弧纹弧距较短，上下多层排列，密集繁复，黑彩垂弧上缘绘锯齿纹，齿尖刺向红彩。顶部流行黑彩齿带加红彩条带；底部常用水波纹。标本如地巴坪M51:5（图十七：8）。

Ⅲ式：垂弧纹弧距极宽大，一般2—3匝即绕器腹一周。黑彩垂弧上缘绘细密的锯齿，齿尖刺向红彩。顶部流行黑彩齿带加红彩条带纹；底部流行水波纹。标本如张家台M11:1（图十七：9）。

Ⅳ式：垂弧纹更宽大，2匝即绕器腹一周。主纹样用红彩绘制，宛若一轮弯月。弯月内空白处填绘黑彩网格、逗点纹补白；顶部流行黑彩齿带加红彩条带纹；底部流行水波纹。标本如土谷台M49:1（图十七：10）。

垂弧纹可分为六组：AⅠ为第一组，用黑色单彩，无锯齿纹；AⅡ为第二组，出现红彩，但无锯齿纹；AⅢ、AⅣ、BⅠ为第三组，特点是普遍用黑红复彩、锯齿纹；BⅡ为第四组，用黑红复彩，锯齿纹尖利、细密；BⅢ为第五组，用黑红复彩，垂弧纹宽大，锯齿纹细小、密集；BⅣ为第六组，垂弧用红彩绘成，更为宽大。第一、第二组见于Ⅰ式壶；第三组见于AⅠ瓮、Ⅱ式壶和Ⅰ式双口壶；第四组多见于AⅢ瓮；第五组见于AⅢ、BⅠ、BⅡ瓶，Ⅲ式高低耳壶和Ⅱ式双口壶；第六组见于BⅡ、AⅣ瓶，BⅢ瓮。以上六组反映了垂弧纹的变化过程。

6. 圆圈纹

此纹样源于马家窑类型晚期，在半山类型彩陶中出现率很高。主题花纹由一组圆圈构成，圆圈或大或小，疏密不一，一般4个一组，也有的两个一组，最多达8个一组。圆圈纹俯视时，画面作花团锦簇状（图十一：9）。圆圈纹内最为流行填绘网格、棋盘格；圆圈之间的空白多以网纹为地。除大圆圈外，还有少量的小圆圈纹，个体更多。据配色和构图差异，分为A、B、C三型。

A型：黑色单彩。依圆圈大小差异，分a、b两个亚型。

Aa型：略小的圆圈纹，一般四枚圆圈为一组，依构图变化，分为两式。

Ⅰ式：画面主体部位绘一组四枚圆圈，圈内绘镂空花瓣、网格纹；圆圈之间空白多以网纹、弧边三角卵点为地，圆圈上下绘横条带或漩涡、水波纹等。标本如边家林采集品（图十八：1）。

Ⅱ式：画面上部三分之二绘圆圈纹一组四枚，圈内绘网纹，圆圈之间以细折线齿带为地；下部三分之一绘辅助类的漩涡、水波纹样。标本如兰州牟家坪采集品（图十八：2）。

Ab型：圆圈较大，直径占满画面空间，依构图变化，分为两式。

Ⅰ式：大圆圈两个一组，圆圈内绘网纹或疏网纹，有的将圆圈竖向一分

漩涡纹（二）

C

1　Ⅰ（法国巴黎藏）　　　2　Ⅱ（兰州采集品）

垂弧纹

A

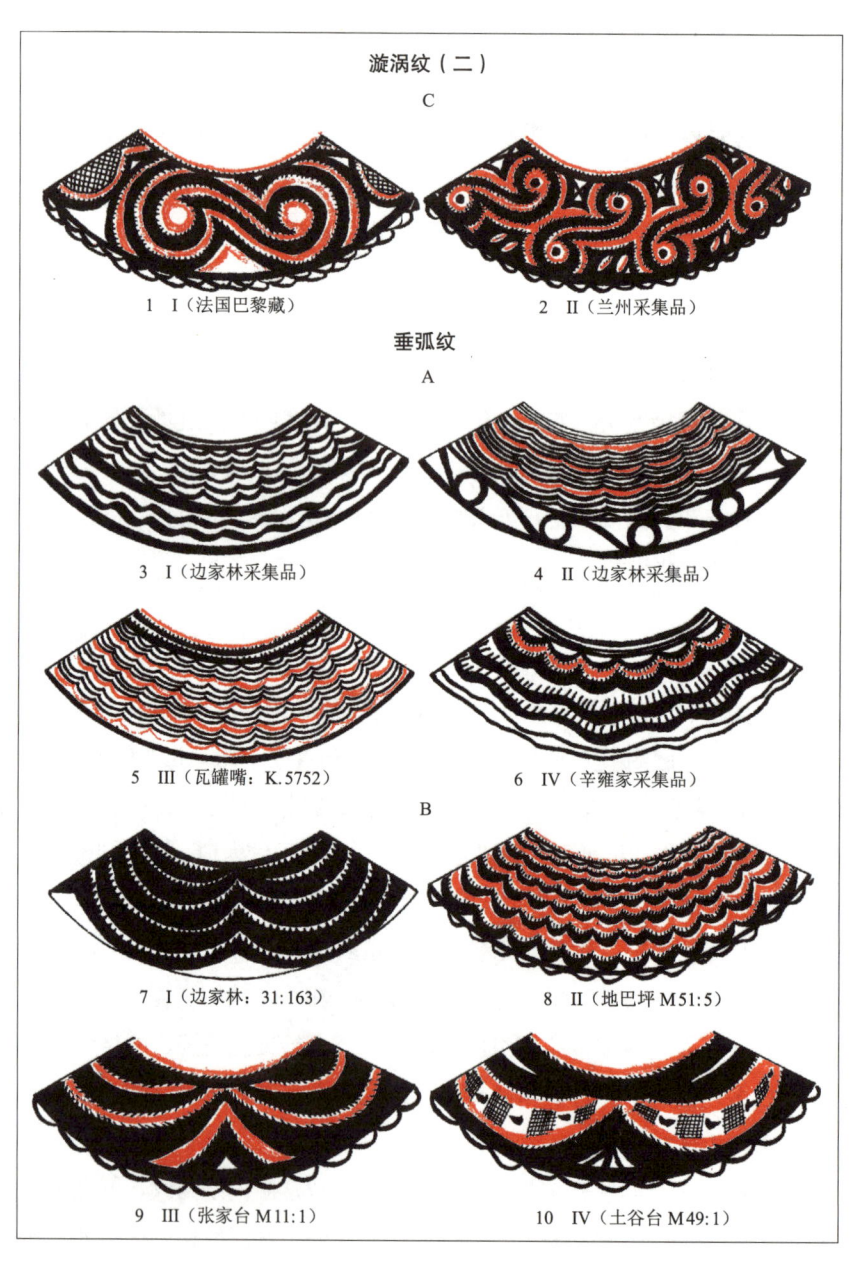

3　Ⅰ（边家林采集品）　　　4　Ⅱ（边家林采集品）

5　Ⅲ（瓦罐嘴：K.5752）　　　6　Ⅳ（辛雍家采集品）

B

7　Ⅰ（边家林：31:163）　　　8　Ⅱ（地巴坪 M51:5）

9　Ⅲ（张家台 M11:1）　　　10　Ⅳ（土谷台 M49:1）

图十七

为二，形成两个半圆，中心空白加绘对齿、横齿带纹等；圆圈外空白绘弧线纹、斜线纹等。标本如张寨：267（图十八：3）。

Ⅱ式：四大圆圈构成一组，等距离排列，圆心内绘网纹，圆圈四周辅以细线圆弧。顶部绘横条带纹，底部绘水波纹。标本如乐都申家旱台采集品（图十八：4）。

B型：黑红复彩。依圆圈大小差异，分为a、b两个亚型。

Ba型：与Aa圆圈纹构图类似，4—6个圆圈为一组，依构图不同，分为两式。

Ⅰ式：画面上部三分之二绘圆圈纹，圆圈内绘网纹，圆圈之间以细线纹、齿带纹、网纹为地。下部三分之一绘辅助横条带纹、齿带纹或漩涡纹。标本如边家林采集品（图十八：5）。

Ⅱ式：画面中心绘一组圆圈，圆圈内绘网纹，圆圈两侧辅以红彩圆弧线纹。主纹样上下绘黑红彩横条带纹，底部绘水波纹。标本如柳湾M620:6（图十八：6）。

Bb型：大圆圈上下占满画面，依构图变化，分为四式。

Ⅰ式：构图与AbⅠ圆圈纹接近，不同的是圆圈主轮廓改用红彩，圆圈内绘密集的网纹。圆圈之间绘齿尖粗大的对齿，咬合紧密。标本如花寨子M26:4（图十八：7）。

Ⅱ式：红彩绘大圆圈纹，外周套合黑红彩圆圈，排列紧密。圆圈上下绘黑红彩弧曲线，圆圈内绘棋盘格、网纹等，黑彩内圈普遍绘锯齿。顶部流行黑彩齿带加红彩条带纹，底部流行绘水波纹。标本如地巴坪M24:？（图十八：8）。

Ⅲ式：红彩绘四大圆圈，外周套合黑彩圆圈，黑彩圆圈内侧绘锯齿；圆圈等距离排列，其间空隙以网纹为地。圆圈内绘网格、棋盘格等。顶部流行黑彩齿带加红彩条带纹，底部绘水波纹。标本如地巴坪M53:3（图十八：9）。

Ⅳ式：红彩绘四大圆圈，外周黑彩套绘圆圈，圆圈内流行绘双线网格纹。圈内侧绘锯齿，圆圈排列紧凑，相互无间隙。顶部流行绘黑彩齿带加红彩条带，底部绘一组水波纹。标本如土谷台M81:？（图十八：10）。

C型：小圆圈纹。据用色及构图差异，分为四式。

Ⅰ式：黑色单彩。主纹样为黑彩宽带纹，用镂空技法处理出小圆圈，分

圆圈纹（一）

Aa　　　　　　　　　　　Ab

1　Ⅰ（边家林采集品）　　　3　Ⅰ（张寨：267）

2　Ⅱ（牟家坪采集品）　　　4　Ⅱ（申家旱台采集品）

Ba

5　Ⅰ（边家林采集品）　　　6　Ⅱ（柳湾 M620:6）

Bb

7　Ⅰ（花寨子 M26:4）　　　8　Ⅱ（地巴坪 M24:?）

9　Ⅲ（地巴坪 M53:3）　　　10　Ⅳ（土谷台 M81:?）

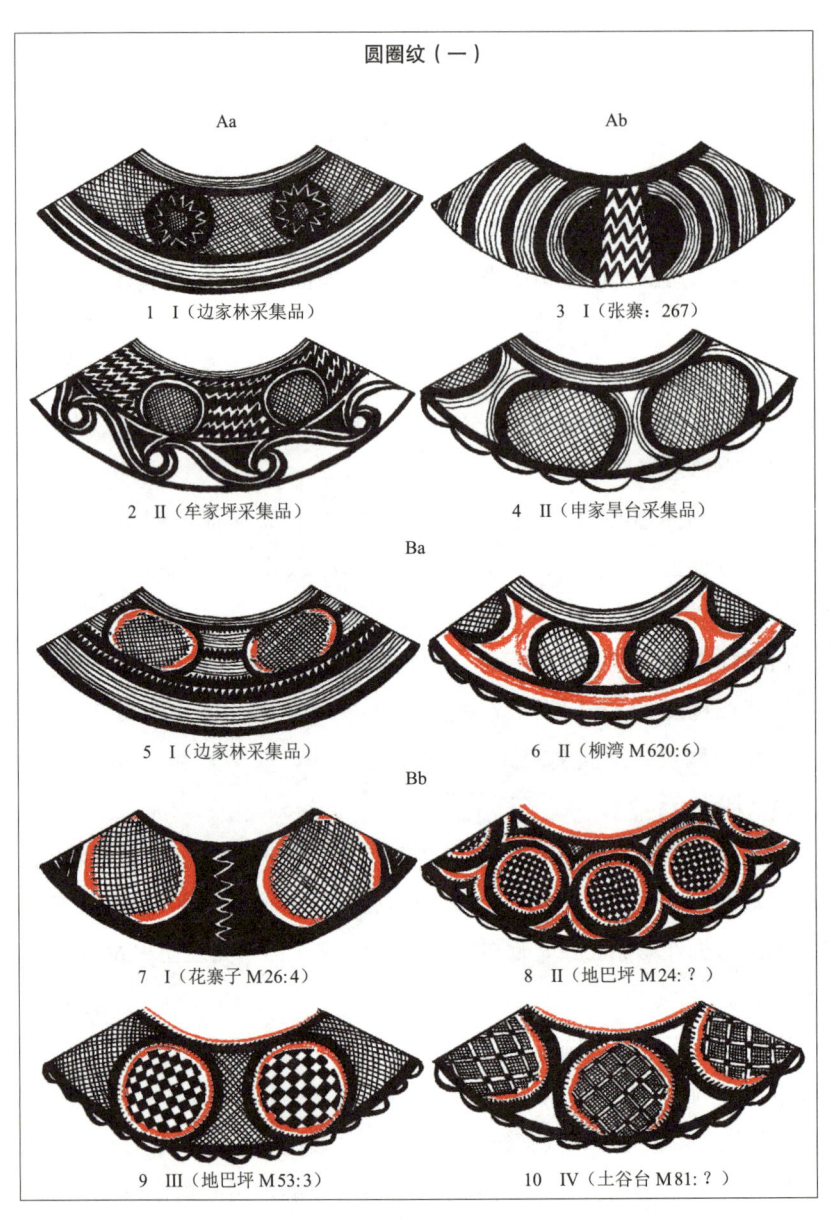

图十八

半山类型彩陶花纹的形态与谱系 | 83

圆圈纹（二）
C

1　I（半山：K.5062）
2　II（甘肃采集品）
3　III（地巴坪 M28:2）
4　IV（地巴坪 M49:8）

人蛙纹
A　　　　　　　　　　　　B

5　I（清水采集品）
8　I（巴黎卢浮宫藏）
6　II（加拿大安大略皇家考古博物馆藏）
9　II（临洮采集品）
7　III（法国巴黎藏）
10　III（临洮采集品）

图十九

上下两排，间隔以横条带，小圆圈内绘网纹、米字纹，底部绘水波纹。标本如半山：K.5062（图十九：1）。

Ⅱ式：黑红复彩。画面分上下两部分，上部三分之二绘黑红彩圆圈纹，内红外黑，黑圈内侧绘锯齿，圆心内绘卵点；圆圈之间以齿带为地纹。下部三分之一在宽带中间用镂空技法处理出联珠卵点纹。顶部绘红彩条带加黑彩齿带，上下两组之间绘水波纹。标本如甘肃采集品（图十九：2）。

Ⅲ式：基本母题为黑红彩四小圆圈构成一组十字花纹，或作上下散点排列状，黑彩内侧绘锯齿，圈心空白。圈外空白处绘短栅线纹、竖条纹，顶部绘红彩条带加黑彩齿带，底部绘水波纹。标本如地巴坪M28:2（图十九：3）。

Ⅳ式：小圆圈纹。从上到下分成三排，排列密集紧凑，圆圈双层，内红外黑，黑彩内侧绘锯齿，圆心内绘网纹，形若朵朵向日葵花。顶部绘红彩条带加黑彩齿带，底部绘水波纹。标本如地巴坪M49:8（图十九：4）。

圆圈纹分为四组：A型为第一组，全部用黑色单彩，不见锯齿纹；BaⅠ、BaⅡ、BbⅠ为第二组，特征是出现少量红彩和对齿纹、齿带纹，锯齿齿尖粗大；BbⅡ、BbⅢ、C型为第三组，红彩比例加大，锯齿纹普遍，锯齿细小密集，圈内流行绘棋盘格纹；BbⅣ为第四组，特征与第三组相同，锯齿纹发达，锯齿纹排列不很规整，圈心流行复线网格纹。第一组多见于Ⅰ式壶和AⅠ单耳罐；第二组见于Ⅰ、Ⅱ式壶和AⅠ单耳罐；第三组见于AⅢ瓮和Ⅰ、Ⅱ式小口高领瓮；第四组多见于Ⅲ式小口高领瓮。以上四组代表了圆圈纹演变的过程。

7. 人蛙纹

为半山时期出现的新纹样，也可能与马家窑类型的蛙纹有渊源关系。出现率一般，是半山时期富有代表性的典型纹样，也是半山彩陶中唯一的象生类花纹。其构图具人、蛙双重特征，故名。此纹样若俯视，呈现奇特的星形花瓣图像（图十一：10）。人蛙纹的主轮廓一般用红彩描绘，黑彩勾边，内缘出锯齿。除单一人蛙纹外，也有部分人蛙纹与葫芦纹、圆圈纹搭配组合。依此差异，分为A、B两型。

A型：单一式人蛙纹。依构图变化，分为三式。

Ⅰ式：构图较写实，肢体俱全，形若站立人形，头部用一圆圈表示，圈内绘黑色卵点；上肢末端分出三叉，似象征指爪。人蛙纹之间绘松散的卵点。顶部绘黑彩齿带加红彩条带。标本如康乐清水采集品（图十九：5）。

Ⅱ式：构图逐渐图案化，人蛙呈坐立姿态，四肢上扬，作相互联手状，下体出"尾"，空白处绘细斜线纹。顶部绘黑彩齿带、红彩条带；底部绘水波纹。所选标本藏加拿大安大略皇家考古博物馆（参见《半山马厂随葬陶器》FIG:215）（图十九：6）。

Ⅲ式：构图简化，仅有头部和上肢，双臂向上折举，相互间隔以人字纹。顶部绘黑彩齿带、红彩条带纹。所选标本藏法国巴黎（参见《半山马厂随葬陶器》FIG:214）（图十九：7）。

B型：人蛙纹为画面主体，辅助纹为葫芦纹、圆圈纹，依构图变化，分三式。

Ⅰ式：人蛙四肢完整，头部萎缩成小三角，肢体纤细，上肢折举，下肢内屈，下体出"尾"，顶部绘黑彩齿带、红彩条带；底部绘水波纹。所选标本藏法国巴黎卢浮宫（参见《半山马厂随葬陶器》FIG:216）（图十九：8）。

Ⅱ式：人蛙四肢完整，呈坐姿，圆首，内中绘卵点，肢体纤细，四肢上扬，人蛙所在位置背景涂黑，采用镂空技法处理出数枚海贝纹样。顶部绘黑彩齿带、红彩条带；底部绘水波纹。标本如临洮采集品（图十九：9）。

Ⅲ式：人蛙呈坐姿，头部圆形，内中绘棋盘格纹，肢体宽粗，四肢张扬上举，下体出"尾"。肢体末端绘分叉的指爪。顶部绘黑彩齿带和红彩条带纹，底部绘水波纹。标本如临洮采集品（图十九：10）。

人蛙纹构图风格接近，时间跨度应该不是很大，大体分两组，AⅡ、AⅢ、BⅠ为第一组，见于AⅢ瓮；其余为第二组，见于Ⅱ、Ⅲ式小口高领瓮。从画面形态观察，第一组可能早于第二组。另外，BⅢ人蛙纹较特殊，肢体末端出现象征指爪的分叉，时代可能更晚一些。

8. 葫芦纹

半山时期出现的新纹样，复见率很高，为半山类型彩陶中最富代表性的花纹之一。画面多为四组曲线束腰葫芦构成，葫芦内绘网纹，葫芦之间绘其他几何纹。此纹样若俯视，画面呈现对称的十字花瓣状（图十一：11）。有少量画面葫芦数量较多，排列紧凑无间隙。葫芦纹一般未正向构图，也有少

葫芦纹（一）

A

1　Ⅰ（关帝坪 M1:1）　　2　Ⅱ（边家林：31:110）

3　Ⅲ（边家林采集品）　　4　Ⅳ（张寨：255）

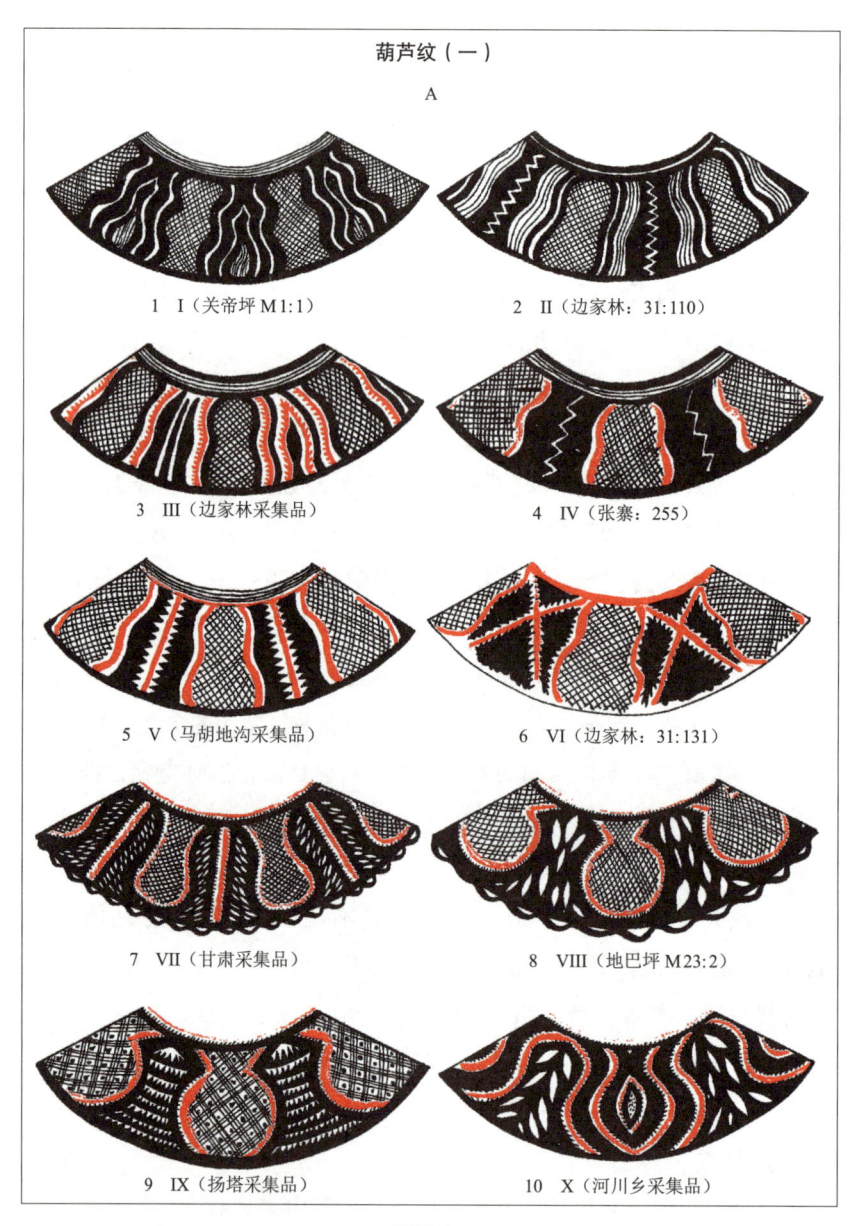

5　Ⅴ（马胡地沟采集品）　　6　Ⅵ（边家林：31:131）

7　Ⅶ（甘肃采集品）　　8　Ⅷ（地巴坪 M23:2）

9　Ⅸ（扬塔采集品）　　10　Ⅹ（河川乡采集品）

图二十

数反向。依配色及构图差异，分 A、B 两型。

A 型：4 枚葫芦为一组，内中流行绘网纹，葫芦之间绘其他几何纹，依用色及细部变化，分为十式。

Ⅰ式：黑色单彩。双亚腰葫芦造型。葫芦之间套绘数层宽曲线纹，形成层层相叠的葫芦纹，顶部绘细线条带。标本如兰州关帝坪 M1:1（图二十：1）。

Ⅱ式：黑色单彩。单亚腰葫芦造型，葫芦两侧绘数组弧曲线、对齿纹，锯齿相互咬合，齿尖夹角较大，顶部绘细线条带。标本如边家林：31:110（图二十：2）。

Ⅲ式：黑红复彩。单亚腰葫芦造型，黑彩绘葫芦纹，葫芦之间绘黑彩弧线、红彩弧线齿带。用红彩绘锯齿纹（在半山时期的彩陶中此为仅见），顶部绘细线条带纹。标本如边家林采集品（图二十：3）。

Ⅳ式：黑红复彩。单亚腰葫芦造型，红彩绘葫芦轮廓，葫芦之间绘黑彩对齿纹，锯齿相互咬合，齿尖夹角大，顶部绘细线条带纹。标本如张寨：255（图二十：4）。

Ⅴ式：黑红复彩。单亚腰葫芦造型，红彩绘葫芦轮廓，葫芦之间绘黑彩对齿纹，齿尖较大，相对，但互不咬合，间隔以红彩竖条带，顶部绘细线条带纹。标本如景泰马胡地沟采集品（图二十：5）。

Ⅵ式：黑红复彩。单亚腰葫芦造型，红彩绘葫芦轮廓，葫芦之间绘红彩 X 纹，空白处绘黑彩三角锯齿纹。顶部绘红彩条带纹。标本如边家林：31:131（图二十：6）。

Ⅶ式：黑红复彩。葫芦结构有明显变化，顶部缺失部分。红彩绘葫芦轮廓，外周套绘黑彩。葫芦之间用镂空技法处理出繁密的叶片，黑彩边缘绘细密的锯齿纹，中间绘红彩竖条带纹。顶部绘黑彩齿带、红彩条带纹，底部绘水波纹。标本如甘肃采集品（图二十：7）。

Ⅷ式：黑红复彩。葫芦结构不整，顶部缺失，形似束颈口袋或圜底罐状。红彩绘葫芦轮廓，外周绘黑彩，内侧绘锯齿。葫芦之间用镂空技法处理出梭形叶片。顶部绘黑彩齿带加红彩条带，底部绘水波纹。标本如地巴坪 M23:2（图二十：8）。

Ⅸ式：黑红复彩。葫芦变大，构图与 AⅧ 葫芦纹相同，红彩绘葫芦轮廓，外周黑彩勾边，内侧绘锯齿。葫芦内填绘网格卵点或其他几何纹，葫芦之间绘齿带或其他几何纹。顶部绘黑彩齿带、红彩条带纹。标本如永靖扬塔采集品（图二十：9）。

Ⅹ式：黑红复彩。葫芦造型已摆脱模仿象形构图，用黑红彩套绘正反向近似葫芦纹，黑彩内侧绘锯齿，一律刺向红彩。葫芦之间用镂空技法处理出梭形叶片；顶部绘黑彩齿带、红彩条带纹。标本如宁夏固原河川乡采集品（图二十：10）。

B型：黑红复彩。单亚腰葫芦造型，葫芦造型完整，排列紧凑，内红外黑，黑彩内侧绘锯齿，齿尖刺向红彩。依葫芦构图差异，分为两式。

Ⅰ式：葫芦呈反向构图，下小上大，内填网格或其他几何纹。顶部绘黑彩齿带和红彩条带纹。标本如地巴坪 M37:2（图二十一：1）。

Ⅱ式：葫芦为正向构图，上小下大，内填网格、棋盘格类几何纹。顶部绘黑彩齿带和红彩条带纹。标本如青海化隆群科采集品（图二十一：2）。

葫芦纹依配色可分五组：AⅠ、AⅡ为第一组，特征是用黑色单彩，无锯齿纹；AⅢ、AⅣ为第二组，特征是出现红彩和个别锯齿纹；AⅤ、AⅥ为第三组，红彩在画面中比例增加，锯齿纹出现，锯齿偏大；AⅦ、AⅧ、B型为第四组，葫芦纹变为束袋状，锯齿纹普及，齿尖小而细密；第五组以AⅨ、AⅩ为代表，葫芦变大，形态逐渐脱离原生形态，锯齿纹小而细密。第一组纹样仅见于Ⅰ式壶；第二组见于AⅠ瓶、Ⅱ式壶；第三组见于Ⅱ式壶、AⅡ瓶；第四组见于AⅢ瓮，Ⅰ、Ⅱ式小口高领瓮；第五组仅见于Ⅱ式小口高领瓮。以上五组完整地展现了葫芦纹演变的全过程。

9. 斜条带纹

半山时期出现的新纹样，出现率一般。画面由斜向排列的粗细条带、齿带组成，除个别外，多为两股黑彩斜带夹裹一道红彩斜带，黑线内侧绘锯齿。此类图案俯视时，呈现单漩涡纹画面（图十一：12）。依构图变化，分为两式。

Ⅰ式：基本为黑色单彩。粗细线交错搭配，排列富于规律性，顶端绘红彩条带、黑彩齿带。标本如地巴坪 M4:3（图二十一：3）。

Ⅱ式：黑红复彩。黑彩斜条带较宽，排列或疏或密，有的在两组黑彩斜带之间绘棋盘格纹或镂空叶片，边缘绘锯齿，间隔以红彩斜条带。顶端绘红

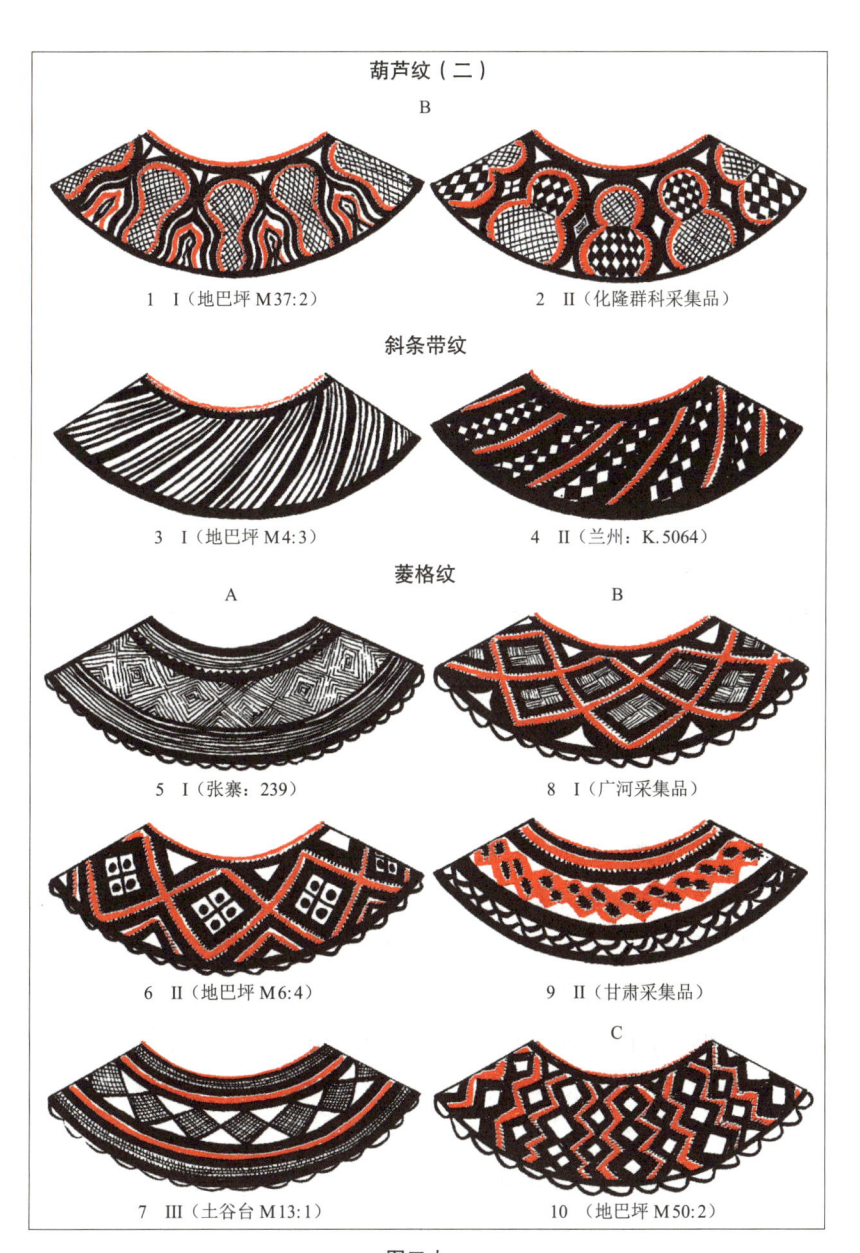

半山类型彩陶花纹的形态与谱系 | 89

葫芦纹（二）
B
1　Ⅰ（地巴坪 M37:2）
2　Ⅱ（化隆群科采集品）

斜条带纹
3　Ⅰ（地巴坪 M4:3）
4　Ⅱ（兰州：K.5064）

菱格纹
A
5　Ⅰ（张寨：239）
B
8　Ⅰ（广河采集品）
6　Ⅱ（地巴坪 M6:4）
9　Ⅱ（甘肃采集品）
C
7　Ⅲ（土谷台 M13:1）
10　（地巴坪 M50:2）

图二十一

彩条带和黑彩齿带。标本如兰州：K.5064（图二十一：4）。

斜条带纹所见均见于 AⅢ瓮，时代相对集中。

10. 菱格纹

半山时期出现的新纹样，出现率很高。母题纹样为相互连续排列的菱形格，多横向单层排列，首尾相续。部分作上下双层或三层排列，也有个别上下交错排列。此纹样若俯视，画面呈重复套合的花瓣状（图十一：13）。依构图及配色差异，分为 A、B、C 三型。

A 型：单层菱格纹。依用色及构图变化，分为三式。

Ⅰ式：黑色单彩。线条纤细，菱格内填细线回纹，菱格外绘折线三角纹，上下辅以细线条带、齿带纹；底部绘水波纹。标本如张寨：239（图二十一：5）。

Ⅱ式：大菱格纹，上下占满画面空间，菱格纹主体绘红彩，内外套绘黑彩，菱格内绘几何类花纹，黑彩菱格边缘绘锯齿。顶部绘黑彩齿带和红彩条带，底部绘水波纹。标本如地巴坪 M6:4（图二十一：6）。

Ⅲ式：菱格变小，居画面中心位置，菱格内绘细密网纹。主纹样带上下绘黑红彩横条带纹、细齿带纹，底部绘水波纹。标本如土谷台 M13:1（图二十一：7）。

B 型：双层菱格纹。依纹样差异，分为两式。

Ⅰ式：黑红复彩。双层或多层大菱格纹，上下占满画面空间，基本构图与 AⅡ类似。顶部绘黑彩齿带、红彩条带纹，底部绘水波纹。标本如广河采集品（图二十一：8）。

Ⅱ式：黑红复彩。画面中部用红彩绘双层小菱格，内填黑彩条状形齿带，菱格纹上下绘辅助条带、齿带和水波纹。标本如甘肃采集品（图二十一：9）。

C 型：黑红复彩。菱格竖向排列，所见极少。红彩绘菱格，菱格内外绘黑彩锯齿纹。标本如地巴坪 M50:2（图二十一：10）。

依菱格纹构图风格可分三组，第一组以 AⅠ为代表；第二组以 AⅡ、BⅠ、BⅡ、C 型为代表；第三组以 AⅢ为代表。第一组仅见于Ⅰ式壶；第二组见于 AⅢ瓶、AⅢ瓮、Ⅲ式壶等；第三组多见于Ⅲ、Ⅳ式小口高领瓮。第一组最早，第二组居中，第三组最晚。

11. 贝纹

半山时期出现的新纹样，在半山类型彩陶中出现率一般。母题原形来自对"海贝"的模仿或变形处理。此类花纹俯视时画面结构与圆圈纹接近。依配色和构图差异，分为A、B、C三型。

A型：构图比较写实，依画面变化，分为七式。

Ⅰ式：黑色单彩。"海贝"个体大，上下占满画面空间。用大块黑彩涂抹出海贝纹样，中心用镂空技法处理出对齿纹，用一种类似剪纸的手法形象地表现海贝腹部纹理。贝纹两侧绘弧线纹、宽带纹。标本如庄浪徐家碾采集品（图二十二：1）。

Ⅱ式：黑红复彩。画面主体绘黑彩贝纹，形态写实。黑彩内中绘锯齿，中心用红彩绘上下贯通的竖线。贝纹之间空白以细密的网纹为地，顶部绘黑红彩条带，下部绘条带、水波纹。标本如张家台M17:2（图二十二：2）。

Ⅲ式：黑红复彩。画面分上下两部分，构图与AⅡ贝纹接近，海贝形态逼真，中心绘锯齿和竖列的红彩竖线，锯齿刺向红线，效果极似海贝壳腹壁的齿状纹理，贝纹之间空白。顶部绘黑彩齿带和红彩条带纹，底部绘水波纹。标本如甘肃采集品（图二十二：3）。

Ⅳ式：黑红复彩。红彩绘贝纹外轮廓，内中套绘黑彩，再分割成数组更小的叶片纹，有的叶片内绘细斜线。贝纹之间以网格、弧线纹为地。顶部绘黑彩齿带和红彩条带纹，底部绘水波纹。标本如兰州十里店：12（图二十二：4）。

Ⅴ式：黑红复彩。黑彩绘贝纹外轮廓，内圈出锯齿，内中套绘黑红彩贝纹，黑彩网格、弧线、齿带纹为地。顶部绘黑彩齿带和红彩条带纹。标本如土谷台采集品（图二十二：5）。

Ⅵ式：黑红复彩。贝形纹排列紧凑密集，相互间无空隙，外圈黑彩，内缘绘锯齿。内圈红彩，中心绘网格纹。顶部绘黑彩齿带和红彩条带纹。标本如土谷台M53:5（图二十二：6）。

Ⅶ式：黑红复彩或黑色单彩。黑彩在画面中所占比例甚大，用黑彩或红彩绘枣核状贝纹，无锯齿。单层或双层，贝纹等距离排列，以网纹为

贝纹（一）

A

1　I（徐家碾采集品）

2　II（张家台 M17:2）

3　III（甘肃采集品）

4　IV（十里店:12）

5　V（土谷台采集品）

6　VI（土谷台 M53:5）

7　VII（土谷台 M24:1）

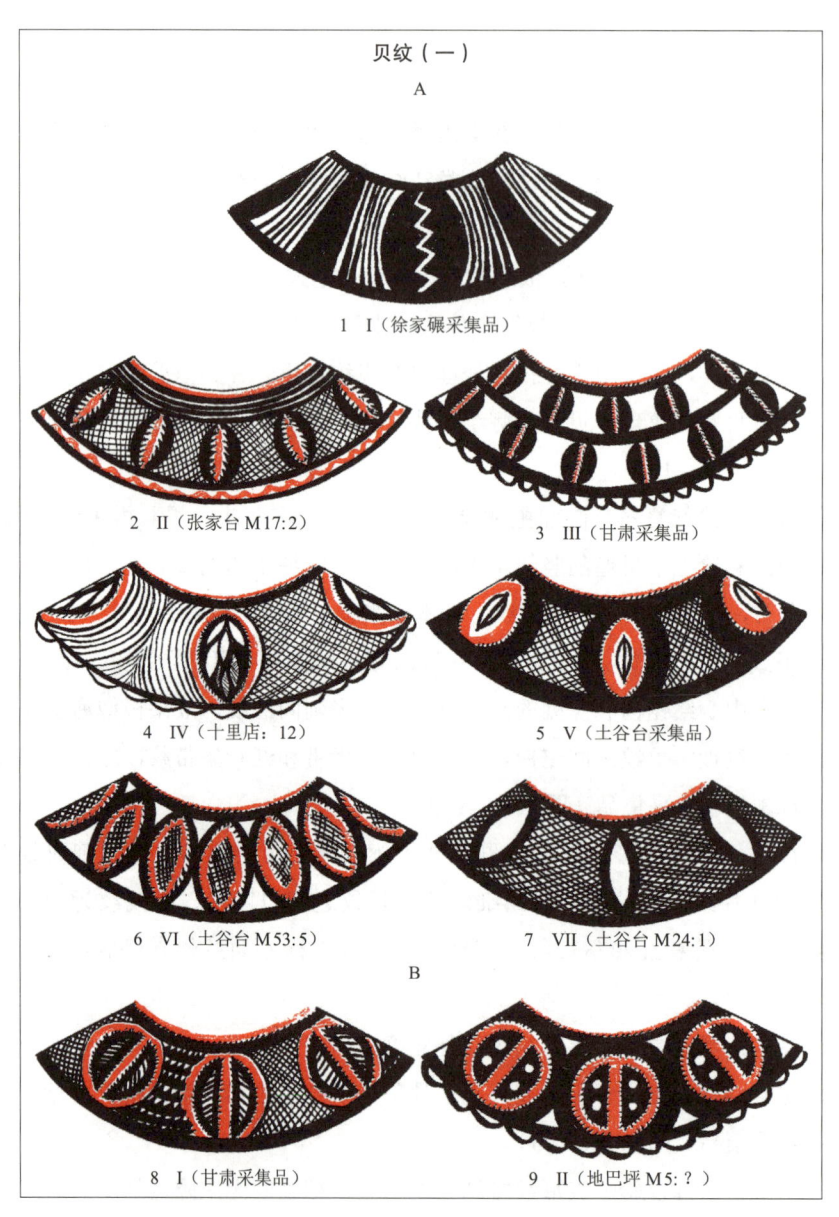

B

8　I（甘肃采集品）

9　II（地巴坪 M5:?）

图二十二

半山类型彩陶花纹的形态与谱系 | 93

贝纹（二）

C

1　Ⅰ（地巴坪 M49:？）　　　2　Ⅱ（地巴坪 M58:3）

折线纹

A　　　　　　　　　　B

3　Ⅰ（张寨：240）　　　　7　Ⅰ（柳湾 M19:1）

4　Ⅱ（地巴坪 M49:7）　　　8　Ⅱ（临夏采集品）

5　Ⅲ（地巴坪 M36:5）　　　9　Ⅲ（地巴坪采集品）

6　Ⅳ（地巴坪 M6:3）　　　10　Ⅳ（柳湾 M511:2）

图二十三

地。顶部绘黑彩齿带和红彩条带,底部绘水波纹。标本如土谷台M24:1(图二十二:7)。

B型:黑红复彩。贝纹形态变化甚大,或椭圆或圆形,排列疏密不一。依画面变化,分为两式。

Ⅰ式:贝纹椭圆形,外轮廓绘红彩,内中绘黑彩新月纹,周边绘锯齿,贝纹之间以网纹、齿带纹为地,顶部绘黑彩齿带和红彩条带纹。标本如甘肃采集品(图二十二:8)。

Ⅱ式:贝纹圆形,已脱离贝纹原状,内圈红彩,外周黑彩,内中绘黑彩半月纹。顶部绘黑彩齿带和红彩条带纹,底部绘水波纹。标本如地巴坪M5:?(图二十二:9)。

C型:贝纹作下部开裂状,依型态不同,分为两式。

Ⅰ式:贝纹顶部相依,下部开裂,相依的两个半圆似张开的贝壳,外周绘红彩,内中用黑彩绘套合的半圆,周边绘锯齿,以网纹为地。顶部绘黑彩齿带和红彩条带纹,底部绘水波纹。标本如地巴坪M49:?(图二十三:1)。

Ⅱ式:贝纹下部呈人字形开裂,主纹样用红彩,周边套绘黑彩,内中绘黑红彩半圆,黑彩绘锯齿。顶部绘黑彩齿带和红彩条带纹;底部绘水波纹。标本如地巴坪M58:3(图二十三:2)。

依据贝纹形态可分为四组:AⅠ为第一组;AⅡ、AⅢ、B、C为第二组;AⅣ、AⅤ为第三组;AⅥ、AⅦ为第四组。第一组仅见于圈足双耳罐;第二组见于Ⅲ式壶、AⅢ瓮;第三组见于AⅣ单耳罐和Ⅱ式小口高领瓮;第四组见于Ⅱ式高低耳壶、BⅡ瓶、AⅣ瓮等。

12. 折线纹

半山时期出现的新纹样,出现率适中。画面由粗细不等、上下叠置的折线构成,此纹样若俯视,会呈现盛开的星形复瓣花卉形态(图十一:14)。据配色及构图差异,分为A、B两型。

A型:细线折线纹。依构图变化,分为四式。

Ⅰ式:黑色单彩。线条纤细,排列密集,折线纹下部绘横条带纹。标本如张寨:240(图二十三:3)。

Ⅱ式:黑红复彩。中心主纹样绘红彩,上下绘黑彩折线,也有的主纹样用黑彩绘制，上下绘黑红彩折线。顶部绘黑彩齿带、红彩条带，底部绘水波纹。标本如地巴坪M49:7（图二十三：4）。

Ⅲ式：黑色单彩。用稍粗的黑彩折线分割画面，空白处绘细线三角，底部绘水波纹。标本如地巴坪M36:5（图二十三：5）。

Ⅳ式：黑红复彩。构图与AⅢ接近，不同的是用稍粗的红彩折线分割画面，空白处绘黑彩细斜线、折线三角。顶部绘黑彩齿带、红彩条带，底部绘水波纹。标本如地巴坪M6:3（图二十三：6）。

B型：用较宽粗的线条绘折线纹，依纹样变化，分为四式。

Ⅰ式：黑色单彩。线条宽粗，折线纹上侧绘锯齿纹；顶部绘条带、齿带纹。标本如柳湾M19:1（图二十三：7）。

Ⅱ式：黑红复彩。用黑红彩交替绘折线纹，黑彩折线不用或少用锯齿。顶部绘黑彩齿带、红彩条带，底部绘水波纹。标本如临夏采集品（图二十三：8）。

Ⅲ式：黑红复彩。构图与BⅡ相同，唯黑彩折线纹上侧绘密集的锯齿。顶部绘黑彩齿带、红彩条带，底部绘水波纹。标本如地巴坪采集品（图二十三：9）。

Ⅳ式：黑红复彩。用略粗的红彩折线纹分割画面，上下辅以黑彩折线纹，两侧绘锯齿，空白处绘密集网纹，顶部绘黑红彩横带纹。标本如柳湾M511:2（图二十三：10）。

折线纹按构图及配色分为三组，第一组以AⅠ为代表，特征是黑色单彩，无锯齿；第二组以BⅠ为代表，特征是黑色单彩，出现锯齿纹；其余为第三组。第一组花纹仅见于Ⅰ式壶；第二组见于AⅠ瓮；第三组多见于AⅢ瓮，Ⅰ、Ⅱ式小口高领瓮，AⅣ瓶等。

13. 方块几何纹

半山时期出现的新纹样，出现频率较高。黑红复彩构图，画面作分割方块状，内中绘各种几何纹。若俯视，此纹样呈四分或六分花瓣状（图十一：15）。依构图和配色差异，分为A、B、C三型。

A型：单层方块几何纹。依构图不同，分为两式。

Ⅰ式：用两道黑彩竖齿带夹一红彩竖线将画面分割成4—6个单元，方块内绘网格纹，方块四周黑彩边缘绘略粗大的锯齿，顶部绘黑彩齿带、红彩条带。标本如柳湾 M435:3（图二十四：1）。

Ⅱ式：构图与 AⅠ相同，方块内绘网格卵点、棋盘状复线网格纹等，方块四周黑彩边缘绘锯齿纹，齿尖锋利。顶部绘黑彩齿带、红彩条带。标本如鸳鸯池 M72:1（图二十四：2）。

B 型：单层方块几何纹，构图与 A 型同。方块内绘棋盘格纹，顶部绘黑彩齿带、红彩条带。标本如地巴坪 M58:14（图二十四：3）。

C 型：双层方块几何纹。用黑红彩将画面分割成上下两层，在每一组小方块内绘上下相对的三角纹、菱形块纹等。顶部绘黑彩齿带、红彩条带，下部绘水波纹。标本如甘肃采集品（图二十四：4）。

不同形式的方块几何纹时代均接近，此纹样常见于Ⅱ、Ⅲ式盂，BⅢ双耳罐，Ⅲ式壶等器。

14. 对三角纹

半山时期出现的新纹样，出现频率低。黑红复彩构图。主纹样为齿锋相对的横向三角纹，用黑红彩短竖线若干作间隔。顶部绘黑红彩横条带，下部绘横条带、凸弧纹。无式别划分，见于Ⅱ式壶、Ⅰ式腹耳壶。标本如张家台采集品（图二十四：5）。

15. 鱼鳞纹

黑红复彩构图，出现频率很低。主纹样为密集的鱼鳞状，鳞纹中绘卵点，顶部绘黑红彩横条带、齿带纹；底部绘横条带、水波纹。无式别划分，见于Ⅱ式壶。标本如柳湾 M446:4（图二十四：6）。

16. 栅线纹

半山时期出现的新纹样，出现频率低。黑红复彩构图。画面空旷、疏朗，用不规则细线绘几何形栅线，颇似缝纫针脚状。顶部绘黑红彩横条带、齿带纹；底部绘水波纹。无式别划分，见于 AⅢ瓮等。所选标本藏法国巴黎（参见《半山马厂随葬陶器》FIG:220）（图二十四：7）。

半山类型彩陶花纹的形态与谱系 | 97

方块几何纹
A
1　I（柳湾 M435:3）　　2　II（鸳鸯池 M72:1）

B
3　（地巴坪 M58:14）

C
4　（甘肃采集品）

对三角纹
5　（张家台采集品）

鱼鳞纹
6　（柳湾 M446:4）

栅线纹
7　（法国巴黎藏）

折块纹
8　（甘肃采集品）

塔松纹
9　（肖家河采集品）

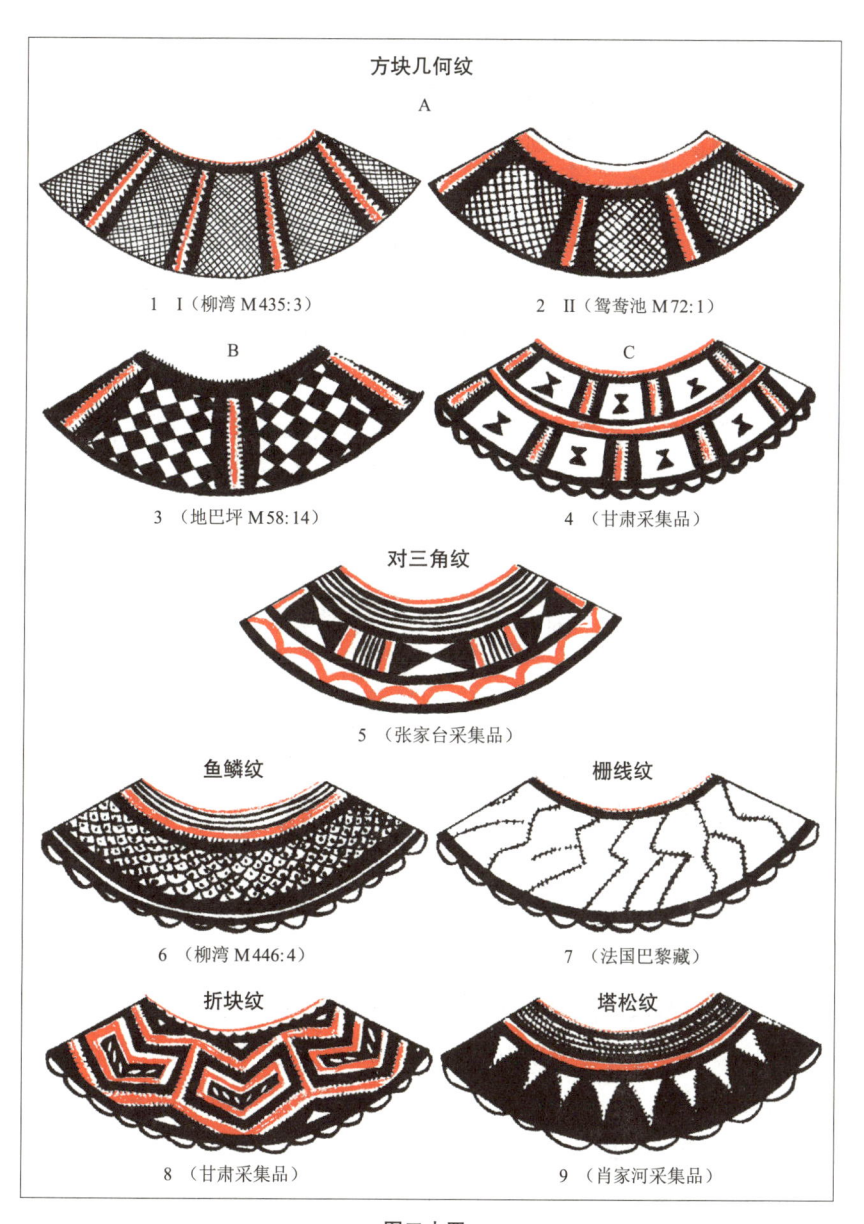

图二十四

17. 折块纹

半山时期出现的新纹样，出现率极低。黑红复彩。画面被分割成六组梯形折块，每组折块内用黑红彩层层套绘 V 形纹。顶部绘黑红彩横条带、齿带纹；底部绘水波纹。无式别划分，见于 II 式小口高领瓮。标本如甘肃采集品（图二十四：8）。

18. 塔松纹

半山时期出现的新纹样，出现率极低。黑红复彩构图。画面分上下两半，上半部用黑红彩绘横条带、细线齿带纹；下半部绘一排并列的塔松状花纹。顶部绘黑红彩横条带、齿带纹，底部绘水波纹。无式别划分，见于 III 式小口高领瓮。标本如皋兰肖家河采集品（图二十四：9）。

内彩典型纹样及谱系

内彩花纹均绘在那些器口较大、腹部较浅的器皿内壁，如盆、钵、碗、豆等，绘内彩的陶器，一般外壁不加装饰，或仅有一些简单纹样。半山时期的内彩花纹种类集中，演变非常有规律。其中，最有代表性的纹样有如下一些。

1. 十字纹

为马家窑类型同类花纹的延续，在半山类型彩陶中出现率甚高，为富有代表性的典型纹样之一。依配色差异，分为 A、B 两型。

A 型：黑彩十字，位于器内壁正中位置，依构图变化，分为三式。

I 式：黑色单彩。宽带十字纹以外空间绘纤细的横竖线条，构图极规整。标本如张寨：282（图二十五：1）。

II 式：黑红复彩。构图与 A I 大同小异，在十字以外细线之中加绘一组红彩短宽带，也有的在十字纹以外空白绘红彩辐射线纹。标本如边家林采集品（图二十五：2）。

III 式：黑红复彩。黑彩绘双线十字，双线间绘细折线，十字以外空白绘黑红彩条带、三角网纹，黑彩边缘绘锯齿。标本如柳湾 M432:1（图二十五：3）。

B 型：红彩绘十字纹，依构图变化，分为三式。

Ⅰ式：构图与 A Ⅰ接近，十字以外空间绘黑彩辐射线纹、折三角纹等。标本如兰州营盘岭：11（图二十五：4）。

Ⅱ式：红十字以外空间交替绘黑红彩折线三角，黑彩边缘绘密集锯齿。标本如瓦罐嘴：K.5738（图二十五：5）。

Ⅲ式：红十字以外空间涂黑，用镂空技法处理出梭形叶片纹，黑彩边缘绘密集的锯齿。标本如土谷台 M34：?（图二十五：6）。

十字纹依变化分为四组，第一组以 A Ⅰ、A Ⅱ为代表；第二组以 A Ⅲ为代表；第三组以 B Ⅰ为代表；第四组以 B Ⅱ、B Ⅲ为代表。第一、第二组均见于Ⅰ式盆，但 A Ⅲ十字纹花纹中出现锯齿，显然时间略晚；第三、第四组多见于钵和带嘴锅，但 B Ⅲ花纹显然差异较大，与器形的对应不很稳定。

2. 毋字纹

黑红复彩。基本图形为红彩十字，十字以外空间绘黑红彩折三角，组成毋字纹。依画面变化，分为三式。

Ⅰ式：红十字中心断开，中心空白，边缘空白绘黑红彩折三角，组合成毋字纹样，朝向红彩的黑彩绘锯齿。标本如甘肃采集品（图二十五：7）。

Ⅱ式：红十字以外空间用黑红彩三角与十字纹组成毋字构图，内中绘黑彩田字，朝向红彩的黑彩绘锯齿。标本如兰州：K.5526（图二十五：8）。

Ⅲ式：构图与Ⅱ相近，毋字纹内中绘细密网纹，外侧空白绘黑彩弧三角，边缘有锯齿。也有的将折三角变为圆弧，构成四叶花瓣纹，空白处绘三角网纹、圆圈纹等。标本如土谷台 M30：?（图二十五：9）。

毋字纹分为两组，Ⅰ、Ⅱ式为第一组；Ⅲ式为第二组。第一组见于 A Ⅲ、C Ⅱ盆；第二组见于 C Ⅳ盆。

3. 圆圈纹

黑红复彩构图。依纹样差异，分为三式。

Ⅰ式：单圆圈构图。细线绘同心圆，层层套合，中心小圆圈内绘网纹，其间穿插有三股红彩同心圆。标本如地巴坪 M26:9（图二十五：10）。

图二十五

Ⅱ式：双圆圈构图。红彩绘内圈，圆心内绘复线网格。外圈绘黑彩，内缘绘锯齿，圆圈外绘其他几何纹。标本如土谷台 M39:1（图二十五：11）。

Ⅲ式：三圆圈构图。圆圈结构与Ⅱ式相同。标本如土谷台 M13:5（图二十五：12）。

圆圈纹分为两组，Ⅰ式为第一组；Ⅱ、Ⅲ式为第二组。第一组见于 BⅢ盆；第二组见于Ⅱ式带嘴锅和 BⅣ盆。

4. 漩涡纹

此纹样源于马家窑类型，在半山类型内彩花纹中出现率很高，是很有代表性的典型花纹之一。漩涡均从逆时针方向旋转，依漩涡数量多寡，分为 A、B、C、D、E 五型。

A 型：单漩涡纹。依主漩涡用色差异，分为 a、b 两个亚型。

Aa 型：黑彩绘主漩涡纹，依构图变化，分为两式。

Ⅰ式：黑色单彩。用粗细弧线均等组成单漩涡，构图酷似现代照相机镜头内的光圈。标本如地巴坪 M31:2（图二十六：1）。

Ⅱ式：黑红复彩。黑彩主漩涡周围交替绘黑红彩三角弧线，黑彩边缘绘锯齿，涡心有的绘十字。标本如地巴坪 M25:7（图二十六：2）。

Ab 型：红彩绘主漩涡纹，依构图变化，分为三式。

Ⅰ式：红彩漩涡宽粗，形若螺旋桨之叶片，周边空白涂黑成弧三角，涡心绘黑十字。标本如柳湾 M19:2（图二十六：3）。

Ⅱ式：构图与 AⅠ相同，不同的是用红彩绘主漩涡，主漩涡之间绘黑彩弧线纹。标本如地巴坪 M49:12（图二十六：4）。

Ⅲ式：红彩绘主漩涡纹，外周绘黑彩弧三角锯齿纹，空白处绘稀疏网纹，涡心绘小十字。标本如永登乐山坪：346（图二十六：5）。

B 型：双漩涡纹。红彩绘主漩涡，涡心绘网格卵点，空白处绘黑红彩连续弧曲线。无式别划分。标本如土谷台 M57:1（图二十六：6）。

C 型：五涡纹。黑色单彩，漩涡外空间绘弧边三角纹，中心处绘套合的五角星纹。无式别划分。标本如柳湾 M620:1（图二十六：7）。

D 型：三漩涡纹。依配色及构图变化，分为三式。

Ⅰ式：黑彩绘主漩涡纹，个别在画面中穿插少量红彩。漩涡内外绘粗细弧线纹、弧边三角纹。标本如兰州杏树坡采集品（图二十六：8）。

Ⅱ式：红彩绘主漩涡纹，漩涡内外绘黑红彩弧线、弧三角纹。标本如花寨子 M23：9（图二十六：9）。

Ⅲ式：红彩绘主漩涡纹，漩涡内外绘黑彩细弧线、弧边三角网格纹。标本如花寨子 M23：8（图二十六：10）。

E 型：四漩涡纹。依用色及构图变化，分为三式。

Ⅰ式：黑色单彩。漩涡外绘粗线弧三角纹，中心绘细曲线纹。标本如柳湾 M626：1（图二十七：1）。

Ⅱ式：黑彩绘主漩涡纹，漩涡外围绘黑红彩折线三角、弧边三角纹。中心绘黑红彩套合回纹。标本如柳湾 M468：1（图二十七：2）。

Ⅲ式：黑彩绘主漩涡纹，涡纹外绘黑红彩弧曲线，中心绘套合的回纹，圆涡中心有的绘红十字。标本如甘肃采集品（图二十七：3）。

漩涡纹依构图分为四组，第一组以 C 型、DⅠ、EⅠ为代表，特点是全部使用黑色单彩；第二组以 AbⅠ、DⅡ、DⅢ、EⅡ、EⅢ为代表，特征是用黑红复彩；第三组以 AaⅠ、AaⅡ、AbⅡ为代表，流行黑红复彩、锯齿纹；第四组以 AbⅢ、B 型为代表，流行黑红复彩、锯齿纹。第一组花纹多见于Ⅰ式盆，个别见于Ⅱ式盆；第二组几乎全部见于Ⅱ式盆；第三组均见于Ⅲ式盆；第四组见于Ⅳ式盆、钵和 BⅡ大口罐。以上四组代表了内彩漩涡纹的发展变化。

5. 人蛙纹

构图与器腹部同类花纹相同，数量不突出，依用色差异，分 A、B 两型。

A 型：黑色单彩。画面为人蛙纹骨架构图，周边辅以条带纹，无式别划分。标本如瓦罐嘴：K.5475（图二十七：4）。

B 型：黑红复彩。依构图差异，分为三式。

Ⅰ式：单体人蛙四肢俱全，作下垂伸展状，下出有"尾"。头部圆圈内绘棋盘网格纹，黑彩边缘绘锯齿。标本如土谷台 M35：3（图二十七：5）。

Ⅱ式：单体人蛙肢体简化，仅绘上肢，作双臂向上折举状，肢体末端绘有指爪。头部圆圈内绘双线网格纹，黑彩边缘绘锯齿。标本如土谷台 M84：3（图二十七：6）。

半山类型彩陶花纹的形态与谱系 | 103

漩涡纹（一）

Aa
1　I（地巴坪 M31:2）
2　II（地巴坪 M25:7）

Ab
3　I（柳湾 M19:2）
4　II（地巴坪 M49:12）
5　III（乐山坪:346）

B
6　（土谷台 M57:1）

C
7　（柳湾 M620:1）

D
8　I（杏树坡采集品）
9　II（花寨子 M23:9）
10　III（花寨子 M23:8）

图二十六

漩涡纹（二）

E
1 Ⅰ（柳湾 M626:1）　　2 Ⅱ（柳湾 M468:1）　　3 Ⅲ（甘肃采集品）

人蛙纹

A
4 （瓦罐嘴：K.5475）

B
5 Ⅰ（土谷台 M35:3）　　6 Ⅱ（土谷台 M84:3）　　7 Ⅲ（土谷台 M53:4）

蝌蚪纹　　　　　　　　　　　　　　　　　　网纹

8 Ⅰ（土谷台 M56:？）　　9 Ⅱ（十里店:11）　　10 （土谷台 M66:？）

图二十七

Ⅲ式：双体人蛙纹。仅有上肢，人蛙下体相对，空白处绘"个"字纹。头部圆圈内绘双线网格纹，黑彩边缘绘锯齿。标本如土谷台M53:4（图二十七：7）。

人蛙纹依配色变化分两组，第一组以A型为代表，单色黑彩；第二组以B型为代表，黑红复彩。第一组所见器皿不详；第二组基本见于Ⅲ、Ⅳ式盆，时代明显偏晚。

6. 蝌蚪纹

构图状若蛙之幼虫——蝌蚪，依构图差异，分为两式。

Ⅰ式：黑色单彩。散点式构图，画面略显凌乱。标本如土谷台M56:？（图二十七：8）。

Ⅱ式：黑红复彩。构图较规整，在黑红彩横条带之间空白处绘前后依次排列的蝌蚪状纹饰。标本如兰州十里店:11（图二十七：9）。

蝌蚪纹见于Ⅱ式盆、钵。

7. 网纹

黑红复彩。交错排列成稀疏网纹，无式别划分，此纹样见于Ⅳ式钵。标本如土谷台M66:？（图二十七：10）。

典型单位彩陶纹样组合与形态分析

1. 花寨子墓地

第二章第三节仅分析了花寨子墓地所出彩陶器的形态，这里着重分析附着在这些器皿上的花纹图案。花寨子所出彩陶多绘黑红复彩，少量黑色单彩。颈部流行大三角锯齿纹、网格纹；腹部多为葫芦纹、齿带纹、漩涡纹、圆圈纹；内彩仅有漩涡纹、宽十字纹。特点是锯齿纹大而疏朗，葫芦纹结构完整，以对齿纹作辅助纹样。依花纹之特征，可分为A、B、C三组：A组均绘黑色单彩，颈部均绘AⅠ锯齿纹和网格纹；腹部以AⅢ、AⅣ齿带纹为代表。B组均为黑红复彩，颈部常用AⅠ、BⅠ、BⅡ锯齿纹，BⅡ网格纹、

Ⅰ式网格锯齿纹等；腹部花纹流行AⅣ、AⅤ葫芦纹，BaⅠ、BbⅠ圆圈纹，AⅣ漩涡纹、BⅡ齿带纹；腹部流行BⅠ十字纹，CⅡ、CⅢ、DⅡ、DⅢ式漩涡纹。C组以M27为代表，均绘黑红复彩，所见颈部花纹有BⅡ锯齿纹，腹部花纹以AⅤ漩涡纹为代表，内彩仅有BⅠ十字纹。

花寨子彩陶花纹A组与器形甲组相对应，花纹B组与器形乙组相对应，花纹C组与器形丙组大致对应。如M25从打破关系分析可划入器形丙组，此墓打破M28（属器形乙组），但这两座墓均出AⅡ小口长颈壶，绘AⅣ葫芦纹，说明二者年代跨度不大。M27（属器形丙组）打破M26（属器形乙组），前者出AⅡ单耳罐，绘AⅤ漩涡纹；Ⅱ式钵，绘内彩BⅠ十字纹。后者出AⅠ单耳罐，绘BbⅠ圆圈纹；CⅡ盆，绘内彩BⅠ十字纹。M27所出彩陶绘AⅤ漩涡纹，黑彩两侧绘密集发达的锯齿，风格粗犷；M26所出彩陶绘BbⅠ圆圈纹，构图细腻，对齿纹发达，与乙组常用的AⅣ葫芦纹风格一致。M27与M26共出内彩BⅠ十字纹，前者构图散漫，后者构图规整，内彩与腹部花纹特征吻合，显示了不同的风格。总体看，A组最早，黑色单彩构图为主，个别在颈部穿插少量红彩；B、C两组彩陶均绘黑红复彩，但B组画风较细腻，时代略早；C组花纹略显粗放，时代相对要晚一些，这在彩陶花纹上表现得比较清楚，在器形上差异并不明显。总之，B、C两组时间跨度并不很大（表一）。

表一

器型	花纹	单位	器类、器型	颈部花纹	腹部（内彩）花纹
甲组	A组	0：20	BⅠ小口长颈壶	AⅠ锯齿纹	AⅣ齿带纹
		0：？	BⅠ小口长颈壶	AⅠ网格纹	AⅣ齿带纹
		0：23	AⅠ单耳长颈瓶	AⅠ锯齿纹	AⅢ齿带纹
		0：24	AⅠ单耳罐		AⅢ齿带纹
乙组	B组	M28：7	AⅠ小口长颈壶	BⅡ锯齿纹	BaⅠ圆圈纹
		M28：3	AⅡ小口长颈壶	BⅡ网格纹	AⅣ葫芦纹
		M28：5	AⅡ单耳长颈瓶	BⅡ锯齿纹	AⅤ葫芦纹
		M26：3	AⅡ小口长颈壶	AⅠ锯齿纹	AⅣ葫芦纹
		M26：4	AⅠ单耳罐		BbⅠ圆圈纹
		M26：13	CⅡ盆		（BⅠ十字纹）
丙组	C组	M18：1	AⅠ大口矮领瓮		AⅣ漩涡纹
		M25：4	AⅡ小口长颈壶	BⅡ网格纹	AⅣ葫芦纹
		M27：1	AⅡ单耳罐		AⅤ漩涡纹
		M27：2	AⅡ钵		（BⅠ十字纹）
		0：？	AⅡ小口长颈壶	BⅡ锯齿纹	AⅤ漩涡纹

2. 柳湾半山墓地

柳湾半山墓地有相当一批墓无随葬品，平均每墓随葬彩陶不到1件，数量很少。器类也相当简单。彩陶花纹分两大类：一类绘黑色单彩，锯齿纹不常用，颈部花纹以横条带纹、大锯齿纹居多；腹部花纹常见圆圈纹、齿带纹、横条带纹、凸弧纹、三角折线纹；内彩只有漩涡纹、十字纹。另一类绘黑红复彩，锯齿纹较突出；腹部花纹流行漩涡纹、齿带纹、折线纹、方块几何纹、葫芦纹、凸弧纹、横条带纹、菱格纹、圆圈纹等；颈部、内彩纹样与前一类同。

据地层和组合关系已将柳湾半山墓分为甲、乙、丙、丁四组，甲组彩陶花纹与花寨子甲组接近，以黑色单彩为主。但也存在一些差异，如柳湾甲组彩陶颈部多为Ⅰ、Ⅱ式横条带纹，极少锯齿纹；腹部花纹常用AaⅠ、AbⅡ圆圈纹，BⅠ突弧纹，AⅠ齿带纹，AⅣ横条带纹；内彩花纹常用BⅠ十字纹，DⅡ、E漩涡纹。本组彩陶纹样极少用锯齿纹，有少量对齿纹，依此推测本组年代要早于花寨子甲组。

柳湾乙组普遍绘黑红复彩，颈部花纹常用AⅡ、BⅠ横条带纹，AⅠ、BⅠ、BⅡ锯齿纹，AⅡ网格纹；腹部花纹流行AⅣ、AⅤ、AⅥ葫芦纹，BaⅡ圆圈纹，BⅡ横条带纹，AⅥ齿带纹、AⅠ方块几何纹，内彩花纹有AⅢ、C漩涡纹。乙组颈部花纹中锯齿纹流行，齿尖粗大，特征与花寨子乙组接近。

柳湾丙组均绘黑红复彩，颈部花纹AⅡ、BⅠ、BⅡ、BⅢ锯齿纹，AⅡ横条带纹；腹部花纹有AⅥ漩涡纹，BⅢ横条带纹，BⅣ凸弧纹，AⅡ方块几何纹，AⅡ菱格纹，Ⅱ式斜条带纹，内彩有AⅢ十字纹。本组锯齿纹流行，齿尖细密，常用花纹有的与花寨子丙组风格接近，但多数为花寨子遗址所不见。

柳湾丁组无论是器还是花纹均变异较大。该组每墓一般只随葬彩陶1件，无组合关系。流行黑红复彩构图，颈部纹样有BⅣ网格纹、BⅡ锯齿纹和Ⅱ式竖条带纹，腹部花纹习见BⅢ、BⅣ折线纹，AⅡ方块几何纹；内彩未见。本组锯齿纹细小、锋利，与丙组整体风格接近但略显草率，与甲乙两组拉大了距离，与丙组衔接也不很紧密（表二）。

表二

器型	花纹	单位	器类、器型	颈部花纹	腹部（内彩）花纹
甲组	甲组	M468:2 M468:1	AⅠ小口长颈壶 AⅠ盆	AⅠ横条带纹	AaⅠ圆圈纹 （EⅡ漩涡纹）
		M472:4 M472:1	BⅠ小口长颈壶 BⅠ盆	BⅠ横条带纹	BⅠ凸弧纹 （BⅠ十字纹？）
		M582:1 M582:3 M582:2	BⅠ小口长颈壶 AⅠ单耳长颈瓶 AⅠ钵	AⅠ横条带纹 BⅠ横条带纹	AaⅠ圆圈纹 BⅠ齿带纹 （AⅠ十字纹）
		M599:2 M599:1	BⅠ小口长颈壶 AⅡ盆	AⅠ横条带纹	AⅣ横条带纹 （AⅠ十字纹）
		M626:3 M626:2 M626:1	AⅠ小口长颈壶 长颈壶 BⅠ盆	AⅠ横条带纹 折线纹	AⅠ凸弧纹 AⅠ折线纹 （EⅠ漩涡纹）
		M635:2 M635:1	BⅠ小口长颈壶 BⅠ盆	AⅠ横条带纹	AbⅡ圆圈纹 （AⅠ十字纹）
乙组	乙组	M446:4 M446:1	BⅡ小口长颈壶 AⅡ大口矮领瓮	AⅡ网格纹	鱼鳞纹 AⅥ葫芦纹
		M457:3 M457:2	BⅡ小口长颈壶 AaⅠ大口罐	竖折线纹	AⅥ葫芦纹 AⅤ葫芦纹
		M458:1 M458:2	BⅡ小口长颈壶 BⅠ盆	BⅠ横条带纹	AⅢ葫芦纹 （AbⅠ漩涡纹）
		M620:6 M620:1	BⅡ小口长颈壶 BⅠ盆	BⅠ锯齿纹	BaⅡ圆圈纹 （C漩涡纹）
		M628:4 M628:?	BⅡ小口长颈壶 BⅠ小口长颈壶	BⅠ横条带纹 AⅠ锯齿纹	BⅡ横条带纹 AⅣ齿带纹
		M654:4 M654:3 M654:2	BⅡ小口长颈壶 AⅠ盆 BⅡ盆	BⅡ锯齿纹	BⅡ横条带纹 （？纹） （？纹）
丙组	丙组	M14:2 M14:1	BⅢ小口长颈壶 BⅢ小口长颈壶	BⅡ锯齿纹 BⅠ锯齿纹	AⅥ漩涡纹 AⅥ漩涡纹
		M432:7 M432:4 M432:1	AⅠ大口矮领瓮 BⅢ小口长颈壶 BⅠ盆	BⅢ锯齿纹	AⅡ方块几何纹 AⅥ漩涡纹 （AⅢ十字纹）
		M436:2 M436:5	BⅢ小口长颈壶 长颈壶	AⅡ锯齿纹 BⅠ锯齿纹	AⅣ齿带纹 波浪纹
		M601:6 M601:4 M601:5 M601:3	BⅢ小口长颈壶 BⅠ大口矮领瓮 AaⅠ大口罐 BⅡ盆	BⅢ锯齿纹	BⅢ横条带纹 AⅤ漩涡纹 AⅤ漩涡纹 （A十字纹？）
		M671:5 M671:1	BⅡ小口长颈壶 AⅢ大口矮领瓮		Ⅱ式斜条带纹 AⅡ菱格纹？
		M672:12 M672:13	BⅢ小口长颈壶 BⅡ小口长颈壶	AⅡ横条带纹 AⅡ网格纹	BⅣ凸弧纹 BbⅠ圆圈纹
		M674:13 M674:3	BⅢ小口长颈壶 AⅡ大口矮领瓮	BⅡ锯齿纹	BⅣ凸弧纹 AⅡ方块几何纹

续表

器型	花纹	单位	器类、器型	颈部花纹	腹部（内彩）花纹
丁组	丁组	M511:2	BⅣ单耳长颈瓶	BⅡ锯齿纹	BⅣ折线纹
		M570:5	BⅤ单耳长颈瓶	Ⅱ式竖条带纹	AⅡ方块几何纹
		M592:3	AⅣ小口长颈壶	BⅡ锯齿纹	BⅢ折线纹
		M593:2	AⅢ大口矮领瓮		BⅢ折线纹
		M622:2	AⅢ双耳罐		AⅡ方块几何纹
		M673:3	AⅤ小口长颈壶	BⅣ网格纹	BⅢ折线纹

3. 土谷台遗址

根据土谷台墓地打破关系，可将半山墓葬分为 A、B、C 三群，三群之间为依次早晚发展关系（表三：1）；依据彩陶器形组合，可将土谷台半山墓葬分为四组；依彩陶花纹的特征，勉强分为两组（表三：2）。土谷台半山墓所出彩陶绝大多数绘黑红复彩，花纹类别较杂，但共性较突出，即器颈部流行 BⅣ网格纹和Ⅲ式网格锯齿纹；以地层关系为据，A 群彩陶花纹仅见内彩Ⅰ式蝌蚪纹；B 群为土谷台半山墓的主流，腹部常见典型花纹有 BⅠ、BⅢ漩涡纹，AⅡ菱格纹，BbⅣ圆圈纹，BⅣ垂弧纹，BⅥ贝纹，AⅡ方块几何纹；C 群常见典型花纹有 AⅢ菱格纹，BⅥ、BⅦ齿带纹，BbⅣ圆圈纹，内彩有Ⅱ式圆圈纹，Ⅱ式蝌蚪纹。C 群彩陶花纹的种类和式别与 A、B 两组形成较鲜明的差异。

与花寨子遗址相比，土谷台半山墓所出彩陶无论器形还是花纹均显示出较大差距。相比较而言，土谷台半山彩陶风格与柳湾遗址半山丁组有若干相似成分。

表三：1

打破关系分群	单位	器类、器型	颈部花纹	腹部（内彩）花纹
A	M56:1	CⅡ盆	（Ⅰ式蝌蚪纹）	
B	M49:6	Ⅱ式小口高领瓮	BⅣ网格纹	BbⅣ圆圈纹
	M49:8	Ⅲ式高低耳壶	Ⅲ网格锯齿纹	AⅡ菱格纹
	M49:1	单颈耳长颈瓶	Ⅲ网格锯齿纹	BⅣ垂弧纹
	M49:2	BⅢ双耳罐		AⅡ方块几何纹
	M49:5	BⅣ双耳罐		BⅠ漩涡纹
	M49:12	Ⅰ式单把杯		AⅡ方块几何纹
	M66:1	Ⅱ式小口高领瓮	Ⅲ网格锯齿纹	BⅢ漩涡纹
	M66:2	BⅢ大口矮领瓮	横人字纹	BⅣ垂弧纹
	M66:?	Ⅳ式钵		（网纹）
	M55:3	BⅠ单耳长颈瓶	BⅣ网格纹	BⅣ垂弧纹
	M55:2	AⅣ单耳长颈瓶	BⅣ网格纹	BⅥ贝纹

续表

打破关系分群	单位	器类、器型	颈部花纹	腹部（内彩）花纹
C	M65:3 M65:? M65:? M65:?	长颈瓶 Ⅳ式高低耳罐 AⅡ双耳罐 DⅣ盆	BⅡ横条带纹 BⅣ网格纹 BⅣ网格纹 横人字纹	网纹 BⅥ横齿带纹 BⅢ垂弧纹 竖条纹

表三：2

器型	花纹	单位	器类、器型	颈部花纹	腹部（内彩）花纹
甲组	一组	M21:4 M21:1	Ⅱ式小口高领瓮 AⅣ单耳罐	BⅣ网格纹	BⅢ横条带纹 AⅡ方块几何纹
		M49:6 M49:8 M49:1 M49:2 M49:5 M49:12	Ⅱ式小口高领瓮 Ⅲ式高低耳壶 单颈耳长颈瓶 BⅢ双耳罐 BⅣ双耳罐 Ⅰ式单把杯	BⅣ网格纹 Ⅲ网格锯齿纹 Ⅲ网格锯齿纹	BbⅣ圆圈纹 AⅡ菱格纹 BⅣ垂弧纹 AⅡ方块几何纹 BⅠ漩涡纹 AⅡ方块几何纹
		M66:1 M66:2 M66:?	Ⅱ式小口高领瓮 BⅢ大口矮领瓮 Ⅳ式钵	Ⅲ网格锯齿纹 横人字纹	BⅢ漩涡纹 BⅣ垂弧纹 （网纹）
		M42:7 M42:? M42:4	Ⅰ式单把杯 长颈瓶 Ⅳ式钵	BⅣ网格纹	BⅦ贝纹 BbⅣ圆圈纹 （Ⅱ式蝌蚪纹）
乙组		M33:1 M33:2 M33:3	Ⅲ式小口高领瓮 Ⅲ式高低耳壶 CⅣ盆	BⅣ网格纹 BⅣ网格纹	BⅢ漩涡纹 BbⅢ圆圈纹 （Ⅲ毋字纹）
		M47:1 M47:7	AⅢ大口矮领瓮 Ⅱ式鸭形壶	竖折线纹 BⅣ网格纹	AⅡ菱格纹 BⅡ漩涡纹
丙组		M24:1 M24:?	BⅠ单耳长颈瓶 单耳盂?	BⅣ网格纹	BⅦ贝纹 Ⅰ式斜条带纹
		M50:? M50:1	BⅠ单耳长颈瓶 Ⅲ式鸭形壶	BⅣ网格纹 BⅣ网格纹	BbⅣ圆圈纹 BⅡ漩涡纹
		M53:2 M53:5 M53:4	BⅠ单耳长颈瓶 AⅣ大口矮领瓮 BⅣ盆	Ⅱ网格锯齿纹 横人字纹	鱼鳞纹 BⅥ贝纹 （BⅢ人蛙纹）
		M55:3 M55:2	BⅠ单耳长颈瓶 AⅣ单耳长颈瓶	BⅣ网格纹 BⅣ网格纹	BⅣ垂弧纹 BⅥ贝纹
		M57:6 M57:2 M57:1	BⅠ单耳长颈瓶 BⅢ双耳罐 AⅣ盆	BⅤ锯齿纹	BⅦ贝纹 AⅡ方块几何纹 （B漩涡纹）
丁组	二组	M13:1 M13:5	Ⅳ式小口高领瓮 BⅢ盆	BⅣ网格纹	AⅢ菱格纹 （Ⅱ圆圈纹）
		M65:3 M65:? M65:? M65:?	长颈瓶 Ⅳ式高低耳罐 AⅡ双耳罐 DⅣ盆	BⅡ横条带纹 BⅣ网格纹 BⅣ网格纹 横人字纹	网纹 BⅥ横齿带纹 BⅢ垂弧纹 竖条纹

续表

器型	花纹	单位	器类、器型	颈部花纹	腹部（内彩）花纹
丁组	二组	M81:？	Ⅳ式小口高领瓮	BⅣ网格纹	BbⅣ圆圈纹
		M81:？	Ⅳ式小口高领瓮	BⅣ网格纹	BbⅣ圆圈纹
		M81:？	BⅡ单耳长颈瓶	BⅣ网格纹	BbⅣ圆圈纹
		M81:？	Ⅲ式双耳长颈瓶	Ⅳ网格锯齿纹	BⅦ齿带纹
		M81:？	CⅣ盆		（Ⅱ式蝌蚪纹）

4. 永昌鸳鸯池墓地

鸳鸯池发现的半山墓为数不多，随葬彩陶种类单一，流行 AⅡ方块几何纹，特征是锯齿纹排列细小密集，齿尖锋利，与土谷台半山 B 群风格接近，并显示出一定的地域风格。

5. 边家林遗址

边家林所出彩陶花纹分两大类，一类绘黑色单彩，不用或极少用锯齿纹，颈部花纹常用横条带、大三角锯齿纹、网格纹、对齿纹；腹部花纹常用凸弧纹、葫芦纹、三角折线纹、圆圈纹、垂弧纹、横条带纹、齿带纹；内彩仅见漩涡纹、十字纹。另一类绘黑红复彩，锯齿纹比较习见，颈部花纹流行网格锯齿纹、水波纹、大三角锯齿纹、横条带纹、横人字纹等；腹部花纹常用漩涡纹、齿带纹、葫芦纹、凸弧纹、垂弧纹、圆圈纹、横条带纹；内彩仅十字纹一种。

依彩陶器形及组合我们将边家林墓地分成甲、乙两组。若以花纹为准，可分为三组：A 组以 M12 为代表，绘黑色单彩，锯齿纹基本不见，但对齿纹，比较发达，齿尖粗大，夹角在 90 度左右。颈部流行 AⅠ、AⅡ锯齿纹，AⅡ横条带纹；腹部纹样有 AⅠ折线纹，AⅡ、AⅢ、CⅠ齿带纹，AⅠ、AⅡ葫芦纹；内彩仅见 DⅠ漩涡纹。B 组以 M3 为代表，所出彩陶分两类，一类与 A 组大致相同，绘黑色单彩花纹，颈部流行 AⅠ锯齿纹，腹部绘 AⅢ齿带纹；另一类绘黑红复彩，颈部绘Ⅰ式网格锯齿纹，腹部绘 AⅣ漩涡纹。C 组以 M8 为代表，彩陶全部绘黑红复彩，整体风格与 B 组后一类接近。颈部流行Ⅰ式网格锯齿纹，腹部纹样有 BⅠ齿带纹、AⅤ漩涡纹等。从花纹风格观察，C 组开始出现一些新因素，如 AⅤ漩涡纹锯齿角度较前两组常见的对齿纹变小，风格粗犷，变化较明显。相比较而言，边家林花纹 A 组与柳湾花纹甲组一致；花纹 B 组与花寨子花纹 B 组接近；花纹 C 组与花寨子花纹 C 组相同（表四）。

表四

器型	花纹	单位	器类、器型	颈部花纹	腹部（内彩）花纹
甲组	A组	M9:1 M9:2	BⅠ小口长颈壶 BⅠ盆	AⅡ锯齿纹	AⅡ齿带纹 （DⅠ漩涡纹）
		M12:3 M12:5 M12:6 M12:2	BⅠ小口长颈壶 BⅠ小口长颈壶 AⅠ单耳长颈瓶 BⅠ盆	AⅡ横条带纹 AⅠ锯齿纹 AⅡ横条带纹	AⅠ折线纹 AⅢ齿带纹 AⅠ葫芦纹 （DⅠ漩涡纹）
		M16:1 M16:2	BⅠ小口长颈壶 AⅠ单耳罐	AⅠ锯齿纹	AⅡ葫芦纹 CⅠ齿带纹
乙组	B组	M3:1 M3:2	BⅡ小口长颈壶 AⅡ小口长颈壶	AⅠ锯齿纹 Ⅰ网格锯齿纹	AⅢ齿带纹 AⅣ漩涡纹
	C组	M8:3 M8:1	AⅡ小口长颈壶 AⅠ大口矮领瓮	Ⅰ网格锯齿纹	AbⅡ漩涡纹 BⅠ齿带纹

6. 地巴坪墓地

地巴坪墓地所出彩陶几乎全部为黑红复彩，红彩绘主干花纹，黑彩围绕红彩，内侧出锯齿，齿尖刺向红彩。锯齿纹排列密集、规整，齿尖锋利、夹角小。颈部花纹流行网格、网格锯齿纹、网格横人字纹。颈部锯齿纹细分为两种：一种角度在60度以上，偏大；另一种呈锐三角形，较小。腹部常用花纹有：漩涡纹、菱格纹、齿带纹、葫芦纹、圆圈纹、折线纹、凸弧纹、垂弧纹、贝纹。其中，漩涡纹的比例最为突出，数量几占地巴坪全部彩陶的一半，特征是漩涡涡心直径小，内中多空白无纹。葫芦纹大多顶部有缺，呈束颈袋状。内彩仅见涡纹、同心圆纹两种。

通过器形分析一节，我们认为地巴坪所出彩陶共性特征很强，说明该墓地使用时间跨度不大。从花纹观察，地巴坪彩陶盛行红彩两侧夹绘黑彩齿带纹的固定模式。与上面介绍的几处遗址相比，其花纹种类、形态比较有特色，最突出的是锯齿纹大多变为锐三角形，齿锋夹角变小。颈部花纹流行BⅢ网格纹、Ⅱ式网格锯齿纹和BⅢ、BⅣ锯齿纹；新出现横人字纹、Ⅱ式对齿纹。矮领器常用X、#、＜等几何纹构成松散的花纹带。腹部纹样盛行AⅥ漩涡纹和BⅤ齿带纹、BbⅢ圆圈纹；次为B型、AⅧ、AⅨ葫芦纹、BⅢ折线纹和AⅡ、BⅠ菱格纹。上述花纹中，AⅥ漩涡纹与BⅤ齿带纹频繁发生共存（如M40、M49、M51、M58、M64）；BbⅡ、BbⅢ圆圈纹与AⅧ、B型葫芦纹共存（M37、M53）；AⅥ漩涡纹与BbⅢ圆圈纹仅有个别共存

（M27）。由于该墓地资料发表十分有限，我们还无法对上述共存现象做进一步的深入研究。在地巴坪墓地有个别单位出土的彩陶有偏早阶段的作风（如M18:3、M45:3），如BⅡ齿带纹下部绘辅助漩涡纹、水波纹等。由于缺少器物组合，对这些单位也无法做细致的分析。从花纹的种类和形式看，这里出现率最高的有BⅤ齿带纹，AⅥ漩涡纹，BbⅡ圆圈纹，BⅡ、BⅢ、AⅡ、AⅢ折线纹，内彩仅见A型漩涡纹。总体印象是，地巴坪所出彩陶花纹共性强烈，时代集中，这与前述对器形分析的结论一致（表五）。

表五

单位号	器类、器型	颈部花纹	腹部（内彩）花纹
M2:14 M2:15	Ⅲ式高低耳罐 CⅢ盆	Ⅱ式斜条带纹	BⅤ齿带纹
M6:1 M6:3 M6:4 M6:?	AⅢ大口矮领瓮 AⅢ大口矮领瓮 AⅢ大口矮领瓮 AⅢ大口矮领瓮		AⅥ漩涡纹 AⅣ折线纹 AⅡ菱格纹 AⅥ漩涡纹
M16:7 M16:4	AⅢ大口矮领瓮 AⅢ单耳长颈瓶	BⅢ网格纹	卵点纹 BⅤ齿带纹
M17:5 M17:6	AⅢ大口矮领瓮 BⅡ双耳罐	AⅢ折线纹	AⅥ漩涡纹
M18:1 M18:3	AⅢ大口矮领瓮 Ⅰ式小口高领瓮	Ⅰ横人字锯齿	BⅤ齿带纹 BⅤ齿带纹
M23:1 M23:2	AⅢ大口矮领瓮 AⅢ小口长颈壶	Ⅱ网格锯齿纹	BbⅡ圆圈纹 AⅧ葫芦纹
M24:? M24:? M24:3	AⅢ大口矮领瓮 AⅢ大口矮领瓮 Ⅰ式小口高领瓮	X纹 X纹 CⅡ网格纹	AⅧ葫芦纹 BbⅡ圆圈纹 BⅠ菱格纹
M25:? M25:7	AⅢ大口矮领瓮 AⅡ钵	X纹	AⅥ漩涡纹 （AaⅡ漩涡纹）
M26:1 M26:? M26:5 M26:9	AⅢ大口矮领瓮 AⅢ大口矮领瓮 AⅢ大口矮领瓮 AⅡ钵	X纹 <纹	BⅢ折线纹 AⅥ漩涡纹 AⅤ横条带纹 （Ⅰ式圆圈纹）
M27:? M27:?	AⅢ大口矮领瓮 AⅢ大口矮领瓮	X纹 锯齿纹	AⅥ漩涡纹 BbⅡ圆圈纹
M31:? M31:2	AⅢ大口矮领瓮 AⅣ钵	<纹	BbⅡ圆圈纹 （AaⅠ漩涡纹）
M35:4 M35:7 M35:8	AⅢ大口矮领瓮 AⅢ大口矮领瓮 长颈瓶	#纹 横条纹	CⅡ漩涡纹 AⅣ凸弧纹 BⅤ齿带纹

续表

单位号	器类、器型	颈部花纹	腹部（内彩）花纹
M36:1	AIII大口矮领瓮	X纹	BI菱格纹
M36:3	AIII大口矮领瓮		BI菱格纹
M36:5	I式小口高领瓮	CII网格纹	AIII折线纹
M37:2	AIII大口矮领瓮		BI葫芦纹
M37:4	AIII大口矮领瓮	<纹	BbII圆圈纹
M37:?	AIII大口矮领瓮	X纹	BII葫芦纹
M37:5	AIII大口矮领瓮	Bb	II圆圈纹
M40:3	I式小口高领瓮	II横人字锯齿	BV横齿带纹
M40:?	I式小口高领瓮	II网格锯齿纹	AVI漩涡纹
M41:1	I式小口高领瓮	<纹	几何折线X纹
M41:5	CI双耳罐		BV横齿带纹
M44:5	AIII大口矮领瓮	X纹	BII垂弧纹
M44:?	AIII大口矮领瓮		BIII折线纹
M45:?	AIII大口矮领瓮		BII折线纹
M45:?	AIII大口矮领瓮	水波纹	BIII折线纹
M45:3	I式小口高领瓮	I网格锯齿纹	BII齿带纹
M45:?	I式小口高领瓮	CII网格纹	AVI漩涡纹
M45:?	AIV单耳长颈瓶	BIII横条带纹	BII折线纹
M49:2	AIII大口矮领瓮	水波纹	II式斜条带纹
M49:?	AIII大口矮领瓮	水波纹	BIII贝纹
M49:8	I式小口高领瓮	II网格锯齿纹	CIV圆圈纹
M49:7	I式小口高领瓮	II横人字网纹	AII折线纹
M49:5	AIV小口长颈壶	II网格锯齿纹	AVI漩涡纹
M49:?	AIII单耳长颈瓶	I网格锯齿纹	BV横齿带纹
M49:13	DIII盆		BV横齿带纹
M49:12	AIV钵		（AbII漩涡纹）
M50:1	AIII大口矮领瓮	X纹	AVIII葫芦纹
M50:?	AIII大口矮领瓮	水波纹	C菱格纹
M51:5	AIII大口矮领瓮	X纹	BII垂弧纹
M51:?	I式小口高领瓮	II横人字网格	AVI漩涡纹
M51:?	AIII单耳长颈瓶	II横人字条带	BIII折线纹
M51:9	BIII盆		BV齿带纹
M53:4	AIII大口矮领瓮	X纹	BV齿带纹
M53:3	AIII大口矮领瓮	＃纹	BbIII圆圈纹
M53:2	AIII大口矮领瓮	X纹	AVIII葫芦纹
M58:3	AIII大口矮领瓮	水波纹	BIV贝纹
M58:3	AIII大口矮领瓮	水波纹	AVI漩涡纹
M58:3	I式小口高领瓮	BIV网格条带	AII菱格纹
M58:3	AIII单耳长颈瓶	BIV网格条带	AII菱格纹
M58:3	BIV双耳罐	水波纹	BV齿带纹
M58:3	III盂		BV齿带纹
M58:3	II盂		B方块几何纹
M64:4	BI大口矮领瓮		AVI漩涡纹
M64:5	AIII单耳长颈瓶	横条带纹	BV齿带纹

7. 边家沟大墓

此墓随葬彩陶全部绘黑红复彩，颈部花纹流行单层或双层锐三角锯齿纹、网格锯齿纹和网纹。腹部花纹以漩涡纹最多，包括AⅥ1件、BⅠ3件。其中，BⅠ漩涡纹在地巴坪墓地不见，根据我们对漩涡纹演变谱系的分析，BⅠ漩涡纹较地巴坪最为流行的AⅥ漩涡纹时代略晚。在器形分析一节我们曾指出，边家沟Ⅱ式小口高领瓮的时代应晚于地巴坪流行的Ⅰ式小口高领瓮，这与花纹的分析结果一致。但也应看到，边家沟大墓所见其他彩陶花纹在地巴坪墓地也比较习见，风格接近，因此推测二者的时代差距并不很大（表六）。

表六

单位号	器类、器型	颈部花纹	腹部（内彩）花纹
边M:1	AⅢ大口矮领瓮	锯齿纹	BⅠ漩涡纹
边M:2	Ⅱ式小口高领瓮	BⅣ锯齿纹	BⅡ葫芦纹
边M:3	AⅢ大口矮领瓮	＜纹	BⅠ漩涡纹
边M:4	Ⅱ式小口高领瓮	BⅣ锯齿纹	BⅣ横条带纹
边M:5	Ⅱ式小口高领瓮	Ⅱ网格锯齿纹	AⅡ菱格纹
边M:6	Ⅱ式小口高领瓮	Ⅱ网格锯齿纹	AⅥ漩涡纹
边M:7	Ⅱ式小口高领瓮	BⅣ网格纹	BⅠ漩涡纹
边M:8	BⅢ双耳罐	锯齿纹	B方块几何纹

8. 青岗岔遗址

青岗岔遗址F1出土完整的彩陶瓮3件，全部发表。这批彩陶器颈部绘BⅣ、BⅤ锯齿纹，腹部均绘BⅠ漩涡纹，特征与边家沟大墓接近（表七）。

表七

单位号	器类、器型	颈部花纹	腹部（内彩）花纹
F1:1	Ⅱ式小口高领瓮	BⅤ锯齿纹	BⅠ漩涡纹
F1:2	Ⅱ式小口高领瓮	BⅣ锯齿纹	BⅠ漩涡纹
F1:3	Ⅱ式小口高领瓮	BⅣ锯齿纹	BⅠ漩涡纹

9. 苏呼撒墓地

苏呼撒墓地的资料发表比较充分，组合关系也相对完整。该址彩陶以黑红复彩构图为主，颈部花纹最为流行锯齿纹，其次为网格锯齿纹。锯齿大多较粗大，齿尖夹角在60度以上，个别呈锐三角形，有的作上下两层分布，画面较疏朗。腹部花纹以齿带纹、漩涡纹最多，其次为菱格纹、凸弧纹、方块几何纹和折线纹。其中齿带纹、漩涡纹和菱格纹三类花纹的总量约占全部彩陶的 78%。特别是横齿带纹的总量几乎占该址彩陶花纹的一半，尤以 BV 齿带纹最为丰富。另一类常用花纹为 AVI 漩涡纹，数量也较突出。该址不仅花纹种类相对集中，纹样与器类搭配也比较稳定，像盆、单耳长颈瓶、高低耳瓶等器主要绘 BV 齿带纹；壶、瓮类器主要绘 AVI 漩涡纹。根据 BV 齿带纹、AVI 漩涡纹与其他花纹较频繁地发生共存这一现象，表明该址各墓所处时代比较集中，年代跨度不大，与地巴坪墓地的时代最为接近。除上述最为流行的 BV 齿带纹、AVI 漩涡纹以外，苏呼撒少见地巴坪墓地流行圆圈纹、葫芦纹，或许反映出二者在空间上的差异（表八）。

表八

分组	单位号	器类、器型	颈部花纹	腹部（内彩）花纹
甲组	M9:2 M9:5	BIV小口长颈壶 II式高低耳罐	BII锯齿纹 III网格锯齿纹	AII菱格纹 AVI漩涡纹
	M13:1 M13:4 M13:3 M13:2 M13	BIII小口长颈壶 AIII单耳长颈瓶 AIV单耳长颈瓶 BIII盆 BIV盆	BIII锯齿纹 BIII锯齿纹 BIV锯齿纹	AVI漩涡纹 AVI漩涡纹 BV齿带纹 BV齿带纹 BV齿带纹
	M28:5 M28:3	AIII单耳长颈瓶 BIII盆	BIII锯齿纹	BIII垂弧纹 BV齿带纹
	M35:8 M35:2 M35:1 M35:7 M35:3	AIII小口长颈壶 AIV小口长颈壶 AIII大口矮领瓮 BIII双耳罐 II式腹耳壶	II网格锯齿纹 II网格锯齿纹 X纹 BV齿带纹 II横人字纹	AIII折线纹 BV齿带纹 AVIII葫芦纹 AII方块几何纹
	M40:1 M40:5 M40:2 M40:3 M40:4	II式小口高领瓮 AIII大口矮领瓮 II腹耳壶 BIII盆 BIV盆	BIII锯齿纹 垂弧纹 BIV锯齿纹	BIV凸弧纹 AVI漩涡纹 AII菱格纹 BV齿带纹 BV齿带纹
	M51:8 M51:9 M51:4 M51:7 M51:6 M51:5 M51:3	AIII小口长颈壶 BIII小口长颈壶 AIII单耳长颈瓶 II式小口高领瓮 AIII大口矮领瓮 BIII盆 CIV盆	漩涡纹 BIII锯齿纹 BII横条纹 BIII锯齿纹 <纹 水波纹 BV齿带纹	AVI漩涡纹 BIV凸弧纹 II式斜条带纹 BII折线纹 AVI漩涡纹 BV齿带纹
	M53:3 M53:4	AIII单耳长颈瓶 BIII盆	BIV锯齿纹	BV齿带纹 BV齿带纹
	M64:3 M64:4	BIII小口长颈壶 四耳罐	BIII锯齿纹	AVI漩涡纹 B方块几何纹

续表

分组	单位号	器类、器型	颈部花纹	腹部（内彩）花纹
乙组	M17:2	Ⅲ式小口高领瓮	Ⅱ对齿纹	BⅣ凸弧纹
	M17:3	BⅢ双耳罐		BⅠ漩涡纹
	M17	BⅣ盆		BⅤ齿带纹
	M22:6	Ⅲ式小口高领瓮	BⅣ锯齿纹	AⅡ菱格纹
	M22:8	BⅣ盆		BⅤ齿带纹
	M24:1	Ⅲ式小口高领瓮	BⅡ横条带纹	AⅥ漩涡纹
	M24:2	BⅢ盆		BⅤ齿带纹
	M37:3	Ⅲ式小口高领瓮	BⅣ网格纹	Ⅱ式斜条带纹
	M37:7	BⅢ小口长颈壶	BⅣ锯齿纹	AⅥ漩涡纹
	M37:10	AⅣ单耳长颈瓶	BⅣ锯齿纹	BⅤ齿带纹
	M37:7	AⅢ大口矮领瓮	<纹	BⅢ折线纹
	M37:5	BⅢ盆		BⅤ齿带纹
	M37:8	BⅣ盆	<纹	BⅤ齿带纹
	M37:9	BⅣ盆		BⅤ齿带纹
	M65:6	Ⅲ式小口高领瓮	Ⅲ网格锯齿纹	AⅥ漩涡纹
	M65:2	Ⅲ式小口高领瓮	BⅢ锯齿纹	AⅥ漩涡纹
	M65:5	Ⅱ式高低耳壶	Ⅲ网格锯齿纹	BⅤ齿带纹
	M65:9	Ⅲ式高低耳罐	BⅣ锯齿纹	BⅢ垂弧纹
	M65:3	BⅡ双耳罐		AⅡ方块几何纹
	M65:4	BⅢ盆		BⅤ齿带纹
	M65:8	BⅢ盆		BⅤ齿带纹
	M55:4	Ⅲ式小口高领瓮	BⅡ锯齿纹	AⅥ漩涡纹
	M55:5	AⅢ大口矮领瓮	网格纹	AⅡ菱格纹
	M55:1	BⅣ盆		BⅤ齿带纹
	M47:2	Ⅲ式小口高领瓮	BⅢ锯齿纹	AⅥ漩涡纹
	M47:5	Ⅲ式小口高领瓮	BⅢ锯齿纹	AⅥ漩涡纹
	M47:1	BⅡ大口矮领瓮	X纹	AⅥ漩涡纹
	M47:4	BⅢ双耳罐	<纹	BbⅢ圆圈纹
	M47:3	Ⅱ腹耳壶	BⅢ锯齿纹	AⅡ方块几何纹
	M47:6	BⅣ盆	<纹	BⅤ齿带纹

10. 西滩 1 号墓

与苏呼撒墓地分布在同一范围的有西滩 1 号墓，所出 7 件彩陶全部发表，器类及彩陶花纹与苏呼撒墓地完全一致，应为同时期的遗存（表九）。

表九

单位号	器类、器型	颈部花纹	腹部（内彩）花纹
M1:2	BⅡ腹耳壶	折线纹	BⅠ折线纹
M1:3	BⅣ小口长颈壶	BⅡ锯齿纹	AⅡ菱格纹
M1:1	Ⅲ式小口高领瓮	BⅢ锯齿纹	AⅥ漩涡纹
M1:4	Ⅲ式小口高领瓮	BⅢ锯齿纹	BⅣ凸弧纹
M1:6	AⅢ大口矮领瓮	水波纹	AⅡ菱格纹
M1:9	AⅢ大口矮领瓮	水波纹	AⅡ菱格纹
M1:8	BⅣ盆	水波纹	BⅤ横齿带纹

11. 张家台墓地

张家台所出彩陶均绘黑红复彩，极个别绘红色单彩。据花纹构图风格分为两组，A 组以 M17 及一批采集的小口长颈壶为代表，颈部绘 BⅡ横条带纹、BⅠ锯齿纹，腹部花纹以对三角纹、AⅡ贝纹、AⅡ折线纹为主，特征是比较少用锯齿纹，其中有的花纹与兰州营盘岭遗址[①]一致，如对三角纹。B 组花纹中颈部 BⅣ锯齿纹，BⅢ、BⅣ网格纹为主，腹部花纹常见 AⅥ漩涡纹、BⅢ垂弧纹、BⅢ折线纹、Ⅱ式斜条带纹、BⅣ贝纹等。这其中有些为地巴坪墓地所常见（AⅥ漩涡纹、BⅢ折线纹），有些则不见。结合前面对器形的分析，张家台墓地彩陶花纹 A、B 两组与器型甲、乙两组分别对应，花纹 A 组与器型甲组应略早于花纹 B 组合器型乙组（表十）。

表十

器型	花纹	单位	器类、器型	颈部花纹	腹部（内彩）花纹
甲组	A 组	M17:2	AⅡ小口长颈壶	BⅡ横条带纹	AⅡ贝纹
		M?:?	AⅡ小口长颈壶	BⅡ横条带纹	AⅡ折线纹
		M?:?	AⅡ小口长颈壶	BⅡ横条带纹	对三角纹
		M?:?	AⅡ小口长颈壶	BⅠ锯齿纹	对三角纹
乙组	B 组	M5:1	Ⅰ式单耳罐		竖条带纹
		M11:1 M11:2	BⅠ单耳长颈瓶 敞口罐	BⅣ锯齿纹	BⅢ垂弧纹 BⅢ垂弧纹
		M12:1	AⅣ单耳长颈瓶	BⅣ锯齿纹	BⅢ折线纹
		M14:1	Ⅱ式小口高领瓮	BⅢ网格纹	AⅥ漩涡纹
		M18:4	AⅢ小口长颈壶	BⅢ网格纹	AⅥ漩涡纹
		M20:1	BⅢ双耳罐		Ⅱ式斜条带纹
		M13:2	Ⅱ式小口高领瓮	BⅣ网格纹	BⅣ贝纹
		M?:?	Ⅱ式小口高领瓮	BⅣ网格纹	BⅣ贝纹
		J.Z.A001	AⅢ大口矮领瓮	水波纹	BⅣ贝纹
		J.Z.A002	AⅢ大口矮领瓮		AⅥ漩涡纹
		J.Z.A005	喇叭口瓶		BⅢ垂弧纹

---

① 甘肃省博物馆文物工作队、兰州市城关区文化馆：《兰州皋兰山营盘岭出土半山类型陶器》，《考古与文物》1983 年第 6 期，第 1—4 页。

半山类型彩陶编年及时空框架

以上几章我们从器形和花纹两个方面对半山时期的彩陶进行了详细而深入的考古类型学分析，在这一工作的基础上，现将这两方面的内容做一新的归纳。

典型器分组

第一组 以柳湾墓地半山器形甲组为代表。包括边家林甲组（M12为代表），花寨子器形甲组，张寨遗址采集品中的大部分，兰州关帝坪M1，天水师赵第六期遗存的挖掘、采集品。彩陶典型器包括AⅠ、BⅠ小口长颈壶，AⅠ单耳长颈瓶，AⅠ大口矮领瓮，AⅠ单耳罐，Ⅰ式鸭形壶，Ⅰ式双耳长颈瓶，AⅠ、BⅠ、CⅠ、DⅠ盆等。

第二组 以花寨子器形乙组、丙组为代表。包括柳湾半山乙组，边家林乙组（M3为代表），张寨遗址部分采集品，营盘岭墓地采集品等。彩陶典型器代表有AⅡ、BⅡ小口长颈壶，AⅡ单耳长颈瓶，AⅠ、BⅠ大口矮领瓮，AⅠ、AⅡ、BⅠ单耳罐，AⅠ高低耳罐，AⅠ、BⅠ、BⅡ双耳罐，AaⅠ、BⅠ大口罐，Ⅰ式腹耳壶，Ⅰ式双连口壶，AⅠ、AⅡ、BⅠ、BⅡ、CⅠ、CⅡ、DⅡ盆等。

第三组 以地巴坪墓地为代表。包括柳湾半山丙组，苏呼撒墓地，张家台甲、乙组，边家沟大墓，青岗岔遗址F1，兰州十里店遗址采集品等。彩陶典型器代表有AⅢ、BⅢ小口长颈壶，AⅢ、AⅣ、B型单耳长颈瓶，Ⅰ、Ⅱ、Ⅲ式小口高领瓮，AⅡ、AⅢ、BⅡ大口矮领瓮，Ⅱ式鸭形壶，Ⅱ式双耳长颈瓶，Ⅰ、Ⅱ式高低耳壶，AⅡ、AⅢ高低耳罐，AⅢ单耳罐，BⅢ、BⅣ、CⅠ双耳罐，AⅢ、BⅢ、BⅣ、CⅢ、CⅣ、DⅢ盆，AaⅡ、Ab、BⅡ大口罐，Ⅰ、Ⅱ式盂，带嘴锅，Ⅱ、Ⅲ式腹耳壶，Ⅱ、Ⅲ式双连口壶，人首器盖等。

第四组 以土谷台半山墓为代表。包括鸳鸯池半山墓葬、柳湾半山丁组中的一部分、兰州焦家沟遗址采集品等。彩陶典型器代表有AⅣ、BⅣ小口长颈壶，Ⅱ、Ⅲ、Ⅳ式小口高领瓮，AⅢ、BⅢ大口矮领瓮，Ⅲ式鸭形壶，AⅣ、B型单耳长颈瓶，Ⅲ式高低耳壶，Ⅳ式高低耳罐，AⅣ、BⅡ、BⅢ单耳罐，AⅡ、BⅢ、BⅣ、CⅡ双耳罐，Ⅲ式双耳长颈瓶，BⅡ大口罐，AⅣ、CⅣ、DⅣ盆，Ⅲ式盂，Ⅰ、Ⅱ式单把杯等。

第五组 以西宁朱家寨部分半山墓为代表。包括柳湾半山丁组的一部分，青海总寨遗址个别发掘、采集品，永登乐山坪遗址部分征集品。该组经正式发掘的遗址很有限，多数为采集、征集品。彩陶典型器代表有AⅤ小口长颈壶，AⅤ单耳长颈瓶，Ⅳ式小口高领瓮，AⅣ、BⅢ大口矮领瓮，Ⅲ式高低耳壶，Ⅳ式高低耳罐，C型单耳罐，AⅡ、BⅢ、BⅣ双耳罐，BⅡ大口罐，DⅣ盆，Ⅰ、Ⅱ、Ⅲ式陶鼓，Ⅰ、Ⅱ式单把杯等。

典型纹样分组

第一组 以柳湾半山花纹甲组为代表。包括边家林花纹A组，花寨子墓地花纹A组，朱家寨遗址少数发掘品（残）[1]，张寨遗址采集品中的大部分，兰州关帝坪M1，天水师赵第六期遗存等。彩陶颈部典型花纹有AⅠ、AⅡ锯齿纹，Ⅰ式对齿纹，Ⅰ式折线纹，AⅠ、AⅡ横条带纹（包括个别BⅠ），AⅠ、AⅡ网格纹等。腹部典型花纹有AⅠ、AⅡ、AⅢ、AⅣ横条带纹，AⅠ、AⅡ、AⅢ、AⅣ、CⅠ、CⅡ齿带纹，AⅠ、AⅡ凸弧纹，AⅠ、AⅡ漩涡纹，AⅠ垂弧纹，AaⅠ、AaⅡ、AbⅠ、AbⅡ圆圈纹，AⅠ、AⅡ葫芦纹，AⅠ菱格纹，AⅠ贝纹，AⅠ折线纹等。内彩花纹有AⅠ、AⅡ十字纹，C型、DⅠ、EⅠ漩涡纹。

---

[1] J. G. Andersson (1945), The Site of Chu Chia Chai. *BMFEA*. No.17, Stockholm.

第二组　以花寨子墓地甲组、乙组为代表。包括柳湾半山乙组，边家林B组，张寨遗址部分采集品等。颈部典型花纹有BⅠ、BⅡ锯齿纹，Ⅰ式倒锯齿纹，AⅡ、BⅠ、BⅡ横条带纹，AⅡ、BⅠ、BⅡ网格纹，Ⅰ式网格锯齿纹，Ⅰ式横人字锯齿纹，Ⅰ式横人字条带纹，Ⅰ式横人字网格纹，Ⅰ式竖条带纹，竖折线纹等。腹部花纹有BⅠ、BⅡ横条带纹，BⅡ、BⅢ齿带纹，AⅢ、BaⅠ、BbⅠ凸弧纹，AⅢ、AⅣ漩涡纹，AⅡ、AⅢ垂弧纹，BaⅠ、BaⅡ、BbⅠ圆圈纹，AⅢ、AⅣ、AⅤ、AⅥ葫芦纹，AⅡ贝纹，BⅠ折线纹等。内彩花纹有AⅡ、BⅠ十字纹，AbⅠ漩涡纹，DⅡ、DⅢ、EⅡ、EⅢ漩涡纹等。

第三组　以兰州营盘岭遗址的采集品为代表。包括花寨子墓地丙组（M26为代表）、边家林C组（M8为代表）等。该组发现材料不多，在张家台甲组中发现有个别小口长颈壶所绘花纹与本组构图相同。本组颈部典型花纹有BⅡ、BⅢ、C锯齿纹，Ⅱ式折线三角纹，BⅡ横条带纹，BⅡ、BⅢ网格纹，漩涡纹等。腹部典型花纹有BⅡ横条带纹，BⅢ、CⅢ齿带纹，BⅢ凸弧纹，AⅤ漩涡纹，AⅣ、BⅠ垂弧纹，AⅤ、AⅥ葫芦纹，AⅡ折线纹，AⅠ方块几何纹，对三角纹，鱼鳞纹等。内彩典型花纹有BⅠ十字纹、AbⅠ漩涡纹等。

第四组　以地巴坪墓地为代表。包括柳湾半山丙组，苏呼撒墓地，西滩M1，张家台甲组等。颈部典型花纹有BⅢ、CⅡ锯齿纹，Ⅱ式对齿纹，Ⅲ、Ⅳ式折线纹，Ⅲ式横条带纹，BⅢ网格纹，Ⅱ式网格锯齿纹，Ⅱ式横人字锯齿纹，Ⅱ式横人字条带纹，漩涡纹，Ⅱ式横人字网格纹，网格条带纹等。腹部典型花纹主要有AⅤ、BⅢ横条带纹，AⅤ、BⅣ、BⅤ齿带纹，BⅣ、BⅤ凸弧纹，AⅥ、C型漩涡纹，BⅡ垂弧纹，BbⅡ、BbⅢ、C型圆圈纹，AⅡ、AⅢ、BⅠ、BⅡ人蛙纹，AⅦ、AⅧ、AⅨ、B型葫芦纹，Ⅱ、Ⅲ式斜条带纹，AⅡ、BⅠ、BⅡ、C型菱格纹，AⅢ、B型、C型贝纹，AⅡ、AⅢ、AⅣ、BⅡ、BⅢ折线纹，AⅡ、B型、C型方块几何纹，折块纹，栅线纹等。内彩典型花纹有AⅢ、BⅡ十字纹，Ⅰ、Ⅱ式毋字纹，Ⅰ式圆圈纹，AaⅠ、AaⅡ、AbⅡ漩涡纹，A型人蛙纹等。

第五组　以青岗岔F1为代表。包括边家沟1号大墓，兰州十里店遗址采集品等，该组发掘材料不多。颈部典型花纹有BⅣ锯齿纹，Ⅳ式折线纹，

BⅣ网格纹，Ⅲ式网格锯齿纹等。腹部典型花纹有BⅣ横条带纹，BⅠ漩涡纹，BⅢ垂弧纹，BbⅢ圆圈纹，AⅠ人蛙纹，AⅧ、AⅨ、B型葫芦纹，AⅡ菱格纹，AⅣ贝纹，BⅢ折线纹，AⅡ、B型方块几何纹，内彩花纹仅见Ⅱ式蝌蚪纹。

第六组　以土谷台大部分半山墓为代表。包括柳湾半山墓丁组大部分、鸳鸯池半山墓、朱家寨部分半山墓，兰州焦家沟遗址采集品等。颈部典型花纹有BⅣ、BⅤ锯齿纹，Ⅱ式倒锯齿纹，Ⅲ式对齿纹，Ⅲ、Ⅳ式网格锯齿纹等。腹部典型花纹有BⅥ、CⅣ齿带纹，BⅤ凸弧纹，BⅡ、BⅢ漩涡纹，BⅢ、BⅣ垂弧纹，BbⅢ、BbⅣ圆圈纹，BⅢ人蛙纹，AⅩ葫芦纹，AⅡ菱格纹，AⅤ、AⅥ、AⅦ贝纹，BⅣ折线纹，AⅡ方块几何纹等。内彩花纹有BⅢ十字纹，Ⅲ式毋字纹，Ⅱ、Ⅲ式圆圈纹，B型漩涡纹，B型人蛙纹，Ⅰ、Ⅱ式蝌蚪纹，网纹等。

第七组　以朱家寨半山墓大部分为代表。包括柳湾半山墓丁组少部分，土谷台少部分半山墓，永登乐山坪墓地部分征集品等。颈部典型花纹有BⅣ、BⅤ锯齿纹，Ⅱ式倒齿纹，Ⅱ式竖条带纹等。腹部典型花纹有BⅦ齿带纹，BⅢ、BⅣ漩涡纹，BbⅣ圆圈纹，AⅡ、AⅢ菱格纹，AⅦ贝纹，AⅡ方块几何纹，松塔纹等。内彩典型花纹有AbⅢ漩涡纹，Ⅰ、Ⅱ式蝌蚪纹，网纹等。

器形与花纹的对应关系

半山时期，彩陶典型器之形态与花纹构图呈大致的正向对应关系。如器形第一组与花纹第一组对应，器形第二组与花纹第二、第三组对应，器形第三组与花纹第四、第五组对应，器形第四组与花纹第六组对应，器形第五组与花纹第七组对应。上述结果显示，花纹的变率明显大于器形（对应关系详见表十一）。

表十一

器型分组	花纹分组	分段
第一组	第一组	前段（柳湾甲组）
		后段（花寨子甲组）
第二组	第二组	前段（花寨子乙组）
	第三组	后段（营盘岭组）
第三组	第四组	前段（地巴坪组）
	第五组	后段（青岗岔组）
第四组	第六组	（土谷台组）
第五组	第七组	（朱家寨组）

半山彩陶的分期

半山类型分布范围达176000平方公里[①]，在如此广阔的空间延续发展了约350年[②]，在半山类型的空间范围内，各区域间的文化面貌是否统一？是否存在发展不平衡现象？要解答这样一些问题需要对半山类型的文化内涵做更加深入、系统的分析。70余年来，甘青地区大量的考古工作积累了丰富资料，为解决上述问题奠定了坚实的基础。以下是我们在半山彩陶器形、花纹分组研究的基础上，将两方面的结论加以整合，将半山类型归纳为如下五期。

半山第一期　包括器形第一组、花纹第一组。本期的彩陶器类较简单，典型器代表为A、B小口长颈壶，A型单耳长颈瓶，A型单耳罐，高低耳罐，A、B、C、D型盆等，所见均系Ⅰ式器。器形的整体特征是：形体比较粗胖，壶、瓶类器皿呈明显的折肩作风，包括A型单耳罐、高低耳罐等深腹容器的最大腹径位置均靠上；盆的造型为深腹，窄沿；大口矮领瓮极为少见，双耳罐尚未出现。彩陶基本绘黑色单彩，有极个别器皿在黑彩花纹中夹带少量红彩线条。半山类型彩陶所特有的锯齿纹尚处于滥觞阶段，所见多绘在长颈器皿的颈部，也有少量在腹部花纹中穿插1—2组齿带纹。这一阶段的锯

[①] 根据半山、马厂各自分布的空间四至范围推算得出。
[②] 根据C-14检测，半山类型年代大致落在公元前2650—前2300年之间。

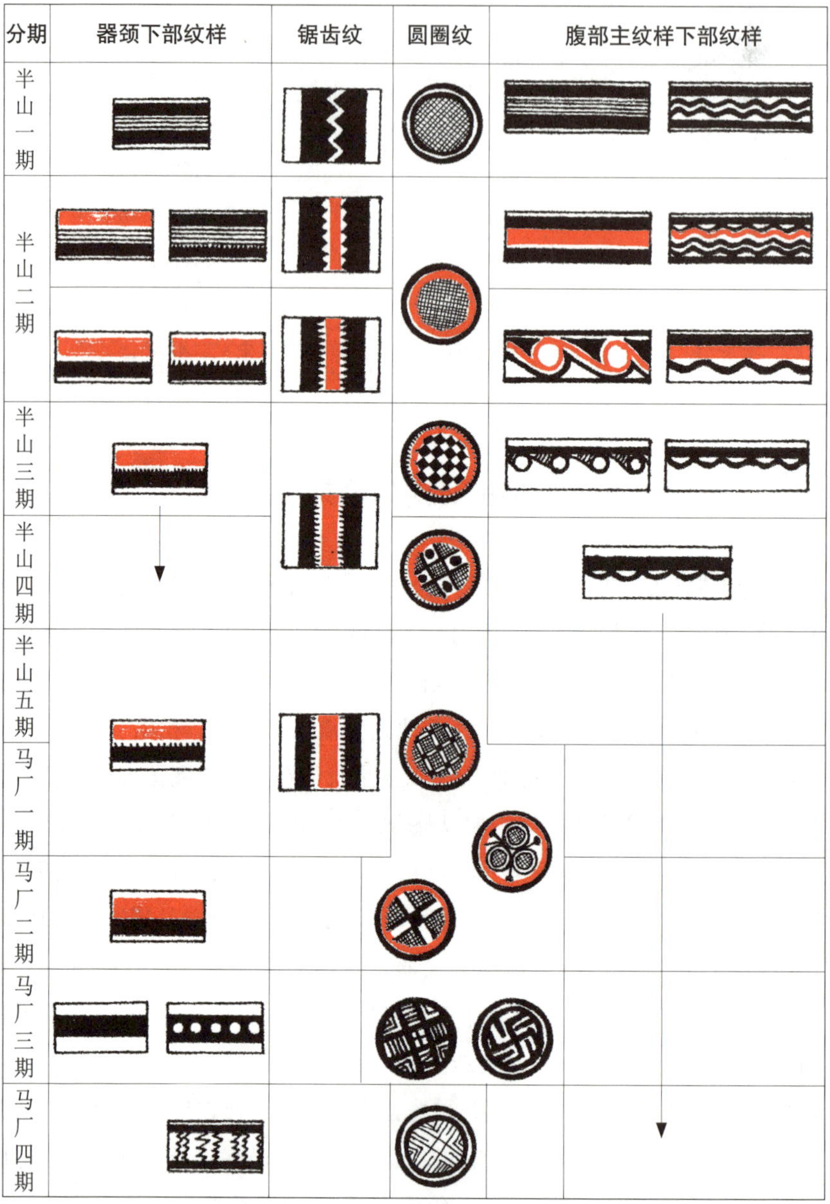

分期	器颈下部纹样	锯齿纹	圆圈纹	腹部主纹样下部纹样
半山一期				
半山二期				
半山三期				
半山四期				
半山五期 马厂一期				
马厂二期				
马厂三期				
马厂四期				

图二十八 半山与马厂典型花纹元素演变示意

齿纹以对齿形态最多，齿尖相对，作咬合状；特征是均作直角构图，锯齿粗大，齿尖夹角近90度。腹部常用花纹有：横条带纹、圆圈纹、凸弧纹、折线纹、葫芦纹、漩涡纹、菱格纹等。内彩花纹以宽带十字、3—5个圆涡组成的漩涡纹最富代表性（图二十九）。

根据彩陶花纹的变化还可将本期彩陶再细分为前后两段，前段以柳湾半山甲组为代表，颈部、腹部花纹中基本不见或很少使用锯齿纹；后段以花寨子花纹A组为代表，颈部、腹部花纹中开始出现齿尖较粗大的锯齿纹。相比较，前段花纹的风格更加接近马家窑类型晚期的风格，年代应早于后段。本期彩陶花纹的基本元素特征有如下几点：（1）花纹均用黑色单彩；（2）本期

图二十九

1、5、6. 边家林M12；2. 兰州杏树坡；3. 柳湾M528；
4. 张寨采集品；7. 边家林采集品；8、9. 边家林M16。

偏后阶段兴起的锯齿纹均作大三角构图，齿尖夹角 90 度左右，而且多为对齿纹构图，齿尖相对、咬合紧密；（3）器颈基部流行平行宽带或在平行宽带下绘数道纤细的平行线纹；（4）圆圈纹、葫芦纹内中流行绘细密的网格纹；（5）在腹部主纹样带下流行粗细线平行条带纹，也有的绘对齿纹或数股水波纹（图二十八）。这一时期，各遗址墓葬随葬彩陶数量较低，每墓平均 2 件左右。本期尚处在文化转型阶段，彩陶风格正在形成之中，是为半山类型初期。

半山第二期 包括器形第二组，花纹第二、第三组。典型器类别与第一期大致相同，A、B 型小口长颈壶，A 型单耳长颈瓶，A 型单耳罐，A、B、C、D 型盆等多变为 II 式器，A 型大口矮领瓮数量仍很少。本期彩陶器总体特征是：造型从折肩变为圆鼓肩，腹部仍较粗胖，最大腹径位于上腹部。花纹绝大多数改用黑红复彩，开始出现两股黑彩中间夹一股红彩典型半山模式，但红彩在整组画面中的比例尚不突出。锯齿纹比较习见，所见均作大锯齿构图，多绘于长颈器颈部，齿尖夹角近 90 度。腹部主题花纹中锯齿纹的使用仍有限，对齿纹依然是最常见的形式。花纹类别与第一期大致相同，构图规范，典型花纹有横条带纹、齿带纹、葫芦纹、圆圈纹、垂弧纹、凸弧纹、折线纹等。内彩与第一期相同，流行十字纹、漩涡纹，但画面中多插配适当的红彩。根据彩陶花纹的特征，可将本期彩陶细分为前后两段，前段以花寨子花纹 B 组为代表，颈部花纹流行大锯齿构图，腹部花纹母题中锯齿纹的使用不多，以对齿纹和齿带纹比较常见，风格接近半山第一期后段，所不同的是图案中较普遍出现红彩。后段以兰州营盘岭遗址为代表，颈部花纹与前段类似，腹部所绘黑彩花纹普遍出现锯齿纹，特点是锯齿略大而突出，风格粗犷，与前段变化明显（图三十）。本期彩陶花纹基本元素特征有以下几点：（1）开始流行黑红复彩构图的花纹；（2）锯齿纹明显增多，多数仍保持直角大三角构图，本期偏晚阶段出现了两股黑彩夹一股红彩、黑彩两边绘较大锯齿的纹样，风格粗犷；（3）颈基下部仍流行在两道宽平行条带纹之间夹绘数股细平行线，与第一期同类花纹一致，但有的开始穿插一道红彩，另外，数股水波线的纹样依旧流行，有的也夹绘一道红彩；（4）圆圈纹、葫芦纹内中仍流行绘细密的网纹；（5）腹部花纹下部多见黑红彩横条带纹、黑红彩水波纹和黑红彩漩涡纹（图二十八）。这一时期，各遗址墓葬随葬彩陶数量仍平均在每墓 2 件左右，最多超过 10 件。本阶段半山彩陶特征已初步形成，是为半山类型早期。

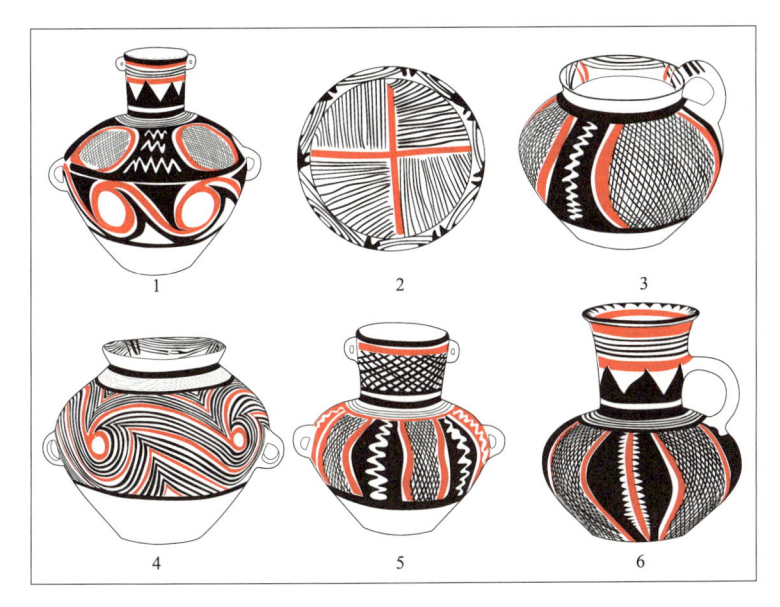

图三十

1、5、6. 花寨子 M28；2、3. 花寨子 M26；4. 花寨子 M18。

半山第三期 包括器形第三组，花纹第四、第五组。与半山第二期相比，器类渐趋复杂、多样。典型器仍以 A、B 小口长颈壶、A 型单耳长颈瓶、各型盆为代表，新出现小口高领瓮、双耳罐、盂、杯等器类。A、B 小口长颈壶，A 型单耳长颈瓶，A 型大口矮领瓮均变为Ⅲ式器，总体风格是：比高明显增加，肩部转为斜溜，腹部变瘦。在洮河流域和兰州左近，A 型大口矮领瓮数量激增，成为数量最突出的器类。此类器形态矮胖，腹径大大超出器高。彩陶花纹种类丰富，几乎全部使用黑红复彩，画面中红彩比例增加，一般用红彩勾勒花纹主体框架，两侧衬以黑彩，朝向红彩一侧绘锯齿纹，构成典型的半山花纹范式。本期变化最突出的是锯齿纹，首先是数量大增，广为普及；其次是锯齿变小，齿尖角度收缩，呈锐三角形，排列密集、规整。长颈器颈部花纹以网纹、网格锯齿纹最多，新出现横人字纹等纹样，与锯齿纹、网纹互相搭配成新的组合。矮领器领部流行＜、#、X、水波等组成的带状花纹（本期以前，矮领器领部多不绘彩）。腹部常用花纹有：漩涡纹、葫芦纹、圆圈纹、横齿带纹、凸弧纹、垂弧纹、菱格纹、折线纹、贝纹、横条带纹等；新增加人蛙纹、斜条带纹、方块几何纹等。内彩花纹以单漩涡纹、十字纹及由十字纹派生的毋字纹为主，较前一期同类花纹有显著变化。本期彩陶花纹仍可细分为前后两段，前段以地巴坪墓地为代表，典型器以A、B型小口长颈壶，A型单耳长颈瓶，A、B型大口矮领瓮，Ⅰ式小口高领瓮为代表；尤以大口矮领瓮的数量最为突出；典型花纹中颈部花纹所用锯齿纹多变为锐角，但齿尖夹角仍较大，腹部以涡心较小的漩涡纹（即AⅥ、B型）最富代表性，圆涡内中多空白无纹。后段以边家沟大墓、青岗岔遗址为代表，典型器中Ⅱ式小口高领瓮变为主要器类，数量明显增加，大口矮领瓮则相对减少；颈部花纹流行锐三角锯齿纹，齿尖锋利，流行上下两层构图，腹部花纹以BⅠ漩涡纹最富代表性，圆涡涡心增大，内中开始流行填绘几何纹（图三十一）。从本期开始，各遗址墓葬随葬彩陶数量有所增加，但各地呈不平衡状态。在洮河流域，每墓平均随葬彩陶5件以上，最多达16件（如地巴坪墓地）。在青海东部的黄河沿岸，每墓平均随葬彩陶2件，最多仅7件（如

图三十一
1. 地巴坪M23；2、3、6、7. 地巴坪M58；
4. 地巴坪M25；5. 中国历史博物馆藏品。

苏呼撒墓地、西滩1号墓),在兰州黄河以北的景泰县,平均每墓随葬彩陶不到1件(如张家台墓地),这显然与各地制陶业的发达程度和自然环境的优劣有密切关系。本期彩陶花纹基本元素特征有以下几点:(1)画面中红彩比例大增,普遍用红彩勾勒主纹样,两侧夹衬黑彩锯齿纹,构成典型半山流行式样;(2)颈基下部盛行绘红彩条带加黑彩齿带,红彩在上,黑彩在下,齿尖朝上刺向红彩;(3)锯齿纹变小,齿尖锋利,排列密集、规整;(4)圆圈纹、葫芦纹内除保留原来流行的网格纹外,开始出现棋盘格纹;(5)腹部花纹下除个别延续漩涡纹外,开始盛行单线垂弧水波纹(图二十八)。从本期开始,半山类型进入繁荣阶段,是为半山类型中期。

半山第四期 以器形第四组、花纹第六组为代表。与第三期相比,基本器类仍较复杂,组合有明显变化。小口高领瓮,B型单耳长颈瓶,单、双耳罐,盆,钵,盂等成为常见器,新出现单把杯等。A、B型小口长颈壶,A型单耳长颈瓶,A、B型大口矮领瓮等以往常见器数量骤减,壶、瓶、瓮、盆等常用器形态以Ⅳ式居多,总体特征是,比高继续增加,器腹变瘦,肩部斜溜,下腹壁略向内敛。小口高领瓮颈部变粗、高度降低;B型单耳长颈瓶器颈较粗,腹部肥矮。彩陶花纹流行黑红复彩,构图变化较大,种类开始减少。颈部花纹以网纹、锐三角锯齿纹、网纹加锐三角锯齿纹最为普遍;腹部花纹流行圆圈纹、漩涡纹、垂弧纹、菱格纹、人蛙纹、贝纹、方块几何纹,前几期广为流行的葫芦纹、凸弧纹逐渐消亡。内彩花纹除延续传统的十字纹、单漩涡纹外,开始出现人蛙纹、圆圈纹、蝌蚪纹等新纹样(图三十二)。本期各遗址墓葬随葬彩陶数量与第三期相仿,在自然环境较好的兰州—湟水下游河谷地带,每墓平均4—5件左右,最多达10余件(如土谷台墓地)。在自然条件较差的河西走廊地区,每墓平均仅1件多(如鸳鸯池墓地)。本期彩陶花纹基本元素特征有以下几点:(1)延续黑红复彩构图,红彩勾勒主纹,两侧衬以黑彩锯齿纹;(2)颈基下部仍流行红彩条带纹加黑彩齿带的传统模式;(3)锯齿纹小而排列较密,已出现齿锋变钝,排列不整的松散构图;(4)圆圈纹、葫芦纹、漩涡纹内中除绘网纹外,开始流行复线菱形网格或棋盘格状排列的网格纹,在空白方块内用卵点、水滴等纹样补白;(5)腹部花纹下部盛行垂弧水波纹(图二十八)。从本期开始,半山彩陶的固有风格发生一定程度的转变,是为半山类型晚期。

图三十二

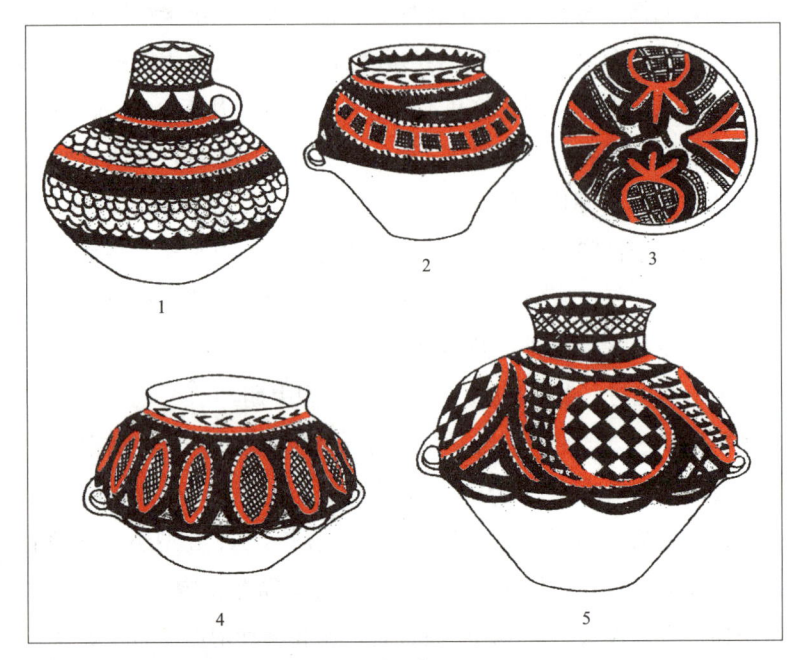

1、3、4. 土谷台 M53；2、5. 土谷台 M66。

半山第五期 包括器形第五组、花纹第七组。本期遗存发现不多，材料简单、有限。典型器种类较第四期又有减少，A、B 型小口长颈壶，A 型单耳长颈瓶，A、B 型大口矮领瓮等器更为少见。小口高领瓮成为主要的大型容器，单耳罐、双耳罐数量居高不下，形态复杂，这几类器皿构成这一阶段的主要器类群。新出现陶鼓。壶、瓶、瓮类器形态以Ⅳ、Ⅴ式为主，总体特征是比高继续增加，器形瘦高，下腹壁略向内敛，垂腹特征较明显。彩陶仍流行黑红复彩构图，花纹种类进一步减少，显得单调。锯齿纹形态与第四期相仿，但数量明显减少。颈部花纹基本延续前一阶段的样式；腹部花纹最常见的有方块几何纹、菱格纹、漩涡纹、圆圈纹等；内彩花纹有十字纹、圆圈纹等（图三十三）。本期发掘材料不多，有关随葬品情况不详。本期彩陶花纹基本元素特征有以下几点：（1）延续黑红复彩构图，红彩勾勒主纹样，两侧夹绘黑彩，特点是黑彩一侧的锯齿纹明显减少；（2）颈基下部仍延续红彩条带纹加黑彩齿带的传统模式；（3）锯齿纹齿锋圆钝、排列不整、构图松散；（4）圆圈纹、漩涡纹内中改为流行复线菱形网格纹；（5）腹部花纹下部

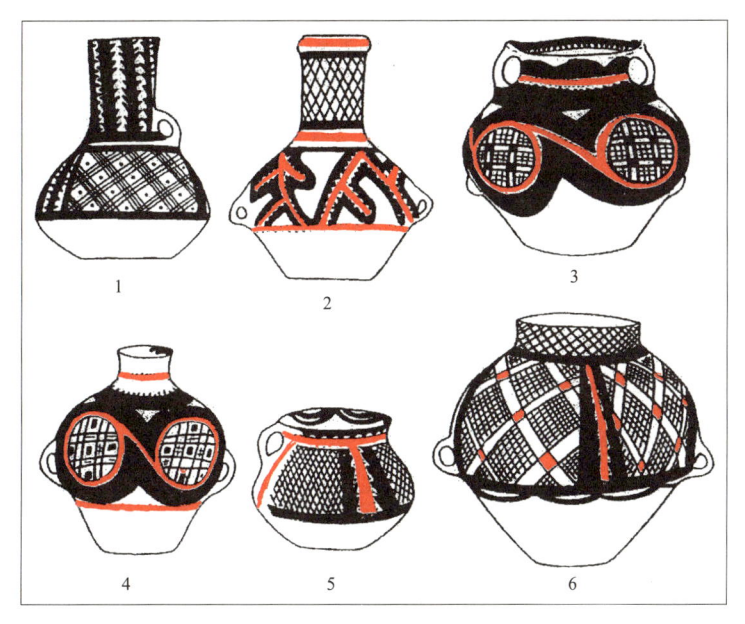

图三十三
1. 柳湾 M570；2. 柳湾 M673；3—6. 西宁朱家寨。

延续垂弧水波纹（图二十八）。本期特征显示，到这一阶段，半山类型彩陶的传统因素已明显衰退，新的因素正在滋生，开始向马厂类型转变、过渡，是为半山类型末期。

半山类型彩陶的时空框架

半山第一期分布范围东至甘肃天水，南达康乐，西抵青海同德，北界位于兰州—青海西宁一线（图三十四）。已发现这一时期的重要遗址有：甘肃康乐边家林、张寨、兰州花寨子、牟家坪、关帝坪、杏树坡、华林山，榆中朱家沟、林家窑[1]，天水师赵村，庄浪徐家碾、赵家，青海乐都柳湾，西宁朱家寨等，从统计资料分析，分布最集中的地区在兰州左近—洮河流域—湟水下游一带，这里应是半山类型的分布重心区。在这一范围以外的渭河上

---

[1] 朱家沟、林家窑两处遗址的出土标本收藏在兰州市榆中县博物馆。

游、葫芦河流域，青海东部黄河上游等地是半山类型分布的外围。各地所发现半山第一期的彩陶绝大多数为墓葬中的随葬品，青海西宁朱家寨遗址曾发现少量属于该阶段的彩陶残片，应该是出自聚落的遗留。

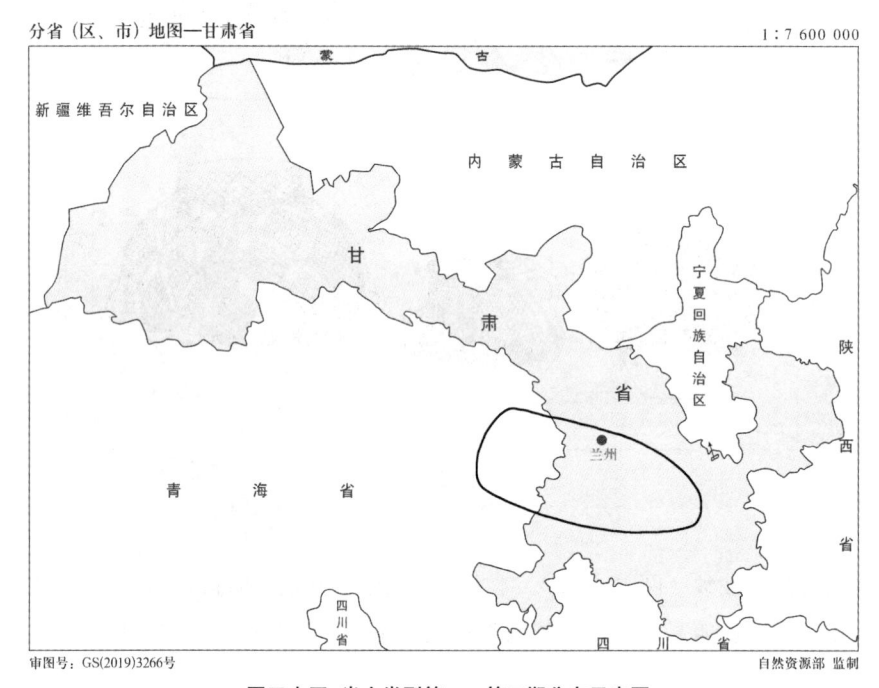

图三十四 半山类型第一、第二期分布示意图

半山第二期的空间分布与第一期大致相若，东界仍保持在甘肃东部的渭河上游一带，南达康乐，北至在兰州左近。唯西界有所变化，仅在青海东部的乐都县、民和县发现这一时期的遗存。西宁朱家寨未见此段遗存，是否存在向东退缩的现象还有待于新的考古发现证实（图三十四）。这一阶段的重要遗址有：甘肃康乐边家林、张寨，兰州花寨子、营盘岭、庄浪徐家碾，青海乐都柳湾等，分布最为集中的地区仍在兰州左近—洮河流域—湟水下游一带。其外围区仍维系在渭河上游—葫芦河流域，但发现很零星。在青海东部的黄河上游一带未见这一时期的半山遗存。各遗址出土资料证明，各地的文化面貌表现出很强的共性色彩。

洮河流域可以康乐边家林墓地作为半山第一、第二期的代表。这里发现的半山墓葬分为长方形、方形竖穴土坑形制，没有葬具，以单人二次葬为主，墓主头部多朝向东偏北。湟水流域以乐都柳湾半山墓地为代表。所发现墓葬均为圆角长方形竖穴土坑，普遍使用木质葬具。葬式分单人二次葬、合葬两种。墓主头向绝大多数朝北。在兰州左近的黄河流域，花寨子墓地包含有半山第一、第二期的内容，该墓地发现的墓葬分为方形、长方形竖穴土坑，与洮河流域的形制相同，但多数使用木质葬具，以单人二次葬形式居多，也有一些侧身屈肢葬，墓主头向多朝南偏东。这一时期各地所见埋葬风俗比较接近，二次葬最为流行，墓主头向的差异并非反映葬俗的不同，而是受墓地所在位置的地貌形态制约。这一时期的彩陶器形与花纹亦呈现强烈的一致性，随葬彩陶比例偏低，每墓平均在2件左右，最多5件。

半山第三期分布范围开始发生变化，其北界明显扩张，已进入到甘肃景泰县北部，在宁夏南部的海原一带也有零星发现；东界仍徘徊在陇山西侧的渭河—葫芦河流域，在天水左近未有新的发现；南界基本保持原状，仍游弋在康乐—广河之间；西面在湟水中游的乐都和黄河沿岸的循化县、化隆县、同仁县均有分布（图三十五）。这一阶段的重要遗址有：广河地巴坪、半山区、瓦罐嘴、边家沟、王家沟、P'ai Tzu P'ing（排子坪）[①]、杜家坪、园子坪，康乐县哇堡、三十力铺、范家、临洮徐家坪、牛头沟、杨家崖、临夏张家嘴、东乡尕场；兰州青岗岔、十里店，永靖刘家峡，榆中转嘴子、马家嘴[②]；景泰马胡地沟、张家台、喜集水；会宁牛门洞、颗粒台、秦安安湾；青海乐都柳湾、贾湾、民和大塬、巴州、核桃庄、垣坡、循化苏呼撒、西滩、丹麻[③]、化隆群科、曲家沟[④]，同仁下庄、科什藏，宁夏固原河川等。这一时期遗址数量集中，分布面广阔，但最为集中的地区仍在兰州—洮河中下游—湟水中游这一空间内，遗址规模均比较大，显示出兴旺发达趋势。在兰州以东的会宁牛门洞、颗粒台等遗址[⑤]发现一批半山第三期的墓葬，出土相当一批彩陶，引人注目，可见这一阶段半山类型在祖厉河一带的活动有所增强。在

---

① J. G. Andersson (1943), Researches into the Prehistory of the Chinese, *BMFEA*. No.15, Stockholm.
② 榆中所出标本藏甘肃省兰州市榆中县博物馆。
③ 青海省文物考古研究所：《青海化隆、循化两县考古调查简报》，《考古》1991年第4期，第313—331页。
④ 青海文物考古队：《青海隆务河流域考古调查》，《考古与文物》1982年第3期，第4—9页。
⑤ 甘肃省会宁县牛门洞、颗粒台等遗址发现有半山类型彩陶，标本现藏会宁县文化馆。参见张朋川：《中国彩陶图谱》，文物出版社1990年版。

西部湟水谷地，发展势头不明显，基本维持前一阶段的格局。

地巴坪墓地可作为半山第三期的代表。这里发掘的墓葬形制全部为近方形的竖穴土坑，不见使用葬具的痕迹，流行单人侧身屈肢葬，墓主均系成年人，头向东方。看来当时地巴坪居民对早夭的幼儿用不同的葬俗，埋葬地点与成人分离。边家沟发现的一座大墓也是长方形竖穴土圹形制，无葬具，墓主单人侧身屈肢，头向东偏南。这两个遗址的葬俗代表了洮河流域的半山墓葬特点。兰州附近仅在青岗岔发现四座半山时期墓葬，三座成人墓为竖穴土坑形制，无葬具，墓主均仰身直肢，一人头向西，一人头向北，另一墓不详，仅随葬白色石块。另有一座儿童瓮棺葬，瓮棺顶放置1件彩罐。这一发现说明半山时期对儿童行瓮棺葬习俗。青岗岔的重要之处是发现了四座半山时期的房屋，均为长方形半地穴式建筑，坐西朝东，面积大者近50平方米，小者仅16平方米。在兰州黄河以北发现的半山墓以石棺葬为特点，如景泰张家台墓地有石棺、木棺和土坑三种形制，以石棺居多。墓主均单人侧身屈肢，头向多朝东，次朝南，个别向北。同类石棺墓也发现在景泰喜集水

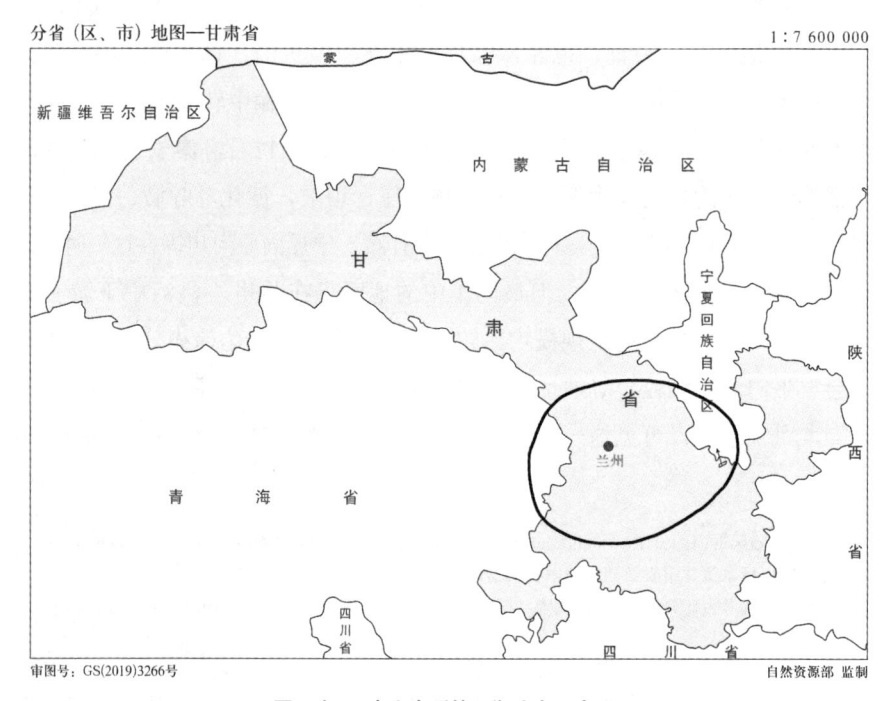

图三十五 半山类型第三期分布示意图

遗址①和兰州十里店、焦家沟遗址。这或许是黄河以北地区较为流行的葬俗，也可能与这一地区缺少木材的环境有直接关系。

在湟水中游的乐都柳湾，半山时期的墓葬仍延续圆角长方形竖穴土坑形制，普遍使用木棺葬具。葬式分单人、合葬两种，单人葬中二次葬比例最高，次为仰身直肢葬，侧身直肢葬仅2座。合葬墓人数2—7人不等，墓主绝大多数头朝北。在青海东部的黄河流域，苏呼撒墓地除发现极个别的土坑偏洞墓外，绝大多数为竖穴土坑墓，少数墓内挖有小龛。其中约三分之一有木质葬具，有的仅在墓底垫放木板权充葬具。葬式分一次葬、二次葬和火葬，以单人葬为主，分仰身直肢葬、侧身屈肢葬和二次葬，以后者为数最多，占总数五分之四，墓主一律头朝西南。另在这里发现"火葬"墓4座，特点是在墓内将墓棺点燃，略经焚烧再掩埋。在循化县的西滩遗址发现一座半山墓，葬式相当奇特，在长方形竖穴内放置一具用木板和半圆木拼合的木棺，墓主单人俯身直肢，趴在随葬的陶器之上，头朝西。

从半山第三期开始，各地半山遗存的文化面貌呈现出某种分化趋势。从埋葬方式观察，洮河流域一带发现的半山墓全部为侧身屈肢葬，与早期流行的二次葬相比有很大的变化。在兰州左近，因考古发现不多，看得不是很清楚。但青岗岔发现的葬式均作仰身直肢，暗示这一地区的埋葬方式也有明显改变。黄河以北的景泰县张家台遗址全部为侧身屈肢葬式，与洮河流域的变化同步。但在青海东部一带，无论是湟水谷地还是黄河流域，均以二次葬居多，说明这一地区在很大程度上仍保留半山早期的埋葬习俗。从制陶工艺观察，兰州—洮河流域为一文化亚区，以地巴坪、半山遗址群为代表。彩陶器类以大口矮领瓮数量最为突出，花纹构图繁缛，种类繁多，人均彩陶占有量多于其他地区，说明这一带的彩陶制作工艺相对发达。湟水中游和青海东部黄河上游为另一文化亚区，以柳湾半山墓地和苏呼撒墓地为代表。器类中大口矮领瓮的数量极少，器形略偏瘦。在苏呼撒墓地一种腹部带乳突的B型盆极为流行，盛行齿带纹等，彩陶花纹没有洮河一带制作精细，表面处理略欠火候。特别是有一类彩陶色彩易于脱落，所用矿物颜料有所不同，这也从一

---

① 甘肃省博物馆、甘肃省文物工作队编：《甘肃彩陶》，文物出版社1979年版；参见张朋川：《中国彩陶图谱》，文物出版社1990年版。

侧面表明，该区域的彩陶制作工艺相对落后。墓葬中随葬品数量的反差也对这一解释做了注脚。洮河流域每墓平均随葬彩陶 5 件以上，最多达 16 件；而青海东部每墓平均随葬彩陶 2 件，最多也仅 7 件。在兰州黄河以北的景泰县张家台，平均每墓随葬彩陶不到 1 件，显然后者的经济状况更差一些。

半山第四期的空间分布范围有很大改变，西北界进一步拓展到甘肃河西走廊的永昌县，南部洮河流域、青海东部黄河流域的遗存显著减少，在兰州以东的宁夏南部山区有零星发现，东界退至兰州附近的榆中县一带（图三十六）。半山类型的分布重心退缩至兰州左近—湟水下游一线。最大的变化是从这一时期开始，半山类型开始向更为西北的河西走廊寻求发展空间，这种趋势一直维持到半山类型第五期。目前发现的半山第四期重要遗存有：兰州土谷台、乐都柳湾、兰州焦家庄、民和古鄯、皋兰肖家河、永靖红城寺、永昌鸳鸯池、宁夏海原林子梁、瓦罐嘴、切刀把等。

土谷台墓地为半山第四期代表，该址兼有半山—马厂两种类型，墓葬形制包括土洞墓、土坑墓和木棺墓三种。据我们的分析确认，土谷台半山时期的墓葬几乎全部为土洞墓（26 座），个别土坑墓（3 座），基本不见木棺墓。该墓地儿童与成人葬在一起，分单人葬、合葬两类，葬式以侧身屈肢葬为主流，有个别二次葬和瓮棺。墓主头向有的朝东，有的朝西，二者约各占一半。柳湾半山墓地发现的第四期墓以竖穴土坑为主，大多有木质葬具，流行二次葬，墓主头多朝北（有的或略偏东或西）。半山第四期时，土谷台墓地随葬彩陶的平均数与前一阶段大体持平，比例较高，柳湾墓地这一阶段随葬彩陶平均每墓 1 件，有的甚至不到 1 件。在宁夏海原切刀把遗址发现有两座墓随葬个别的半山彩陶。一墓为单人侧身屈肢，一墓为单人仰身屈肢，头向偏西北。

半山第五期的遗址发现数量更少，仅有西宁朱家寨、兰州土谷台、焦家庄、永登乐山坪、古浪朵家梁等有限的几处，地点集中在兰州至西宁一线。

半山第五期遗存以西宁朱家寨墓地为代表，该址流行竖穴土坑墓，葬式以二次单人葬为主，也发现有侧身屈肢、仰身直肢及合葬墓，墓主头向多朝北或偏东。随葬彩陶很少，平均不到 1 件。但在大通河流域的永登一带，平均每墓随葬彩陶数量仍较高，如乐山坪墓地等。①

---

① 1986 年，永登乐山坪墓地被盗，根据收缴的陶器与被盗墓葬数量之比，估计每墓随葬陶器在 10 件左右。

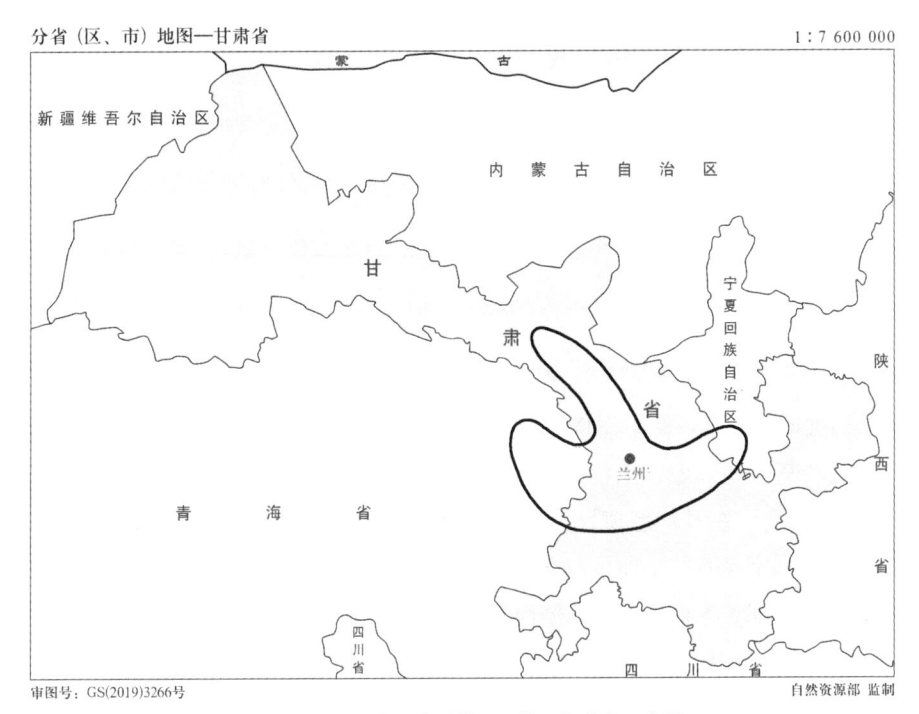

图三十六 半山类型第四、第五期分布示意图

依据本书的分期标准，以目前所掌握的考古资料观察，在兰州—青海东部湟水流域，半山类型的发展序列为最为完整，囊括了从半山第一期—第五期各个阶段的遗存。在洮河—大夏河流域，半山类型的发展序列相对完整，主要限于半山第一期—第三期的遗存，半山第四期以降的遗存发现很少。青海东部黄河两岸的境况与洮河流域的状况相近，但遗址分布数量更低，这或许与当地自然环境较差有直接关系。在甘肃、青海相邻的大通河一线，主要分布有半山第四期—第五期的文化遗存。兰州以西的庄浪河—河西走廊一线也大致保持相同的格局。兰州以北的皋兰—景泰两县地理位置重要，由此向东可通宁夏，向北可入内蒙古，向西直逼河西走廊，在文化传播上有重要的中介作用。但这里半山第三期以下的遗存发现极少。在兰州以东的渭水上游，依水系可分为两个地理单元，在陇山西侧的葫芦河水系，仅零星发现有半山第一期—第三期遗物；在陇山以北的清水河中上游，零星发现有半山第三期—第四期遗物。

马厂类型的发现与研究

1924年秋，安特生派助手到碾伯县（今青海乐都）收购陶器，在享堂（今民和县）马厂塬、米拉沟、小南川、核桃庄等地收购到一批半山、马厂时期的陶器，在马厂塬遗址发现并清理古墓两座，墓葬的形制、葬式不明。随葬品有4件彩陶，1件小口高领瓮，绘四大圆纹；2件双耳罐，绘横条纹和涂黑的菱格纹，1件彩陶钵，绘内彩十字纹。[1] 相比较，马厂塬出土的这几件彩陶与半山所出彩陶花纹有明显差异，后来便以马厂塬出土的彩陶为代表，冠之"马厂式"陶器，马家窑文化马厂类型也由此得名。

在此之前，安特生于1923年10月在西宁朱家寨遗址曾发现过马厂式彩陶。后来他在《史前中国之研究》一书中认为朱家寨遗址所出器是具有过渡性质的仰韶晚期（即半山期）遗物，但也指出有少量马家窑式陶片和马厂式陶器。在1945年出版的朱家寨报告中，安特生特意提道："只有一个随葬陶罐（K.2103），具有马厂类型深红色陶器的典型特点。"[2] 看来此时他已认识到器表施深红色陶衣是马厂类型彩陶的标志。依今天的认识水准，朱家寨见诸报道的彩陶中约有10件属于马厂类型。

目前，马厂类型遗址已发现600余处[3]，除宁夏南部山区有零星发现外，绝大多数分布在甘、青两省，最为集中的地点在湟水中下游——兰州和甘肃河西走廊地区。上述遗址中仅有少量做过正式发掘，重要的有如下一些（依发现、发掘年代之先后排列）。

---

[1] 安特生：《甘肃考古记》，乐森璕译，《地质专报》甲种第五号，1925年；J. G. Andersson (1943), Researches into the Prehistory of the Chinese, *BMFEA*. No. 15, Stockholm.

[2] J. G. Andersson (1945), The Site of Chu Chia Chai. *BMFEA*. No.17, Stockholm（安特生：《西宁朱家寨遗址》，刘竞文译，青海人民出版社1992年版）。

[3] 参见本书附录遗址一览表。

正式发掘的马厂类型遗址

1. 白道沟坪遗址

50年代初，修建包兰铁路时发现并挖出一批陶器。遗址坐落在兰州市黄河北岸一高出河面60余米的黄土台地上，由于地表水的侵蚀，台地被分割成三个较大的高台，分别称圆坪子、徐家坪、刘家坪。1955年，当时的甘肃省文管会在这里发掘了马厂时期的墓葬60余座，出土陶器264件。[①]1959年报道了在刘家坪清理的24座马厂墓葬中的几座，形制为边缘不甚规整的长方形、近方形竖穴土坑墓，均为单人侧身屈肢葬，墓主头向东或西，面朝北。墓主身上多覆盖有厚10厘米左右的树枝类朽痕（或许为当时的葬具）。每墓随葬陶器2—10件不等。此次共出土陶器138件，含彩陶69件，占出土陶器总量的50%。[②]加上在遗址范围内收集的流散陶器，总量达351件之多[③]，但彩陶具体数目不详。上述资料未做详细报道。经查阅北京大学历史系考古专业本科生1963年实习报告[④]及其他有关资料[⑤]，本书共收集到该址出土的马厂彩陶50余件。

2. 糜地岘遗址[⑥]

50年代初，修建包兰铁路时发现并挖出一批陶器。遗址位于兰州市区以北46公里的皋兰县石洞区。1956年甘肃省文管会在该址发掘马厂时期墓

[①] 甘肃省文物管理委员会：《兰州新石器时代的文化遗存》，《考古学报》1957年第1期，第1—8页。
[②] 参见甘肃省文物管理委员会：《兰州新石器时代的文化遗存》，《考古学报》1957年第1期，第1—8页；甘肃省博物馆：《甘肃古文化遗存》，《考古学报》1960年第2期，第11—52页。
[③] 参见甘肃省文物管理委员会：《兰州新石器时代的文化遗存》，《考古学报》1957年第1期，第1—8页；甘肃省博物馆：《甘肃古文化遗存》，《考古学报》1960年第2期，第11—52页。
[④] 张锡英：《兰州白道沟坪新石器时代墓葬》，北京大学历史系考古专业1963年实习报告，现藏北京大学考古文博学院资料室。
[⑤] 参见张学正：《谈马家窑、半山、马厂类型的分期和相互关系》，《中国考古学会第一次年会论文集》，文物出版社1980年版，第50—71页；甘肃省博物馆、甘肃省文物工作队编：《甘肃彩陶》，文物出版社1979年版；张朋川：《中国彩陶图谱》，文物出版社1990年版。
[⑥] 陈贤儒等：《甘肃皋兰糜地岘新石器时代墓葬清理记》，《考古通讯》1957年第6期，第7—8、4—5页。

葬7座，仅报道了M4的资料。此墓墓室内竖立两块石板（因资料报道有限，无法判断是石棺还是石封门构件），墓内合葬二人，均侧身屈肢，头向东北；随葬陶器8件，有6件为彩陶。加上在该址收集的陶器，共55件，含彩陶35件。简报仅发表彩陶13件，另在有关著录[①]中披露1件。

3. 马家湾遗址[②]

1959年发现。遗址位于甘肃永靖县西河乡马家湾村东北、黄河东岸第二台地上。1960年黄河水库考古队甘肃分队进行发掘，共清理马厂时期房屋基址7座及一批储藏用窖穴。房屋均为半地穴式结构，分圆形、方形两种，面积在15—25平方米之间。经统计，F1内出土的陶片，泥质陶占54.6%，其中80%为彩陶。复原陶器中仅3件彩陶，绘黑红复彩。据该址所做的年代测定结果，发掘者认为，马厂类型与半山类型年代十分接近。

4. 鸳鸯池遗址

鸳鸯池是一处以马厂类型为主的氏族公共墓地，极少数墓属半山类型。[③]马厂时期的墓为不很规整的长方形竖穴土坑，均无葬具。分单人葬、合葬两种，以单人葬居多。合葬墓分多人、3人、2人几种；有成人合葬、成人儿童合葬、儿童合葬几种形式。葬式以仰身直肢为主，另有少量屈肢葬、二次葬和婴儿瓮棺葬。墓主绝大多数头向东南，个别朝西或西南。特殊的是，这里流行一种上肢扰乱葬，即人体下肢骨骼一般保存完好，上肢骨骼经人为扰动混乱，有些墓主的头骨已不知去向。鸳鸯池共出土马厂陶器431件，其中，

---

① 参见张学正等：《谈马家窑、半山、马厂类型的分期和相互关系》，《中国考古学会第一次年会论文集》，文物出版社1980年版，第50—71页；甘肃省博物馆、甘肃省文物工作队编：《甘肃彩陶》，文物出版社1979年版；张朋川：《中国彩陶图谱》，文物出版社1990年版。
② 参见黄河水库考古队甘肃分队：《甘肃临夏马家湾遗址发掘简报》，《考古》1961年第11期，第609—610、10页；中国科学院考古研究所甘肃工作队：《甘肃永靖马家湾新石器时代遗址的发掘》，《考古》1975年第2期，第90—96、101、135—136页；黄河水库考古队甘肃分队：《黄河上游盐锅峡与八盘峡考古调查记》，《考古》1965年第7期，第321—325、3页。
③ 参见甘肃省博物馆文物工作队、武威地区文物普查队：《永昌鸳鸯池新石器时代墓地的发掘》，《考古》1974年第5期，第299—308、289页；甘肃省博物馆文物工作队、武威地区文物普查队：《甘肃永昌鸳鸯池新石器时代墓地》，《考古学报》1982年第2期，第199—227页。

彩陶近200件。① 在发掘报告及有关著录②中，仅发表马厂类型彩陶89件。

发现有两组墓葬打破关系，均系马厂墓打破半山墓。据此发掘者将鸳鸯池墓地分为早、中、晚三期，早期属半山类型，均系单人葬。中期墓穴多为不规则长方形，合葬墓较早期增多，随葬彩陶以小口瓮、圆腹双耳罐为主，彩陶花纹流行繁缛的几何纹、回纹，属马厂类型早期。晚期男女合葬墓增加，且女性均摆放在男性的右侧下方。随葬品以素陶双耳壶为主，单耳彩陶罐较普遍。特点是随葬陶器明器化，质地粗糙，花纹潦草、简化，时代与青海柳湾马厂晚期基本一致。

有研究者对鸳鸯池墓地出土的彩陶花纹进行了分类，认为按腹部主体花纹样式可将这批彩陶分为7组，据图案风格又将7组合并为4群。而群与群之间的组合关系达13种之多，特点是图案风格不接近的组相互组合，图案风格接近的组不组合。研究者认为，花纹样式划分的组别应与当时的社会组织和婚姻形态有关。③ 但是，因为鸳鸯池墓地资料发表并不完整，以上结论尚有待于证实。

5. 柳湾遗址

柳湾马厂墓地共清理墓葬872座，是迄今为止发掘规模最大的一处马厂时期墓地。墓葬形制有长方形竖穴土坑墓、带墓道的土洞墓两种，二者约各占一半。木质葬具使用普遍，分长方形木棺、独木棺、吊头木棺和垫板四种。以长方形木棺数量最多，以下依次为垫板、独木棺，吊头木棺极少。葬式分单人葬、合葬，单人葬可辨认葬式的有仰身直肢葬、二次葬和屈肢葬三种，仰身直肢葬比例最高（543座），其次为二次葬（195座），屈肢葬很少（35座）。合葬墓有44座，分2人、3人、4人、5人、6人数种。这些墓均依山随势建造，墓主头向朝南或北，少数为东西向。出土陶器13227件，彩

---

① 据报告附墓葬登记表统计。
② 参见张学正等：《谈马家窑、半山、马厂类型的分期和相互关系》，《中国考古学会第一次年会论文集》，文物出版社1980年版，第50—71页；甘肃省博物馆、甘肃省文物工作队编：《甘肃彩陶》，文物出版社1979年版；张朋川：《中国彩陶图谱》，文物出版社1990年版。
③ 许永杰：《永昌鸳鸯池墓地彩陶图案的分类研究》，《文物》1992年第11期，第58—67页。

陶具体数目不详。报告中发表彩陶近 700 件，在其他有关著录[①]中披露数十件，累计 750 件左右。

据柳湾墓地发现的一批叠压、打破关系，发掘者将墓地分为早、中、晚三期。早期以 M 53 为代表，随葬陶器数量多在 20 件左右，基本组合为瓮、壶、罐、盆，彩陶兼用黑红彩，以红彩为骨，内外黑彩镶边。中期以 M 564 为代表，随葬陶器数量多寡不一，反差较大，器类组合为瓮、罐、盆，花纹不如早期繁缛。晚期以 M 1284 为代表，随葬陶器数量减少，器类组合有瓮、罐、盆等，花纹趋于简单、图案化，笔调粗犷潦草，画面不规整。[②]

6. 红古山遗址[③]

位于兰州市以西的红古区、湟水北岸台地上，此地距甘、青边界不到 3 公里，在该址可遥遥相望著名的民和县马厂塬遗址。1976 年，甘肃省博物馆文物工作队在这里清理了两座马厂墓葬。结构为长方形竖穴土坑墓，无葬具，葬式为单人仰身直肢，墓主头朝西。其中，1 号墓随葬陶器 15 件，含彩陶 12 件，2 号墓随葬陶器 7 件，6 件为彩陶，简报共发表彩陶 15 件。发掘者当时也认为，马厂、半山为时代相近的两个文化类型。

7. 土谷台遗址

土谷台遗址是一处兼有半山、马厂两种类型的氏族公共墓地，共清理半山、马厂时期墓葬 84 座（编号 M1—M84），墓葬形制分土洞墓、土坑墓和木棺墓三种，葬式以侧身屈肢为主，其次为二次葬和瓮棺葬，包括成人墓、儿童墓和合葬墓。经分析判断，此墓地约有 30 座墓属于马厂类型，在发掘报告及相关著录[④]中共发表马厂时期的彩陶 50 余件。

---

① 参见张学正等：《谈马家窑、半山、马厂类型的分期和相互关系》，《中国考古学会第一次年会论文集》，文物出版社 1980 年版，第 50—71 页；甘肃省博物馆、甘肃省文物工作队编：《甘肃彩陶》，文物出版社 1979 年版；张朋川：《中国彩陶图谱》，文物出版社 1990 年版。
② 青海省文物管理处考古队、中国社会科学院考古研究所：《青海柳湾》，文物出版社 1984 年版，第 246—247 页。
③ 甘肃省博物馆文物工作队：《兰州马家窑和马厂类型墓葬清理简报》，《文物》1975 年第 6 期，第 76—84、97—98 页。
④ 参见张学正等：《谈马家窑、半山、马厂类型的分期和相互关系》，《中国考古学会第一次年会论文集》，文物出版社 1980 年版，第 50—71 页；甘肃省博物馆、甘肃省文物工作队编：《甘肃彩陶》，文物出版社 1979 年版；张朋川：《中国彩陶图谱》，文物出版社 1990 年版。

在第一章对该墓地半山遗存分析一节中我们指出，发掘者将土谷台墓地分为三期，早期属半山类型；中期兼有半山、马厂两个类型的特征，属过渡阶段；晚期属马厂类型。从墓地平面布局看，土谷台晚期墓葬交错分布，以北侧为数最多。所出器类组合有壶、瓮、双耳罐、瓶等。与该址半山墓所出彩陶相比，彩陶壶的形态变化很大，瓶不多见，新出现豆一类新器形。最为流行的彩陶花纹有：四大圆圈纹、棋盘格纹、同心圆纹、人蛙纹、网纹等，以四大圆圈纹为主，花纹作风略显潦草。

8. 核桃庄遗址[①]

位于青海民和县核桃庄乡。早在20世纪20年代，安特生就曾在这一带的米拉沟发现过马厂时期的彩陶[②]。1978年清理了两座马厂类型墓葬。一座位于拱北台，形制为圆角长方形竖穴土坑墓，葬式为侧身屈肢，墓主头朝北。随葬陶器5件，含彩陶3件：小口长颈壶1件，绘人蛙纹；双耳罐2件，绘黑红复彩复线菱形网格纹。另一座位于单家沟，形制为竖穴土坑墓，葬式为侧身屈肢，墓主头朝南。随葬陶器7件，含彩陶罐2件，1件施深红色陶衣，绘黑彩万字纹；另1件绘黑红彩横齿带纹。发掘者认为，这两墓属马厂类型早期。

9. 阳山遗址[③]

位于青海民和县城西南30余公里的新民乡下川阳山村东北部。1980—1981年先后两次进行发掘，这是一处内涵较单纯的马厂类型墓地，共清理墓葬218座，祭祀坑12座。墓葬形制均为圆角长方形竖穴土坑，四壁整齐，无葬具。葬式相当复杂，在156座出有人骨的墓中，一次葬94座，二次葬62座。分为单人葬、合葬两大类，前者占77.4%；合葬包括2人、3人、4人、5人多种形式。单人葬分俯身直肢、俯身屈肢、侧身屈肢、仰身屈肢、仰身直肢、二次葬数种，以二次葬、俯身直肢葬数量最多。墓主绝大多数头朝

---

① 贾鸿键：《青海民和核桃庄拱北台和单家沟墓葬清理记》，《青海考古学会会刊》1983年第5期，第51—52页。
② 参见安特生：《甘肃考古记》，乐森璕译，《地质专报》甲种第五号，1925年；J. G. Andersson (1943), Researches into the Prehistory of the Chinese, *BMFEA*. No. 15, Stockholm.
③ 青海省文物考古研究所：《民和阳山》，文物出版社1990年版。

北，少数向西，个别向南。有趣的是，凡头向相同的墓均集中分布。阳山墓地共出土陶器2403件，含彩陶1120件，占陶器总量的46.6%。报告中发表彩陶248件（采集品除外），仅占所出彩陶的22%。

阳山报告发掘编写者根据出土器物组合及打破关系将墓地分为四段，第一段以M74等墓为代表，第二段以M146等墓为代表，第三段以M147等墓为代表，第四段以M24等墓为代表。其中第二段的墓葬为数最多，近130座。其次为第三段，为41座。一、四两段为数不多。报告发掘编写者注意到，如果从随葬器物形式及组合关系的变化看，阳山墓地变化幅度不大，无跳跃性，表明这批墓葬是在同一时期内连续不断葬入的。①

关于墓地的归属，报告发掘编写者认为，阳山墓地有两种不同的文化现象，第一种（报告称A组）贯穿于第一至第四段，流行俯身直肢葬，分布于墓地东区、南区，随葬陶器采用慢轮手制法。随葬彩陶流行黑红复彩、锯齿纹，器口内多绘黑彩垂弧纹，颈部多饰黑彩网纹，腹部主体花纹多样化。第二种（报告称B组）从第三段开始大量流行，至第四段成为主流。流行屈肢葬，分布在墓地北区。陶器制作出现快轮修整，大型器规格化。随葬彩陶花纹仍以黑红彩条带组成，但除颈腹交界处外，一般不用锯齿纹。瓮、壶类器腹部主体花纹为四大圆圈纹和全形蛙纹。报告编写者经过一定的分析后认为，过去认为属马厂早期的土谷台墓地、阳山A组遗存、柳湾马厂早期中类似阳山A组陶器的遗存与过去被认为是半山晚期的青岗岔遗址、张家台部分墓葬和过去被认为是半山中期的地巴坪墓地、柳湾半山类型中晚期遗存，实际上都是同时并存的半山中晚期遗存。它们同时存在于甘、青的相同或不同地区。其中，阳山A组分布于西宁以东到兰州之间的河湟地区，同时也包括大通河流域。阳山C型彩陶壶代表的一类遗存实际上分布在陇东黄河以北地区，阳山D型彩陶壶和Aa型彩陶瓮所代表的一类遗存仅分布于乐都至民和的湟水下游地区。它们各自占据三个不同的文化区，是四支自成系统的半山遗存。阳山B组遗存出现在半山晚期，分布区地跨河湟，南达黄河流域的循化地区和洮河流域，其影响远达甘肃河西走廊。B类遗存中的器类与半山晚期河湟地区的文化遗存接近，彩绘也用黑红彩，与典型的马厂红衣黑彩风格

---

① 青海省文物考古研究所：《民和阳山》，文物出版社1990年版，第114页。

绝不相同，但这类遗存中也有部分花纹和涂红衣的现象与后来马厂彩陶的特色相同，因此，"马厂类型"的出现应更多地与此类遗存有关。但这类遗存又似乎不能直接过渡到马厂类型。[①]

10. 阳洼窑遗址[②]

位于甘肃皋兰县城北 10 余公里的阳洼窑村西北庙梁上。1983 年发现并发掘，共清理马厂时期的墓葬 4 座，除 M1 保存完好外，其余均遭不同程度的破坏。M1 是一座近方形的竖穴土坑墓，墓底两端各铺圆木一根，以此限定墓室范围。葬式为侧身屈肢[③]，墓主头朝西。该址共出土、征集陶器 31 件，简报发表彩陶 12 件，均绘黑红复彩花纹。发掘者推断，阳洼窑墓地时代属马厂类型晚期。

11. 东大梁遗址[④]

位于兰州市黄河北岸的徐家山东大梁上，此地高出黄河河面约 150 米，由此向东不远即著名的白道沟坪遗址。1987 年春，在这里发现并清理马厂类型墓 4 座，有两座破坏严重，余两座为竖穴土坑结构，内有长方形木棺，形如柳湾马厂墓中的"吊头木棺"，葬式为仰身直肢，墓主头朝西。1 号墓内随葬陶器 5 件，含彩陶 3 件；2 号墓随葬陶器 13 件，含彩陶 4 件。该墓地共出土陶器 21 件，加上征集所得，累计 49 件。简报共发表 38 件，含彩陶 18 件。

发掘者认为，徐家山东大梁所出马厂类型陶器种类单一，纹饰简化，是为马厂类型的最后阶段。

12. 蒋家坪遗址

位于兰州市以西的永登县大通河沿岸。20 世纪 70 年代，甘肃省博物馆

---

① 青海省文物考古研究所：《民和阳山》，文物出版社 1990 年版，第 146—147 页。
② 甘肃省文物考古研究所、皋兰县文化馆：《甘肃皋兰阳洼窑"马厂"墓葬清理简报》，《中原文物》1986 年第 4 期，第 24—27 页。
③ 简报将此墓定为二次葬，不确。
④ 甘肃省文物考古研究所：《兰州市徐家山东大梁马厂类型墓葬》，《考古与文物》1995 年第 3 期，第 11—18 页。

文物工作队在该址进行正式发掘，但资料至今尚未公布。在有关著录[①]中发表该址所出彩陶 26 件。另据有关文章介绍，该址发现有马厂时期的居址和葬地。特别是这里发现一座属马厂中期阶段的大型墓，随葬陶器 30 余件。墓室底部挖有长方形深坑，坑内分别埋入猪、狗、一位老年女性和被打碎的幼儿头颅。据此发掘者认为，这一时期已普遍出现殉葬，反映了马厂社会已存在不平等现象。[②]

13. 总寨遗址[③]

位于青海省互助县沙塘川乡总寨村东北的寺儿台山地上。1979—1980 年，青海省文物考古队对该址进行发掘，共清理马厂墓 6 座，形制均为圆角长方形竖穴土坑墓，有的在墓底留有生土二层台，均无葬具。除一座为二次葬外，其余均为单人仰身直肢葬，墓主头朝东北。共出土随葬陶器 13 件，种类有罐、钵、瓮、壶等。此外，还在当地征集到一批陶器，简报共发表彩陶 16 件。发掘者认为，这批墓葬的时代属马厂早期。

14. 马排遗址

位于青海民和县核桃庄乡马排村米拉沟西岸台地上。1979 年和 1987 年，青海省文物处考古队两次对该址进行发掘，共清理马厂墓葬 62 座，形制分为土洞墓、竖穴土坑墓两类，部分有木质葬具。以单人侧身屈肢葬为主，单人二次葬次之，合葬墓很少，墓主头向多朝南或南偏西。共出土陶器 1046 件，多数为彩陶，具体比例不详。简报发表陶器 35 件，含彩陶 26 件。

发掘者认为，马排墓地随葬品数量相差悬殊，社会分化明显，其时代应属马厂类型中期，与土谷台组接近。[④]

---

① 参见张学正等：《谈马家窑、半山、马厂类型的分期和相互关系》，《中国考古学会第一次年会论文集》，文物出版社 1980 年版，第 50—71 页；甘肃省博物馆、甘肃省文物工作队编：《甘肃彩陶》，文物出版社 1979 年版；张朋川：《中国彩陶图谱》，文物出版社 1990 年版。
② 张学正等：《谈马家窑、半山、马厂类型的分期和相互关系》，《中国考古学会第一次年会论文集》，文物出版社 1980 年版，第 50—71 页。
③ 青海文物考古队：《青海互助土族自治县总寨马厂、齐家、辛店文化墓葬》，《考古》1986 年第 4 期，第 306—317、389—390 页。
④ 青海省文物管理处：《青海民和马排马厂墓葬发掘简报》，《史前研究》（辑刊），1990—1991 年，第 298—308 页。

15. 老城遗址、高家滩遗址

位于甘肃古浪县裴家营乡老城村南缓坡上。1980年，甘肃武威地区博物馆对该址进行试掘，清理马厂时期墓葬5座，形制为长方形竖穴土坑，葬式为仰身屈肢，墓主头朝南。出土陶器11件，器类有罐、钵、盆、杯几种，其中彩陶4件，均施红衣，多数绘黑彩，个别绘红彩。①

1986年，北京大学考古系与甘肃省文物考古研究所联合对老城遗址进行了考古调查，发现并清理一座马厂时期墓葬，出土并收集到数件马厂时期彩陶。②

高家滩遗址位于老城遗址东侧，为一处马厂时期的生活遗址。1980年，武威地区博物馆对该址进行试掘，出土马厂时期陶器10件，含彩陶5件，器表多施橙黄或褐色陶衣，绘黑彩花纹。③

16. 切刀把墓地等

该址仅有三座墓出土马厂类型彩陶，其中小口瓮2件（QM20:23、QM13:7）、双耳罐2件（QM20:30、QM23:4）。切刀把M13为竖穴土坑形制，墓主葬式不详，头向西（？）；M20为椭圆形竖穴土坑墓，为该墓地面积最大的一座（长280厘米、宽220厘米），为单人蹲踞式侧身屈肢葬，头向北。M23为竖穴侧龛式土坑墓，墓主单人侧身屈肢，头向东。该墓地的性质不属于马厂类型，所出随葬品主要为器表施篮纹、刻划纹、绳纹的素陶，彩陶数量极低，有些彩陶绘红色单彩粗疏网纹（QM20:23、QM20:30），比较特殊，应该是受到半山、马厂文化因素影响的产品。④另在距切刀把墓地不远的林子梁遗址第一期遗存出土部分马厂时期的彩陶片，器类多为双耳罐和少量的单把杯，所绘花纹有黑红复彩和黑色单彩两种。⑤

---

① 武威地区博物馆：《甘肃古浪县老城新石器时代遗址试掘简报》，《考古与文物》1983年第3期，第1—4页。
② 甘肃省文物考古研究所、北京大学考古文博学院编著：《河西走廊史前考古调查报告》，文物出版社2011年版。
③ 武威地区博物馆：《古浪县高家滩新石器时代遗址试掘简报》，《考古与文物》1983年第3期，第5—7页。
④ 宁夏文物考古研究所：《宁夏海原县菜园村遗址切刀把墓地》，《考古学报》1989年第4期，第415—448页。
⑤ 宁夏文物考古研究所：《宁夏海原县菜园村遗址、墓地发掘简报》，《文物》1988年第9期，第1—14页。

17. 河西地区其他遗址点

1986—1987年，北京大学考古学系与甘肃省文物考古研究所在河西走廊进行考古调查、发掘，在甘肃永登、古浪、武威、永昌、高台、酒泉一带发现有马厂时期的遗址多处。其总体特征比较接近永昌鸳鸯池墓地，也发现一些年代更晚、文化面貌较特殊的遗存。比较重要的遗址有：武威磨嘴子[①]、高台红崖子[②]、酒泉干骨崖—高苜蓿地[③]等。

有重要采集品的马厂类型遗址

1. 永登乐山坪遗址

乐山坪是一处半山向马厂过渡的墓地，1986年被全面破坏，对墓葬形制、葬式了解不多。在已公开发表的44件彩陶中，约半数属马厂类型。[④]

2. 永登长阳洼、团庄遗址[⑤]

位于兰州市永登县河桥镇大通河西岸独山村附近的高台地上，1990年3—4月，这两处遗址遭到大规模的人为破坏，挖出陶器500件左右，后当地文物部门收缴292件，现藏于永登县文化馆。简报发表陶器96件，含彩陶55件。

未经正式发掘、零星采集有马厂类型彩陶的遗址还有很多，此处不一一介绍，有关这方面的资料请查阅其他著录。[⑥]

---

① 甘肃省文物考古研究所、北京大学考古文博学院编著：《河西走廊史前考古调查报告》，文物出版社2011年版。
② 甘肃省文物考古研究所、北京大学考古文博学院编著：《河西走廊史前考古调查报告》，文物出版社2011年版。
③ 甘肃省文物考古研究所、北京大学考古文博学院编著：《河西走廊史前考古调查报告》，文物出版社2011年版。
④ 马德璞等：《永登乐山坪出土一批新石器时代的陶器》，《史前研究》（辑刊），1988年，第201—211、99页。
⑤ 苏裕民：《永登团庄、长阳洼出土的一批新石器时代器物》，《考古与文物》1993年第2期，第14—25页。
⑥ 参见张学正等：《谈马家窑、半山、马厂类型的分期和相互关系》，《中国考古学会第一次年会论文集》，文物出版社1980年版，第50—71页；甘肃省博物馆、甘肃省文物工作队编：《甘肃彩陶》，文物出版社1979年版；张朋川：《中国彩陶图谱》，文物出版社1990年版。

马厂类型彩陶典型器的形态与谱系

彩陶典型器形式划分与原则

马厂类型的彩陶器类有相当一部分为半山晚期同类器的延续，但也开始陆续出现一些新器型，可细分为瓮、壶、瓶、罐、钵、盆、杯等24种。本书在遴选标本时，与前述对半山类型彩陶的处理原则相同，即面向所有马厂时期遗址，首选目标为那些出现率高、覆盖面广、演变系列长、形态变异敏感、信息量大、典型性突出的器类；其次也包括部分出现率偏低，但时代特征强的器类；第三是少数出现频率低、形态变化迟缓、造型较独特的器类。这其中最富代表性的有：小口瓮、双耳罐、单耳罐、盆、瓶、杯等。

彩陶典型器形态与谱系

1. 小口瓮

盛储器。此器源于半山时期的小口高领瓮。出土量很大，以柳湾遗址马厂墓地为例，共出5606件，占该址所出陶器总量的42%。该器形体高大，一般在30—35厘米之间，最高达40厘米以上，为马厂时期体积最大的容器。特征为小口，器颈高矮不一，颈壁或直立，或外侈呈喇叭状，肩部圆鼓，腹中部偏下位置设双耳，下腹斜收，小平底。依型态差异，分为A、B、C三型。

A型：小口，直颈。依形态差异，分为三式。

Ⅰ式：整体比例近正方形，肩部圆鼓膨胀，最大腹径位于肩部，器高与腹径之比为 1.1∶1 左右。标本如阳山 M60∶14（图三十七∶1）。

Ⅱ式：比高增加，肩部仍较圆鼓，腹部转瘦，最大腹径下移，器高与腹径之比为 1.2∶1 左右。标本如阳山 M65∶4（图三十七∶2）。

Ⅲ式：比高再增加，整体呈竖长方形，腹部瘦削，器高与腹径之比为 1.3∶1 左右。标本如柳湾 M211∶30（图三十七∶3）。

B 型：与 A 型大同小异，矮领，口沿外侈，呈喇叭状，为马厂时期出现的新特征。依器形变化，分为三式。

Ⅰ式：整体比例近正方形，体形较粗胖，肩部圆鼓，器高与腹径之比为 1.02∶1 左右。标本如柳湾 M578∶4（图三十七∶4）。

Ⅱ式：比高增加，肩部圆弧，器腹略变瘦，器高与腹径之比变为 1.1∶1 左右。标本如柳湾 M215∶4（图三十七∶5）。

Ⅲ式：比高大幅增加，整体比例呈竖长方形，腹部明显瘦削。器高与腹径之比为 1.2∶1 左右。标本如柳湾 M195∶23（图三十七∶6）。

C 型：器颈较高，口缘略侈，其他与 A、B 造型大同小异，出现率一般。依形态变化，分为两式。

Ⅰ式：器形略显粗胖，颈壁较直，肩部圆鼓，下腹壁略内敛，器高与腹径之比为 1.17∶1 左右。标本如柳湾 M89∶50（图三十七∶7）。

Ⅱ式：比高增加，圆弧肩，腹部变瘦，下腹略内敛，器高与腹径之比为 1.29∶1 左右。标本如柳湾 M545∶11（图三十七∶8）。

小口瓮的演变趋势一致，具体显示为：比高逐步递增，器体由粗胖变瘦高，器颈由矮变高。

2. 喇叭口瓮

马厂时期出现的新器型，出土量一般，分布有地域性。特征为：颈部较高，口沿外侈呈喇叭状，腹耳较扁，耳孔扁圆，其他部位与小口瓮相近。依造型差异，分为 A、B 两型。

A 型：器口较小，喇叭口明显，颈部较细，依形态变化，分为两式。

Ⅰ式：整体比例近正方形，腹部圆鼓。器高与腹径之比为 1.07∶1。标本如阳山 M140∶22（图三十七∶9）。

Ⅱ式：比高明显增加，整体比例呈竖长方形，腹部圆弧。器高与腹径之

马厂类型彩陶典型器的形态与谱系 | 151

	I	II	III
A	1（阳山 M60:14）	2（阳山 M65:4）	3（柳湾 M211:30）
B	4（柳湾 M578:4）	5（柳湾 M215:4）	6（柳湾 M195:23）
C	7（柳湾 M89:50）	8（柳湾 M545:11）	

小口瓮

A	9（阳山 M140:22）	10（阳山 M23:8）	
B	11（白道沟坪 M8:1）	12（白道沟坪 M12:5）	13（兰州：K.5292）

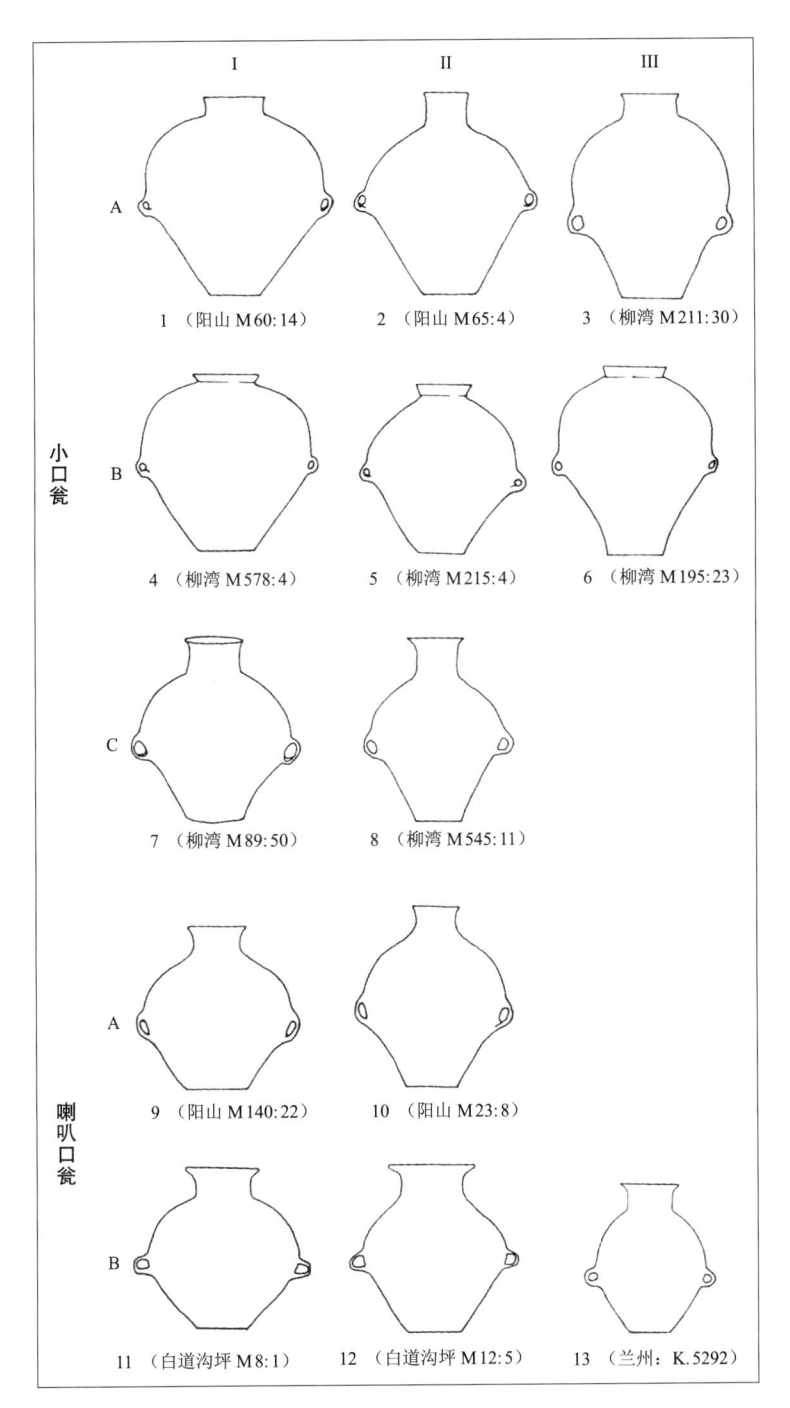

喇叭口瓮

图三十七

比为1.27∶1。标本如阳山M23:8（图三十七：10）。

B型：器口较大，颈部略粗，口缘外侈呈大喇叭状。依形态变化，分三式。

Ⅰ式：整体比例近正方形，腹部圆鼓若球形。器高与腹径之比为1.05∶1。标本如白道沟坪M8:1（图三十七：11）。

Ⅱ式：比高增加，体型急剧转瘦。器高与腹径之比为1.15∶1。标本如白道沟坪M12:5（图三十七：12）。

Ⅲ式：比高再增加，形体更瘦，明显呈竖长方形。器高与腹径之比为1.33∶1。标本如兰州：K.5292（图三十七：13）。

A型喇叭口瓮地域特征突出，主要见于湟水下游一带，不同式别不具备时间指示意义，或许为同时期共存的不同形态。B型喇叭口瓮演变态势与小口瓮一致，器腹部由粗胖变瘦高。

3. 大口矮领瓮

盛储器，为半山晚期同类器的延续。出土量不多，以柳湾遗址马厂墓地为例，仅见78件，所占比例相当低。特征为：大口，矮领，腹中部偏下设环耳一对，平底。据器型高矮之差异，分为A、B两型。

A型：器形矮胖，高20厘米上下。依形态差异，分为三式。

Ⅰ式：器形高胖，器口约相当于器腹二分之一，口沿外侈明显，球形圆腹。器高与腹径之比为1∶1.07左右。标本如兰州：K.5309（图三十八：1）。

Ⅱ式：比高降低，器口较大，器形矮胖，腹耳明显下垂，下腹壁内敛。器高与腹径之比1∶1.23左右。标本如马排M45:6（图三十八：2）。

Ⅲ式：比高较Ⅱ式增加，大口，腹部明显转瘦，整体呈正方形。器高与腹径之比为1∶1。标本如马排M14:7（图三十八：3）。

B型：器形高胖，高35厘米左右。特征为：大口，深腹，平底。依形态变化，分为三式。

Ⅰ式：整体比例近正方形。肩部圆鼓，最大腹径位置偏上。器高与腹径之比为1∶1.01左右。标本如柳湾M325:1（图三十八：4）。

Ⅱ式：比高增加，器高略大于腹径，肩部圆弧，下腹壁略内敛。器高与腹径之比为1.07∶1左右。标本如柳湾M817:14（图三十八：5）。

Ⅲ式：比高再增加，器形瘦高，肩部斜溜，下腹壁略内敛。器高与腹径之比为 1.25∶1 左右。标本如柳湾 M214:19（图三十八：6）。

大口矮领瓮整体演变趋势相同，即比高逐渐增加，器形由胖变瘦，下腹壁由圆弧变内敛。

4. 敛口瓮

盛储器。马厂时期出现的新器种，出土量适中。分布有地域性，多见于河湟地区。以柳湾遗址为例，共出土 163 件，比例不很高。特征为：内敛口，圆鼓肩，下腹内收，平底。此器原来大多配有切割成的器盖，盖纽形态各异。据形态差异，分为 A、B 两型。

A 型：器形略高，依形态变化，分为三式。

Ⅰ式：敛口，圆鼓腹，形体矮胖，腹中部置双耳或双纽。器高与腹径之比为 1∶1.26 左右。标本如柳湾 M66:1（图三十八：7）。

Ⅱ式：比高增加，腹部转瘦，下腹壁略内敛。器高与腹径之比为 1∶1.01 左右。标本如柳湾 M779:21（图三十八：8）。

Ⅲ式：比高继续增加，器形瘦高，呈筒状。器高与腹径之比为 1.1∶1 左右。标本如柳湾 M767:1（图三十八：9）。

B 型：器形矮胖，依形态差异，分为两式。

Ⅰ式：小口内敛，圆鼓腹，形体粗胖。器高与腹径之比为 1∶1.11 左右。标本如柳湾 M228:23（图三十八：10）。

Ⅱ式：器口甚内敛，上腹膨胀圆鼓，下腹壁内敛。器高与腹径之比为 1∶1.48 左右。标本如柳湾 M151:1（图三十八：11）。

敛口瓮的变化趋势仅具逻辑意义，A 型器形态由胖变瘦，下腹壁逐渐向内敛。B 型器形态为比高降低，下腹壁逐渐向内敛。

5. 单耳长颈瓶

水器。为半山晚期同类器的延续，出土量较半山时期大为减少。以柳湾遗址马厂墓地为例，出土 176 件，所占比例不很高，但属常见器。造型与半山晚期同类器接近，高 15—25 厘米之间。特征为：小口，口缘微侈，颈部高直，颈、肩相交处置单耳，有的在器腹一侧捏塑一纽突，腹部圆鼓，平底。依形态差异，分为 A、B 两型。

	I	II	III
大口矮领瓮 A	1（兰州：K.5309）	2（马排 M45:6）	3（马排 M14:7）
大口矮领瓮 B	4（柳湾 M325:1）	5（柳湾 M817:14）	6（柳湾 M214:19）
敛口瓮 A	7（柳湾 M66:1）	8（柳湾 M779:21）	9（柳湾 M767:1）
敛口瓮 B	10（柳湾 M228:23）	11（柳湾 M151:1）	

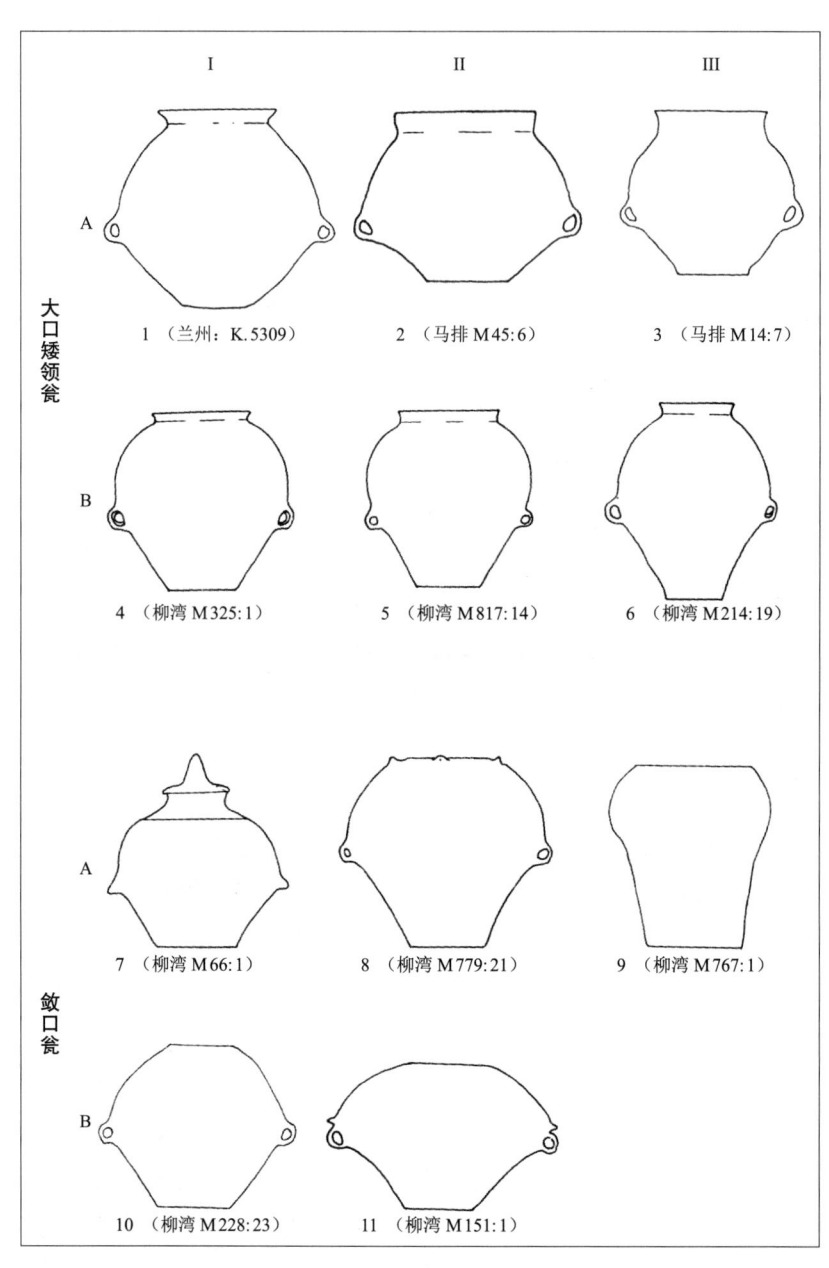

图三十八

A型：器腹无附件装置，依形态变化，分为两式。

Ⅰ式：腹部圆鼓粗胖，最大腹径位置靠近肩部。器高与腹径之比为1.17∶1左右。标本如阳山M14∶7（图三十九∶1）。

Ⅱ式：器腹最大径移至下部，垂腹明显。器高与腹径之比为1.1∶1左右。标本如阳山M93∶1（图三十九∶2）。

B型：与A型造型相同，唯器腹一侧捏塑一突纽，依形态变化，分为三式。

Ⅰ式：器形粗胖，腹部近圆球形，最大腹径靠近上部。器高与腹径之比为1.24∶1左右。标本如阳山M96∶12（图三十九∶3）。

Ⅱ式：最大腹径下移，垂腹明显。器高与腹径之比为1.15∶1左右。标本如柳湾M579∶4（图三十九∶4）。

Ⅲ式：形态变化较大，器颈明显降低，腹部略变瘦、加深，器高与腹径之比为1.16∶1左右。标本如柳湾M1269∶11（图三十九∶5）。

A、B单耳长颈瓶演变趋势相同，最大腹径从中部向下腹位移，由圆腹而垂腹而瘦腹。

6. 高低耳壶

水器。为半山晚期同类器的延续。出土量偏低，以柳湾遗址为例，仅出55件。该器造型与单耳长颈瓶接近，所不同的是在腹部另加一器耳，器高在15—20厘米之间。依器形变化，分为三式。

Ⅰ式：腹部呈球状，圆鼓粗胖，最大腹径靠近腹中部偏上，器高与腹径之比为1.05∶1左右。标本如柳湾M575∶27（图三十九∶6）。

Ⅱ式：肩部斜溜，最大腹径移至下部，垂腹明显。器高与腹径之比为1.2∶1左右。标本如柳湾M554∶26（图三十九∶7）。

Ⅲ式：形态变化较大，腹部略变瘦、增高，最大腹径位于中部，下腹壁略内敛。器高与腹径之比为1.26∶1左右。标本如柳湾M894∶19（图三十九∶8）。

高低耳壶的演变规律与单耳长颈瓶完全相同。

7. 高低耳罐

水器或盛储器。出土量极低，造型接近高低耳壶，器高20厘米左右，器口略粗，颈部偏低，肩部和腹中部各置一耳。依形态变化，分为两式。

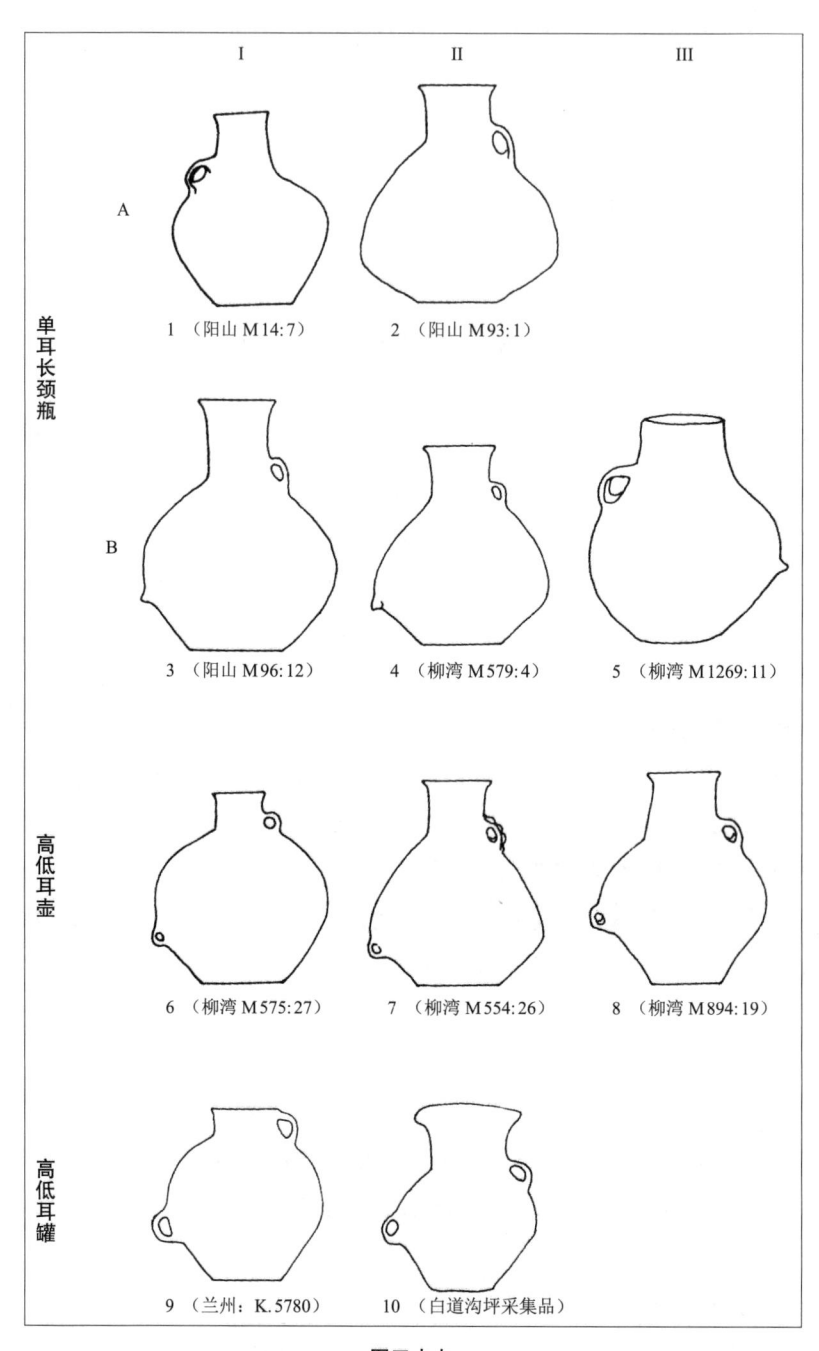

	I	II	III
单耳长颈瓶 A	1（阳山 M14:7）	2（阳山 M93:1）	
单耳长颈瓶 B	3（阳山 M96:12）	4（柳湾 M579:4）	5（柳湾 M1269:11）
高低耳壶	6（柳湾 M575:27）	7（柳湾 M554:26）	8（柳湾 M894:19）
高低耳罐	9（兰州：K.5780）	10（白道沟坪采集品）	

图三十九

Ⅰ式：整体比例近正方形，直口，短颈，圆鼓腹。器高与腹径之比为1.04∶1左右。标本如兰州：K.5780（图三十九：9）。

Ⅱ式：比高增加，大喇叭口，颈部粗长，腹部明显转瘦。器高与腹径之比为1.33∶1左右。标本如兰州白道沟坪采集品（图三十九：10）。

8. 小口长颈壶

水器。为半山晚期同类器的延续，马厂阶段数量锐减。特征为：小口，细长颈，颈壁较直，高度约相当器腹二分之一，个别与器腹高度接近。依形态变化，分为三式。

Ⅰ式：腹部较高大，肩部圆弧，深腹，腹最大径位置偏上靠近肩部。器高与腹径之比为1.15∶1左右。标本如阳山M103∶20（图四十：1）。

Ⅱ式：比高变化较大，溜肩，腹部高度降低，双耳位置略向下移。器高与腹径之比为1.3∶1左右。标本如阳山M103∶33（图四十：2）。

Ⅲ式：溜肩加剧，腹最大径位置下移，垂腹突出；双耳再下移，亦呈下垂状，下腹壁内敛。高与腹径之比为1.3∶1左右。标本如柳湾M1014∶9（图四十：3）。

小口长颈壶演变趋势为：腹部高度逐渐下降，腹部变浅，垂腹，双耳位置随之下移。

9. 腹耳壶

水器。为半山晚期同类器的延续，出土量偏低。特征为：小口，器颈略高，最大腹径处置双耳，平底。依形态变化，分为三式。

Ⅰ式：整体比例呈竖长方形，小口，略高而直的器颈，肩部斜溜，圆弧腹，较深，器高与腹径之比为1.17∶1左右。标本如阳山M147∶13（图四十：4）。

Ⅱ式：整体比例近正方形，器口略大，较粗的高颈，溜肩，圆弧腹，器高与腹径之比为1.06∶1左右。标本如兰州：K.5777（图四十：5）。

Ⅲ式：比高降低，器形矮胖，整体呈扁方形。器颈降低，溜肩，扁圆腹，器高与腹径之比为1∶1.17左右。标本如鸳鸯池M171∶1（图四十：6）。

腹耳壶的演变趋势为：比高不断降低，腹部由瘦变胖。

10. 双耳长颈瓶

水具。为半山晚期同类器的延续与发展，出土量极低。特征为：小口，细长直颈，圆鼓腹，平底。依器形差异，分为两式。

Ⅰ式：小口，口沿外两侧置双耳，腹部扁圆肥鼓，平底。标本如阳山 M227：9（图四十：7）。

Ⅱ式：小口，肩颈相交处置双环耳，腹部圆鼓，平底。标本如柳湾 M1060：5（图四十：8）。

11. 鸭形壶

水器。为半山晚期同类器的延续。出土数量不多，依形态差异，分为两式。

Ⅰ式：钵形小口，口外两侧捏塑小盲耳，腹部卵圆状，后部有一突纽，象征鸭尾。标本如鸳鸯池 M71：1（图四十：9）。

Ⅱ式：钵形大口，口外两侧置双大耳，器腹萎缩，呈尖圆形，后部有一尖突，象征鸭尾。标本如鸳鸯池 M107：?（图四十：10）。

Ⅰ式鸭形壶造型与半山晚期同类器近似，Ⅱ式属此类器的尾声。

12. 双耳罐

盛储器。马厂时期双耳罐数量剧增，以柳湾遗址马厂墓地为例，共出土1229件，约占出土陶器总量的10%。双耳罐造型复杂，依形态差异，分为 A、B、C、D、E、F、G 七型。

A 型：似来源于半山时期 A 型、C 型双耳罐，形体粗胖，整体近竖长方形。侈口，双小耳，耳面上端与器口平齐或略低于器口，圆鼓腹，平底。依形态差异，分为 a、b、c 三个亚型。

Aa 型：双小耳，矮领，外侈口，依形态变化，分为三式。

Ⅰ式：腹部最大径位置偏于下腹，折腹较明显。器高与腹径之比为 1∶1.13 左右。标本如柳湾 M334：11（图四十一：1）。

Ⅱ式：比高略有增加，最大腹径位于中部，腹部圆鼓，器高与腹径之比为 1∶1 左右。标本如兰州：K.5262（图四十一：2）。

Ⅲ式：比高与Ⅱ式接近，最大腹径移向上腹部，略呈折腹状。器高与腹径之比为 1.04∶1 左右。标本如柳湾 M926：1（图四十一：3）。

马厂类型彩陶典型器的形态与谱系 | 159

小口长颈壶
I　1（阳山 M103:20）
II　2（阳山 M103:33）
III　3（柳湾 M1014:9）

腹耳壶
4（阳山 M147:13）
5（兰州：K.5777）
6（鸳鸯池 M171:1）

双耳长颈瓶
7（阳山 M227:9）
8（柳湾 M1060:5）

鸭形壶
9（鸳鸯池 M71:1）
10（鸳鸯池 M107:?）

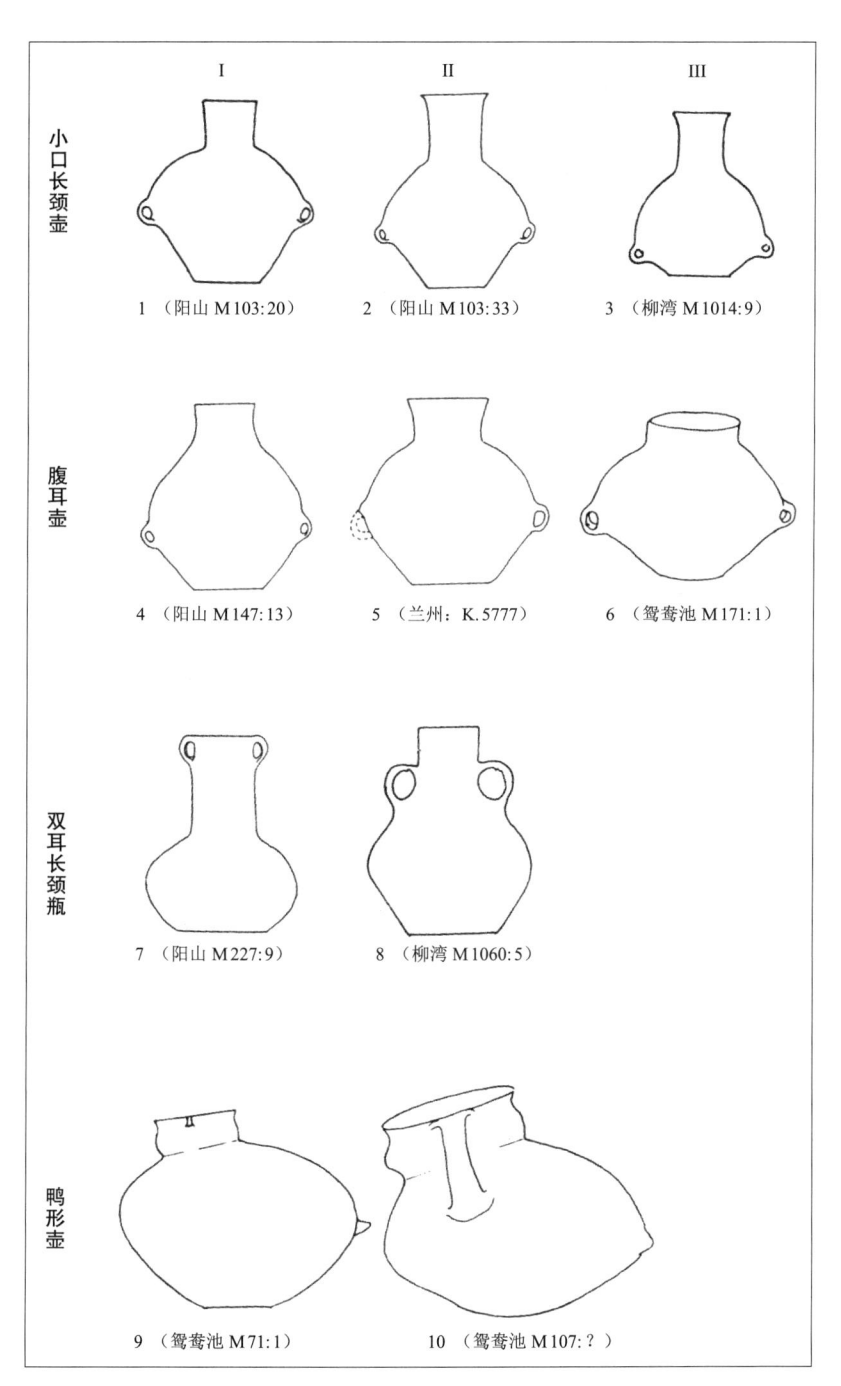

图四十

Ab 型：双耳较大，有明显略高的器颈，依形态变化，分为二式。

Ⅰ式：最大腹径靠近下腹，折腹较明显。器高与腹径之比为 1∶1.03 左右。标本如柳湾 M573∶16（图四十一：4）。

Ⅱ式：侈口，最大腹径靠近腹中部，腹部圆鼓，下腹壁内敛。器高与腹径之比为 1∶1 左右。标本如兰州红古采集品（图四十一：5）。

Ac 型：造型特殊，出现率极低。器颈高直，颈腹转折急促，腹部圆鼓，最大腹径位置偏下，垂腹明显。器高与腹径之比为 1∶1.03 左右。无式别划分。标本如兰州：K.5313（图四十一：6）。

A 型双耳罐的演变趋势为：腹径从下向上位移，由垂腹变圆鼓腹。

B 型：源于半山时期的 B 型双耳罐，器形矮胖，整体作呈扁方形。口缘微侈，双小耳，耳面多与器口平齐，腹部圆鼓，平底。按器形差异，分 a、b 两个亚型。

Ba 型：器高 10 厘米上下，依形态变化，分为三式。

Ⅰ式：器口略小，腹部扁圆，呈横置的橄榄状，垂腹明显。器高与腹径之比为 1∶1.37 左右。标本如兰州：K.5315（图四十一：7）。

Ⅱ式：比高有增加，腹部圆鼓，呈扁圆状，最大腹径在腹中部。器高与腹径之比为 1∶1.31 左右。标本如兰州：K.5371（图四十一：8）。

Ⅲ式：比高继续增加，器口变大，折腹明显。器高与腹径之比为 1∶1.2 左右。标本如柳湾 M554∶34（图四十一：9）。

Bb 型：器形略高，大口，口沿外侈，依形态差异，分为两式。

Ⅰ式：整体比例近正方形，器口小于腹径，圆弧腹，器高与腹径之比为 1∶1.1 左右。标本如鸳鸯池 M26∶3（图四十一：10）。

Ⅱ式：器腹略消瘦，器口直径几与腹径相当。器高与腹径之比为 1∶1.1 左右。标本如兰州：K.5310（图四十一：11）。

Ba 双耳罐的演变趋势为：比高渐次增加，腹部由浅变深，由垂腹变折腹。Bb 型双耳罐仅表示一种逻辑序列，不具备时间指示意义。

C 型：马厂时期出现的新器类，出土量较大，分布有区域性，有些遗址出土量很大，有些遗址则少见。特征是：口部较大，器耳较大，耳孔呈长椭圆形或卵圆形，颈部较明显。依形态变化，分为五式。

Ⅰ式：整体比例略高，腹径稍小，器高与腹径之比为 1.07∶1 左右。标本如阳山 M23:24（图四十二：1）。

Ⅱ式：整体比例近正方形，腹径与器高大致相若，器高与腹径之比为 1∶1.03 左右。标本如阳山 M180:4（图四十二：2）。

Ⅲ式：整体比例近扁方形，腹径大于器高。器高与腹径之比为 1∶1.1 左右。标本如阳山 M74:5（图四十二：3）。

Ⅳ式：整体高度再降低，腹径大于器高，器口加大，腹部变浅。器高与腹径之比为 1∶1.26 左右。标本如阳山 M74:18（图四十二：4）。

Ⅴ式：比高继续降低，腹径大大超过器高，器口更大，腹部更浅。器高与腹径之比为 1∶1.46 左右。标本如阳山 M83:38（图四十二：5）。

C 型双耳罐的序列清晰，器形由高变矮，器腹由深变浅。但以上型式划分仅为逻辑序列，无时间指示意义。

D 型：马厂时期出现的新器类，出土量偏低，地域性突出。特征是：小口，短颈，双环耳，腹部突鼓下垂，平底。有些在耳面捏塑泥突或附加齿状堆纹。依形态变化，分为四式。

Ⅰ式：器形瘦高，整体呈竖长方形，深腹，最大腹径位置靠下，垂腹明显。器高与腹径之比为 1.23∶1 左右。标本如阳山：015（图四十二：6）。

Ⅱ式：比高降低，整体比例呈正方形，器高略大于腹径，形体转胖，腹部变浅。器高与腹径之比为 1∶1 左右。标本如兰州：K.5316（图四十二：7）。

Ⅲ式：比高又降，整体比例近扁方形，腹径尺寸略大于器高，腹部圆鼓突出，变浅。器高与腹径之比为 1∶1.13 左右。标本如阳山 M126:3（图四十二：8）。

Ⅳ式：比高再降，腹部扁方，腹径大于器高，腹部圆鼓。器高与腹径之比为 1∶1.26 左右。标本如阳山 M103:4（图四十二：9）。

D 型双耳罐出土量少，造型特殊，以上型式划分仅指示此器的逻辑序列，无时间指示意义。

E 型：马厂时期出现的新器型，出现率偏低。特征是双大耳，耳孔长椭圆形，最大腹径处转折明显。依形态变化，分为三式。

Ⅰ式：整体比例呈扁方形，上腹高度大于下腹，垂腹特征突出。器高与腹径之比为 1∶1.2 左右。标本如白道沟坪 M2:2（图四十二：10）。

Ⅱ式：整体比例仍呈扁方形，腹径大于器高，上下腹比例适中，折腹。

双耳罐（一）

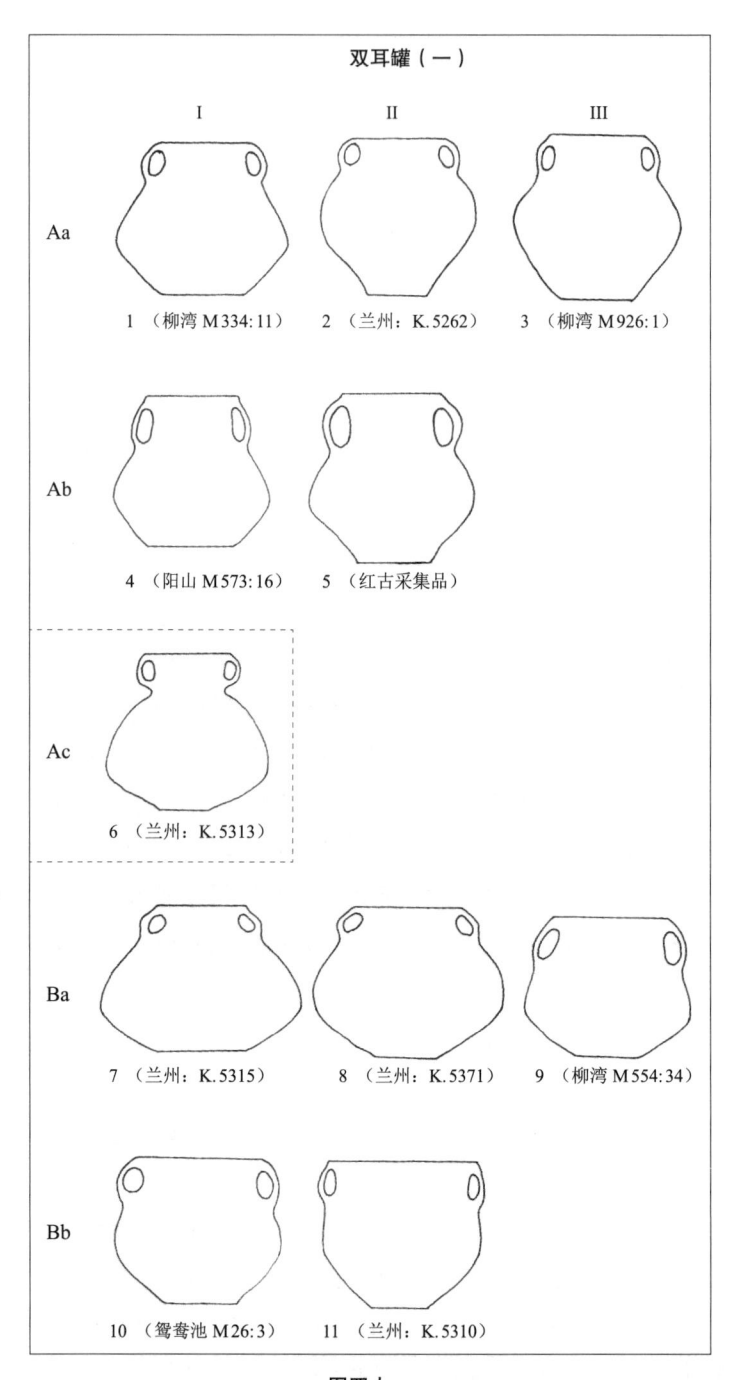

	I	II	III
Aa	1（柳湾 M334:11）	2（兰州 K.5262）	3（柳湾 M926:1）
Ab	4（阳山 M573:16）	5（红古采集品）	
Ac	6（兰州 K.5313）		
Ba	7（兰州 K.5315）	8（兰州 K.5371）	9（柳湾 M554:34）
Bb	10（鸳鸯池 M26:3）	11（兰州 K.5310）	

图四十一

器高与腹径之比为1∶1.22左右。标本如兰州：K.5317（图四十二：11）。

Ⅲ式：比高明显增加，整体比例呈正方形，腹径与器高尺寸相若，腹部消瘦，下腹比高大于上腹。器高与腹径之比为1∶1左右。标本如民和马厂塬：K.5693（图四十二：12）。

E型双耳罐的演变趋势为：器形由矮变高，由胖变瘦，上下腹比例发生变化。

F型：马厂时期出现的新器型，出土量一般，分布有地域性，为湟水中下游一带常见器类。特征是：体形略显瘦高，大口，双耳稍大，耳孔卵圆形，颈部略粗，最大腹径处转折明显。依形态变化，分为两式。

Ⅰ式：整体比例呈正方形，腹径与器高相当，腹部略圆鼓。器高与腹径之比为1∶1左右。标本如柳湾M895:25（图四十二：13）。

Ⅱ式：比高增加，腹部转瘦。器高与腹径之比为1.13∶1左右。标本如柳湾M65:8（图四十二：14）。

F型双耳罐的演变趋势为：器型由胖变瘦，比高增加。

G型：马厂时期出现的新器型，出土量较低，有地域色彩。特征是：大口，双大耳，耳孔卵圆形，粗高颈，浅腹，平底。依形态变化，分为两式。

Ⅰ式：整体比例呈扁方形，腹径大于器高。器高与腹径之比为1∶1.14左右。标本如柳湾M58:32（图四十二：15）。

Ⅱ式：比高增加，整体近正方形，腹径与器高大致相等，二者之比为1∶1.03左右。标本如兰州：K.5241（图四十二：16）。

G型双耳罐演变趋势为：比高增加，颈部拉长，腹部变浅，双耳略增大。

13. 单耳罐

盛储器。部分源于半山晚期同类器，也有的为新增器型。形态比较丰富，依造型差异，分为A、B、C、D、E五型。

A型：侈口单耳罐。此器源于半山时期A型单耳罐，出土量偏低。特征是：侈口，矮领，口沿外侧至肩腹部置较大的单耳，腹部圆鼓，平底。依形态变化，分为四式。

Ⅰ式：腹部扁矮，最大腹径靠近下腹，垂腹明显，有的在腹最大径处或耳面上捏塑凸纽饰。器高与腹径之比为1∶1.33左右。标本如皋兰：K.5776

（图四十三：1）。

Ⅱ式：比高增加，整体比例呈扁方形，腹部变深，领部加高。器高与腹径之比为1∶1.1左右。标本如白道沟坪M7:5（图四十三：2）。

Ⅲ式：比高增加，整体比例呈正方形，领部又有增高。器高与腹径之比为1∶1左右。标本如鸳鸯池M48:?（图四十三：3）。

Ⅳ式：比高再增加，整体比例呈竖长方形，领部变细加高，腹部变浅。器高与腹径之比为1.06∶1左右。标本如兰州徐家山：011（图四十三：4）。

A型单耳罐演变趋势为：器形由矮胖变瘦高，由垂腹而圆折腹而瘦折腹。

B型：大口单耳罐。口缘外侈，粗颈，依形态变化，分为四式。

Ⅰ式：整体比例呈扁方形。圆腹，器高与腹径之比为1∶1.2左右。标本如阳山M9:20（图四十三：5）。

Ⅱ式：整体比例与Ⅰ式接近，折腹，器高与腹径之比为1∶1.2左右。标本如蒋家坪M10:?（图四十三：6）。

Ⅲ式：整体比例呈扁方形，圆弧腹。器高与腹径之比为1∶1.1左右。标本如白道沟坪M18:3（图四十三：7）。

Ⅳ式：整体比例呈竖长方形，侈口，高领，深腹。器高与腹径之比为1.05∶1左右。标本如兰州徐家山M2:6（图四十三：8）。

B型单耳罐的演变趋势为：比高渐次增加，器形由肥矮变瘦高。

C型：单耳长颈罐。有略粗的高直颈，颈肩相交处置单小耳，圆鼓腹，平底，依形态变化，分为三式。

Ⅰ式：整体比例呈正方形，最大腹径位置偏上，靠近肩部，圆弧深腹。器高与腹径之比为1∶1左右。标本如阳山M83:36（图四十三：9）。

Ⅱ式：比高降低，颈部加粗变矮，腹部变浅，器高与腹径之比为1.18∶1左右。标本如阳山M160:17（图四十三：10）。

Ⅲ式：器口外侈呈喇叭状，微束颈，腹部肥浅，呈橄榄形，最大腹径位于腹中部。器高与腹径之比为1∶1.13左右。标本如白道沟坪M3:5（图四十三：11）。

C型单耳罐的演变趋势为：腹部由深变浅。但仅表示一种逻辑序列。

D型：单耳高领罐。此器源于半山类型B型单耳罐。特征为：小口，高领，口缘微外侈，器口一侧至肩部置略大的器耳，耳面多高出器口，腹部圆

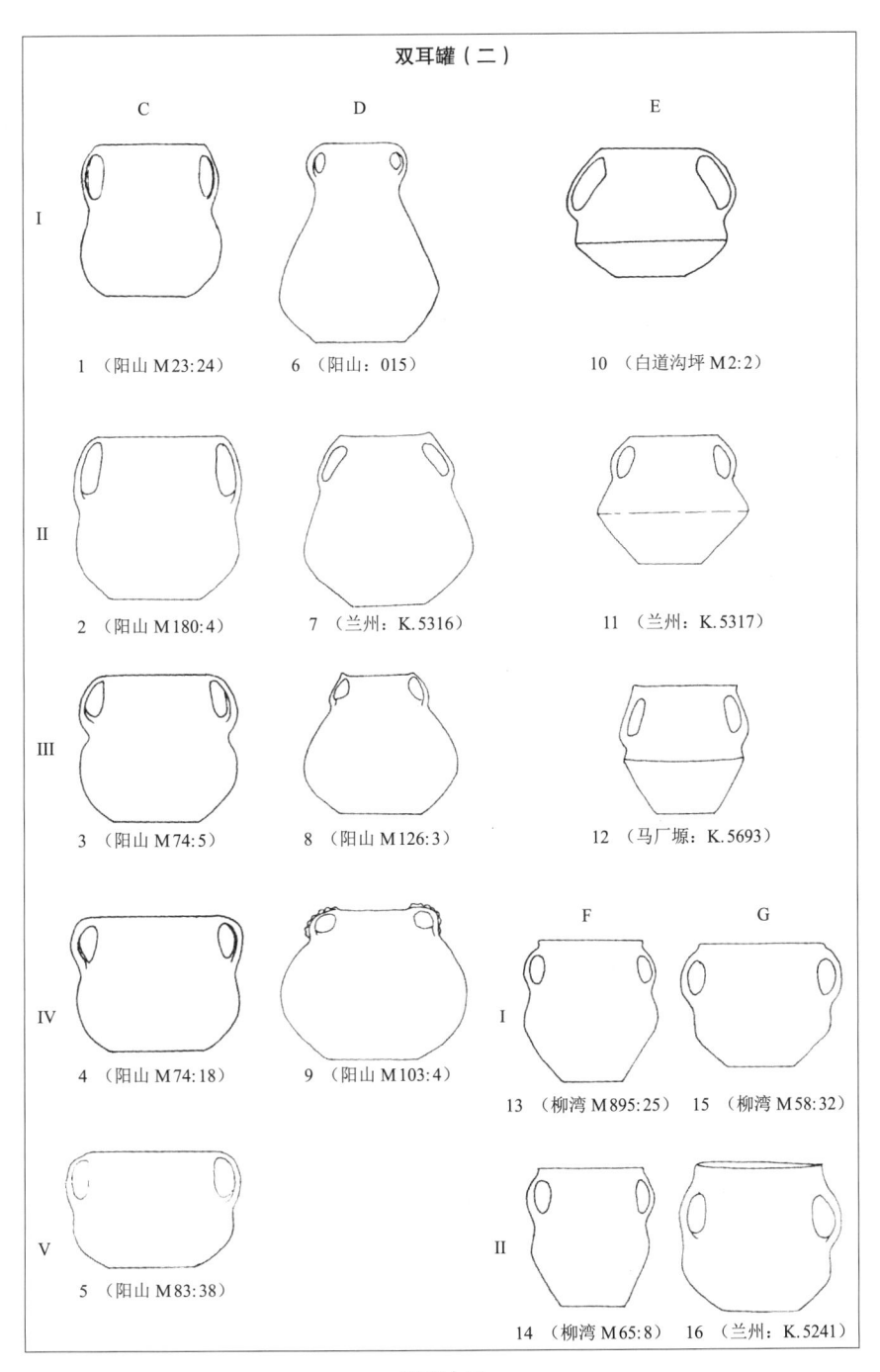

马厂类型彩陶典型器的形态与谱系 | 165

双耳罐（二）

C　　　　　　D　　　　　　　E

I　1（阳山 M23:24）　6（阳山:015）　10（白道沟坪 M2:2）

II　2（阳山 M180:4）　7（兰州 K.5316）　11（兰州:K.5317）

III　3（阳山 M74:5）　8（阳山 M126:3）　12（马厂塬:K.5693）

　　　　　　　　　　　　　　　　　F　　　G

IV　4（阳山 M74:18）　9（阳山 M103:4）　I　13（柳湾 M895:25）　15（柳湾 M58:32）

V　5（阳山 M83:38）　　　　　　　　　II　14（柳湾 M65:8）　16（兰州:K.5241）

图四十二

鼓，平底。依形态变化，分为两式。

Ⅰ式：整体比例呈竖长方形，器高大于腹径，腹部圆鼓。器高与腹径之比为1.14∶1左右。标本如阳山M23∶3（图四十三∶12）。

Ⅱ式：比高略降低，整体比例近正方形，腹部更圆鼓，呈球形。器高与腹径之比为1∶1.02左右。标本如阳山M28∶10（图四十三∶13）。

D型单耳罐演变仅表现一种逻辑序列。

E型：单耳小口矮领罐。马厂时期出现的新器型。特征为：小口，矮领，器口一侧至肩部置单小耳，依形态差异，分为三式。

Ⅰ式：整体比例呈竖长方形，短直颈，肩腹部圆鼓，最大腹径偏上靠近肩部。器高与腹径之比为1.11∶1左右。标本如阳山M52∶15（图四十三∶14）。

Ⅱ式：整体比例近正方形，外侈口，圆鼓腹，最大腹径位于中部。器高与腹径之比为1.04∶1左右。标本如阳山M23∶6（图四十三∶15）。

Ⅲ式：整体比例呈正方形，小口，矮领，外侈口，斜溜肩，折腹，最大腹径位置靠下，垂腹明显。器高与腹径之比为1∶1左右。标本如阳山∶013（图四十三∶16）。

E型单耳罐的变化趋势为：腹部最大径由肩部向下腹位移。但仅表现为一逻辑序列。

14. 双耳盆

盛储器。多数为半山晚期同类器的延续，也有部分新增因素。马厂时期盆的造型十分复杂，出现率也较高，但在各遗址的出土数量很不平衡，以民和阳山墓地为例，该址仅双耳彩陶盆就出土了近200件，约占全部陶器的10%。但在柳湾墓地，所出双耳盆仅十余件，所占比例甚低。依所选器形差异，分为A、B、C、D、E、F六型。

A型：双环耳盆。形体较大，口径13—20厘米之间。特征为：大敞口，腹壁圆弧下收，平底。绝大多数在器壁外表绘彩，个别绘内彩。依形态变化，分为四式。

Ⅰ式：器口径大于腹径，深腹，器高与口径之比为1∶1.19左右。标本如柳湾M578∶10（图四十四∶1）。

Ⅱ式：比高降低，口径与腹径大小相若，器高与腹径之比为1∶1.37左

马厂类型彩陶典型器的形态与谱系 | 167

单耳罐

A
1（皋兰：K.5776） 2（白道沟坪 M7:5） 3（鸳鸯池 M48:?） 4（徐家山：011）

B
5（阳山 M9:20） 6（蒋家坪 M10:?） 7（白道沟坪 M18:3） 8（徐家山 M2:6）

C
9（阳山 M83:36） 10（阳山 M160:17） 11（白道沟坪 M3:5）

D
12（阳山 M23:3） 13（阳山 M28:10）

E
14（阳山 M52:15） 15（阳山 M23:6） 16（阳山：013）

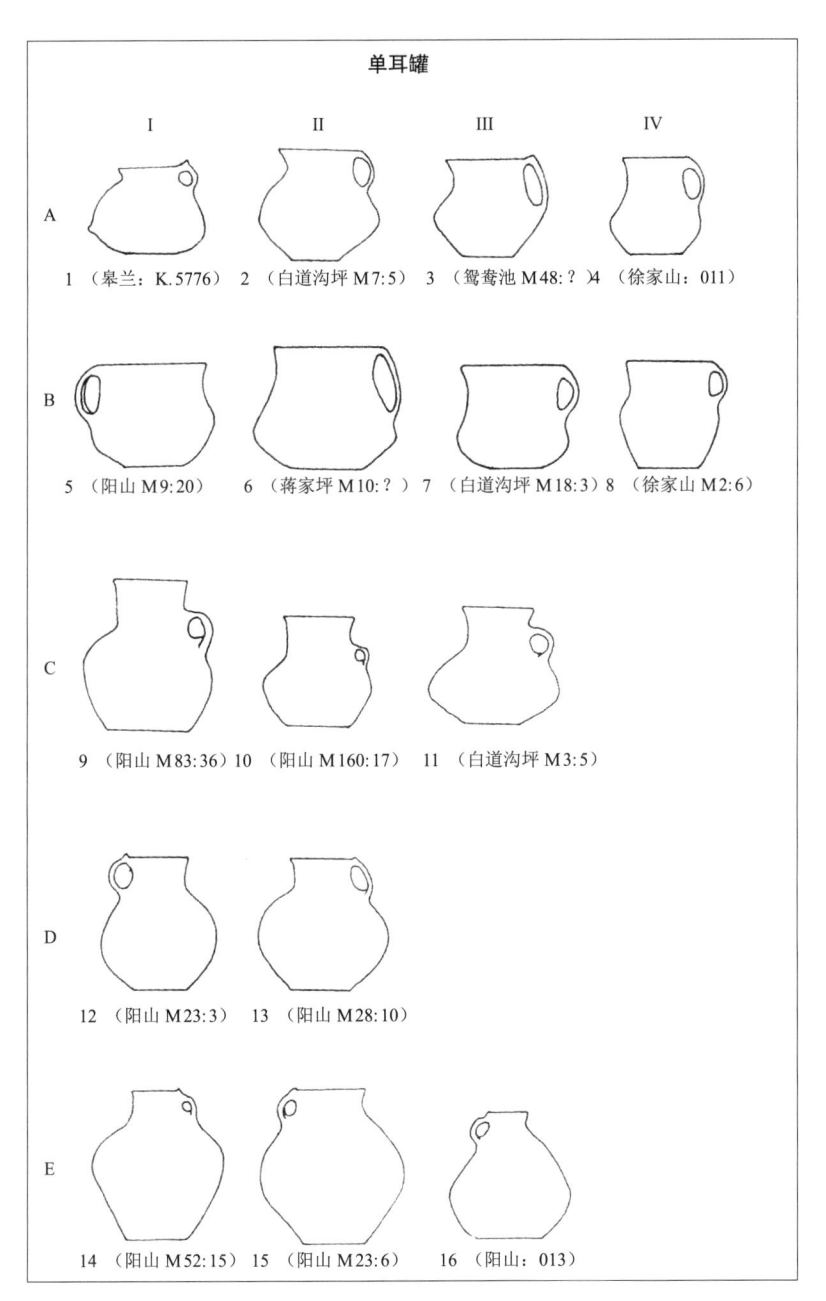

图四十三

右。标本如阳山 M147:22（图四十四：2）。

Ⅲ式：比高再降低，器口小于腹径，腹部更浅。器高与腹径之比为 1：1.57 左右。标本如阳山 M140:48（图四十四：3）。

Ⅳ式：比高继续降低，器口小于腹径，腹部更浅。器高与腹径之比为 1：1.73 左右。标本如兰州：K.5483（图四十四：4）。

A 型盆演变趋势为：比高不断降低，器腹由深变浅，器口由大变小。

B 型：双大耳盆。马厂时期出现的新器形，出土频率较高，地域性突出。特征为：大敞口，大耳，器耳高度约占器高二分之一，圆弧腹，平底。多数器表内外绘彩，外表流行绘折弧线八卦纹。依形态变化，分为三式。

Ⅰ式：口径大于腹径，深腹。器高与口径之比为 1：1.2。标本如马排 M8:9（图四十四：5）。

Ⅱ式：比高降低，口径与腹径尺寸相若，器高与腹径之比为 1：1.3。标本如马排 M35:56（图四十四：6）。

Ⅲ式：比高再降低，口径与腹径尺寸相若，腹部更浅。器高与口径之比为 1：1.55。标本如马排 M55:30（图四十四：7）。

B 型双耳盆的演变趋势与 A 型相同。

C 型：双小耳盆。此器与半山时期 B 型大口罐有渊源关系，出土量偏低。特征为：大口，矮领，外侈口，腹部圆鼓，依形态变化，分为三式。

Ⅰ式：器型高胖，器口小于腹径，圆鼓腹较深。器高与腹径之比为 1：1.41 左右。标本如阳山 M59:17（图四十四：8）。

Ⅱ式：比高降低，领部增高，器口略小于腹径，圆弧腹。器高与腹径之比为 1：1.54 左右。标本如柳湾 M505:2（图四十四：9）。

Ⅲ式：比高再降，口径大于腹径，双耳位置下移，浅腹。器高与口径之比为 1：1.76。标本如柳湾 M245:8（图四十四：10）。

C 型盆演变趋势为：比高逐渐降低，器形由高变矮，腹部由深变浅。

D 型：双耳敞口盆。出土量偏低，特征为：大敞口，腹壁斜直，下收成平底。依形态差异，分为两式。

Ⅰ式：深腹，器高与口径之比为 1：1.35 左右。标本如柳湾 M30:23（图四十四：11）。

Ⅱ式：比高降低，浅腹。器高与口径之比为 1：2.25 左右。标本如柳湾

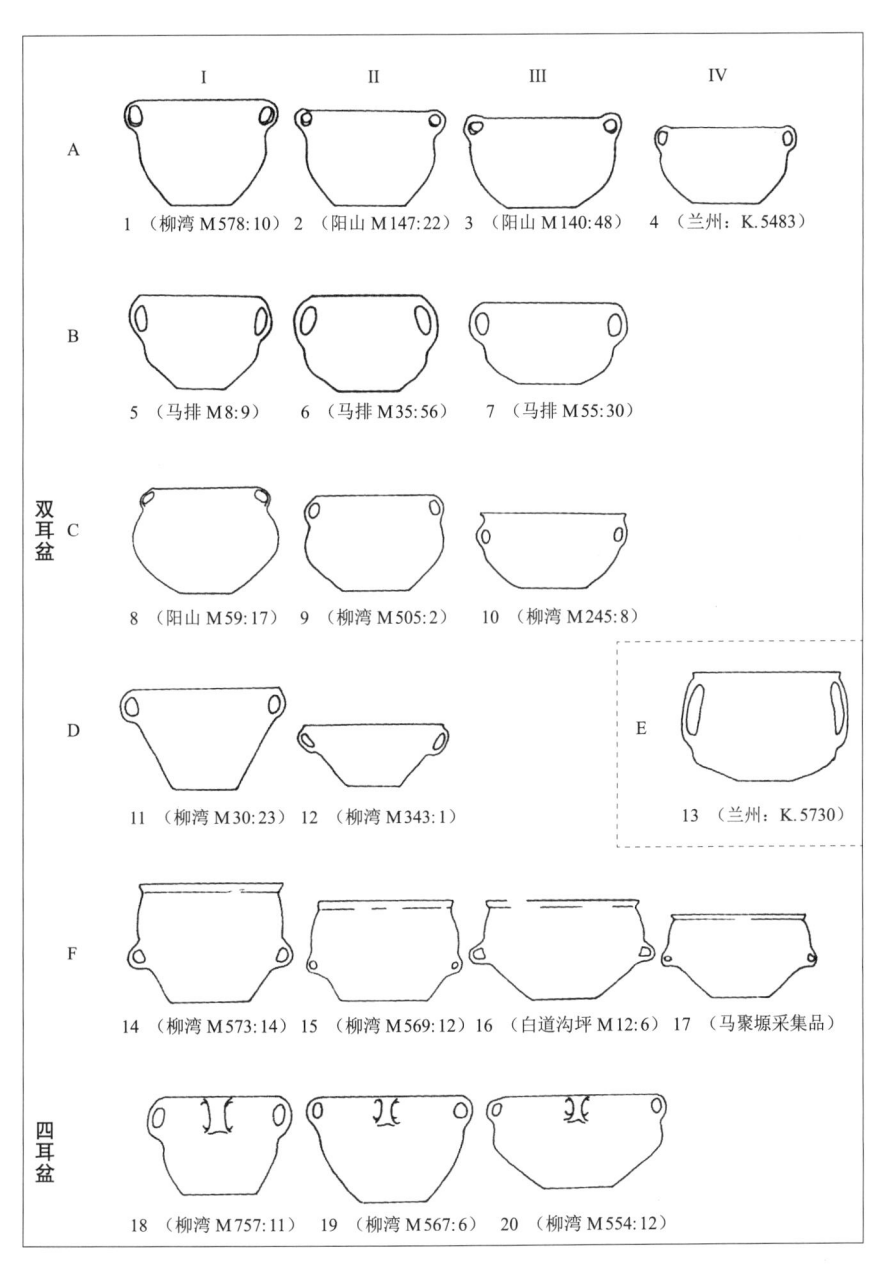

马厂类型彩陶典型器的形态与谱系 | 169

	I	II	III	IV
A	1（柳湾 M578:10）	2（阳山 M147:22）	3（阳山 M140:48）	4（兰州：K.5483）
B	5（马排 M8:9）	6（马排 M35:56）	7（马排 M55:30）	
C	8（阳山 M59:17）	9（柳湾 M505:2）	10（柳湾 M245:8）	
D	11（柳湾 M30:23）	12（柳湾 M343:1）		E 13（兰州：K.5730）
F	14（柳湾 M573:14）	15（柳湾 M569:12）	16（白道沟坪 M12:6）	17（马聚塬采集品）
	18（柳湾 M757:11）	19（柳湾 M567:6）	20（柳湾 M554:12）	

双耳盆

四耳盆

图四十四

M343:1（图四十四：12）。

D型盆演变趋势为：比高逐渐降低，器形由高变矮，腹部由深变浅。

E型：双大耳盆。造型独特，出土量极低。特征为：大口，口沿外侈，上腹斜直，转折明显，平底。器表内外绘彩，无式别划分。标本如兰州：K.5730（图四十四：13）。

F型：双腹耳盆。源于半山类型Aa型双耳盆。特征为：大敞口，口径大于腹径，窄沿，矮领，弧腹，双腹耳，平底。依形态差异，分为四式。

Ⅰ式：器形较高，大口略外侈，深腹。器高与腹径之比为1∶1.25。标本如柳湾M573:14（图四十四：14）。

Ⅱ式：比高降低，腹部变浅，器高与腹径之比为1∶1.51。标本如柳湾M569:12（图四十四：15）。

Ⅲ式：比高再降，腹部更浅，器高与腹径之比为1∶1.63。标本如白道沟坪M12:6（图四十四：16）。

Ⅳ式：比高再降，腹部更浅，器高与腹径之比为1∶1.8。标本如青海民和马聚塬采集品（图四十四：17）。

C型双耳盆的演变趋势为：比高逐步降低，腹部越来越浅。

15. 四耳盆

盛储器。马厂时期出现的新器型，出土量偏低。造型与A型双耳盆类似，特征为：大口，圆弧腹下收成平底。口缘外设器耳四只，耳面与器口平，或略高于器口，绝大多数在器表绘彩，个别绘内彩。依形态变化，分为三式。

Ⅰ式：器形较高，器口大于或等于腹径，深腹。器高与口径之比为1∶1.23左右。标本如柳湾M757:11（图四十四：18）。

Ⅱ式：比高降低，器口大于或等于腹径，深腹。腹部变浅，器高与口径之比为1∶1.42左右。标本如柳湾M567:6（图四十四：19）。

Ⅲ式：比高再降，器口小于腹径，浅腹。器高与腹径之比为1∶1.83左右。标本如柳湾M554:12（图四十四：20）。

四耳盆的演变趋势为：比高逐步降低，腹部越来越浅。

16. 敞口盆

盛储器。部分来源于半山类型，部分为马厂时期出现的新器类。依形态差异，分为 A、B、C、D 四型。

A 型：与半山类型 B 型盆有渊源关系。形态特征为：大敞口，普遍在腹中部捏塑一对突纽或无使用价值的盲鼻。器腹内外绘彩。依造型差异，分为 a、b 两个亚型。

Aa 型：宽沿敞口盆。腹部较深，口缘外侈明显，依器形变化，分为三式。

Ⅰ式：宽折沿，圆弧腹。器高与口径之比为 1∶2 左右。标本如鸳鸯池 M104:？（图四十五：1）。

Ⅱ式：喇叭形大敞口，圆弧深腹，器高与口径之比为 1∶1.85 左右。标本如柳湾 M214:4（图四十五：2）。

Ⅲ式：大敞口，腹壁斜直。器高与口径之比为 1∶2 左右。标本如柳湾 M902:23（图四十五：3）。

Ab 型：窄沿敞口盆。腹部较浅，上下腹转折处捏塑盲鼻或突纽。依形态变化，分为三式。

Ⅰ式：窄缘微外侈，圆弧腹，器高与口径之比为 1∶1.84 左右。标本如鸳鸯池 M24:？（图四十五：4）。

Ⅱ式：比高降低，喇叭形侈口，圆弧腹，器高与口径之比为 1∶1.93 左右。标本如白道沟坪 M5:3（图四十五：5）。

Ⅲ式：比高再降低，口缘微侈，浅腹，斜直腹壁，器高与口径之比为 1∶2.26 左右。标本如柳湾 M912:42（图四十五：6）。

A 型敞口盆演变趋势为：比高逐渐降低，腹部由深变浅。

B 型：立耳盆。马厂时期出现的新器形，出土量极低。特征为：大敞口，器口两侧置向上斜翘的双立耳，斜弧腹，平底。依形态不同，分为两式。

Ⅰ式：深腹，圆弧腹，器高与口径之比为 1∶1.73 左右。标本如阳山 M124:5（图四十五：7）。

Ⅱ式：比高降低，浅腹，腹壁斜直，器高与口径之比为 1∶2.6 左右。标本如阳山 M151:12（图四十五：8）。

B 型盆的演变趋势为：比高逐渐降低，腹部由深变浅。

敞口盆

	I	II	III
Aa	1（鸳鸯池 M104:？）	2（柳湾 M214:4）	3（柳湾 M902:23）
Ab	4（鸳鸯池 M24:？）	5（白道沟坪 M5:3）	6（柳湾 M912:42）
B	7（阳山 M124:5）	8（阳山 M151:12）	
C	9（柳湾 M198:7）		
D			10（马排 M35:54）

盘

	I	II	III	IV
A	11（柳湾 M190:5）	12（柳湾 M333:10）	13（柳湾 M924:12）	14（马排 M41:15）
B	15（马厂塬:K.5616）	16（徐家山:027）		
C	17（柳湾 M180:7）			

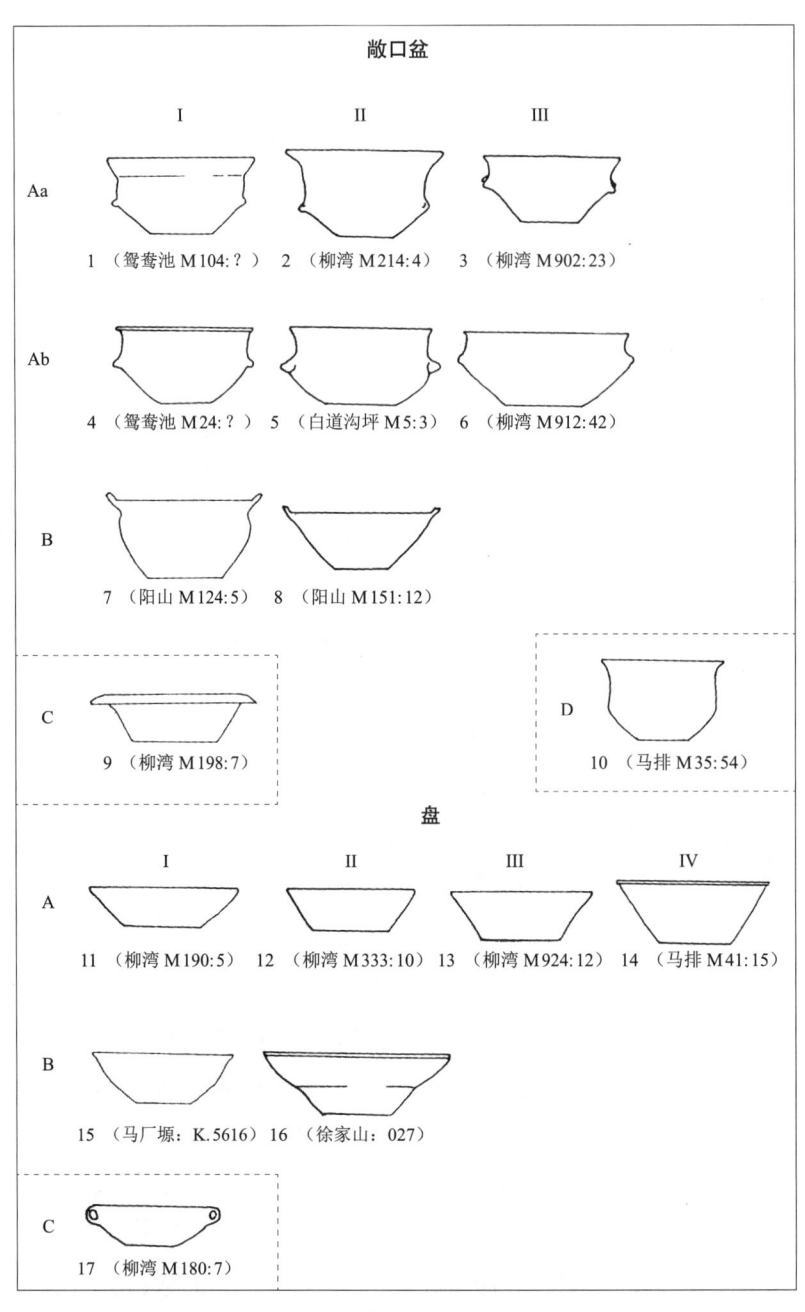

图四十五

C 型：卷缘盆。造型比较特殊，出土量极低。敞口，卷缘，斜直腹，平底。无式别划分。标本如柳湾 M198:7（图四十五：9）。

D 型：敞口深腹盆。喇叭形大敞口，深腹，上下腹转折明显，器高与口径之比为 1∶1.52 左右。标本如马排 M35:54（图四十五：10）。

17. 盘

盛食、饮食器。马厂时期出现的新器类，依形态差异，分为 A、B、C 三型。

A 型：大敞口，斜直腹，平底。依比高变化，分为四式。

Ⅰ式：浅腹。器高与口径之比为 1∶3.93 左右。标本如柳湾 M190:5（图四十五：11）。

Ⅱ式：比高增加，器高与口径之比为 1∶3.17 左右。标本如柳湾 M333:10（图四十五：12）。

Ⅲ式：比高再增加。腹壁略向内敛，器高与口径之比为 1∶2.95 左右。标本如柳湾 M924:12（图四十五：13）。

Ⅳ式：比高明显增加，深腹，器高与口径之比为 1∶2.48 左右。标本如马排 M41:15（图四十五：14）。

A 型盘演变趋势为：比高增加，腹部由浅变深。

B 型：敞口弧腹，平底，依腹部形态差异，分为两式。

Ⅰ式：浅腹，腹壁圆弧。器高与口径之比为 1∶3 左右。标本如马厂塬：K.5616（图四十五：15）。

Ⅱ式：比高增加，圆弧双腹，器高与口径之比为 1∶3.2 左右。标本如兰州徐家山：027（图四十五：16）。

C 型：双耳盘。出现率极低，敞口，浅腹，平底，口外两侧置双小耳。无式别划分。标本如柳湾 M180:7（图四十五：17）。

18. 钵

盛食、饮食器。出土量居中，造型较杂，依照前面对半山类型陶钵的分类，将器口内敛、器体较盆为小者定为钵。依其形态和器表附件装置差异、有无，分为 A、B、C、D、E 五型。

A 型：大口，器口微内敛，腹部较深，斜腹，平底。依形态差异，分为三式。

Ⅰ式：大口略外侈，斜弧腹，下腹略向内敛。器高与口径之比为 1∶2.2 左右。标本如马排 M46∶1（图四十六：1）。

Ⅱ式：大口略内敛，腹壁圆弧，深腹。器高与口径之比为 1∶2 左右。标本如马排 M14∶17（图四十六：2）。

Ⅲ式：口径很大，腹壁斜直，深腹。器高与口径之比为 1∶2.16 左右。标本如柳湾 M211∶3（图四十六：3）。

B 型：碗式钵。微侈口或敛口，窄沿，圆弧腹，平底。分为两式。

Ⅰ式：大口，窄沿，圆弧浅腹。器高与腹径之比为 1∶2.36 左右。标本如白道沟坪 M7∶9（图四十六：4）。

Ⅱ式：比高增加，圆弧深腹，器高与腹径之比为 1∶1.76 左右。标本如兰州红古城 M1∶3（图四十六：5）。

C 型：贯耳钵。大口，器口外侧置双贯耳，依形态变化，分为三式。

Ⅰ式：器口略内敛，圆弧腹，器高与口径之比为 1∶2.41 左右。标本如柳湾 M21∶4（图四十六：6）。

Ⅱ式：比高增加，大敞口，腹壁圆弧，器高与口径之比为 1∶2.2 左右。标本如柳湾 M890∶1（图四十六：7）。

Ⅲ式：比高再增加，深腹，斜直腹壁。器高与口径之比为 1∶1.96 左右。标本如柳湾 M236∶24（图四十六：8）。

D 型：敛口钵。内敛口，圆弧腹，平底。依形态差异，分为两式。

Ⅰ式：腹部较深，腹中部捏塑一对盲耳，器高与腹径之比为 1∶1.77 左右。标本如柳湾 M907∶1（图四十六：9）。

Ⅱ式：比高降低，腹部变浅，器高与腹径之比为 1∶2 左右。标本如柳湾 M136∶33（图四十六：10）。

E 型：单耳钵。内敛口，圆弧腹，平底，口外一侧置单环耳。出土量极低，无式别划分。标本如柳湾 M619∶9（图四十六：11）。

以上各式钵的演变趋势只表示一种逻辑序列，无时间指示意义。

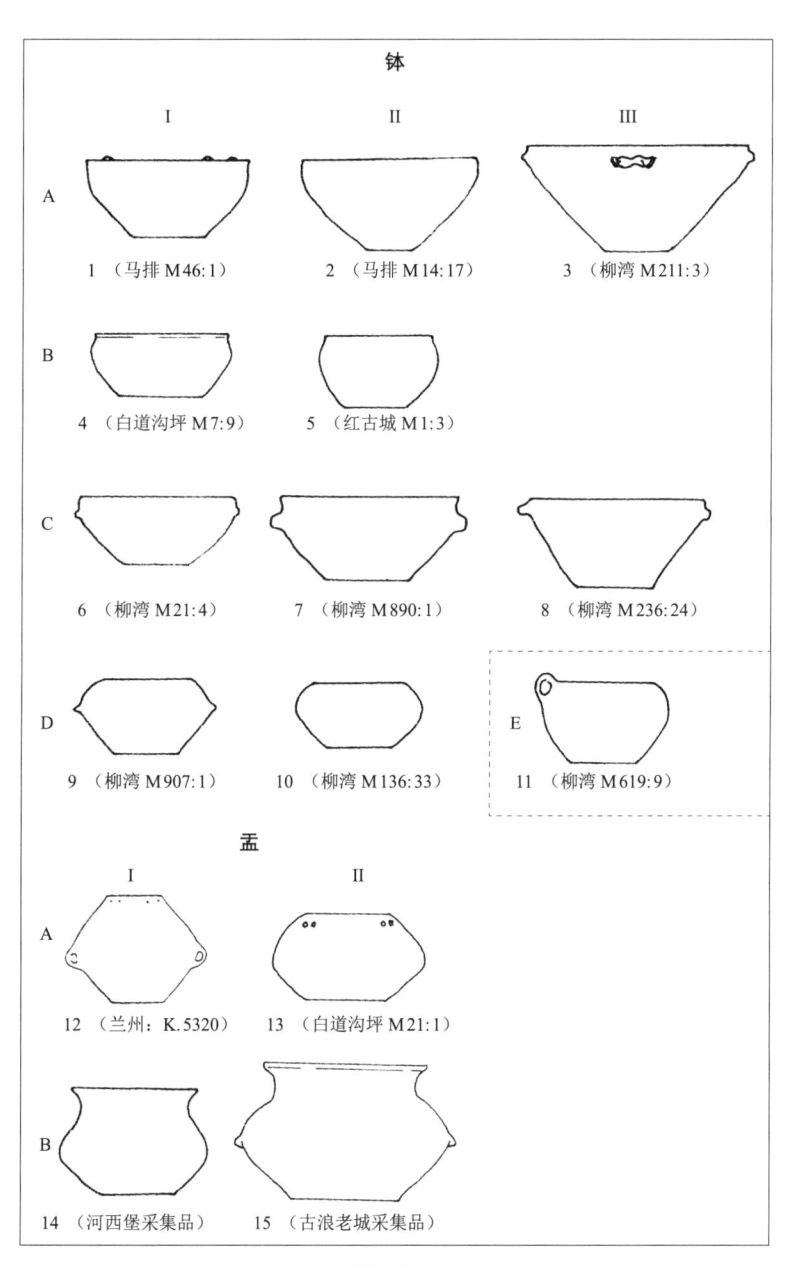

马厂类型彩陶典型器的形态与谱系 | 175

钵

	I	II	III
A	1（马排 M46:1）	2（马排 M14:17）	3（柳湾 M211:3）
B	4（白道沟坪 M7:9）	5（红古城 M1:3）	
C	6（柳湾 M21:4）	7（柳湾 M890:1）	8（柳湾 M236:24）
D	9（柳湾 M907:1）	10（柳湾 M136:33）	E 11（柳湾 M619:9）

盂

	I	II
A	12（兰州：K.5320）	13（白道沟坪 M21:1）
B	14（河西堡采集品）	15（古浪老城采集品）

图四十六

19. 盂

盛储、饮食器。出土数量适中，依形态差异，分 A、B 两型。

A 型：为半山晚期同类器的延续。敛口，口沿周边多有成组、成对的穿孔，圆弧腹，平底。依形态变化，分为两式。

Ⅰ式：小口内敛，深腹，腹中部置器耳一对，器高与腹径之比为 1.05∶1 左右。标本如兰州：K.5320（图四十六：12）。

Ⅱ式：比高大大降低，器口略大，浅腹，腹部无耳。器高与腹径之比为 1∶1.8 左右。标本如白道沟坪 M21∶1（图四十六：13）。

B 型：马厂时期出现的新器类。大喇叭口，口沿外侈，矮领，圆鼓腹，平底。依形态变化，分为两式。

Ⅰ式：腹部无附件装置，器高与腹径之比为 1∶1.45 左右。标本如永昌河西堡采集品（图四十六：14）。

Ⅱ式：腹中部置盲耳一对，器高与腹径之比为 1∶1.58 左右。标本如古浪老城采集品（图四十六：15）。

20. 豆

盛食、饮食器。马厂类型较常见，但各遗址中出土量均不高，如民和阳山遗址出土 4 件；青海柳湾出土 36 件。豆的数量虽少，但造型却颇复杂，大多数绘内彩。依形态差异，可分为 A、B、C、D、E、F 六型。

A 型：大喇叭圈足豆。大敞口，弧腹壁，喇叭状圈足。依形态差异，分为两式。

Ⅰ式：大喇叭口造型豆盘，下附大喇叭状圈足，圈足上有圆形镂孔。器高与口径之比为 1∶2.1 左右。标本如白道沟坪 M14∶1（图四十七：1）。

Ⅱ式：比高增加，豆盘缩小，圈足无装饰。器高与口径之比为 1∶1.61 左右。标本如阳山 M103∶25（图四十七：2）。

B 型：大喇叭口，斜直腹壁，喇叭圈足。依形态变化，分为两式。

Ⅰ式：豆柄略细高，器高与口径之比为 1∶1.71 左右。标本如柳湾 M213∶13（图四十七：3）。

Ⅱ式：豆柄粗矮。器高与口径之比为 1∶2.03 左右。标本如柳湾 M191∶8（图四十七：4）。

豆

	A	B	C
I	1（白道沟坪 M14:1）	3（柳湾 M213:13）	5（柳湾 M97:8）
II	2（阳山 M103:25）	4（柳湾 M191:8）	6（柳湾 M1242:26）

	D	E	F
I	7（阳山 M177:22）	10（兰州：K.5486）	12（柳湾 M619:22）
II	8（柳湾 M408:3）	11（马家湾采集品）	

III 9（马排 M20:19）

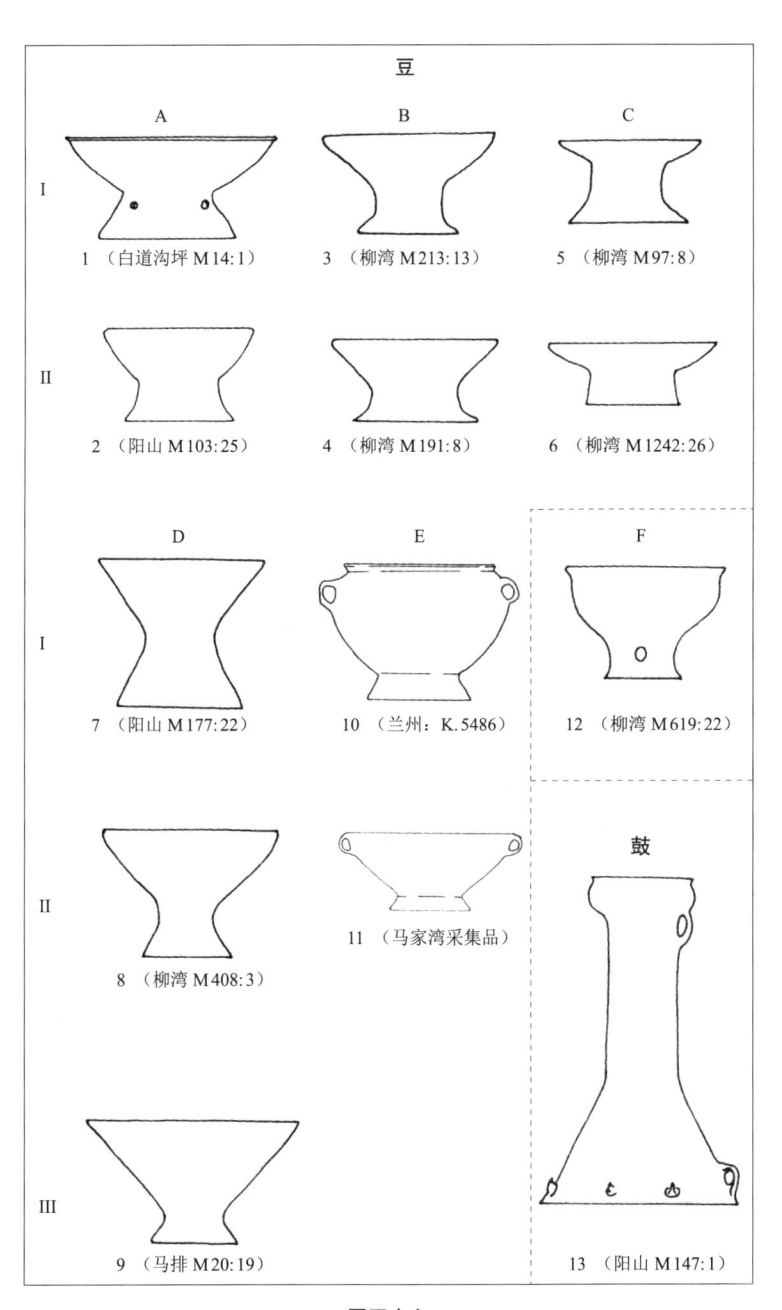

鼓

13（阳山 M147:1）

图四十七

C型：浅盘豆。依形态差异，分为两式。

Ⅰ式：豆柄粗高，下为大喇叭圈足。器高与口径之比为1∶1.8左右。标本如柳湾M97∶8（图四十七∶5）。

Ⅱ式：比高降低，豆柄粗矮，筒状。器高与口径之比为1∶2.86左右。标本如柳湾M1242∶26（图四十七∶6）。

D型：碗形豆。依形态变化，分为三式。

Ⅰ式：喇叭口深腹豆盘，斜直腹壁，喇叭口圈足高柄，圈足径与口径相若。器高与口径之比为1∶1.16左右。标本如阳山M177∶22（图四十七∶7）。

Ⅱ式：比高降低，豆盘口略内敛，腹壁圆缓，矮小喇叭口豆柄。器高与口径之比为1∶1.37左右。标本如柳湾M408∶3（图四十七∶8）。

Ⅲ式：比高再降低，大喇叭敞口，斜直腹壁，豆柄为矮小的喇叭圈足状。器高与口径之比为1∶1.73左右。标本如马排M20∶19（图四十七∶9）。

E型：双耳豆。出现率极低，依豆盘深浅差异，分为两式。

Ⅰ式：罐形豆盘，窄沿，外侈口，圆弧深腹，喇叭状圈足。器高与口径之比为1∶1.15左右。标本如兰州：K.5486（图四十七∶10）。

Ⅱ式：比高明显降低，大喇叭敞口，浅盘，斜直腹壁，喇叭状矮圈足。器高与口径之比为1∶2.2左右。标本如临夏马家湾采集品（图四十七∶11）。

F型：盆形豆。盆形豆盘，外侈口，圆弧深腹，短粗柄，上有圆形镂孔。无式别划分。标本如柳湾M619∶22（图四十七∶12）。

以上各式陶豆式别划分仅表示一种逻辑序列。

21. 鼓

明器类乐器。系半山晚期同类器的延续，造型与半山时期陶鼓相同。无式别划分。标本如阳山M147∶1（图四十七∶13）。

22. 单把杯

饮食器。系半山晚期同类器的延续与发展，造型与半山类型同类器一致，但变化更为复杂，依形态差异，分为A、B、C三型。

A型：半山晚期同类器的延续，特征为：直筒器腹，高10—15厘米之间，个别达20厘米。器口外一侧置单耳，耳面高出器口，微侈口，圆弧腹，腹部无其他装置，平底。依形态差异，分为三式。

Ⅰ式：器体矮小，口沿微外侈，圆弧腹，器耳粗厚。器高与腹径之比为1.1∶1左右。标本如柳湾M1243:6（图四十八：1）。

Ⅱ式：器体略增大，腹壁弧直，器高与腹径之比为1.31∶1左右。标本如阳山M124:6（图四十八：2）。

Ⅲ式：比高增加，直口，腹部加深，圆弧腹。器高与腹径之比为1.41∶1左右。标本如柳湾M1250:6（图四十八：3）。

B型：单把凸纽杯。为马厂时期新出现的形态。筒形圆腹，腹中下部一侧置圆形凸纽，似流而无孔，依形态变化，分为三式。

Ⅰ式：宽沿外侈显著，腹部凸纽短粗。器高与腹径之比为1.47∶1左右。标本如永登YTC:135（图四十八：4）。

Ⅱ式：窄沿微侈，器腹较粗，腹部凸纽加长。器高与腹径之比为1.11∶1左右。标本如鸳鸯池M147:？（图四十八：5）。

Ⅲ式：比高增加，直口，筒形深腹，腹部凸纽变得细长，有的将纽端刻划成人面形。器高与腹径之比为1.42∶1左右。标本如鸳鸯池M87:？（图四十八：6）。

C型：单耳大口杯，马厂时期出现的新器形。器口斜直，口外一侧置单大耳，耳面上端多高出器口。依形态变化，分为三式。

Ⅰ式：器形略高，斜直口，折腹。器高与腹径之比为1∶1.24左右。标本如鸳鸯池M164:1（图四十八：7）。

Ⅱ式：比高降低，圆鼓腹，腹部最大径处捏塑一鼻纽，器高与腹径之比为1∶1.45左右。标本如鸳鸯池M37:？（图四十八：8）。

Ⅲ式：比高与Ⅱ式相近，腹最大径处装置一圆柱形突纽，有的凸纽较长，状若壶嘴。器高与腹径之比为1∶1.28左右。标本如鸳鸯池M168:8（图四十八：9）。

A、B单把杯总体变化趋势为：比高逐渐增加，腹部变深、变瘦。C型杯造型接近，主要集中发现于甘肃河西走廊一带，其式别划分仅表示逻辑序列。

23. 肩耳壶

盛储器。马厂时期出现的新器型，出土数量极低。特征为：肩部设器耳

单把杯

I　II　III

A
1（柳湾 M1243:6）　2（阳山 M124:6）　3（柳湾 M1250:6）

B
4（永登 YTC:135）　5（鸳鸯池 M147:?）　6（鸳鸯池 M87:?）

C
7（鸳鸯池 M164:1）　8（鸳鸯池 M37:?）　9（鸳鸯池 M168:8）

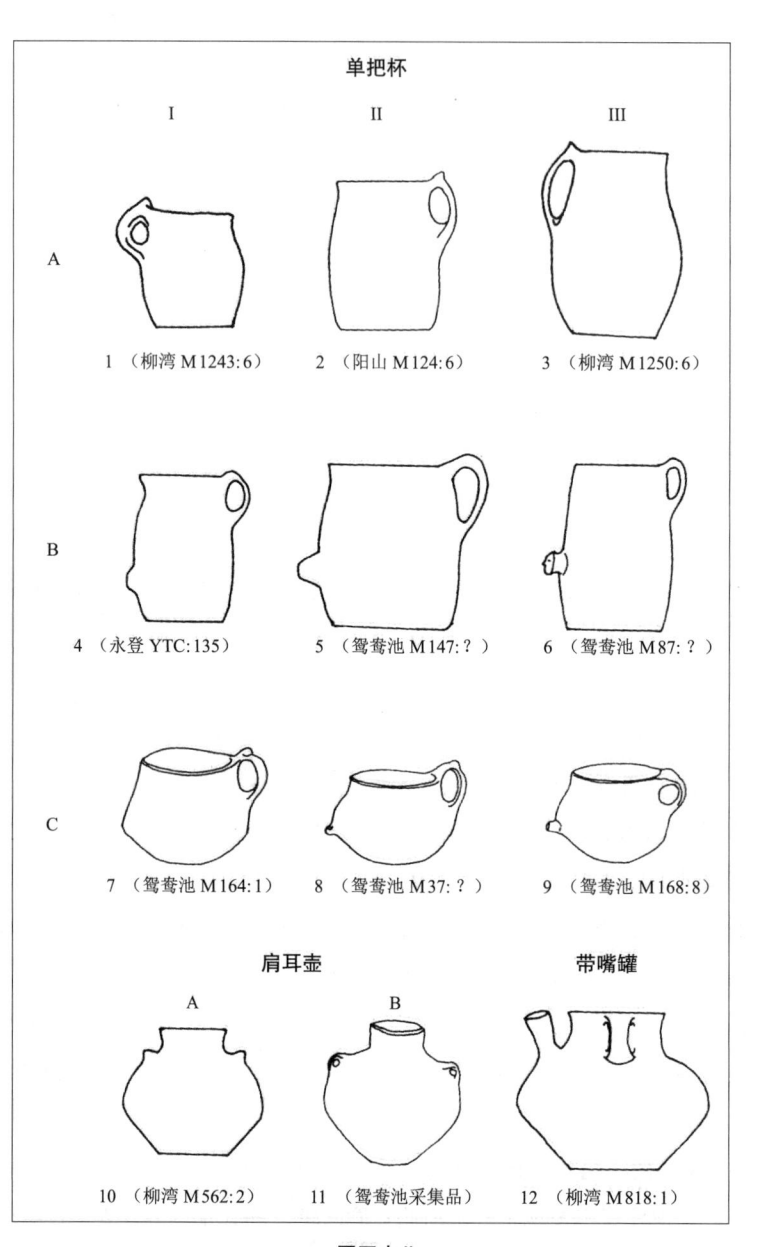

肩耳壶　　　　带嘴罐

A　　B
10（柳湾 M562:2）　11（鸳鸯池采集品）　12（柳湾 M818:1）

图四十八

一对，依形态差异，分为 A、B 两型。

A 型：小口，口缘外侈，矮领，肩部设贯耳一对，圆鼓腹，平底。器高与腹径之比为 1∶1.13。无式别划分。标本如柳湾 M562:2（图四十八：10）。

B 型：小口，器颈细高、直立，肩部设环耳一对，圆鼓腹，平底。无式别划分。标本如鸳鸯池采集品（图四十八：11）。

24. 带嘴罐

水器。马厂时期出现的新器类，出土量不大，地域色彩较浓。特征为：在肩部设一管状流，器口外至肩部或腹部设器耳一对。无式别划分。标本如柳湾 M818:1（图四十八：12）。

典型单位器物组合与形态分析

1. 柳湾遗址

柳湾遗址马厂墓地是迄今为止发掘规模最大的一处，清理马厂时期墓葬 872 座，共发现下列九组叠压、打破关系：

1）M55 → M53
2）M87 → M82
3）M105 → M108
4）M541 → M540
5）M558 → M564
6）M805 → M810
7）M887 → M912
8）M1284 → M1290
9）M1320 → M1484

以上墓例中随葬彩陶悉数发表的仅有第五、第八两组，其余各组有的没有随葬彩陶，有的随葬彩陶未予发表，或仅有一墓随葬了彩陶，但发表的组合又不完整，无法利用。

在第五组中，M558 随葬陶器 9 件，含彩陶 2 件，AⅢ小口瓮 1、GⅠ双耳罐 1。M564 随葬陶器 91 件，含彩陶 86 件，包括 BⅡ小口瓮 1、BⅢ小口瓮 72、BⅡ双耳盆 7、FⅠ双耳罐 5。仅从器形观察，两墓并无明显差异，所出典型器均以 BⅢ小口瓮为代表。不同的是 M558 随葬彩陶数量很低，占此墓随葬陶器总量的 22%；M564 随葬彩陶比例甚高，占该墓随葬陶器总量的 95.5%。

在第八组中，M1284 随葬陶器 11 件，仅有彩陶 1 件，为 FⅠ双耳罐。M1290 随葬陶器 29 件，含彩陶 24 件，包括 AⅡ小口瓮 1、AⅢ、BⅢ小口瓮 19，FⅠ双耳罐 2，BⅡ双耳盆 1，BaⅢ双耳罐 1。该组两墓所出典型器形态相同，共出 FⅠ双耳罐，时代应接近。二者的差异同样表现在随葬彩陶的数量上，M1284 随葬彩陶仅占 10%弱，M1290 高达 82.7%。

第五、第八两组从地层关系上证实：M564、M1290 时代早于 M558、M1284，可以前两墓为代表，暂称之为柳湾马厂 A 组；后两墓为代表，暂称之为柳湾马厂 B 组。A、B 两组彩陶的特点是，器类较单一，典型器形态无明显差异，以 AⅢ、BⅢ小口瓮，FⅠ双耳罐，BⅡ双耳盆为代表。二组间的早晚变化主要反映在 A 组随葬彩陶比例很高，B 组则比例很低，形成强烈反差（表十二）。

表十二

分组	单位号	器类、器型	颈部花纹	腹部（内彩）花纹
A 组	M564:64	AⅡ小口瓮		CⅢ人蛙纹
	M564	AⅢ小口瓮 17		AⅣ四大圆圈纹
	M564	AⅢ小口瓮 9		AⅤ四大圆圈纹
	M564	AⅢ小口瓮 8		BⅣ四大圆圈纹
	M564:72	AⅢ小口瓮		CⅣ四大圆圈纹
	M564	AⅢ小口瓮 7		CⅢ人蛙纹
	M564	AⅢ小口瓮 7		EⅢ人蛙纹
	M564:80	AⅢ小口瓮		AⅣ回纹
	M564:91	AⅢ小口瓮		AⅡ回纹
	M564:27	AⅢ小口瓮		AⅣ回纹
	M564:92	AⅢ小口瓮		BⅡ回纹
	M564	AⅢ小口瓮 7		AⅣ折线纹
	M564	AⅢ小口瓮 12		AⅤ折线纹
	M564	FⅠ双耳罐 4		CⅢ菱格纹
	M564:13	FⅠ双耳罐		AⅣ菱格纹
	M564:9	BⅡ双耳盆		BⅠ弧折线八卦纹
	M564	BⅡ双耳盆 6		BⅡ弧折线八卦纹

续表

分组	单位号	器类、器型	颈部花纹	腹部（内彩）花纹
A组	M1290:21	AⅡ小口瓮	横人字纹	CⅢ人蛙纹
	M1290	BⅢ小口瓮 2		CⅢ人蛙纹
	M1290:2	BⅢ小口瓮		DⅡ人蛙纹
	M1290	BⅢ小口瓮 2		EⅢ人蛙纹
	M1290:26	BⅢ小口瓮		AⅤ四大圆圈纹
	M1290	BⅢ小口瓮 3		BⅣ四大圆圈纹
	M1290	BⅢ小口瓮 2		BⅢ折线三角纹
	M1290	BⅢ小口瓮 4		BⅣ折线三角纹
	M1290:20	AⅢ小口瓮	Ⅱ式X纹	BⅣ回纹
	M1290:27	AⅢ小口瓮	Ⅰ式折线纹	AⅢ竖条纹
	M1290:7	BⅢ小口瓮		Ⅲ式竖条纹
	M1290:1	BaⅢ双耳罐		AⅣ菱形纹
	M1290	FⅠ双耳罐 2		CⅢ菱形纹
	M1290:28	BⅡ双耳盆		BⅠ弧折线八卦纹
B组	M558:6	AⅢ小口瓮	横人字纹	EⅢ人蛙纹
	M558:2	GⅠ双耳罐		AⅤ折线纹
	M1284:13	FⅠ双耳罐		AⅣ菱形纹

注：由于A组这两座墓出土彩陶较多，故做特殊处理，在"器类、器型"一栏加上数字，表示有所对应腹部（内彩）花纹的此种器类、器型的数量。

需要说明的是，柳湾马厂A、B两组所出彩陶仅传递出部分信息。在该墓地还有一批随葬有与这两组完全不同的墓例。其中，以M1014为代表的一批墓葬，随葬典型彩陶器组合包括AⅠ小口瓮，Ⅰ、Ⅱ、Ⅲ式小口长颈壶，BⅡ单耳长颈瓶，Ⅰ式腹耳壶，CⅡ、CⅢ双耳罐，AⅢ、AⅣ双耳盆等。不难看出，此类墓所出典型器形态与上述A、B两组差异甚大。因此，可将M1014提出来，作为柳湾马厂墓C组。C组墓所出彩陶典型器以Ⅰ式小口瓮为代表，在共存的器类中有部分接近半山类型晚期的彩陶，如Ⅰ、Ⅱ式单耳长颈瓶，Ⅰ、Ⅱ式高低耳壶，Ⅰ、Ⅱ、Ⅲ式小口长颈壶，A型双耳盆等，表明C组与半山晚期联系比较紧密，时间也较接近。

在柳湾马厂墓地还有一类墓，随葬彩陶既不同于C组，也不同于A、B两组，以M332为例，彩陶典型器有AⅠ小口瓮1，BⅡ小口瓮3，BaⅢ、DⅡ双耳罐各1。据此，可将其作为柳湾马厂D组的代表。如此，在柳湾马厂墓地实际存在四类不同彩陶器形、组合的墓葬（表十三）。

表十三

分组	单位号	器类、器型	颈部花纹	腹部（内彩）花纹
C组	M1014:15	AⅠ小口瓮	Ⅰ鱼鳞纹	Ⅱ式漩涡纹
	M1014:11	Ⅰ式小口长颈壶	Ⅰ倒锯齿纹	Ⅰ式方块几何纹
	M1014:9	Ⅲ式小口长颈壶	Ⅰ倒锯齿纹	BⅡ四大圆圈纹
	M1014:16	Ⅱ式小口长颈壶	Ⅰ倒锯齿纹	BⅡ四大圆圈纹
	M1014:14	BⅡ单耳长颈瓶	Ⅰ倒锯齿纹	CⅡ四大圆圈纹
	M1014:10	BⅡ单耳长颈瓶	Ⅱ网纹	Ⅰ式方块几何纹
	M1014:13	Ⅰ式腹耳壶	Ⅱ网纹	BⅢ四大圆圈纹
	M1014:18	CⅡ双耳罐	倒锯齿纹	AⅢ几何网格纹
	M1014:12	CⅢ双耳罐	Ⅰ网纹	AⅡ菱形纹
	M1014:17	CⅢ双耳罐	Ⅰ网纹	AⅡ菱形纹
	M1014:20	AⅣ双耳盆	倒锯齿纹	AⅡ菱形纹
D组	M332:9	AⅠ小口瓮	Ⅱ网纹	AⅢ四大圆圈纹
	M332:7	BⅡ小口瓮	横人字纹	AⅢ四大圆圈纹
	M332:19	BⅡ小口瓮	Ⅱ齿带纹	AⅢ四大圆圈纹
	M332:21	BⅡ小口瓮	横人字纹	AⅡ四大圆圈纹
	M332:15	BaⅢ双耳罐		BⅡ横齿带纹
	M332:6	DⅡ双耳罐	Ⅰ鱼鳞纹	BⅢ贝纹

柳湾D组彩陶以Ⅱ式小口瓮为代表，但此类墓的器类组合情况比较复杂，具体表现是，有部分器类与C组重合，与C组相比，D组彩陶与半山晚期拉开了距离，有明显差异。目前尚未发现证实C、D两组早晚关系的地层依据，但通过比较可看出，柳湾C组彩陶典型器特征明显接近半山类型晚期，是马厂类型最早阶段的代表。D组所出小口瓮之特征恰好处在C组与A组之间。以M564、M1290为代表的A组所出小口瓮基本变为Ⅲ式，器类组合简单，种类减少。如此，柳湾马厂墓的早晚关系依次为C组—D组—A组—B组四个连续发展的阶段。

2. 阳山遗址

阳山遗址是一处马厂类型墓地，这里共发现7组墓葬叠压、打破关系：

1）M86 → M130

2）M147 → M146

3）M126 → M230

4）M90 ——↑

5）M49 → M75

6）M31 → M131

7）M171 → M222

8）M138→M227

上述叠压、打破关系仅第一、第二两组随葬陶器悉数发表。第一组M86随葬Ⅰ式小口长颈壶1、AⅡ喇叭口瓮1；M130随葬CⅠ双耳罐3、AⅢ双耳盆2，两墓所出彩陶器类不同，无法类比。第二组M147随葬AⅡ喇叭口瓮1、Ⅰ式腹耳壶1、AⅠ大口矮领瓮1、CⅡ双耳罐7、AⅡ双耳盆2、陶鼓1；M146随葬AⅡ小口瓮1、Ⅱ式腹耳壶1、CⅡ双耳罐1。该组两墓均出CⅡ双耳罐，形制完全相同。

阳山墓地所出彩陶组合以双耳罐、小口高领瓮、双耳盆等最集中。据上述打破关系可将第一、二两组四墓分为两组，A组以M130为代表，器类组合有CⅠ双耳罐、AⅢ双耳盆；其余三墓为B组，典型器有AⅡ喇叭口瓮、Ⅰ式小口长颈壶、CⅡ双耳罐、AⅡ双耳盆等。表面看两组器类组合有所不同，但实质性差别很小，表明这两组的时间跨度不大。总体观察，阳山A、B两组与柳湾C组面貌相当接近，时代亦然（表十四）。

表十四

分组	单位号	器类、器型	颈部花纹	腹部（内彩）花纹
A组	M130:3	CⅠ双耳罐		DⅡ几何网格纹
	M130:6	CⅠ双耳罐		CⅠ几何网格纹
	M130:7	CⅠ双耳罐		BⅡ齿带纹
	M130:2	AⅢ双耳盆		AⅡ菱形纹
	M130:5	AⅢ双耳盆		AⅡ菱形纹
B组	M146:9	Ⅱ式腹耳壶	Ⅰ式网纹	BⅡ四大圆圈纹
	M146:14	AⅡ小口瓮		AⅡ齿带纹
	M146:20	CⅡ双耳罐		BⅡ齿带纹
	M86:1	AⅡ喇叭口瓮	Ⅰ式锯齿纹	Ⅱ式漩涡纹
	M86:2	Ⅰ式小口长颈壶	Ⅰ式锯齿纹	Ⅲ式漩涡纹
	M147:4	AⅡ喇叭口瓮	Ⅰ式锯齿纹网纹	Ⅱ式漩涡纹
	M147:13	Ⅰ式腹耳壶		BⅡ四大圆圈纹
	M147:7	AⅠ大口矮领瓮		CⅠ齿带纹
	M147:15	CⅡ双耳罐		BⅡ齿带纹
	M147:6	CⅡ双耳罐		CⅢ齿带纹
	M147:9	CⅡ双耳罐		DⅠ几何网格纹
	M147:18	CⅡ双耳罐		DⅠ几何网格纹
	M147:3	CⅡ双耳罐		DⅠ几何网格纹
	M147:19	CⅡ双耳罐	AⅡ菱格纹	
	M147:17	CⅡ双耳罐		AⅢ几何网格纹
	M147:22	AⅡ双耳盆		AⅡ菱形纹
	M147:24	AⅡ双耳盆		AⅡ菱形纹
	M147:1	鼓		AⅡ折线三角纹

3. 土谷台遗址

土谷台遗址可确认属马厂时期的墓有25座，依器类组合分为两组，A组以AⅠ、BⅠ小口瓮、AⅠ单把杯、CⅢ双耳罐为代表，B组以AⅡ小口瓮、CⅢ双耳罐为代表。从小口瓮形态看，A组应早于B组，但A、B两组共出CⅢ双耳罐，说明A、B两组时间跨度不大。特别是属B组的M7还共出1件半山类型晚期小口高领瓮，进一步证明了上述推论。总体看，土谷台马厂A、B两组的典型特征与柳湾C组最为接近（表十五）。

表十五

分组	单位号	器类、器型	颈部花纹	腹部（内彩）花纹
A组	M5:6 M5:3	AⅠ小口瓮 BⅠ小口瓮	网纹 横条带纹	AⅡ四大圆圈纹 AⅡ联珠纹
	M6:5 M6:9	AⅠ小口瓮 DⅠ钵		AⅡ四大圆圈纹 （复线菱格纹）
	M18:4 M18:5 M18:2 M18:1	AⅠ小口瓮 AⅡ小口瓮 BⅠ小口瓮 CⅢ双耳罐	横人字纹 网纹 横人字纹 倒锯齿纹	BⅠ人蛙纹 AⅡ四大圆圈纹 BⅡ四大圆圈纹 AⅡ菱格纹
	M25:1 M25:2 M25:? M25	DⅠ双耳罐 BⅠ单耳罐 AⅠ单把杯 BⅡ钵	Ⅰ式锯齿纹	Ⅰ式方块几何纹 Ⅰ式垂弧纹 AⅢ几何网格纹 （条带纹）
	M63:7 M63:? M63:?	BⅠ小口瓮 BⅠ小口瓮 CⅢ单耳罐	Ⅰ式X纹 Ⅰ式X纹 Ⅰ式横条带纹	AⅡ四大圆圈纹 AⅡ四大圆圈纹 AⅡ锯齿纹
	M73:? M73:? M73:3 M73:19 M73:? M73:16 M73:?	AⅠ小口瓮 AⅠ小口瓮 BⅠ小口瓮 AⅠ单把杯 CⅢ双耳罐 AⅡ钵 AⅡ钵	Ⅰ式网纹 Ⅰ式网纹 Ⅱ式对三角纹 倒锯齿纹	AⅡ四大圆圈纹 AⅡ四大圆圈纹 Ⅰ式方块几何纹 AⅡ菱格纹 AⅡ菱格纹 （平行条纹） （CⅠ十字纹）
	76M1:? 76M1:? 76M1:? 76M1:? 76M1:? 76M1:? 76M1:?	BⅠ小口瓮 BⅠ小口瓮 BⅠ小口瓮 Ⅱ式四耳盆 Ⅱ式腹耳壶 BbⅠ双耳罐 Ⅱ高低耳壶	横人字纹 Ⅰ式X纹 网纹 横人字纹 横人字纹 三角网纹	AⅡ四大圆圈纹 AⅡ四大圆圈纹 AⅡ四大圆圈纹 CⅠ人蛙纹 （漩涡纹） DⅠ几何网格纹 CⅠ几何网格纹 CⅠ回纹

续表

分组	单位号	器类、器型	颈部花纹	腹部（内彩）花纹
B组	M3:7	AⅡ小口瓮	Ⅰ式网纹	AⅡ四大圆圈纹
	M3:4	CⅢ双耳罐		AⅡ菱形纹
	M7:4	AⅡ小口瓮	Ⅰ式网纹	AⅡ四大圆圈纹
	M7:6	AⅡ小口瓮	Ⅰ式网纹	AⅡ齿带纹
	M7:2	CⅢ双耳罐		AⅡ菱形纹
	M7:3	CⅢ双耳罐		Ⅰ式复线菱形纹

注：M7:7为半山类型小口高领瓮。

4. 鸳鸯池遗址

鸳鸯池是一处以马厂类型为主的墓地，共发现两组打破关系，均系马厂打破半山。属马厂类型的M44、M120随葬有小口瓮、单耳罐、单把杯、双耳罐等。

鸳鸯池墓地随葬彩陶类别、组合均比较简单，M44所出的四种器皿基本囊括了该墓地的常见器型，下表为该墓地随葬彩陶2件以上的墓（以发表为准），大致反映出该墓地彩陶组合的概貌，各墓之间典型彩陶器差别不很突出（表十六）。

表十六

单位号	器类、器型	颈部花纹	腹部（内彩）花纹
M19:？	BbⅠ双耳罐		BⅡ折线纹
M19:2	AaⅡ敞口盆		（BⅢ星形纹）
M26:3	BbⅠ双耳罐		BⅡ锯齿纹
M26:？	BbⅠ双耳罐		DⅠ锯齿纹
M33:？	BbⅠ双耳罐		DⅡ几何网格纹
M33:3	BⅡ盂		CⅡ几何网格纹
M37:1	AaⅡ双耳罐		DⅡ几何网格纹
M37:？	BⅡ单把杯		（彩脱）
M44:11	BⅠ小口瓮		AⅢ四大圆圈纹
M44:7	BbⅠ双耳罐		DⅡ几何网格纹
M44:8	BⅡ单耳罐		C型锯齿纹
M44:10	AⅡ单把杯		BⅡ折线纹
M48:1	AⅠ小口瓮		DⅡ几何网格纹
M48:？	AⅢ单耳罐		C型锯齿纹
M51:？	BbⅠ双耳罐		Ⅱ式方块几何纹
M51:？	AⅣ盘		（AⅢ十字纹）
M63:？	BbⅠ双耳罐		Ⅲ式漩涡纹
M63:？	AaⅢ双耳罐		AⅡ棋盘格纹
M94:？	BbⅠ双耳罐		CⅠ回纹
M94:1	AaⅡ双耳罐		BⅡ折线纹

续表

单位号	器类、器型	颈部花纹	腹部（内彩）花纹
M102：？ M102：？	BⅡ单耳罐 AaⅡ双耳罐		Ⅰ式横条带纹 DⅠ几何网格纹
M120：1	BⅠ小口瓮		AⅢ四大圆圈纹
M137：？ M137：？	BbⅠ双耳罐 AaⅡ敞口盆		Ⅱ式方块几何纹 BⅠ八卦纹
M141：？ M141：？	BbⅠ双耳罐 BaⅢ双耳罐		CⅡ几何网格纹 AⅡ棋盘格纹
M181：3 M181：？	BⅡ单耳罐 AⅢ单把杯		BⅡ折线纹 竖条网纹

5. 马排遗址

乐都马排为一处内涵单纯的马厂时期墓地，报告发表材料很少，未见打破关系，也未见一组完整器物组合。通过对这批零散资料的分析，可根据小口高领瓮的型式将马排墓地分为三组，A 组以 M41 为代表，典型器有 AⅠ小口瓮、BⅡ单耳长颈瓶、AⅣ盘。B 组以 M35 为代表，典型器有 AⅡ小口瓮、BⅡ双耳盆等。C 组以 M36、M46、M14 为代表，典型器有 AⅢ小口瓮、AⅣ大口矮领瓮、BaⅡ、BaⅢ双耳罐、DⅢ豆等（表十七）。

表十七

器型	花纹	单位号	器类、器型	颈部花纹	腹部（内彩）花纹
A组	甲组	M41：5 M41：8 M41：15	AⅠ小口瓮 BⅡ单耳长颈瓶 AⅣ盘	横人字纹 Ⅱ竖条带纹	AⅢ四大圆圈纹 AⅣ折线纹 （BⅡ十字纹）
B组		M35：6 M35：12 M35：56 M35：54	AⅡ小口瓮 AⅠ小口瓮 BⅡ双耳盆 D敞口盆	折线纹 Ⅱ式对齿纹	AⅢ四大圆圈纹 AⅡ折线纹 Ⅳ式垂弧纹 BⅠ八卦纹
C组	乙组	M46：85 M46：1	AⅢ小口瓮 AⅠ钵	横人字纹	CⅠ人蛙纹 （AⅡ十字纹）
		M36：34 M36：23 M36：24	AⅢ小口瓮 BaⅢ双耳罐 DⅢ豆	竖折线纹	CⅢ人蛙纹 AⅠ回纹 （网纹）
		M14：7 M14：13 M14：17	AⅣ大口矮领瓮 BaⅡ双耳罐 AⅡ钵		AⅣ折线纹 AⅣ菱格纹 （AⅣ十字纹）

6. 白道沟坪遗址

白道沟坪墓地发表材料很有限，本书所收集的50件彩陶中组合完整者寥寥。整体看，该址各墓间所出彩陶差异不太大，时代较接近。特殊的是这里所出彩陶以AⅠ、AⅡ喇叭口瓮，AⅠ、AⅡ、AⅢ腹耳壶为代表，在1955年发掘品中有少量Ⅰ式小口瓮、Ⅰ式单耳长颈瓶、BaⅠ敛口瓮等[①]，整体面貌与柳湾马厂C、D两组接近（表十八）。

表十八

单位号	器类、器型	颈部花纹	腹部（内彩）花纹
M5:7 M5:4 M5:5 M5:3	BⅠ喇叭口瓮 CⅡ双耳罐 CⅢ双耳罐 AbⅡ盆	横个字纹	DⅠ蛙纹 BⅡ齿带纹 BⅠ齿带纹 （联珠纹）
M15:9 M15:6	BⅠ喇叭口瓮 CⅢ双耳罐	Ⅱ横条带纹	Ⅰ式横条带纹 BⅠ回纹
M7:3 M7:5 M7:? M7:9	BⅠ腹耳壶 AⅡ单耳罐 AⅠ单耳罐 BⅠ钵	Ⅰ横条带纹	Ⅰ横条带纹 AⅠ棋盘格纹 AⅠ竖带纹 （DⅠ人蛙纹）
M12:5 M12:2 M12:6	BⅡ喇叭口瓮 BaⅡ双耳罐 FⅢ双耳盆	横个字纹	AⅡ折线三角纹 BⅠ竖条带纹 （BⅠ人蛙纹）
M21:04 M21:02 M21:01	BⅠ腹耳壶 BbⅠ双耳罐 AⅡ盂	横个字纹	AⅠ横条带纹 BⅠ棋盘格纹 Ⅲ式横竖条带纹

7. 蒋家坪遗址

永登蒋家坪遗址的发掘资料至今未发表，表十九罗列的彩陶器单位组合是否完整，无法得知，这里列出仅供参考。该地点所出彩陶大致可分两组，A组所出典型器有Ⅰ式小口瓮、Ⅱ式单耳长颈瓶、Ⅰ式高低耳壶等，特征与柳湾马厂C组接近，有些器类特征还接近永昌鸳鸯池马厂墓同类器，如单耳罐、敛口盆等。B组典型器有AⅢ小口瓮，与柳湾马厂A组接近（表十九）。

---

① 参见甘肃省文物管理委员会：《兰州新石器时代的文化遗存》，《考古学报》1957年第1期，第1—8页；甘肃省博物馆：《甘肃古文化遗存》，《考古学报》1960年第2期，第11—52页。

表十九

单位号		器类、器型	颈部花纹	腹部（内彩）花纹
A 组	M2：？	BⅡ单耳长颈瓶	Ⅱ横条带纹	AⅢ折线纹
	M2：？	DⅢ双耳罐		AⅡ折线纹
	M2：？	DⅣ双耳罐		BⅢ齿带纹
	M3：？	BⅠ小口瓮	横人字纹	Ⅱ式螺旋纹
	M3：？	BⅠ小口瓮		CⅡ回纹
	M3：？	CⅢ双耳罐		AⅠ回纹
	M3：？	BaⅢ双耳罐		Ⅱ式斜线纹
	M3：？	E型豆		（DⅠ十字纹）
	M3：？	AbⅠ敞口盆		BⅡ八卦纹
	M10：？	CⅢ双耳罐		BⅡ齿带纹
	M10：？	BⅡ单耳罐		BⅡ折线纹
	M11：？	Ⅰ式高低耳壶	竖条带纹	AⅡ折线纹
	M11：？	AaⅠ敞口盆		AⅡ八卦纹
B 组	M7：？	AⅢ小口瓮	竖折线纹	BⅣ折线纹
	？	AⅢ小口瓮	竖折线纹	CⅢ人蛙纹

8. 红古山马厂墓

兰州红古山发掘的两座马厂墓材料全部发表，组合基本完整，所出典型器以Ⅲ式小口瓮、GⅠ双耳罐为代表，整体作风与柳湾马厂A组完全相同，时代应一致（表二十）。

表二十

单位号	器类、器型	颈部花纹	腹部（内彩）花纹
M1：1	BⅢ小口瓮	横人字纹	AⅣ折线纹
M1：9	AⅢ小口瓮	横人字纹	EⅢ人蛙纹
M1：14	AⅢ小口瓮		AⅣ折线纹
M1：11	大口高领瓮	竖折线纹	AⅣ菱格纹
M1：4	GⅠ双耳罐		CⅢ菱格纹
M1：5	GⅠ双耳罐		CⅢ菱格纹
M1：8	FⅠ双耳罐		AⅣ菱格纹
M1：3	CⅡ钵		（Ⅰ式辐射线纹）
M2：1	AⅢ小口瓮	竖折线纹	AⅤ折线纹
M2：2	AⅢ小口瓮	竖折线纹	AⅣ折线纹
M2：3	GⅠ双耳罐		CⅢ菱格纹
M2：4	GⅠ双耳罐		CⅢ菱格纹
M2：5	GⅠ双耳罐		CⅢ菱格纹
M2：？	BⅢ小口瓮	横人字纹	CⅣ菱格纹

马厂类型彩陶花纹的形态与谱系

马厂类型彩陶花纹特征及绘彩部位

有关半山、马厂彩陶的比较研究开始于20世纪20年代中期，但两类彩陶的界定标准一直是经验式的，比较模糊。最初，安特生认为："就此等陶器（指马厂式彩陶）之质料、形式及花纹考之，则颇与仰韶殉葬之土瓮相近，但究足自成一族。马厂之时代，实与仰韶期有相近之可能。但余以之置于仰韶之后者，盖由齐家坪之遗址中，毫无此等陶器之迹。而其陶器之上装饰似较成熟，而自成一派也。"[1] 30年代，巴尔姆格伦通过对两类彩陶的研究，大致区分出何为半山，何为马厂。他指出："马厂彩陶花纹大都脱胎于半山，而更逐渐演化。"[2] 由于巴尔姆格伦所研究的彩陶均为安特生在甘青地区各遗址点收购所得，出土地点不详，故不少学者对这批材料本身就存有疑虑，并因此认为巴尔姆格伦的研究结论缺乏实在的基础。[3] 有关这方面的争论一直持续到20世纪60年代。囿于材料，甚至到70年代中期，对于半山、马厂两个类型孰早孰晚、是否共存等问题仍不时出现反复。[4] 最终，随着永昌鸳

---

[1] 安特生：《甘肃考古记》，乐森璕译，《地质专报》甲种第五号，1925年，第18页。

[2] N. Palmgren, *Kansu Mortuary Urns of the Panshan and Machang Groups*,《中国古生物志》丁种第三号第1册，1934年。

[3] 参见杨建芳：《略论仰韶文化和马家窑文化的分期》，《考古学报》1962年第1期，第49—80页；张学正等：《谈马家窑、半山、马厂类型的分期和相互关系》，《中国考古学会第一次年会论文集》，文物出版社1980年版，第50—71页；严文明：《甘肃彩陶的源流》，《文物》1978年第10期，第62—76页。

[4] 参见甘肃省博物馆：《甘肃兰州青岗岔遗址试掘简报》，《考古》1972年第3期，第26—31、53页；甘肃省博物馆文物工作队、武威地区文物普查队：《永昌鸳鸯池新石器时代墓地的发掘》，《考古》1974年第5期，第299—308、289页。

鸯池、青海柳湾等遗址的发掘，发现了一批墓葬叠压、打破关系，才彻底解决了半山、马厂的年代早晚问题。

鸳鸯池墓地发现的一组打破关系显示，被打破的半山墓所出彩陶绘黑红复彩，黑彩绘锯齿纹。打破半山墓的马厂墓所出彩陶则施红色陶衣，绘黑彩，不用锯齿纹。[①] 据此可将马厂类型彩陶界定为：器表普遍施深红色陶衣，以绘黑色单彩为主，不用锯齿纹。但也要看到，马厂类型是半山类型的继续与发展，两个类型无法用一刀切的简单办法截然断开。实际上，在马厂类型的早期阶段仍有部分彩陶与半山晚期接近，保留黑红复彩构图、锯齿纹等。但马厂类型的锯齿纹形态与半山相比变化还是比较明显的，最突出的是锯齿排列稀疏、不整，齿尖较圆钝，显示出此纹样的衰退形态，而且这种情况持续时间不长，到了马厂类型的繁荣期，黑红复彩、锯齿纹很快就消亡了。

但上述界定标准还是具有模糊性，要解决这一难点，只能寻找其他突破口，我们注意到了某些新的花纹与器形的出现对于确认马厂类型脱颖而出具有特殊的标识作用。第一是小口瓮特别是 B 型小口瓮的出现。第二是四大圆圈纹，特别是由漩涡纹演变而来的 A 型四大圆圈纹的流行。找到这一突破口，有关半山、马厂类型彩陶的界定问题也就迎刃而解了。

马厂类型彩陶的绘彩部位与半山类型相同，主要在陶器口沿内、颈部、腹部、内壁和个别的器底部分绘彩，特别是颈部、腹部和内壁几个部位的构图富于规律性，发展序列长、时代特征突出，为我们分析研究之重点。

颈部典型纹样及谱系

马厂类型彩陶器有一个明显变化，即长颈器数量减少，即便是长颈器，颈部高度也普遍较半山类型为低。与此变化相对应，马厂时期颈部彩陶花纹类别减少，纹样趋于简单、程式化。一般而言，同类纹样缺少系列变化，构图渐趋稳定。而矮颈花纹与半山时期大同小异。马厂类型颈部花纹分如下几类。

---

① 甘肃省博物馆文物工作队、武威地区文物普查队：《甘肃永昌鸳鸯池新石器时代墓地》，《考古学报》1982 年第 2 期，第 199—227 页。

1. 锯齿纹

源于半山时期同类花纹。马厂时期数量锐减，据花纹配色差异，分为两式。

Ⅰ式：黑色单彩。与半山晚期同类纹样构图相同，但锯齿纹下无红彩条带纹、黑彩齿带。标本如柳湾 M 1399:？（图四十九：1）。

Ⅱ式：黑色单彩。构图多变为齿尖粗大的式样，构图风格草率。标本如柳湾 M 564:76（图四十九：2）。

2. 倒锯齿纹

源于半山时期同类花纹。马厂时期的出现率不高，但延续时间较长。据花纹配色差异，分为两式。

Ⅰ式：黑红复彩。黑彩绘锯齿纹，分单层、双层、三层之别，每组锯齿之间以红彩条带作间隔。标本如柳湾 M 1014:9（图四十九：3）。

Ⅱ式：黑色单彩。构图有的与Ⅰ式完全相同，有的作单层构图，锯齿角度略粗大。标本如柳湾 M 65:8（图四十九：4）。

3. 横条带纹

源于半山时期同类纹样，马厂时期复见率较高，依配色不同，分为两式。

Ⅰ式：黑红复彩。构图多为两道黑彩夹一道红彩。标本如柳湾 M 579:4（图四十九：5）。

Ⅱ式：黑色单彩。横条带或等距离排列，或数条构成一组，每组互有间隔。标本如临夏元山采集品（图四十九：6）。

4. 网纹

源于半山时期同类纹样，马厂时期复见率较高。依配色不同，分为两式。

Ⅰ式：黑红复彩。为半山时期同类花纹的延续。黑彩绘网纹，网纹下绘红彩条带、黑彩齿带。标本如柳湾 M 582:1（图四十九：7）。

Ⅱ式：黑色单彩。构图与Ⅰ式基本相同，但纹样较散漫。标本如柳湾 M 332:9（图四十九：8）。

5. 鱼鳞纹

源于半山时期同类纹样。依构图不同，分为两式。

Ⅰ式：黑红复彩。鱼鳞纹层层叠置，鱼鳞纹下部绘黑红彩条带纹。标本如柳湾 M 578:12（图四十九：9）。

Ⅱ式：黑色单彩。有的鱼鳞纹层层叠置；有的绘两组条带，在条带下部绘鱼鳞纹两组。标本如兰州：K.5297（图四十九：10）。

6. 对齿纹

有些源于半山类型同类花纹，有的为马厂阶段新出现的纹样，依构图、配色差异，分为两式。

Ⅰ式：黑红复彩。黑彩绘齿带纹，层层叠置，其间加绘一组红彩条带。标本如永登蒋家坪采集品（图四十九：11）。

Ⅱ式：黑色单彩。大锯齿纹上下相对，有的在对齿之间加绘一组细折线。标本如柳湾 M 779:?（图四十九：12）。

7. X 纹

为马厂时期新出现纹样。所见全部为黑色单彩。依构图不同，分为两式。

Ⅰ式：黑彩绘并列的 X 纹，线条略粗。标本如柳湾 M 334:13（图四十九：13）。

Ⅱ式：黑彩绘复线 X 纹。线条纤细。标本如柳湾 M 1290:20（图四十九：14）。

8. 折线纹

此类纹样源于半山时期，所见全部绘黑色单彩。依构图不同，分为两式。

Ⅰ式：折线纹线条略粗。标本如柳湾 M 30:12（图四十九：15）。

Ⅱ式：细线折线纹，或两股或三股。标本如柳湾 M 149:18（图四十九：16）。

9. 横个字纹

马厂时期出现的新纹样，出现频率一般，有地域性分布，黑红复彩。

马厂类型彩陶花纹的形态与谱系 | 195

	锯齿纹	倒锯齿纹	横条带纹	网纹
I	1（柳湾 M1399:？）	3（柳湾 M1014:9）	5（柳湾 M579:4）	7（柳湾 M582:1）
II	2（柳湾 M564:76）	4（柳湾 M65:8）	6（元山采集品）	8（柳湾 M332:9）
	鱼鳞纹	对齿纹	X纹	折线纹
I	9（柳湾 M578:12）	11（蒋家坪采集品）	13（柳湾 M334:13）	15（柳湾 M30:12）
II	10（兰州：K.5297）	12（柳湾 M779:？）	14（柳湾 M1290:20）	16（柳湾 M149:18）
	横个字纹	三角网纹	竖曲线纹	菱形网格纹
	17（白道沟坪 M5:7）	18（土谷台 76M1:？）	19（柳湾 M65:10）	20（阳山 M7:16）
	竖条带纹	串贝纹	回纹	竖折线纹
	21（红古采集品）	22（柳湾 M49:2）	23（柳湾 M923:7）	24（柳湾 M912:21）

图四十九

主纹样用黑彩绘横列"人"字，中间加绘一横线，组成连续横列"个"字纹，形若箭镞。在主纹样下绘一道红彩条带。标本如白道沟坪M5:7（图四十九：17）。

10. 三角网纹

为马厂时期新增纹样，出现率很低。黑色单彩，用折线将画面分割，单排或双排，空三角内绘网纹。标本如土谷台76M1:?（图四十九：18）。

11. 竖曲线纹

马厂时期出现的新纹样，出现频率较高。黑色单彩构图，画面分为数组，每组含数根竖曲线，每组互有间隔或等距排列。标本如柳湾M65:10（图四十九：19）。

12. 菱形网格纹

马厂时期出现的新纹样，出土数量很低，构图为复线菱形格，格内绘网纹。标本如阳山M7:16（图四十九：20）。

13. 竖条带纹

马厂时期出现的新纹样，出土数量较多。黑色单彩构图，画面分为数组，每组数根竖条带，每组互有间隔或等距排列。标本如兰州红古采集品（图四十九：21）。

14. 串贝纹

马厂时期出现的新纹样，出现频率较高。黑色单彩构图，纹样由横线及正反向弧线构成串状贝纹。标本如柳湾M49:2（图四十九：22）。

15. 回纹

马厂时期出现的新纹样，出土数量偏低。黑色单彩构图，回纹作连续横列式。标本如柳湾M923:7（图四十九：23）。

16. 竖折线纹

马厂时期出现的新纹样，复见率很高，黑色单彩构图，结构与竖曲线纹类似，或数条构成一组，每组间互有间隔或等距排列，无间隔。标本如柳湾M912:21（图四十九：24）。

腹部典型纹样及谱系

1. 人蛙纹

为半山时期同类花纹的延续、发展，马厂时期数量大增，为最有代表性的花纹之一。画面较半山时期有所变化，种类也更加多样。构图分写实与简化两种，亦可分为独立人蛙纹与复合人蛙纹，前者画面由单一的人蛙纹组成，后者以人蛙纹为主，两侧配以圆圈、万字、回纹等辅助纹样。下面依写实和简化差异，分A、B、C、D、E、F六型。

A型：构图写实，人蛙头部、四肢作向上折举造型，下肢末端出"尾"，依配色和构图变化，分四式。

Ⅰ式：红彩绘宽带状人蛙纹，黑彩勾边，内侧有锯齿。人蛙头部为圆圈形，内中空白，肢体末端未见指爪纹。标本如土谷台M31:1（图五十：1）。

Ⅱ式：构图、配色与Ⅰ式同，唯黑彩内侧无锯齿纹，圆形人蛙头部圈内绘网纹，肢体末端、关节部位绘指爪纹。标本如康乐东沟门采集品（图五十：2）。

Ⅲ式：黑色单彩多线条构图。人蛙头部作同心圆构图，肢体末端无指爪纹。标本如柳湾M505:31（图五十：3）。

Ⅳ式：黑色单彩单线条构图，图案化倾向加重，有的增加了肢体数量，肢体末端和关节处普遍绘指爪纹；有的将头部简化或将器官移位，线条洗练。标本如柳湾M214:19（图五十：4）。

B型：画面仅保留人蛙头部和上肢，依配色和构图变化，分为三式。

Ⅰ式：构图与AⅠ人蛙纹相同，红彩宽带绘主纹样，黑彩勾边，内侧绘锯齿。人蛙头部绘网纹，肢体上举，相互作手拉手状，或配以其他几何类辅助纹。标本如土谷台M18:4（图五十：5）。

人蛙纹

	I	II	III	IV
A	1（土谷台 M31:1）	2（东沟门采集品）	3（柳湾 M505:31）	4（柳湾 M214:19）
B	5（土谷台 M18:4）	6（华林坪采集品）	7（柳湾 M338:12）	
C	8（土谷台 76M1:？）	9（柳湾 M372:？）	10（柳湾 M21:20）	
D	11（石洞寺采集品）	12（柳湾 M9:5）		
E	13（永靖采集品）	14（柳湾 M199:20）	15（红古采集品）	
F	16（永靖采集品）	17（柳湾）		

图五十

Ⅱ式：构图、配色与ＢⅠ相同，唯锯齿纹消亡，肢体末端绘指爪纹。标本如兰州华林坪采集品（图五十：6）。

Ⅲ式：黑色单彩多线构图，与ＡⅢ人蛙风格雷同。标本如柳湾Ｍ338：12（图五十：7）。

Ｃ型：人蛙头部省略，仅保留四肢和躯干，下肢末端出"尾"，依配色及构图变化，分为三式。

Ⅰ式：构图及配色与ＡⅡ、ＢⅡ人蛙纹一致，四肢向上折举，肢体末端及关节处绘指爪纹。标本如土谷台76Ｍ1：？（图五十：8）。

Ⅱ式：黑色单彩多线构图，肢体末端及关节处绘指爪纹。标本如柳湾Ｍ372：？（图五十：9）。

Ⅲ式：黑色单彩，宽粗单线条构图，肢体末端及关节绘指爪纹。标本如柳湾Ｍ21：20（图五十：10）。

Ｄ型：构图再简化，仅保留人蛙上肢及躯干，依配色及构图差异，分为两式。

Ⅰ式：红彩绘宽带人蛙主体，黑彩勾边，无锯齿纹。人蛙上肢折举，关节绘指爪纹。标本如皋兰石洞寺采集品（图五十：11）。

Ⅱ式：黑色单彩，宽粗单线条构图，关节处绘指爪纹。也有些简化成宽粗的折线，折线中绘一竖直线象征蛙的躯体。标本如柳湾Ｍ9：5（图五十：12）。

Ｅ型：构图仅保留人蛙肢体，躯干省略。肢体呈折线状，上下叠置，两侧绘大圆圈辅助纹，依配色及构图差异，分为三式。

Ⅰ式：红彩宽带绘人蛙肢体，黑彩勾边，无锯齿纹，关节及肢体末端绘指爪纹。标本如甘肃永靖采集品（图五十：13）。

Ⅱ式：黑色单彩复线构图，人蛙关节处绘指爪纹。标本如柳湾Ｍ199：20（图五十：14）。

Ⅲ式：黑色单彩，宽粗单线条构图，关节处绘指爪纹。标本如兰州红古采集品（图五十：15）。

Ｆ型：人蛙简化成前后依次排列的＜形折线肢体，依配色及构图差异，分为两式。

Ⅰ式：红彩绘简化的折线人蛙肢体，黑彩勾边，无锯齿纹，关节末端绘指爪纹。标本如甘肃永靖采集品（图五十：16）。

Ⅱ式：黑色单彩。构图与FⅠ相同，但主纹样上方增绘一组几何纹，人蛙关节末端及折角处绘指爪纹。标本如柳湾（图五十：17）。[①]

据人蛙纹配色及构图可分为四类，第一类以AⅠ、BⅠ为代表，主纹样用红彩绘制，黑彩勾边，内侧有锯齿，与半山类型晚期的同类花纹基本相同，应是半山晚期同类纹样的延续，可认定为马厂时期此类花纹的最早形态，使用此组花纹的有Ⅰ式鸭形壶和BⅠ小口瓮。第二类以AⅡ、BⅡ为代表，花纹配色、构图与Ⅰ式基本相同，不同的是锯齿纹消失，普遍出现指爪纹，此类元素在半山时期极罕见，应为马厂人蛙纹的基本特征之一。该组时代晚于第一组，同属此组的还有CⅠ、DⅠ、EⅠ及FⅠ，画面依次有所简化，使用本组花纹的有AⅠ、BⅠ小口瓮和AⅠ大口瓮。第三类以AⅢ、BⅢ为代表，风格有较大改变，全部改用黑色单彩复线或多线构图，为马厂人蛙纹的典型式样，时代晚于第二组，与之同时的还有CⅡ、EⅡ两式，使用本组花纹的主要为Ⅱ式小口瓮。其余属第四类，为马厂人蛙纹的最晚形态，黑色单彩，宽粗线条构图，画面趋于草率，使用本组花纹的主要为Ⅲ式小口瓮。以上四组代表了人蛙纹演变的轨迹。尚未发现可证实人蛙纹演变序列的地层关系资料，以上是据逻辑序列排比出演化图，但通过与器形的对比，说明其变化序列是极富规律的，而这种规律应与时间的早晚关系密切。

2. 漩涡纹

为半山类型同类花纹的延续发展。马厂时期数量锐减，依配色和构图差异，分为三式。

Ⅰ式：黑红复彩。构图与半山类型CⅢ漩涡纹相近，红彩绘漩涡主纹，黑彩勾边，黑彩内侧绘稀疏锯齿，涡心内流行复线菱块网格纹。标本如阳山M13:2（图五十一：1）。

Ⅱ式：黑红复彩。构图与半山类型CⅣ漩涡纹相同，红彩绘漩涡，黑彩勾边，多数黑彩内圈无锯齿，涡心内流行复线菱块网格纹。标本如阳山M23:6（图五十一：2）。

Ⅲ式：黑色单彩。出现率极低，结构变化很大，为小漩涡结构，漩涡

[①] 此彩陶花纹无出土单位号，详见《青海柳湾》图谱一（9）：第445、154页。

周边空白绘连续黑点纹，似为锯齿纹的变体。标本如鸳鸯池 M63:？（图五十一：3）。

Ⅰ、Ⅱ式漩涡纹为半山时期同类纹样的延续，Ⅲ式为此纹样的强弩之末。

3. 四大圆圈纹

为马厂时期最为常见也最富代表性的纹样之一，与半山时期漩涡纹、圆圈纹有密切的渊源关系，画面多由四大圆圈构成，故名。依配色、构图差异，分为 A、B、C 三型。

A 型：此纹样应是半山类型漩涡纹的转化形式。四大圆圈排列紧密，圆圈之间基本没有空隙，下部三角空隙处绘羽状垂弧纹、弧三角纹，圈内绘各种几何纹。依配色、构图变化，分为五式。

Ⅰ式：黑红复彩。内圈红彩，外圈黑彩，黑彩内圈有锯齿。圈内常绘网格类几何纹，圆圈之间下部空隙绘羽状垂弧纹、弧三角纹。圆圈顶部多用红彩条带加黑彩齿带纹。标本如阳山 M68:11（图五十一：4）。

Ⅱ式：黑红复彩。内圈红彩，外圈绘黑彩 1—2 圈，无锯齿纹。圈内绘网格类几何纹，圆圈间下部空隙绘羽状垂弧纹或弧三角纹。圆圈顶部多用红彩条带加黑彩条带纹。标本如土谷台 76M1:？（图五十一：5）。

Ⅲ式：黑色单彩。圆圈由 2—3 圈套合而成，圈内绘以网格为主的几何纹，圆圈下部空隙绘羽状垂弧纹或弧三角纹。标本如柳湾 M180:2（图五十一：6）。

Ⅳ式：黑色单彩。圆圈均作双层构图，内中绘十字、网格等几何纹，圆圈下部空隙绘 2 组弧三角纹。标本如柳湾 M1275:？（图五十一：7）。

Ⅴ式：单色黑彩。双圈构图，圈内绘十字、网格类几何纹，圆圈下部绘 1 组弧三角纹组，构图明显草率。标本如柳湾 M899:16（图五十一：8）。

B 型：此纹样源于半山时期的 B 型圆圈纹。四大圆圈相互排列紧密，圆圈间无空隙，圈心绘网格类几何纹，圆圈间空隙处多空白无纹。个别圆圈稍小，排列多于四个。依配色和构图变化，分为四式。

Ⅰ式：黑红复彩。用红彩绘主圈，内外套绘黑彩圆圈，朝向红圈的黑圈绘锯齿，圈内绘以网格为主的几何纹。圆圈顶部多见红彩条带加黑彩齿带纹。标本如阳山 M175:13（图五十一：9）。

	漩涡纹	四大圆圈纹		
		A	B	C
I	1 （阳山 M13:2）	4 （阳山 M68:11）	9 （阳山 M175:13）	13 （阳山 M506:1）
II	2 （阳山 M23:6）	5 （土谷台 76M1:？）	10 （柳湾 M1014:16）	14 （阳山 M190:11）
III	3 （鸳鸯池 M63:？）	6 （柳湾 M180:2）	11 （柳湾 M567:1）	15 （阳山 M190:6）
IV		7 （柳湾 M1275:？）	12 （柳湾 M902:3）	16 （永登采集品）
V		8 （柳湾 M899:16）		

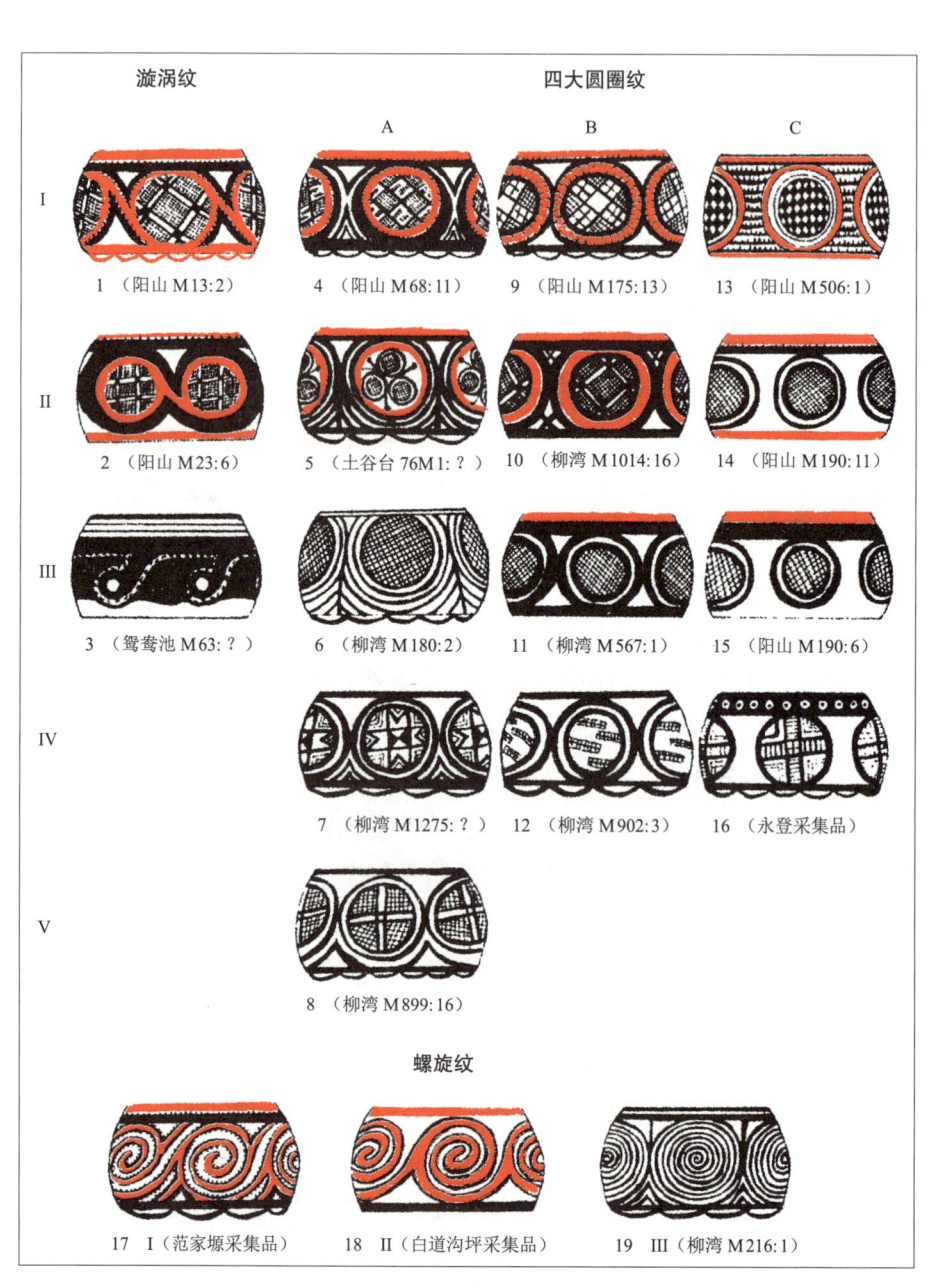

螺旋纹

17 I （范家塬采集品）　18 II （白道沟坪采集品）　19 III （柳湾 M216:1）

图五十一

Ⅱ式：黑红复彩。构图、配色与ＢⅠ四大圆圈纹相同，不同的是锯齿纹消失，圆圈内绘以网格为主的几何纹。圆圈顶部有的绘红彩条带加黑彩齿带纹。标本如柳湾Ｍ1014:16（图五十一：10）。

Ⅲ式：黑色单彩。双圈构图，圈内绘网格为主的几何纹。个别在圆圈顶部绘红彩条带加黑彩齿带纹。标本如柳湾Ｍ567:1（图五十一：11）。

Ⅳ式：黑色单彩。双圈构图，圆圈内绘十字为主的几何纹，构图有草率趋势。标本如柳湾Ｍ902:3（图五十一：12）。

Ｃ型：为半山时期圆圈纹的延续，圆圈构图较松散，相互有空隙，空隙处多空白无纹，圈内绘网格类几何纹。依配色及构图变化，分为四式。

Ⅰ式：黑红复彩。内圈红彩，外圈用黑彩，圈内绘网格为主的几何纹，圆圈之间空白绘齿带纹或镂空的柳叶纹。圆圈顶部多见红彩条带加黑彩齿带纹。标本如柳湾Ｍ506:1（图五十一：13）。

Ⅱ式：黑红复彩。内圈红彩，外圈黑彩，无锯齿纹，圈内绘网格为主的几何纹。圆圈顶部有的绘红彩条带加黑彩齿带纹。标本如阳山Ｍ190:11（图五十一：14）。

Ⅲ式：黑色单彩。双圈构图，圈内绘以网格为主的几何纹，圆圈顶部个别绘红彩条带纹。标本如阳山Ｍ190:6（图五十一：15）。

Ⅳ式：黑色单彩。单圈构图，圈内绘十字类为主的几何纹，圆圈顶部常见联珠状条带纹。画面有草率趋势。标本如永登采集品（图五十一：16）。

Ａ、Ｂ、Ｃ三型四大圆圈纹演变规律相同，呈同步变化趋势。依其变化可分为四类，第一类以Ⅰ式纹样为代表，构图尚保留半山时期黑红复彩的配色和锯齿纹元素，为半山类型晚期同类花纹的延续，时代最早。使用该组纹样的有Ⅰ式瓮、Ⅰ式高低耳壶、ＡⅠ单耳长颈瓶等。第二类以Ⅱ式为代表，保留黑红复彩的构图，锯齿纹消亡，时代晚于第一类。使用该组纹样的有Ⅰ式瓮、Ⅲ式小口长颈壶等。第三类以Ⅲ式为代表，构图变为黑色单彩，部分保留在圈顶绘红彩条带的构图，时代晚于第二组。使用该组纹样的有Ⅰ、Ⅱ式瓮，双耳罐等。余属第四类，黑色单彩，构图简化，有草率之风，为此类花纹的最晚形态。使用这组花纹的有Ⅱ、Ⅲ式瓮。

4. 螺旋纹

马厂时期出现的新纹样，出土量略偏低。构图与半山时期的漩涡纹类似，呈相互缠绕、顺时针内旋的螺旋纹结构，依构图和配色变化，分为三式。

Ⅰ式：红彩绘螺旋纹，黑彩勾边，黑彩外侧绘锯齿。标本如东乡范家塬采集品（图五十一：17）。

Ⅱ式：构图与Ⅰ式相同，唯不见锯齿纹。标本如白道沟坪采集品（图五十一：18）。

Ⅲ式：黑色单彩。螺旋纹排列密集，宛若人的指纹。标本如柳湾M216:1（图五十一：19）。

依构图风格，Ⅰ式螺旋纹尚保留半山时期遗风，时代最早，Ⅱ式晚于Ⅰ式，Ⅲ式最晚。

5. 贝纹

部分为半山时期同类花纹的延续，也有相当一部分为马厂阶段的新创，出现率较高，为常用花纹之一。依配色及构图差异，分A、B、C、D四型。

A型：贝纹个体略大，与半山晚期同类花纹接近，依配色及构图变化，分为三式。

Ⅰ式：黑红复彩。红彩绘贝纹，黑彩细线勾边，贝纹内套绘梭形纹，网格纹为地。标本如柳湾M554:27（图五十二：1）。

Ⅱ式：黑色单彩。贝纹构图与AⅠ相近，用粗线构出贝纹外轮廓，贝纹内套绘梭形纹，贝纹之间空白无纹。标本如甘肃采集品（图五十二：2）。

Ⅲ式：黑色单彩。构图与半山时期D型贝纹类似，用竖线将贝纹纵分，两侧绘新月纹。贝纹间空白无纹。标本如柳湾采集品（图五十二：3）。

B型：为马厂时期出现的新纹样。贝纹体积小，呈串状横向排列，依配色及构图变化，分为三式。

Ⅰ式：黑红复彩，画面比较写实。采用镂空技法处理出带状串贝纹数组，贝纹正中绘一横线，似海贝腹部纹样，上下用红彩条带间隔。标本如甘肃采集品（图五十二：4）。

Ⅱ式：黑红复彩。在黑彩宽带中用镂空技法处理出串贝纹样，造型具有中国民间剪纸的风格，贝纹中央涂黑，顶部绘红彩条带。标本如白道沟坪采

马厂类型彩陶花纹的形态与谱系 | 205

图五十二

集品（图五十二：5）。

Ⅲ式：黑色单彩。画面呈复合式，主纹样为1至数组横列串贝纹，上下绘以其他几何类辅助纹。也有的上下排列几组相同的横列串贝纹。标本如柳湾 M332:6（图五十二：6）。

C 型：串贝纹斜向排列。依画面变化，分为两式。

Ⅰ式：源于半山时期Ⅱ式斜条带纹，在黑彩斜向宽带内镂空处理出串贝纹数组，以红彩条带作间隔。标本如东乡大塬采集品（图五十二：7）。

Ⅱ式：在黑彩宽带中镂空处理出一组斜置的柳叶状贝纹，贝纹中心加绘曲线。标本如康乐东沟门采集品（图五十二：8）。

D 型：贝纹竖向排列，相互有间隔，依画面构图及配色变化，分为两式。

Ⅰ式：黑红复彩。用黑红彩竖线将画面分割为数组，每组中绘一组串贝纹，一串两枚。标本如甘肃采集品（图五十二：9）。

Ⅱ式：黑色单彩。串贝纹竖向排列，距离均等，空白处无其他辅助纹。标本如柳湾 M212:8（图五十二：10）。

依构图及配色风格可将贝纹分为两大类，黑红复彩构图为一类；黑色单彩为第二类。第一类应早于第二类。

6. 联珠纹

部分与半山类型圆圈纹有渊源关系，依构图差异，分为 A、B 两型。

A 型：与半山时期 C 型圆圈纹有渊源关系，在黑彩宽带中采用镂空手法处理出横向排列的联珠或同心圆，依配色不同，分为三式。

Ⅰ式：在黑彩宽带中镂空出横列的小圆圈纹，宽带顶部绘红彩条带，有的加绘锯齿纹。标本如阳山 M140:16（图五十二：11）

Ⅱ式：黑红复彩。在黑彩联珠纹间穿插红彩条带。标本如土谷台 M5:3（图五十二：12）。

Ⅲ式：黑色单彩。构图与 AⅡ 完全相同。标本如兰州：K.5486（图五十二：13）。

B 型：黑色单彩。联珠个体甚小，纵向排列，中心绘卵点，两侧附竖列曲线纹，无式别划分。标本如甘肃采集品（图五十二：14）。

从配色和构图风格推测，黑红复彩联珠纹时代早于黑色单彩者。

7. 菱格纹

为半山时期同类花纹的延续与发展。马厂时期出现率很高，为常用的典型花纹之一，依配色及构图差异，分为 A、B、C、D 四型。

A 型：大菱格纹。作单层横向排列，依配色及构图变化，分为四式。

Ⅰ式：黑红复彩。红彩绘菱格，黑彩勾边，菱纹中心绘黑彩"田"字、网格等几何纹，菱纹外空白用几何纹补白。菱格上部习见绘黑红彩带，有的黑彩条带加绘锯齿。标本如永靖采集品（图五十三：1）。

Ⅱ式：黑红复彩。菱格纹或红彩或黑彩，内中普遍绘网纹，菱格外空白无纹，个别亦填绘三角形网纹。菱格纹上部习见黑红彩条带，有的黑彩加绘锯齿。标本如阳山 M68:16（图五十三：2）。

Ⅲ式：黑色单彩。菱格为复线构图，线条纤细。菱格内中绘各类几何纹，菱格外或空白无纹，或绘网纹、斜线纹。标本如柳湾 M131:12（图五十三：3）。

Ⅳ式：黑色单彩。单线构图，线条宽粗，菱格中绘各种几何纹，菱格外或空白或绘其他几何纹。标本如永登采集品（图五十三：4）。

B 型：小菱格纹。横向连续排列，依配色及画面变化，分为三式。

Ⅰ式：黑红复彩。黑彩绘菱格纹，内中绘网纹，菱格上部绘黑红彩条带、齿带纹，锯齿排列稀疏、齿尖圆钝。标本如阳山 M68:1（图五十三：5）。

Ⅱ式：黑色单彩。构图与 BⅠ 菱格纹相同，无锯齿纹。标本如柳湾 M1317:13（图五十三：6）。

Ⅲ式：黑色单彩。菱格全部涂黑，上下辅以条带纹。标本如兰州红古采集品（图五十三：7）。

C 型：间断式大菱格纹。依构图变化，分为四式。

Ⅰ式：黑红复彩。黑彩绘菱格纹，线条略细，内中套绘若干菱格，呈回字结构，菱格顶部有的绘黑红彩条带纹。标本如白道沟坪 M23:1（图五十三：8）。

Ⅱ式：黑红复彩。菱格全部涂黑，顶部绘黑红彩条带纹。标本如兰州采集品（图五十三：9）。

Ⅲ式：黑色单彩。构图与 CⅡ 相同，但菱格上部条带中不用红彩，风格趋于草率。标本如柳湾 M564:2（图五十三：10）。

208 | 半山与马厂彩陶研究

	I	II	III	IV
A	1（永靖采集品）	2（阳山 M68:16）	3（柳湾 M131:12）	4（永登采集品）
B	5（阳山 M68:1）	6（柳湾 M1317:13）	7（红古采集品）	
C	8（白道沟坪 M23:1）	9（兰州采集品）	10（柳湾 M564:2）	11（兰州下海石 M1:?）
D	12（柳湾 M327:21）			

菱格纹

垂弧纹

13（阳山 M175:12）　14（陈家岭采集品）　15（土谷台 M36:5）　16（马排 M35:56）

凸弧纹

17（阳山 M14:7）　18（柳湾 M1060:32）　19（永登 YTC:56）

图五十三

Ⅳ式：黑色单彩。菱格线条粗放，内中绘X或#纹。顶部多见镂空有联珠纹的宽带。标本如兰州下海石M1：？（图五十三：11）。

D型：构图比较独特，用复线勾出菱格图案，再将菱格纹内部分段涂黑。无式别划分。标本如柳湾M327:21（图五十三：12）。

菱格纹可分为四类。第一类以AⅠ、AⅡ、BⅠ为代表，构图尚保留半山晚期风格，为马厂阶段此纹样的最早形态。使用本组纹样的有Ⅰ式瓮、A型双耳盆等；BⅡ、CⅠ、CⅡ、D为第二类，菱格顶部普遍绘黑红彩条带，亦属偏早阶段的特征，但较Ⅰ式略晚。使用本组花纹的有Ⅱ式瓮、双耳罐等。AⅢ、BⅢ、CⅢ多见于双耳罐类器，属第三类，较第二类为晚。余属第四类，菱格以上绘镂空的联珠纹，构图略显草率，多见于Ⅱ、Ⅲ式瓮，双耳罐等，属最晚形态。

8. 垂弧纹

为半山时期同类纹样的延续与发展，出土量很少。依配色及构图变化，分为四式。

Ⅰ式：黑红复彩。红彩绘垂弧纹，黑彩勾边，内侧绘锯齿。标本如阳山M175:12（图五十三：13）。

Ⅱ式：黑红复彩。红彩绘垂弧纹，黑彩勾边，一般无锯齿，个别在黑彩外缘绘稀疏的锯齿。标本如永靖陈家岭采集品（图五十三：14）。

Ⅲ式：黑色单彩。垂弧纹线条宽粗，顶部绘宽带纹，有粗疏的锯齿。标本如土谷台M36:5（图五十三：15）。

Ⅳ式：黑色单彩。垂弧纹线条较细，顶部绘条带纹。标本如马排M35:56（图五十三：16）。

以上四式垂弧纹为逻辑发展序列。

9. 凸弧纹

为半山时期同类纹样的延续，出现率不高。依配色及构图变化，分为三式。

Ⅰ式：黑红复彩。红彩绘凸弧，黑彩勾边，内侧绘锯齿。凸弧纹以外空白绘网纹。标本如阳山M14:7（图五十三：17）。

Ⅱ式：黑色单彩。凸弧纹粗细线交替使用，顶部绘红彩横条带及黑彩齿带。标本如柳湾 M1060：32（图五十三：18）。

Ⅲ式：黑色单彩。垂弧为复线构图，线条纤细，上下绘横条带。标本如永登 YTC：56（图五十三：19）。

Ⅰ式凸弧纹尚保留半山晚期遗风，Ⅱ式略晚，Ⅲ式最晚。

10. 齿带纹

部分为半山时期同类纹样的延续，为马厂时期富有代表性的纹样之一。依构图差异，分为 A、B、C 三型。

A 型：为半山同类花纹的延续。齿带呈横向排列，依配色和构图变化，分为三式。

Ⅰ式：黑红复彩。构图与半山类型 B Ⅶ齿带纹相似，齿带线条纤细，锯齿排列密集，近似网状。也有在齿带上下绘黑彩宽带，镂空处理出梭叶、圆圈等形式。标本如会宁牛门洞采集品（图五十四：1）。

Ⅱ式：黑红复彩。构图与 A Ⅰ齿带纹上部类似，齿带略变粗，锯齿粗疏、圆钝，其间穿插黑红彩条带。标本如阳山 M43：3（图五十四：2）。

Ⅲ式：黑色单彩。锯齿较粗大，齿尖朝上向一侧倾斜，其间穿插粗细线条带纹。标本如鸳鸯池 M20：？（图五十四：3）。

B 型：黑红复彩。依构图变化，分为三式。

Ⅰ式：黑彩宽带构图，宽带顶部多绘红彩条带、黑彩上部绘锯齿。标本如阳山 M140：47（图五十四：4）。

Ⅱ式：黑彩齿带纹，上下边缘有齿，齿尖较大，作咬合状。标本如阳山 M23：24（图五十四：5）。

Ⅲ式：与 BⅡ齿带纹构图类似，唯锯齿圆钝，呈波浪弧线状。标本如永登蒋家坪采集品（图五十四：6）。

C 型：竖列齿带纹，均为黑红复彩。依构图变化，分为三式。

Ⅰ式：黑彩宽齿带，两侧出齿，齿尖锋利，相互咬合。标本如阳山 M126：3（图五十四：7）。

Ⅱ式：黑彩竖齿带，红彩竖条带间隔。锯齿稀疏、圆钝。标本如柳湾 M89：21（图五十四：8）。

Ⅲ式：结构与 BⅢ齿带纹相同，作竖向波浪状弧线。标本如柳湾

马厂类型彩陶花纹的形态与谱系 | 211

齿带纹

	I	II	III
A	1（牛门洞采集品）	2（阳山 M43:3）	3（鸳鸯池 M20:?）
B	4（阳山 M140:47）	5（阳山 M23:24）	6（蒋家坪采集品）
C	7（阳山 M126:3）	8（柳湾 M89:21）	9（柳湾 M579:4）

棋盘格纹

A	10（阳山 M40:8）	11（柏川采集品）	
B	12（柳湾 M1405:?）	13（柳湾 M1411:?）	
C	14（阳山 M23:36）	15（阳山 M74:31）	16（柳湾 M1357:?）

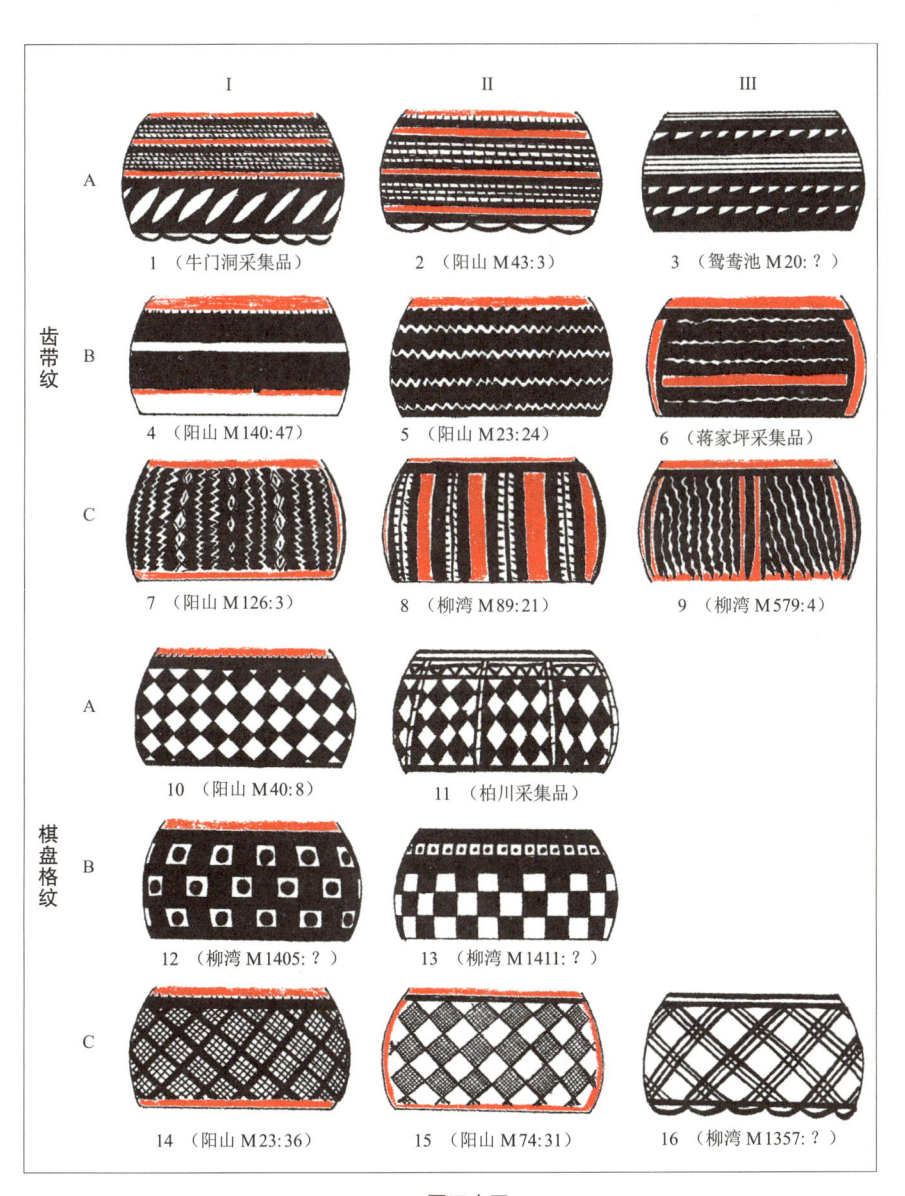

图五十四

M579:4（图五十四：9）。

参考半山时期的分期，AⅠ、AⅡ齿带纹与半山晚期同类花纹相近，应为马厂时期此类纹样的较早形态，其余各式稍晚，但时间跨度不大。

11. 棋盘格纹

为半山时期同类纹样的延续与发展，画面作连续排列的小菱格，与陶器底色巧妙地组合成色彩与底色交错的国际象棋棋盘状，也有的作菱形网格。依构图差异，分 A、B、C 三型。

A 型：棋盘格作斜向构图，依图形变化，分为两式。

Ⅰ式：黑红复彩。棋盘构图为不间断式，或两分式，顶部绘黑红彩条带。标本如阳山 M40:8（图五十四：10）。

Ⅱ式：黑色单彩。棋盘格作间断式构图，用竖线分隔数组。标本如永靖柏川采集品（图五十四：11）。

B 型：棋盘格作水平构图，依配色变化，分为两式。

Ⅰ式：黑红复彩。棋盘底色空白处绘卵点纹，顶部绘黑红彩条带。标本如柳湾 M1405:?（图五十四：12）。

Ⅱ式：黑色单彩。空白棋盘格内无其他补白纹样。标本如柳湾 M1411:?（图五十四：13）。

C 型：构图作斜向排列的菱形网格，依构图变化，分为三式。

Ⅰ式：黑红复彩。以细密网纹为底，再用稍粗的黑线将画面分割出小菱格结构，顶部绘红彩条带、黑彩齿带。标本如阳山 M23:36（图五十四：14）。

Ⅱ式：黑红复彩。棋盘格内绘细密的网纹，组成交错棋盘状，顶部绘黑红彩条带。标本如阳山 M74:31（图五十四：15）。

Ⅲ式：黑色单彩。菱格用复线构成，构图松散，内中空白无纹。标本如柳湾 M1357:?（图五十四：16）。

AⅠ、BⅠ、CⅠ、CⅡ棋盘格纹为黑红复彩构图，时代偏早。AⅡ、BⅡ居中，CⅢ构图草率，时代较晚。

12. 折线纹

为半山时期同类花纹的延续与发展，也是马厂时期常用纹样之一，出现率很高。依配色及构图差异，分为 A、B、C 三型。

A 型：折线纹线条多数较宽粗，依纹样及配色差异，分为五式。

Ⅰ式：黑红彩交替绘折线纹，黑彩折线及涂黑的三角周边绘锯齿。标本如阳山 M74:7（图五十五：1）。

Ⅱ式：黑红复彩。红彩绘主纹，黑彩勾边，折线以外空白处绘其他几何纹点缀。标本如白道沟坪 M8:1（图五十五：2）。

Ⅲ式：黑色单彩。折线纹用略细的复线构成，2—3 股，折线以外或空白或绘其他几何纹。标本如永登蒋家坪 M2:?（图五十五：3）。

Ⅳ式：黑色单彩。折线纹线条宽粗，折线以外或空白或绘其他几何纹。标本如柳湾 M205:21（图五十五：4）。

Ⅴ式：黑色单彩。折线纹线条纤细，复线构图，也有的处理成梯格状，折线纹上方有的在黑彩宽带纹中用镂空手法处理出联珠纹，折线纹以外空白有的绘其他几何纹。标本如柳湾 M244:28（图五十五：5）。

B 型：黑色单彩构图，依纹样变化，分为两式。

Ⅰ式：折线纹线条宽粗，边缘绘粗疏的齿状，标本如民和山城采集品（图五十五：6）。

Ⅱ式：黑色单彩。折线纹多作间断式构图，用双线、三线组成形若 W 字样，也有的呈连续 W 结构。标本如鸳鸯池 M28:?（图五十五：7）。

C 型：竖排折线纹。马厂类型出现的新纹样，数量偏低。依构图差异，分为 a、b 两个亚型。

Ca 型：单纯竖折线纹。依配色变化，分为三式。

Ⅰ式：红彩绘竖折线，黑彩勾边，折线纹之间空白无纹。标本如白道沟坪采集品（图五十五：8）。

Ⅱ式：黑彩绘折线纹，构图与Ⅰ式相同，有的在顶部绘黑红彩条带。标本如甘肃东乡盐场采集品（图五十五：9）。

Ⅲ式：黑彩绘折线纹，构图与前两式相同，但画面明显草率。标本如柳湾 M199:14（图五十五：10）。

Cb 型：复合式竖折线纹。用竖线将画面分割成数组，每组绘 1—2 列竖

折线纹

A
1　Ⅰ（阳山 M74:7）
2　Ⅱ（白道沟坪 M8:1）
3　Ⅲ（蒋家坪 M2:?）
4　Ⅳ（柳湾 M205:21）
5　Ⅴ（柳湾 M244:28）

B
6　Ⅰ（山城采集品）
7　Ⅱ（鸳鸯池 M28:?）

Ca
8　Ⅰ（白道沟坪采集品）
9　Ⅱ（东乡盐场采集品）
10　Ⅲ（柳湾 M199:14）

Cb
11　Ⅰ（柳湾 M562:?）
12　Ⅱ（柳湾 M1290:7）

方块几何纹

13　Ⅰ（阳山 M24:18）　14　Ⅱ（鸳鸯池 M132:?）　15　Ⅲ（柳湾 M193:2）　16　Ⅳ（柳湾 M615:5）

图五十五

折线纹，依配色及画面变化，分为两式。

Ⅰ式：黑红复彩。用黑红彩竖线将画面分为数组，每组内绘黑彩竖折线，顶部绘红彩条带、黑彩齿带纹。标本如柳湾M562:？（图五十五：11）。

Ⅱ式：黑色单彩。画面上部绘辅助纹，下部主纹样用较细的复线将画面分割为数组，内填竖折线纹，构图草率。标本如柳湾M1290:7（图五十五：12）。

折线纹AⅠ保留有黑红复彩、锯齿纹元素，时代最早。此纹样见于C型双耳罐。AⅡ、AⅢ、CaⅠ、CbⅠ为黑红复彩构图，时代亦比较早。使用此花纹的多为Ⅰ、Ⅱ式单耳长颈瓶。再其次为B型、CaⅡ，见于Ⅰ式小口瓮及河西一带流行的双耳罐、单耳罐。AⅣ、AⅤ、CaⅢ、CbⅡ构图明显草率，时代最晚，多见于Ⅱ、Ⅲ式小口瓮。

13. 方块几何纹

为半山时期同类纹样的延续与发展。出土量适中。特征为二方连续构图，环绕器表共四组，每组之间有间隔。依配色及纹样变化，分为四式。

Ⅰ式：黑红复彩。用红彩竖线、黑彩齿带将画面分隔，每一空间内绘棋盘格纹或网格类几何花纹，顶部绘红彩条带，或黑彩齿带。标本如阳山M24:18（图五十五：13）。

Ⅱ式：黑红复彩。构图与Ⅰ式相同，唯锯齿纹消失。标本如鸳鸯池M132:？（图五十五：14）。

Ⅲ式：黑色单彩。构图与前两式接近，以棋盘格纹作间隔，方块内绘网纹或其他几何纹。标本如柳湾M193:2（图五十五：15）。

Ⅳ式：黑色单彩。方块内绘不规则网状纹，构图显得凌乱。标本如柳湾M615:5（图五十五：16）。

Ⅰ式方块几何纹与半山晚期同类花纹相近，属早期纹样，Ⅱ式次之，Ⅲ、Ⅳ式再次之。Ⅰ至Ⅲ式花纹多见于双耳罐，Ⅳ式见于Ⅲ式小口瓮。

14. 水波纹

马厂时期出现的新纹样，出现率偏低。黑红复彩，画面为平行的水波纹构图。依画面和配色差异，分为三式。

Ⅰ式：主纹样为红彩宽带水波纹，黑彩勾边，黑彩外侧绘稀疏齿状。标本如民和大塬采集品（图五十六：1）。

Ⅱ式：红彩宽带水波纹，黑彩勾边，水波纹上下用凸弧、垂弧纹补白。标本如白道沟坪采集品（图五十六：2）。

Ⅲ式：黑彩复线绘数列水波纹，上下辅绘黑红彩条带纹。标本如永登蒋家坪 H3:?（图五十六：3）。

水波纹所见甚少，以上仅表现为一种逻辑序列。

15. 竖条带纹

马厂类型新出现纹样，或作竖条带，或用竖条几何纹分割画面。依构图及配色差异，分为 A、B 两型。

A 型：单一竖条带纹。线条间无其他纹样，等距离排列，依图形变化，分为三式。

Ⅰ式：黑红复彩。线条略粗，3—4 条构成一组，顶部绘黑红彩条带。标本如白道沟坪 M6:4（图五十六：4）。

Ⅱ式：黑色单彩。竖列几何条带，内中绘羽状纹或其他几何纹，标本如柳湾 M189:5（图五十六：5）。

Ⅲ式：画面上部绘辅助纹；下部绘主纹，竖条带等距排列，构图较凌乱。标本如柳湾 M1290:27（图五十六：6）。

B 型：复合式构图。用竖条带将画面分隔为数组长方形框，内中绘各种几何纹，依配色及构图差异，分为两式。

Ⅰ式：黑红复彩。用较粗的竖线分割画面，长方块内绘黑彩几何纹，有的在顶部绘红彩条带、黑彩齿带纹。标本如阳山 M68:33（图五十六：7）。

Ⅱ式：黑色单彩。用略细的复线将画面分割数组，内填各种几何纹。标本如柳湾 M505:2（图五十六：8）。

竖条带纹可分为三类：第一类以 AⅠ、BⅠ为代表，黑红复彩构图，时代最早；AⅡ、BⅡ为第二类，黑色单彩，构图比较规整，时代居中；AⅢ为第三类，黑色单彩，构图草率，时代最晚。

16. 横条带纹

为半山时期同类花纹的延续，黑色单彩，线条粗细不等，依图案变化，

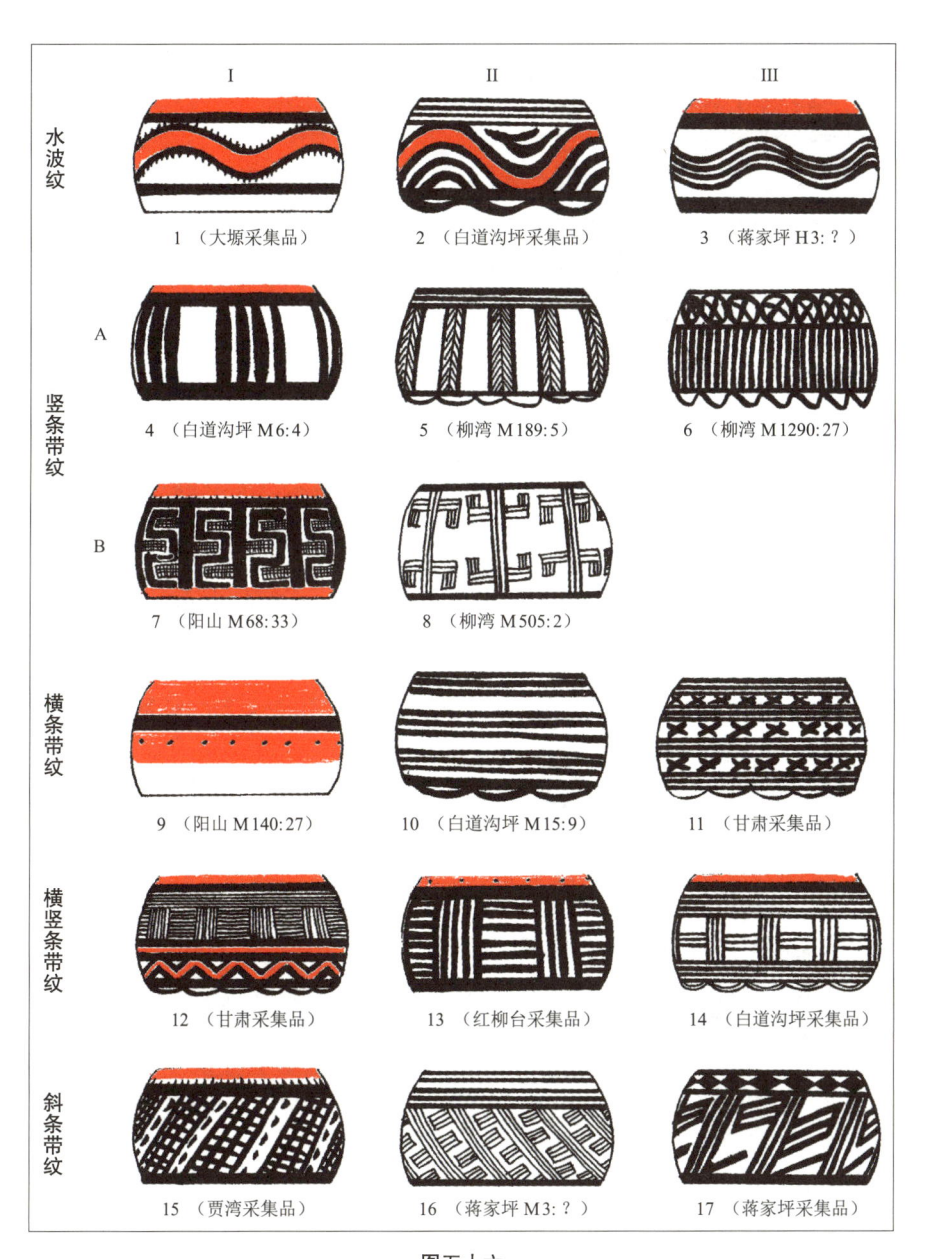

马厂类型彩陶花纹的形态与谱系 | 217

	I	II	III
水波纹	1（大塬采集品）	2（白道沟坪采集品）	3（蒋家坪H3:?）
竖条带纹 A	4（白道沟坪M6:4）	5（柳湾M189:5）	6（柳湾M1290:27）
竖条带纹 B	7（阳山M68:33）	8（柳湾M505:2）	
横条带纹	9（阳山M140:27）	10（白道沟坪M15:9）	11（甘肃采集品）
横竖条带纹	12（甘肃采集品）	13（红柳台采集品）	14（白道沟坪采集品）
斜条带纹	15（贾湾采集品）	16（蒋家坪M3:?）	17（蒋家坪采集品）

图五十六

分为三式。

Ⅰ式：黑红复彩。线条较宽，黑红彩宽带上下交错排列。标本如阳山M140:27（图五十六：9）。

Ⅱ式：条带纹三股并列为一组，等距离排列，其间无其他纹样。标本如白道沟坪M15:9（图五十六：10）。

Ⅲ式：条带纹三股为一组，等距排列，其间空白处加绘其他几何纹。标本如甘肃采集品（图五十六：11）。

17. 横竖条带纹

黑红复彩。横竖线条交错排列，依构图变化，分为三式。

Ⅰ式：主纹样为细线横竖条带，上下辅以黑红彩条带、折线纹等。标本如甘肃采集品（图五十六：12）。

Ⅱ式：较粗的横竖条带交错排列，顶部绘黑红彩条带。标本如永靖红柳台采集品（图五十六：13）。

Ⅲ式：横竖条带略细，构图与Ⅰ式中部相同，顶部绘黑红彩条带。标本如白道沟坪采集品（图五十六：14）。

横竖条带仅指示为一种逻辑序列。

18. 斜条带纹

条带纹斜向排列，依构图差异，分为三式。

Ⅰ式：黑红复彩。线条略粗，构成梯格状，间隔空白处绘点纹，顶部绘红彩条带、黑彩齿带。标本如乐都贾湾采集品（图五十六：15）。

Ⅱ式：黑色单彩。线条较细，斜条带之间空白绘其他几何纹，标本如永登蒋家坪M3:?（图五十六：16）。

Ⅲ式：黑色单彩。线条略粗，斜条带之间空白绘其他几何纹。标本如永登蒋家坪采集品（图五十六：17）。

19. 锯齿纹

与半山时期同类花纹有渊源关系，依构图差异，分为A、B、C、D、E五型。

A 型：黑红复彩。锯齿纹作大三角形，上下相对咬合，依构图变化，分为两式。

Ⅰ式：锯齿纹齿锋锐利，上下咬合紧密，间隙小，顶部绘红彩条带、黑彩锯齿纹。标本如阳山 M68:15（图五十七：1）。

Ⅱ式：锯齿粗大，齿锋咬合，间隙较大，其间绘细斜线纹，顶部绘黑红彩条带。标本如白道沟坪采集品（图五十七：2）。

B 型：黑色单彩。锯齿上下相对，互不咬合。依构图变化，分为三式。

Ⅰ式：锯齿齿尖相对，有间隔，顶部绘黑彩条带、齿带。标本如柳湾 M1319:?（图五十七：3）。

Ⅱ式：锯齿齿尖相互接触，无间隔，空白处绘竖条带纹。标本如鸳鸯池 M26:3（图五十七：4）。

Ⅲ式：锯齿粗大，齿尖相交部分重叠，空白处呈菱形，或填绘十字纹。标本如柳湾 M65:10（图五十七：5）。

C 型：黑色单彩。齿锋宽大，上下相背，画面恰似一列山峰及水中倒影。无式别划分。标本如鸳鸯池 M48:?（图五十七：6）。

D 型：三角锯齿纹并列下垂，无式别划分。标本如柳湾 M380:6（图五十七：7）。

E 型：锯齿纹左右相对或上下相对，依配色及构图变化，分为两式。

Ⅰ式：黑红复彩。红彩绘大锯齿，齿尖左右相对，黑彩勾边。标本如鸳鸯池 M26:?（图五十七：8）。

Ⅱ式：流行于河西走廊地区。黑色单彩，用数股细线将画面均等地分隔为凹凸形状，内中空白绘黑彩对三角或其他几何纹，顶部绘齿带纹。标本如鸳鸯池 M77:2（图五十七：9）。

锯齿纹中 A 型两式为一组，时代略早；D 型为第三组，时代偏晚。余为第二组，时代居中。

20. 弧折线八卦纹

马厂时期出现的新纹样，主要用在敞口盆、双耳盆外表。构图分上下两半，上部流行叠置的短横线纹，共四根，分四组，环绕腹部一周，状若"八卦"。也有的在上部绘弧线纹，下部绘垂弧、V 形折线纹。依构图差异，分

锯齿纹

	I	II	III
A	1（阳山 M68:15）	2（白道沟坪采集品）	
B	3（柳湾 M1319:?）	4（鸳鸯池 M26:3）	5（柳湾 M65:10）
C	6（鸳鸯池 M48:?）		
D			7（柳湾 M380:6）
E	8（鸳鸯池 M26:?）	9（鸳鸯池 M77:2）	

弧折线八卦纹

	I	II	III
A	10（鸳鸯池 M104:3）	11（鸳鸯池 M19:2）	12（蒋家坪采集品）
B	13（鸳鸯池 M29:?）	14（柳湾 M1350:4）	

图五十七

为A、B两型。

A型：上部纹样主体作弧线纹，依配色和构图变化，分为三式。

Ⅰ式：黑红复彩。从上向下交替绘垂弧纹样。标本如鸳鸯池M104:3（图五十七：10）。

Ⅱ式：黑色单彩。上部绘凸弧纹，下部绘垂弧纹。标本如鸳鸯池M19:2（图五十七：11）。

Ⅲ式：黑色单彩。上部绘凸弧纹，下部绘折线纹。标本如永登蒋家坪采集品（图五十七：12）。

B型：上部绘四个一组的短线，下部构图有别，依此分为两式。

Ⅰ式：下部绘垂弧纹。标本如鸳鸯池M29:？（图五十七：13）。

Ⅱ式：下部绘V形折线纹。标本如柳湾M1350:4（图五十七：14）。

21. 回纹

马厂时期出现的新纹样，结构为向内旋翻卷的回字构图，出现率较高，是马厂时期富有代表性的纹样之一。依构图差异，分为A、B、C三型。

A型：回纹呈菱形，依纹样变化，分四式。

Ⅰ式：用3—4股细线构成相互缠绕的连续回纹。标本如永登蒋家坪M1:？（图五十八：1）。

Ⅱ式：用较粗的单线构成回纹，空白处间以斜线纹。标本如永登蒋家坪采集品（图五十八：2）。

Ⅲ式：用宽粗的线条构成回纹，回纹以外空白涂黑，风格粗犷。标本如柳湾采集品（图五十八：3）。

Ⅳ式：细线构成回纹，有的作网格状，回纹外空白无其他纹样。标本如永登采集品（图五十八：4）。

B型：三角回纹，依配色及构图变化，分为两式。

Ⅰ式：黑红复彩。单体三角回纹，两侧配以斜线梯格卵点纹。标本如柳湾M1261:3（图五十八：5）。

Ⅱ式：黑色单彩。线条较细，回纹构图有单层、双层之别。标本如临夏北小塬采集品（图五十八：6）。

C型：回纹为两侧颠倒对称结构，依纹样变化，分为四式。

Ⅰ式：黑红复彩。网格状回纹，顶部及两侧绘红彩横带。标本如土谷台76M1:？（图五十八：7）。

Ⅱ式：黑红复彩。线条较粗，图案有单层、双层之别。标本如永登蒋家坪M3:？（图五十八：8）。

Ⅲ式：黑色单彩。复线构图，回纹作上下相对状。标本如柳湾M319:18（图五十八：9）。

Ⅳ式：黑色单彩。复线构图，线条纤细，作二方连续状。标本如柳湾M93:6（图五十八：10）。

以上三型回纹的Ⅰ式时代略早，其余各式偏晚。

22. 万字纹

马厂时期出现的新纹样。黑色单彩构图，依纹样差异，分为三式。

Ⅰ式：万字纹线条纤细，作X形斜向缠绕排列，构图松散。标本如柳湾M1357:？（图五十八：11）。

Ⅱ式：构图与Ⅰ式接近，排列紧凑，万字结构近似回纹。标本如柳湾M836:3（图五十八：12）。

Ⅲ式：万字线条略粗，作连续不间断的十字构图。标本如柳湾M229:11（图五十八：13）。

23. 网格几何纹

马厂时期出现的新纹样，构图种类很多，在各种不同形态的几何图案中填充网纹，分A、B、C、D、E、F、G七型。

A型：条带网格纹。依配色及构图差异，分为三式。

Ⅰ式：黑红复彩。中间主纹样为带状网格纹，上下为黑红彩条带纹。标本如白道沟坪M20:？（图五十九：1）。

Ⅱ式：黑色单彩。条带网格与宽带纹交替使用。标本如柳湾M1060:17（图五十九：2）。

Ⅲ式：黑红复彩。黑彩绘密集网纹，网纹上下绘黑红彩条带，上部黑彩有的绘锯齿纹。标本如阳山M180:5（图五十九：3）。

B型：三角网格纹。依配色及构图变化，分为三式。

马厂类型彩陶花纹的形态与谱系 | 223

回纹

	A	B	C
I	1（蒋家坪 M1:？）	5（柳湾 M1261:3）	7（土谷台 76M1:？）
II	2（蒋家坪采集品）	6（北小塬采集品）	8（蒋家坪 M3:？）
III	3（柳湾采集品）		9（柳湾 M319:18）
IV	4（永登采集品）		10（柳湾 M93:6）

万字纹

I	II	III
11（柳湾 M1357:？）	12（柳湾 M836:3）	13（柳湾 M229:11）

图五十八

Ⅰ式：黑红复彩。用黑红彩折线将画面分割为相对的三角，三角内绘网格纹，边缘绘齿状花边。标本如柳湾采集品（图五十九：4）。

Ⅱ式：黑红复彩。用黑彩梯格纹将画面分割成相对的三角，三角内绘网格纹。标本如民和官户台采集品（图五十九：5）。

Ⅲ式：黑色单彩。三角网格纹上下相对排列。标本如柳湾 M89:29（图五十九：6）。

C 型：横 S 形网格纹。依构图变化，分为两式。

Ⅰ式：横 S 纹为间断式构图，空白处或涂黑，或绘其他几何纹，顶部及两侧绘红彩横竖条带。标本如土谷台 76M1:?（图五十九：7）。

Ⅱ式：横 S 呈连续式构图，空白处绘其他几何纹，顶部绘红彩横条带。标本如乐都贾湾采集品（图五十九：8）。

D 型：回形网格纹。依纹样变化，分为两式。

Ⅰ式：底纹绘细密网格纹，其间用略粗的线条绘变形回纹。标本如土谷台 76M1:?（图五十九：9）。

Ⅱ式：用线条较粗的 X 纹、回纹分割画面，空白处绘三角形、折角形网纹。标本如鸳鸯池 M44:?（图五十九：10）。

E 型：牛头状网格纹。图案主要位置绘一图案化牛头纹，周围空白处用方形、梯形纹，内中填绘网纹或涂黑。标本如兰州红山大坪采集品（图五十九：11）。

F 型：S 形网纹。依次排列，相互间以红彩间隔，顶部绘红彩横条带。标本如柳湾 M503:?（图五十九：12）。

G 型：木字形网格纹。中心位置绘一形似"木"字的网格纹，周围绘粗细竖条带纹。标本如鸳鸯池 M147:?（图五十九：13）。

几何网格纹形态复杂，依画面构图风格分两群，一群为黑红复彩构图，时代略早。余为第二群，黑色单彩构图，时代略偏晚。

24. 复线菱形网纹

为半山晚期同类花纹的延续，马厂阶段比较流行。用复线绘交叉网状菱形格，内中绘细密的网纹。依配色不同，分为两式。

Ⅰ式：黑红复彩。有些在复线菱格上部保留红彩条带、黑彩锯带。标本

马厂类型彩陶花纹的形态与谱系 | 225

网格几何纹

A
1　Ⅰ（白道沟坪 M20:？）
2　Ⅱ（柳湾 M1060:17）
3　Ⅲ（阳山 M180:5）

B
4　Ⅰ（柳湾采集品）
5　Ⅱ（官户台采集品）
6　Ⅲ（柳湾 M89:29）

C
7　Ⅰ（土谷台 76M1:？）
8　Ⅱ（贾湾采集品）

D
9　Ⅰ（土谷台 76M1:？）
10　Ⅱ（鸳鸯池 M44:？）

E　11（红山大坪采集品）
F　12（柳湾 M503:？）
G　13（鸳鸯池 M147:？）

复线菱形网纹

14　Ⅰ（阳山 M180:4）
15　Ⅱ（土谷台 M76:1）

图五十九

如阳山M180:4（图五十九：14）。

Ⅱ式：黑色单彩。构图与Ⅰ式相同，无锯齿纹。标本如土谷台M76:1（图五十九：15）。

内彩典型纹样及谱系

1. 人蛙纹

半山时期同类纹样的延续，在马厂时期的内彩花纹中比较流行，依构图差异，分为A、B、C三型。

A型：人蛙构图较完整，有头部和上肢，双臂向上折举，肢体末端和关节处绘指爪纹。标本如民和马聚塬采集品（图六十：1）。

B型：人蛙仅存四肢和躯干，头部缺失。依构图差异，分为三式。

Ⅰ式：前肢向后折曲，后肢朝前折举，四肢末端绘指爪纹。标本如白道沟坪M12:6（图六十：2）。

Ⅱ式：前肢下垂，后肢向前弧曲，关节处无折曲，四肢末端绘指爪纹。标本如白道沟坪采集品（图六十：3）。

Ⅲ式：十字构图，前肢向前折曲，后肢向前弧曲，线条十分僵硬，四肢末端绘指爪纹。标本如临夏朱家墩采集品（图六十：4）。

C型：人蛙构图简化，依简化程度差异，分为三式。

Ⅰ式：人蛙仅存躯干或部分肢体，主躯干附肢体一对，关节转折明显，肢体末端和关节处绘指爪纹。标本如白道沟坪采集品（图六十：5）。

Ⅱ式：人蛙简化作山字形，末端绘类似指爪的纹样。标本如白道沟坪M7:9（图六十：6）。

Ⅲ式：人蛙简化为两段弯曲的肢体，无躯干。标本如白道沟坪采集品（图六十：7）。

内彩人蛙纹均为黑红复彩，与腹部人蛙纹中AⅡ、BⅡ时代接近。

2. 蛙卵纹

马厂时期出现的新纹样，出现率极低。黑红复彩，黑红彩套绘圆圈、

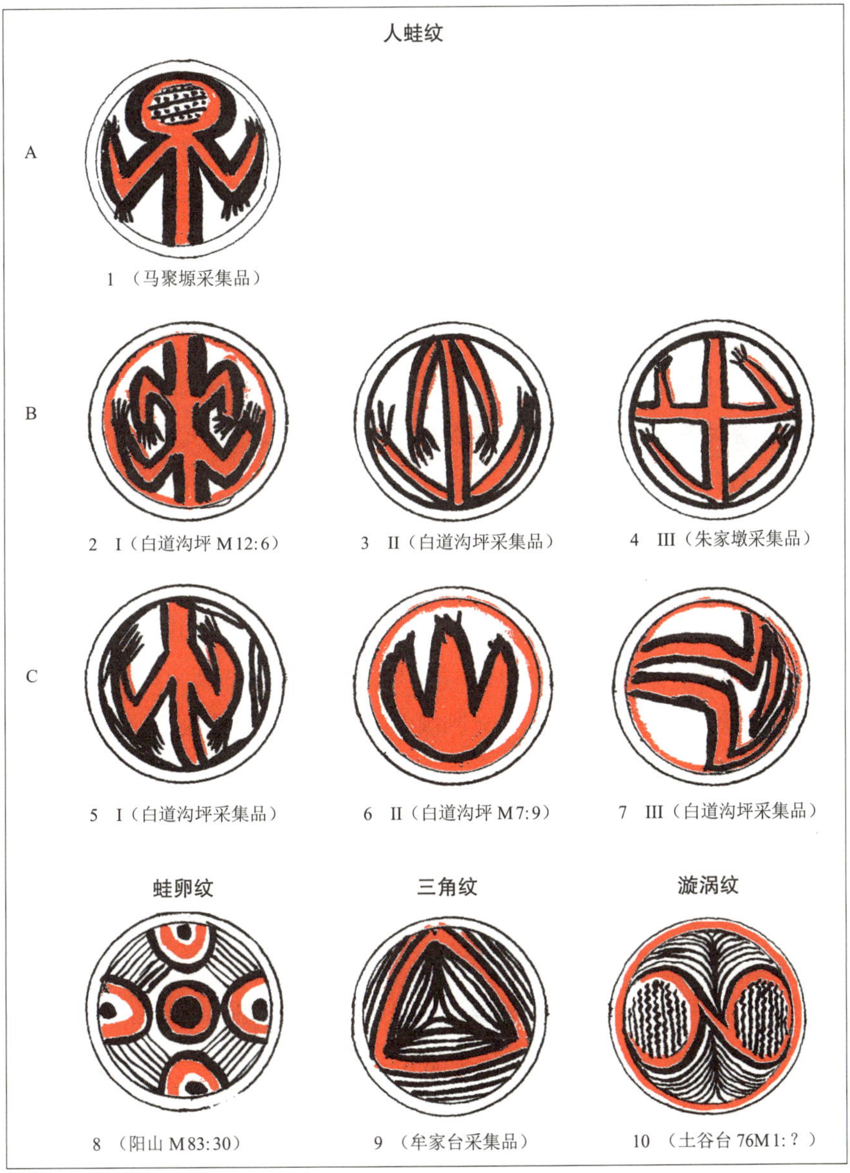

马厂类型彩陶花纹的形态与谱系 | 227

人蛙纹

A　1（马聚塬采集品）

B　2 Ⅰ（白道沟坪 M12:6）　3 Ⅱ（白道沟坪采集品）　4 Ⅲ（朱家墩采集品）

C　5 Ⅰ（白道沟坪采集品）　6 Ⅱ（白道沟坪 M7:9）　7 Ⅲ（白道沟坪采集品）

蛙卵纹　　　　三角纹　　　　漩涡纹

8（阳山 M83:30）　9（牟家台采集品）　10（土谷台 76M1:?）

图六十

半圆和卵点，其间用黑彩细线连接，形似蛙卵，无式别划分。标本如阳山M83:30（图六十：8）。

3. 三角纹

马厂时期出现的新纹样，出现率极低。黑红复彩，在器内壁中心绘红彩弧三角，黑彩勾边，三角内外绘弧线纹，无式别划分。标本如兰州牟家台采集品（图六十：9）。

4. 漩涡纹

为半山时期同类纹样的延续，出现率偏低。两个圆圈构成一组漩涡，黑彩勾边，漩涡内绘黑彩波浪线，漩涡外绘黑彩羽状纹，无式别划分。标本如土谷台76M1:？（图六十：10）。

5. 十字纹

为半山时期同类纹样的延续，出现率较高，为马厂时期内彩花纹的代表性纹样之一。依构图差异，分为A、B、C、D四型。

A型：黑彩单线十字。均等分割圆面，边角空白用其他几何纹补白，依构图、配色变化，分为四式。

Ⅰ式：黑红复彩。十字纹以外空白绘黑红彩三角、三角网纹。标本如阳山M151:12（图六十一：1）。

Ⅱ式：黑色单彩。十字纹四周空白处绘三角回纹、折线三角纹等。标本如马厂塬：K.5616（图六十一：2）。

Ⅲ式：黑色单彩。十字纹外围边角空白绘三角网格、棋盘格纹，边沿有粗疏的齿状花边。标本如鸳鸯池采集品（图六十一：3）。

Ⅳ式：黑色单彩。十字结构散乱，十字以外空白绘同心圆、辐射线纹等。标本如马排M20:19（图六十一：4）。

B型：黑彩复线十字，作井字结构，依构图、配色变化，分为四式。

Ⅰ式：黑红复彩。十字中央空白涂红，四周边角绘弧线纹，整体构图作十字覆盖的同心圆纹样。标本如阳山M177:22（图六十一：5）。

Ⅱ式：构图与AⅠ十字纹相近，不同的是十字为双线构图。标本如兰州盐场堡采集品（图六十一：6）。

Ⅲ式：十字线条宽粗，四周边角绘折线三角，双线十字内绘疏网纹。标本如柳湾 M21:4（图六十一：7）。

Ⅳ式：复线十字线条较细，四周边角绘曰字纹，构图疏朗。标本如柳湾 M190:5（图六十一：8）。

C型：三线十字纹，依构图、配色差异，分为四式。

Ⅰ式：黑红复彩。红彩绘细线十字，三股合成。四周边角空白绘黑彩连续人字纹。标本如土谷台 M73:？（图六十一：9）。

Ⅱ式：黑红复彩。十字内绘菱形棋盘格纹，周边间以直线、斜线。标本如柳湾 M554:28（图六十一：10）。

Ⅲ式：黑色单彩。三线十字两侧绘弓形弧线纹。标本如柳湾 M199:1（图六十一：11）。

Ⅳ式：黑色单彩。细线梯格状十字纹，边角空白绘梯格形弧线纹，作同心圆纹样。标本如柳湾 M934:32（图六十一：12）。

D型：红彩十字。依纹样差异，分为两式。

Ⅰ式：红彩宽带十字，边角空白绘折线三角纹，构图规整。标本如永登蒋家坪 M3:？（图六十一：13）。

Ⅱ式：红彩宽带十字，边角空白绘三角网格及卵点。标本如阳山 M103:25（图六十一：14）。

十字纹依配色可分三类，一类为黑红复彩构图，某些纹样构图与半山类型十分接近，时代偏早。第二类为黑色单彩构图，构图比较规整，时代居中。第三类亦为黑色单彩构图，构图较草率，时代最晚。

6. 毋字纹

源于半山时期同类花纹。出土量一般，为十字纹的派生形式，在十字外加绘折线纹组成毋字结构。依构图、配色变化，分为四式。

Ⅰ式：黑红复彩。红彩绘毋字，黑彩勾边，边角空白无纹。标本如康乐东沟门采集品（图六十二：1）。

Ⅱ式：黑红复彩。构图与Ⅰ式接近，毋字中间方格内绘田字、卵点。标本如甘肃采集品（图六十二：2）。

230 | 半山与马厂彩陶研究

十字纹

	I	II	III	IV
A	1（阳山 M151:12）	2（马厂塬：K.5616）	3（鸳鸯池采集品）	4（马排 M20:19）
B	5（阳山 M177:22）	6（盐场堡采集品）	7（柳湾 M21:4）	8（柳湾 M190:5）
C	9（土谷台 M73:?）	10（柳湾 M554:28）	11（柳湾 M199:1）	12（柳湾 M934:32）
D	13（蒋家坪 M3:?）	14（阳山 M103:25）		

图六十一

Ⅲ式：黑色单彩。毋字纹四周空白套绘有长方块纹，画面空白绘细线点纹。标本如兰州：K.5382（图六十二：3）。

Ⅳ式：黑色单彩。毋字纹线条较细，四周空白套绘回纹。标本如柳湾M411：？（图六十二：4）。

毋字纹变化与十字纹特征相同。黑红复彩的构图风格与半山时期同类花纹接近，时代最早；黑色单彩中Ⅲ式时代居中，Ⅳ式最晚。

7. 花瓣十字纹

马厂时期出现的新纹样，复见率较低。图案中心绘小十字，四周辅以弧边三角，巧妙地组成四叶花瓣形状，依配色及构图变化，分为两式。

Ⅰ式：黑红复彩。红彩绘主纹样，黑彩勾边，四周辅以弧边十字花瓣、弧三角纹，标本如永靖扬塔采集品（图六十二：5）。

Ⅱ式：黑色单彩。三线十字，边角辅以黑彩弧三角纹。标本如柳湾M388：2（图六十二：6）。

8. 螺旋纹

马厂时期出现的新纹样，出现率一般。红彩绘螺旋纹，黑彩勾边，有双螺旋、四螺旋之分。周边或空白，或绘黑彩羽状纹。标本如永靖扬塔采集品（图六十二：7）。

9. 万字纹

马厂时期出现的新纹样，为十字纹的另一种变体，依配色及构图变化，分为四式。

Ⅰ式：黑红复彩。红彩绘万字，黑彩勾边，构图疏朗，万字末端弯折或内卷。标本如兰州：K.5381（图六十二：8）。

Ⅱ式：黑色单彩。结构与Ⅰ式同，黑彩线条略粗，万字末端作回形内卷。标本如柳湾M408：3（图六十二：9）。

Ⅲ式：黑色单彩。万字作风信标状，末端顺时针折出三叉。标本如柳湾M273：15（图六十二：10）。

Ⅳ式：万字由纤细的梯格纹构成，万字末端逆时针方向回形内卷。标本

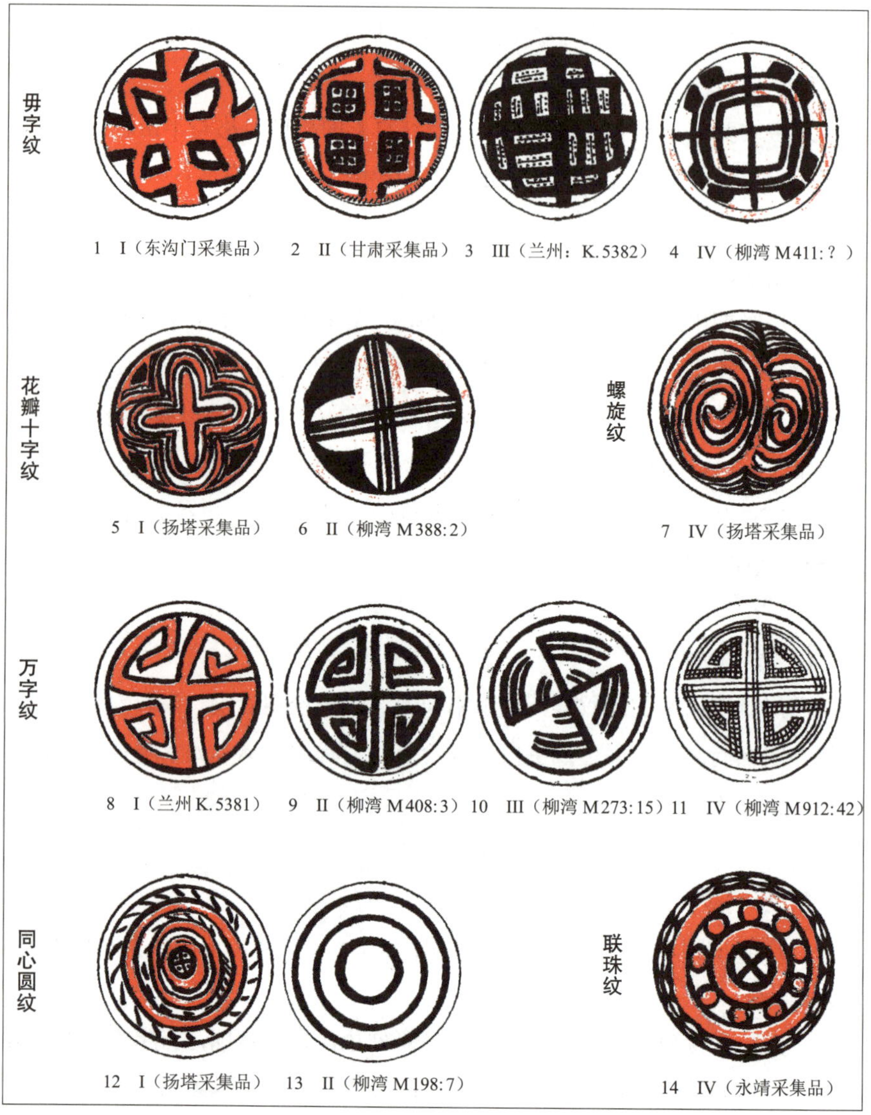
毋字纹
1 I（东沟门采集品）
2 II（甘肃采集品）
3 III（兰州：K.5382）
4 IV（柳湾 M411:？）
花瓣十字纹
5 I（扬塔采集品）
6 II（柳湾 M388:2）
螺旋纹
7 IV（扬塔采集品）
万字纹
8 I（兰州 K.5381）
9 II（柳湾 M408:3）
10 III（柳湾 M273:15）
11 IV（柳湾 M912:42）
同心圆纹
12 I（扬塔采集品）
13 II（柳湾 M198:7）
联珠纹
14 IV（永靖采集品）

图六十二

如柳湾 M912:42（图六十二：11）。

Ⅰ式万字纹为黑红复彩构图，时代应早于其余的黑色单彩回纹。

10. 同心圆纹

马厂时期出现的新纹样，出土量偏少。依配色及构图变化，分为两式。

Ⅰ式：黑红复彩。红彩绘同心圆，黑彩勾边，呈相互套合状，同心圆之间空白绘短线，中心绘黑彩米字。标本如永靖扬塔采集品（图六十二：12）。

Ⅱ式：黑色单彩。同心圆等距离排列，构图疏朗。标本如柳湾 M198:7（图六十二：13）。

11. 联珠纹

黑红复彩。同心圆分为内外几组，在同心图案中穿插联珠、串贝等纹样，中心绘十字纹，无式别划分。标本如永靖采集品（图六十二：14）。

12. 星形纹

马厂时期出现的新纹样，在内彩花纹中流行，地域性较突出。特征是器口内壁周边绘斜折线组成多角星纹，依构图差异，分为 A、B 两型。

A 型：多角星形纹。依构图变化，分为三式。

Ⅰ式：黑红复彩。口内侧周边绘黑彩短粗线，形似多角星，不很规则，内圈绘复彩花瓣、双线网格纹。标本如鸳鸯池 M104:3（图六十三：1）。

Ⅱ式：黑色单彩。口内侧周边绘黑彩斜线，构成星形纹，内圈绘同心圆、十字等。标本如柳湾 M180:7（图六十三：2）。

Ⅲ式：黑色单彩。口内侧周边绘黑彩斜线，构成不很规整的星纹，内中多空白。标本如柳湾 M890:1（图六十三：3）。

B 型：黑色单彩。口内周边绘复线或三线组成的五角星，内圈绘同心圆、五星、十字等，依图形变化，分为三式。

Ⅰ式：外圈五角星角度约 45 度，内圈绘同心圆、万字纹，标本如柳湾 M333:10（图六十三：4）。

Ⅱ式：外圈五角星角接近 90 度，角与角之间的连线呈反弧状。标本如柳湾 M343:1（图六十三：5）。

234 | 半山与马厂彩陶研究

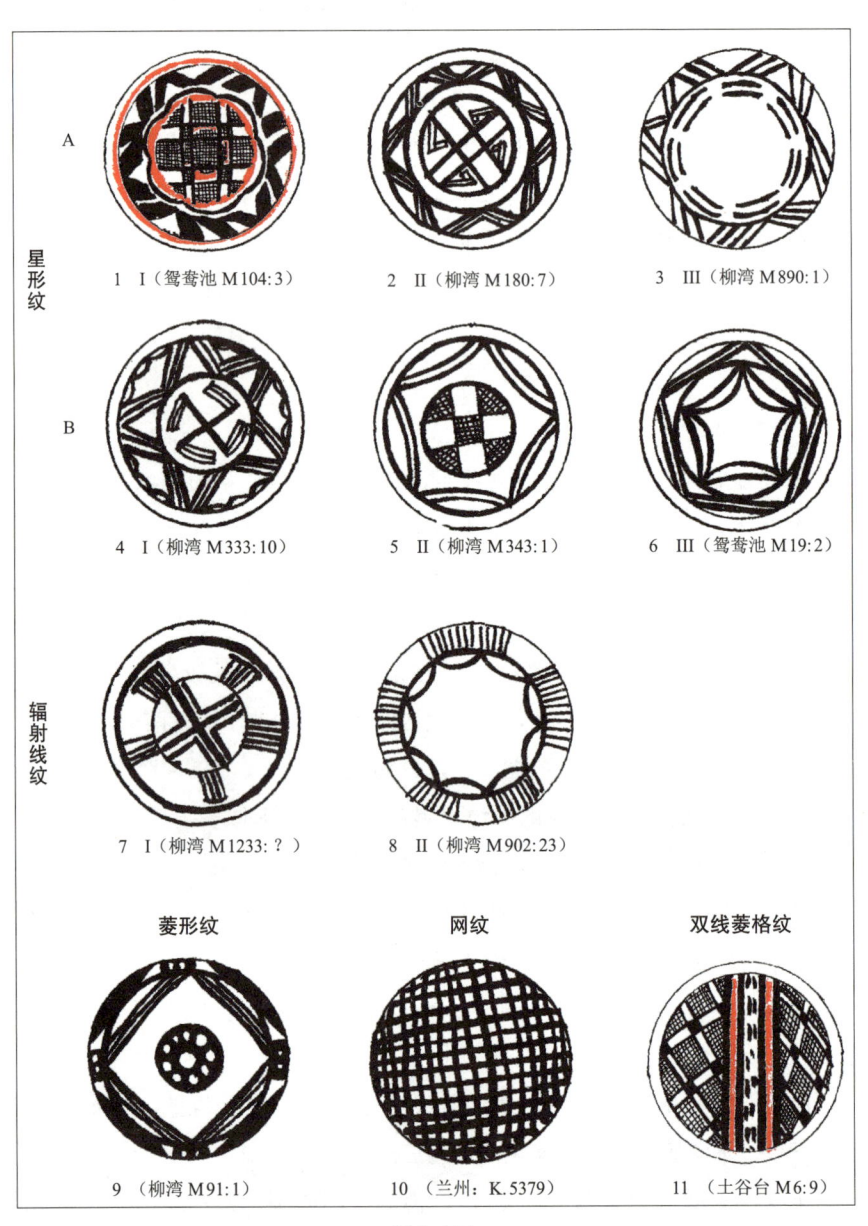

星形纹

A
1 Ⅰ（鸳鸯池 M104:3）　　2 Ⅱ（柳湾 M180:7）　　3 Ⅲ（柳湾 M890:1）

B
4 Ⅰ（柳湾 M333:10）　　5 Ⅱ（柳湾 M343:1）　　6 Ⅲ（鸳鸯池 M19:2）

辐射线纹
7 Ⅰ（柳湾 M1233:?）　　8 Ⅱ（柳湾 M902:23）

菱形纹　　网纹　　双线菱格纹
9（柳湾 M91:1）　　10（兰州：K.5379）　　11（土谷台 M6:9）

图六十三

Ⅲ式：外圈五角星角度加大，达 110 度左右，角与角之间的连线呈直线条。标本如鸳鸯池 M19:2（图六十三：6）。

13. 辐射线纹

马厂阶段出现的新纹样，出土量一般，地域性较强。黑色单彩构图，沿器内壁周边绘数条向外辐射的短线，一般等分为五组，每组线条多寡不一，依构图不同，分为两式。

Ⅰ式：中心绘圆圈十字，圈外绘辐射线，等距离分布，共五组。标本如柳湾 M1233:？（图六十三：7）。

Ⅱ式：口部外周边绘五组短线辐射线，等距离分布，内圈绘反弧纹。标本如柳湾 M902:23（图六十三：8）。

14. 菱形纹

马厂时期出现的新纹样。出现率偏低，黑色单彩。口沿内绘弧形、三角、新月形纹，用数根细线联结，俯视呈正方菱形。中心绘同心圆联珠纹，无式别划分。标本如柳湾 M91:1（图六十三：9）。

15. 网纹

黑色单彩绘密集网纹。标本如兰州：K.5379（图六十三：10）。

16. 双线菱格纹

在内彩花纹中所见不多，两分式构图，中心用竖线将圆面一分为二，两侧绘复线菱形网格，无式别划分。标本如土谷台 M6:9（图六十三：11）。

典型单位彩陶纹样组合与形态分析

1. 柳湾遗址

柳湾马厂器形 A 组以 M564、M1290 两墓为代表。M564 随葬彩陶 86 件，其中，AⅠ小口瓮 1 件，绘 CⅢ人蛙纹；AⅢ小口瓮 72 件，所绘花纹包括AⅣ、AⅤ、BⅣ、CⅣ四大圆圈纹，CⅢ、EⅢ人蛙纹，AⅣ菱格纹，AⅡ、AⅣ、BⅡ回纹，AⅣ、AⅤ折线纹。FⅠ双耳罐5件，4件绘AⅣ菱格纹，1件绘CⅡ菱格纹；BⅡ双耳盆7件，1件绘BⅠ弧折线八卦纹，余绘BⅡ弧折线八卦纹。M1290随葬彩陶24件。其中，AⅡ小口瓮1件，绘CⅢ人蛙纹，AⅢ、BⅢ小口瓮18件，所绘纹样包括CⅢ、DⅡ、EⅢ人蛙纹，AⅤ、BⅣ四大圆圈纹，AⅣ、AⅤ、CbⅡ折线纹，CⅣ回纹，AⅢ竖条带纹；FⅠ双耳罐2件，绘CⅡ菱格纹；BaⅢ双耳罐1件，绘AⅣ菱格纹；BⅡ双耳盆1件，绘BⅠ弧折线八卦纹。A组彩陶均为黑色单彩构图，构图粗犷，略显草率，彩陶比例极高。

柳湾马厂器形B组以M558、M1284为代表，前者出BⅢ小口瓮1件，绘EⅢ人蛙纹，GⅠ双耳罐1件，绘AⅤ折线纹；后者随葬1件FⅠ双耳罐1件，绘AⅣ菱格纹。B组彩陶全部绘黑色单彩，构图明显草率，最突出的变化是彩陶数量急剧回落。

仅从彩陶花纹的种类、形态及组合关系看，A、B两组差异并不明显，反差最强烈的是彩陶比例相差悬殊，A组彩陶居高不下，B组彩陶数量甚低。B组墓打破A组墓，彩陶比例变化反映出马厂不同阶段的特征（参见前文表十二）。

M1014是为柳湾马厂C组，该组彩陶几乎全部绘黑红复彩，有相当一部分在器颈部保留红彩条带、黑彩齿带构图，少量在腹部花纹中也保留锯齿元素，个别墓甚至共存半山式彩陶[①]。C组所出典型彩陶花纹有AⅡ、BⅡ、CⅡ四大圆圈纹，AⅡ菱格纹，Ⅰ式方块几何纹，AⅢ几何网格纹等。同属C组的M1060所出彩陶还有CⅠ四大圆圈纹，Ⅰ式垂弧纹，BⅠ齿带纹，Ⅰ式棋盘格纹，Ⅱ式凸弧纹，Ⅰ式复线菱形网格纹等。不少花纹保留了半山时期的遗风，表明C组所处时间与半山晚期比较接近，花纹分析结果与器形分析基本吻合。

M332是为柳湾马厂D组，该组所出典型花纹有AⅡ、AⅢ四大圆圈纹，BⅡ横齿带纹，CaⅠ贝纹。属于该组的墓还有M180、M181、M505、M1250、M1252等，典型花纹还有AⅡ、AⅢ折线纹，AⅡ、BⅡ折弧线八

---

① 柳湾M1060:33小口高领瓮所绘花纹为半山类型样式。

卦纹，AⅡ、BⅡ、CⅡ菱格纹，Ⅱ式横条带纹，BⅡ竖条带纹，AⅢ人蛙纹，BⅠ贝纹，AⅠ回纹，内彩BⅠ星纹。D组花纹构图、配色与C组拉大了距离，最突出的是黑色单彩已占优势，典型花纹以AⅢ四大圆圈纹，AⅢ、BⅢ人蛙纹等为代表（参见前文表十三）。

比较C、D两组的彩陶花纹，二者在衔接上似乎还有缺环，如C组彩陶几乎全部绘黑红复彩，锯齿元素仍有少量保留，器颈部仍流行红彩条带、黑彩齿带。D组花纹多数已改用黑色单彩，锯齿纹消失。C、D两组的变化有跳跃感。其实在柳湾还有一类马厂墓，所出彩陶花纹风格恰好介于C、D两组之间，这就是以M554为代表的一类墓，此处称其为柳湾马厂E组。在器形、器类组合方面，E组与C、D两组互有交错，典型器形态共性较大。与C组相比，E组中黑红复彩花纹比例下降，器颈部多绘黑彩、红彩条带，但黑彩条带无锯齿。腹部花纹母题中也不见锯齿元素。常用花纹有AⅠ贝纹，AⅡ折线纹，AⅡ菱格纹，Ⅱ式复线菱格纹，CⅡ、E几何网格纹，CⅠ回纹；内彩有CⅡ十字纹等（表二十一）。

综上所述，以花纹变化为准，可将柳湾马厂彩陶分成五组，第一组（C组）以M1014为代表，时代最早；第二组（E组）以M554为代表，晚于第一组；第三组（D组）以M332为代表，晚于第二组；第四组（A组）以M564、M1290为代表，晚于第三组；第五组（B组）以M558、M1284为代表，时代最晚。以上五组完整地揭示了柳湾马厂彩陶从早到晚演变的全过程。

表二十一

分组	单位号	器类、器型	颈部花纹	腹部（内彩）花纹
E组	M554:27	AⅡ小口瓮	横条纹	AⅠ贝纹
	M554:26	Ⅱ式高低耳壶		AⅡ折线纹
	M554:9	DⅡ双耳罐		AⅡ折线纹
	M554:10	DⅡ双耳罐	鳞纹	AⅡ折线纹
	M554:7	CⅢ双耳罐		AⅡ菱格纹
	M554:14	CⅢ双耳罐		AⅡ折线纹
	M554:34	BaⅢ双耳罐		E几何网格纹
	M554:12	Ⅲ式四耳盆		AⅡ折线纹
	M554:12	B钵		（CⅡ十字纹）
	M554:33	AⅠ肩耳罐		Ⅱ式复线菱网纹
	M554:?	BaⅢ双耳罐		CⅡ几何网格纹
	M554:?	DⅢ双耳罐		CⅠ回纹

2. 阳山遗址

据地层关系将阳山彩陶划分为 A、B 两组，二者的彩陶在器形上并无明显差异（参见前文表十三）。阳山所出彩陶以四大圆圈纹比例最大，其次为菱格纹、齿带纹。四大圆圈纹均限定在Ⅰ、Ⅱ两式之内，以Ⅱ式居多；菱格纹几乎全部为AⅡ式。所有花纹均为黑红复彩，总体特征与柳湾马厂第一组（C组）最为接近。

我们曾强调，阳山墓地是一处单纯的马厂墓地，但该墓地有少数墓的随葬品共存半山类型彩陶，器类主要有小口高领瓮、大口矮领瓮及个别的单耳长颈瓶和小口长颈壶。这些半山式彩陶大多绘漩涡纹，共13件。其中，BⅢ漩涡纹5件，AⅥ漩涡纹5件，BⅡ漩涡纹2件，BⅠ漩涡纹1件。另有圆圈纹4件（BbⅢ2，CⅠ、CⅥ各1），菱格纹2件（AⅡ、BⅠ）、斜齿带纹2件（Ⅱ式）、垂弧纹2件（BⅢ）、葫芦纹1件（AⅧ）、齿带纹1件（BⅤ），以上系半山类型彩陶花纹型式。根据前面对半山类型的分期，这些花纹分属半山中、晚期。检索阳山墓地出半山彩陶的墓，有三种埋葬形式：一类为合葬（8座），一类为单人葬（6座），第三类为迁出葬（即将人骨从原墓迁出，葬入他墓，1座）。显然合葬墓比例最高，占55%。[①] 对这批墓可做如下解释：(1) 合葬墓内随葬品系两次葬入造成，半山彩陶属早期亡故墓主所有。(2) 迁出葬情况与合葬墓类似，即迁出墓主时，将墓中随葬品一同取出，并随墓主葬入新墓。(3) 单人一次葬内共存半山彩陶的情况比较复杂，其形成原因有待于进一步探讨。

阳山墓地共存半山中、晚期彩陶的事例从另一角度再次证明，该墓地使用年代距半山晚期比较接近。

3. 土谷台遗址

据彩陶器形差异将土谷台马厂类型墓分为 A、B 两组。若从这两组所使用的彩陶花纹观察，并无大的差异，常用典型花纹有AⅡ、BⅡ四大圆圈纹，BⅠ、CⅠ人蛙纹，AⅡ菱格纹，Ⅰ式方块几何纹，Ⅰ式垂弧纹，AⅡ锯齿纹等。两组遗存的总体特征与柳湾马厂第一、二两组（C组、E组）接近（参见前文表十五）。

[①] 据《民和阳山》报告发表资料统计。

4. 鸳鸯池遗址

鸳鸯池墓地所出彩陶花纹比较有个性，这里最常用的花纹是几何网格纹，尤以 C、D 两型最为突出，其他纹样还有 II 式方块几何纹、AIII 四大圆圈纹，C 型锯齿纹，AII 棋盘格纹，BII 折线纹等；内彩常用星形纹。若以花纹配色划分，可将该址彩陶分为两组，甲组绘黑红复彩，为数不多，以 M26、M137 等墓为代表。乙组绘黑色单彩，以 M44、M62 为代表。甲、乙两组的特征接近柳湾马厂第三组（D 组），但地域特色较强烈（参见前文表十六）。

5. 马排遗址

依据典型器形态差异将马排墓地分成三组。若以彩陶花纹为标准，马排器形 A 组彩陶全部绘黑色单彩，锯齿纹少见，个别孑遗的锯齿纹已变为散乱的短竖线状，本组花纹有 AIII 四大圆圈纹、DII 人蛙纹和内彩 BII 十字纹。马排器形 B 组有 4 件彩陶，一件绘黑红复彩，三件绘黑色单彩，本组花纹有 AIII 四大圆圈纹、AII 折线纹、IV 式垂弧纹、BI 八卦纹。依彩陶花纹论，器形 A、B 两组无大的差异，可合并为马排花纹甲组。器形 C 组彩陶以黑色单彩居多，个别绘黑红复彩。代表性花纹有 CI、CIII 人蛙纹，AI 回纹，AIV 折线纹，AIV 菱格纹，内彩有 AII、AIV 十字纹。本组彩陶花纹与器形的对应出现一些矛盾，这反映在器形 C 组的 1 件 III 式小口瓮绘 CI 人蛙纹（M46:85），即晚期器形绘偏早的花纹。与 M46 所出 III 式小口瓮共存的 AI 钵（M46:1）绘内彩 AII 十字纹，亦属马厂偏早阶段纹样。由于我们所见材料有限，很难对此墓做更深入的讨论，若以彩陶花纹论，只能将此墓从器形 C 组剔出，并入花纹甲组。花纹甲组典型器以 I、II 式小口瓮，BII 单耳长颈瓶为代表，尚存少量黑红复彩，典型花纹以 AIII 四大圆圈纹、AII 折线纹、CI 人蛙纹为代表，其特征与柳湾第三组（D 组）最为接近。花纹乙组典型器以 III 式小口瓮、AIV 大口矮领瓮为代表，全部绘黑色单彩，典型花纹以 AIV 折线纹、AIV 菱格纹和内彩 AIV 十字纹为代表，乙组特征与柳湾第四组（A 组）接近（参见前文表十七）。

6. 白道沟坪遗址

白道沟坪墓地所出彩陶花纹流行 DI 人蛙纹，BI、BII 齿带纹，I 式横条带纹、竖条带纹，BⅠ回纹，AⅠ棋盘格纹，AⅡ折线三角纹、Ⅲ式竖条带纹，内彩BⅠ、DⅠ人蛙纹，联珠纹等。总体作风与柳湾马厂第二组（E组）接近（参见前文表十八）。

7. 蒋家坪遗址

永登蒋家坪马厂墓所出彩陶分为两组，A组彩陶以绘黑红复彩为主，流行AⅡ、AⅢ、BⅡ折线纹，BⅡ、BⅢ齿带纹，Ⅱ式螺旋纹，AⅠ、CⅡ回纹，AⅡ、BⅡ八卦纹，内彩DⅠ十字纹；多数花纹与柳湾马厂第二组（E组）接近，少数与柳湾马厂第三组（D组）类似。B组所见彩陶很少，均绘黑色单彩，花纹以CⅢ人蛙纹，BⅣ折线纹为代表，特征与柳湾马厂第四组（A组）相同（参见前文表十九）。

8. 红古山遗址

兰州红古山马厂墓所出彩陶全部绘黑彩，典型花纹有AⅣ、AⅤ折线纹，EⅢ人蛙纹，AⅣ、CⅢ、CⅣ菱格纹，内彩Ⅰ式辐射线纹；总体特征与柳湾马厂第四组（A组）一致（参见前文表二十）。

马厂类型彩陶编年及时空框架

通过前面两章，对马厂类型彩陶从器形与花纹两方面进行了类型学分析，现将这两方面结果归纳如下。

典型器分组

第一组 以柳湾马厂第一组（C组）为代表。包括民和阳山墓地、土谷台马厂墓地器形A组、朱家寨马厂墓地等。典型器代表主要有AⅠ、BⅠ小口瓮，AⅠ、AⅡ喇叭口瓮，AⅠ、BⅠ大口瓮，AⅠ、AⅡ、BⅠ、BⅡ单耳长颈瓶，Ⅰ、Ⅱ式高低耳壶，Ⅰ、Ⅱ、Ⅲ式小口长颈壶，Ⅰ式腹耳壶，Ⅰ、Ⅱ式双耳长颈瓶，Ⅰ式鸭形壶，AaⅠ、BaⅠ、C、D型双耳罐，AⅠ、BⅠ、C、DⅠ、DⅡ、F单耳罐，A、CⅠ、F双耳盆，Ⅰ、Ⅱ式四耳盆，A型盂，AⅡ、BⅠ、DⅠ、EⅠ、F豆，陶鼓，AⅠ、AⅡ单把杯。

第二组 以柳湾马厂第二、第三组（E组、D组）为代表。包括土谷台马厂墓器形B组，民和阳山墓地器形A、B组，白道沟坪墓地，蒋家坪墓地A组，鸳鸯池马厂墓绝大部分。典型器代表有AⅡ、BⅡ小口瓮，BⅠ、BⅡ喇叭口瓮，AⅠ、BⅠ、BⅡ大口矮领瓮，AⅠ敛口瓮，AⅡ、BⅡ单耳长颈瓶，Ⅱ式高低耳壶，Ⅰ式高低耳罐，Ⅱ、Ⅲ式小口长颈壶，Ⅱ式腹耳壶，Ⅱ式鸭形壶，AbⅠ、Ac、BaⅠ、BaⅡ、BaⅢ、BbⅠ、BbⅡ、C、D、EⅠ双耳罐，AⅡ、AⅢ、BⅡ、BⅢ、CⅢ、D、F型单耳罐，A、B、CⅡ、E、F双耳盆，Ⅰ、Ⅱ、Ⅲ式四耳盆，AaⅠ、AaⅡ、AbⅠ、AbⅡ、B、D型敞口盆，BⅠ盘，BⅠ、CⅠ、E钵，A、B型盂，AⅠ、EⅡ豆，AⅡ、AⅢ、B、C型单把杯，B型肩耳罐，带嘴罐等。

第三组　以柳湾马厂第四组（A组）、第五组（B组）为代表。包括马排墓地器形C组，蒋家坪B组，红古山马厂墓，徐家大山马厂墓等。典型器代表有AⅢ、BⅢ、CⅠ、CⅡ小口瓮，BⅢ喇叭口瓮，AⅡ、AⅢ、BⅢ大口矮领瓮，AⅡ、AⅢ、BⅠ、BⅡ敛口瓮，BⅢ单耳长颈瓶，Ⅲ式高低耳壶，Ⅱ式高低耳罐，Ⅲ式腹耳壶，AaⅡ、AbⅡ、BaⅢ、EⅡ、EⅢ、F、G型双耳罐，AⅣ、BⅣ单耳罐，C、D双耳盆，AaⅢ、AbⅢ、C型敞口盆，A、BⅡ、C型盘，AⅠ、AⅡ、AⅢ、BⅡ、CⅡ、CⅢ、DⅠ钵，B型盂，BⅡ、C、DⅡ、DⅢ豆，A型肩耳罐，带嘴罐等。第五组（B组）典型器与第四组大体一致，但类别显著减少，以AⅢ、BⅢ小口瓮为主，其他还有BⅢ大口矮领瓮，AⅢ敛口瓮，EⅢ、F、G型双耳罐，AaⅢ、AbⅢ敞口盆，A、C型盘，AⅢ、CⅢ、DⅡ钵，C型豆等。

典型纹样分组

第一组　以柳湾马厂第一组（C组）为代表，包括阳山墓地，土谷台马厂墓，朱家寨马厂墓，总寨马厂墓，永登乐山坪、团庄、长阳洼部分采集品等。彩陶颈部花纹有Ⅰ式锯齿纹、Ⅰ式倒锯齿纹、Ⅰ式对齿纹、Ⅰ式网纹、Ⅰ式横条带纹、横人字纹、菱形网格纹、三角网格纹等。腹部典型花纹有AⅠ、BⅠ人蛙纹，Ⅰ、Ⅱ式漩涡纹，AⅠ、BⅠ、CⅠ四大圆圈纹，Ⅰ式螺旋纹，CⅠ贝纹，AⅠ联珠纹，AⅠ、AⅡ、BⅠ菱格纹，Ⅰ、Ⅱ式垂弧纹，Ⅰ、Ⅱ式凸弧纹，AⅠ、AⅡ、BⅠ、BⅡ、BⅢ、CⅠ、CⅢ齿带纹，AⅠ、CⅠ、CⅡ棋盘格纹，AⅠ、CbⅠ折线纹，Ⅰ式方块几何纹，BⅠ竖条带纹，AⅠ、AⅡ锯齿纹，AⅠ、AⅡ、AⅢ、BⅠ几何网格纹，Ⅰ式复线菱形网格纹。内彩花纹有A、BⅠ人蛙纹，蛙卵纹，三角纹，漩涡纹，AⅠ、BⅠ、CⅠ、D型十字纹，Ⅰ、Ⅱ式毋字纹，Ⅰ式螺旋纹，复线菱格纹等。

第二组　以柳湾马厂花纹第二组（E组）为代表。包括土谷台76M1，民和阳山墓地，白道沟坪墓地，蒋家坪A组，糜地岘马厂墓，阳洼窑马厂墓，永登乐山坪、团庄、长阳洼部分采集品等。彩陶颈部典型花纹有Ⅰ式锯齿纹、Ⅰ式倒锯齿纹、Ⅰ式对齿纹、Ⅰ式网纹、Ⅰ式横条带纹、横人字纹、菱形网格纹、三角网格纹等。腹部典型花纹有AⅡ、BⅡ、CⅠ、DⅠ、EⅠ、FⅠ人蛙纹，AⅡ、BⅡ、CⅡ四大圆圈纹，Ⅱ式螺旋纹，AⅠ、BⅠ、BⅡ、CⅠ、CⅡ、D型贝纹，AⅡ、AⅢ联珠纹，AⅡ、CⅠ菱格纹，Ⅲ、Ⅳ式垂弧纹，Ⅲ式凸弧纹，BⅠ、BⅡ、BⅢ、CⅠ、CⅢ齿带纹，AⅠ、AⅡ、BⅠ棋盘格纹，AⅡ、AⅢ、BⅠ、CaⅠ、CaⅡ折线纹，Ⅱ式方块几何纹，Ⅰ、Ⅱ、Ⅲ式水波纹，AⅠ竖条带纹，Ⅰ式横条带纹，Ⅰ、Ⅱ、Ⅲ式横竖条带纹，Ⅰ、Ⅱ式斜条带纹，AⅡ锯齿纹，AⅠ折弧线八卦纹，AⅠ、BⅠ、CⅠ回纹，AⅠ、BⅡ、C、DⅠ、E、G几何网格纹，Ⅱ式复线菱形网格纹。内彩花纹有A、B、C型人蛙纹，AⅠ、AⅡ、BⅠ、BⅡ、CⅡ、D型十字纹，Ⅰ、Ⅱ式毋字纹，Ⅰ式十字花瓣纹，Ⅰ式万字纹，Ⅰ式同心圆纹，联珠纹等。

第三组 以柳湾马厂第三组（D组）为代表。包括马排花纹甲组，鸳鸯池墓地，磨嘴子遗址[①]，永登乐山坪、团庄、长阳洼部分采集品等。彩陶颈部典型花纹有Ⅰ、Ⅱ式锯齿纹，Ⅰ、Ⅱ式倒锯齿纹，Ⅰ、Ⅱ式对齿纹，Ⅰ、Ⅱ式网纹，Ⅰ、Ⅱ式横条带纹，横人字纹，竖条带纹，竖曲线纹，贝纹等。腹部典型花纹有AⅢ、BⅢ、CⅢ人蛙纹，Ⅲ式漩涡纹，AⅢ、BⅢ、CⅢ四大圆圈纹，Ⅲ式螺旋纹，AⅡ、BⅢ贝纹，AⅢ、B型联珠纹，AⅡ、BⅡ、BⅢ、D菱格纹，BⅢ、CⅡ、CⅢ齿带纹，AⅢ、BⅡ、CaⅡ折线纹，Ⅱ式方块几何纹，AⅡ、BⅡ式竖条带纹，Ⅱ式横条带纹，Ⅲ式斜条带纹，B、C、E型锯齿纹，A、B折弧线八卦纹，AⅡ、AⅢ、BⅡ、CⅡ回纹，Ⅰ、Ⅱ、Ⅲ式万字纹，CⅡ、EⅡ、D、G几何网格纹，Ⅱ式复线菱形网格纹。内彩花纹有AⅡ、AⅢ、BⅡ、BⅢ十字纹，Ⅲ式毋字纹，Ⅱ式万字纹，AⅠ星纹、网纹等。

第四组 以柳湾马厂花纹第四组（A组）为代表。包括红古山马厂墓，马排花纹乙组，徐家大山马厂墓，老城遗址等。彩陶颈部典型花纹有Ⅱ式锯齿纹，Ⅱ式倒锯齿纹、Ⅱ式对齿纹、Ⅱ式网纹、Ⅱ式横条带纹、横人字纹，Ⅰ、Ⅱ式折线纹，Ⅰ、Ⅱ式X纹，竖条带纹，竖曲线纹，贝纹，回纹，竖折线纹等。腹部典型花纹有AⅣ、CⅡ、CⅢ、DⅡ、EⅡ、EⅢ、FⅡ人蛙纹，AⅣ、AⅤ、BⅣ、CⅣ四大圆圈纹，AⅡ、AⅢ、DⅡ贝纹，AⅢ、AⅣ、

[①] 甘肃省文物考古研究所、北京大学考古文博学院编著：《河西走廊史前考古调查报告》，文物出版社2011年版。

CⅢ、CⅣ菱格纹，AⅣ、AⅤ、CaⅢ、CbⅡ折线纹，AⅢ竖条带纹，BⅢ、D型锯齿纹，AⅢ、BⅡ折弧线八卦纹，AⅣ、BⅢ、BⅣ回纹，Ⅰ、Ⅱ、Ⅲ式万字纹，BⅢ几何网格纹。内彩花纹有AⅣ、BⅣ、CⅢ、CⅣ十字纹，Ⅳ式毋字纹，Ⅱ式十字花瓣纹，Ⅲ、Ⅳ式万字纹，Ⅱ式同心圆纹，AⅡ、AⅢ、B型星纹，Ⅰ、Ⅱ式辐射线纹等。

第五组　以柳湾马厂花纹第五组（B组）为代表。其他地点未发现这一阶段的遗存。彩陶颈部花纹仅有竖折线纹，竖条带纹，Ⅰ、Ⅱ式折线纹等几种。腹部花纹有DⅡ、EⅢ、FⅢ人蛙纹，AⅤ、BⅣ、CⅣ四大圆圈纹，AⅣ、CⅢ、CⅣ菱格纹，AⅣ、AⅤ、CaⅢ、CbⅡ折线纹，Ⅳ式方块几何纹，AⅢ竖条带纹。内彩花纹有AⅣ、BⅣ、CⅣ十字纹，Ⅳ式毋字纹，Ⅲ、Ⅳ式万字纹，Ⅱ式同心圆纹，A、B型星纹，辐射线纹等。本组花纹基本为第四组纹样的孑遗，花纹数量、种类均急剧减少，构图明显趋于草率。

器形与花纹的对应关系

马厂类型的彩陶器形与花纹呈现出某种不很稳定的对应关系，较之半山时期复杂，这比较多地反映在小口瓮这一典型器方面。例如：Ⅰ、Ⅱ式小口瓮有共存现象，甚至个别单位出现Ⅰ、Ⅲ式或Ⅱ、Ⅲ式小口瓮共存现象。这主要表现在马厂器形第一、第二两组，到器形第三组时，上述器形交错现象大为减少，器形与花纹的对应关系趋于稳定。马厂时期器形与花纹的对应关系为，马厂器形第一组与花纹第一组大致对应；器形第二组与花纹第二、第三组大致对应；器形第三组与花纹第四组、第五组对应（表二十二）。

表二十二

器形分组	花纹分组	分段
第一组	第一组	柳湾第一组（C组）
第二组	第二组	柳湾第一组（E组）
	第三组	柳湾第一组（D组）
第三组	第四组	柳湾第一组（A组）
	第五组	柳湾第一组（B组）

马厂彩陶的分期

马厂类型的分布范围较半山时期进一步扩大，达 400000 平方公里[①]，延续存在了 300 年左右[②]。通过前面对马厂彩陶器形与花纹的分组研究，现将两方面结果加以整合，归纳为以下四期。

马厂第一期 包括器形第一组与花纹第一、第二组。本期彩陶类别比较复杂，有相当一部分器类是从半山晚期承继发展而来，如小口长颈壶、大口矮领瓮、单耳长颈瓶、高低耳壶、双耳盆以及双耳罐、单耳罐、鸭形壶、钵、A 型盂等。马厂类型最富代表性的器类为小口瓮，特别是 B 型小口瓮。其他有特色的器类还有 A 型喇叭口瓮、腹耳壶及部分双耳罐、单耳罐等。本期的另一特点是彩陶器类相当集中，以小口瓮、双耳罐、单耳罐所占比例最高。瓮类器造型表现为腹部高大粗胖，肩部圆鼓，特征突出；盆类器腹部较深；壶、瓶类器已进入强弩之末，数量大为下降。本期彩陶颈部流行锯齿纹、倒锯齿纹、对齿纹、网格纹、横条带纹、横人字纹等，特点是保留有相当的红彩元素。腹部常用花纹有人蛙纹、漩涡纹、四大圆圈纹、螺旋纹、联珠纹、菱格纹、垂弧纹、凸弧纹、齿带纹、棋盘格纹、折线纹、方块几何纹、锯齿纹等，内彩花纹有人蛙纹、十字纹、毋字纹等。以上纹样多数源于半山类型晚期，有些花纹与半山第四、第五期难于区分，二者间亲缘关系清晰可辨（图六十四）。本期彩陶花纹的基本元素特征如下：（1）彩陶仍流行黑红复彩构图，延续两股黑彩夹一股红彩的半山模式；（2）锯齿纹仍较常见，但数量逐渐减少，构图也有很大改变，齿锋圆钝、排列稀疏、不整。腹部花纹母题部分保留锯齿元素；（3）颈基下部仍惯用红彩条带、黑彩齿带；（4）圆圈纹、漩涡纹内最为流行复线菱形网格纹；（5）腹部花纹下延续垂弧水波纹（图二十八）。在本期遗址中，有个别单位共存半山类型彩陶，比较突出的有民和阳山，其次为乐都柳湾和兰州土谷台，表明这一阶段刚刚完成向马厂类型的过渡。本期各遗址墓葬随葬彩陶数量有所增加，以阳山为例，

---

① 根据半山、马厂各自分布的空间四至范围推算得出。
② 根据碳十四检测数据，马厂类型的绝对年代范围大致落在公元前 2300—前 2000 年。

平均每墓 5 件以上，最多达十余件。但在西部的朱家寨遗址，随葬彩陶数量依旧偏低。本期是为马厂类型早期，马厂彩陶的风格正在形成之中，与半山晚期保持着千丝万缕的联系。

马厂第二期 以马厂器形第二组与花纹第二、第三组为代表。与马厂第一期相比，彩陶器类没有大的改变，仍以小口瓮、单耳罐、双耳罐、喇叭口瓮、大口矮领瓮、单耳长颈瓶、高低耳壶、双耳盆等器为基本组合。与第一期相比，瓮类器有相当一部分仍保持第一期流行的Ⅰ式器，Ⅱ式器开始出现，特征是比高增加，肩部圆弧，腹部变瘦。盆类器比高下降，腹部变浅。从半山晚期延续下来的小口长颈壶、单耳长颈瓶、高低耳壶等器急剧减少，双耳罐、单耳罐数量持续上升，新出现敛口瓮、B 型喇叭口瓮、豆等。在河西走廊地区，单把杯广为流行，成为该地区极具特色的器类。本期彩陶颈部

图六十四　民和阳山 M68

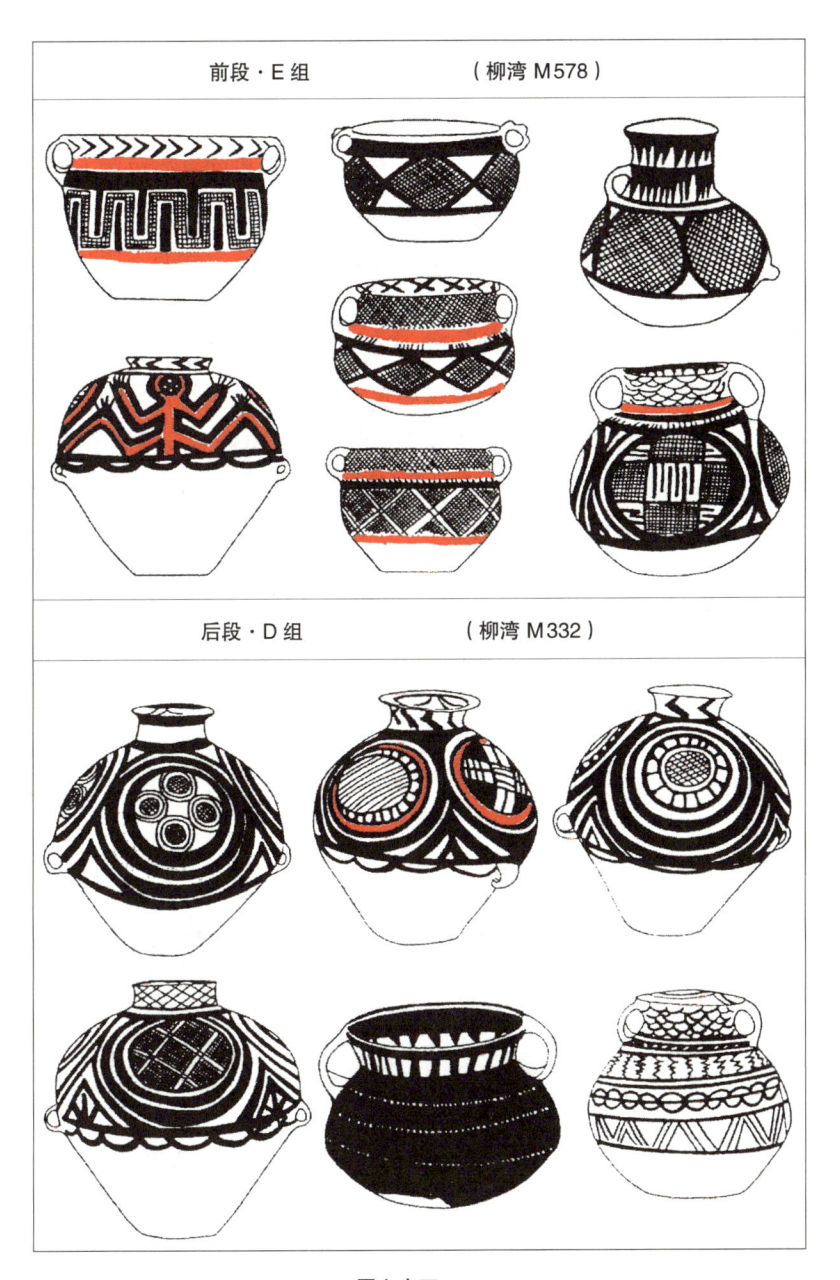

图六十五

花纹与前一期相似，以倒锯齿纹、网格纹、横条带纹、横人字纹、贝纹等最为突出。腹部常用花纹有人蛙纹、四大圆圈纹、贝纹、菱格纹、回纹、齿带纹、棋盘格纹、折线纹、几何网格纹、方块几何纹、锯齿纹、折弧线八卦纹等，内彩花纹有人蛙纹、十字纹、毋字纹等。根据彩陶花纹的特征，本期可分为前后两段，前段以花纹第二组为代表，特征是黑红复彩仍占一定比例，器颈部仍保留部分红彩条带、黑彩齿带的构图（图六十五：上）。后段以花纹第三组为代表，特征是黑色单彩构成主流，颈基处纹样变为黑红彩条带，锯齿纹消亡（图六十五：下）。彩陶花纹较前一期有明显变化，基本元素特征如下：（1）黑色单彩比例加大，在本期前段，黑红彩比例多于黑色单彩，本期后段，黑色单彩的比例已超出黑红复彩；（2）锯齿纹逐渐消亡；（3）在本期前段，四大圆圈纹内仍流行复线菱形网格纹，本期后段开始出现并使用十字分割圆面的新现象；（4）腹部花纹底部仍盛行垂弧水波纹。与第一期相

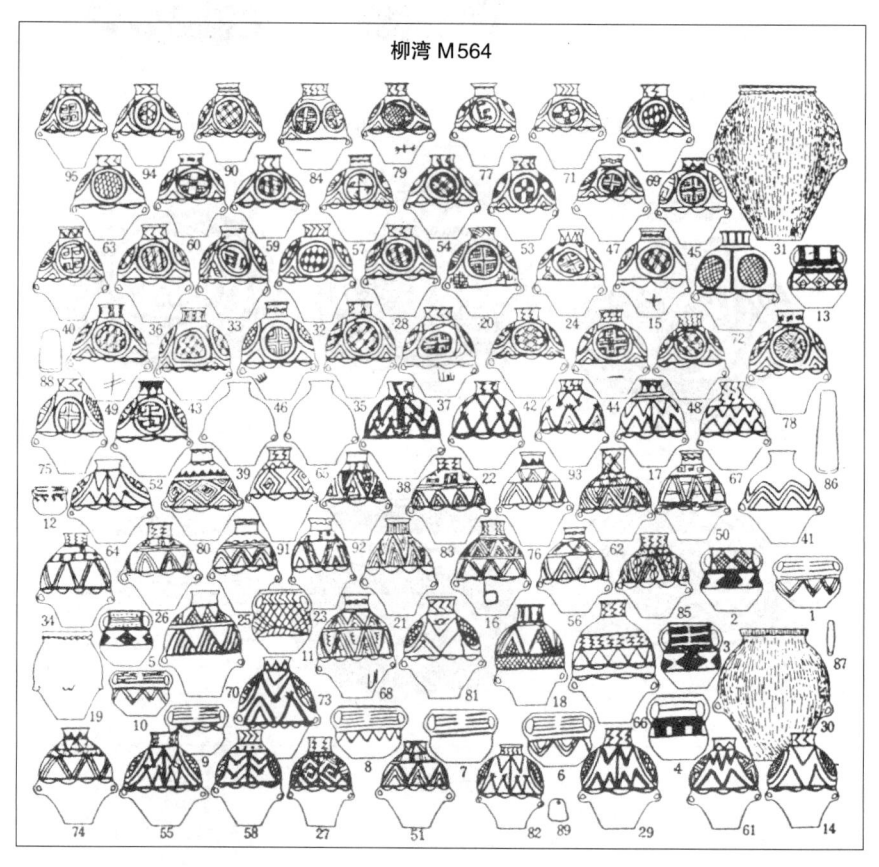

图六十六

比，本组彩陶花纹变化较器形变化明显。本期各遗址墓葬随葬彩陶数量与第一期相若。在河湟地区平均每墓 5 件以上，多者可达十余件。在河西走廊地区的鸳鸯池遗址，随葬彩陶数量明显偏低，每墓仅 1 件左右，最多 4 件。本期是为马厂类型中期，马厂彩陶进入繁荣期并充分发展。

马厂第三期 以马厂器形第三组与花纹第四组为代表。典型器组合包括小口瓮、敛口瓮、大口矮领瓮、单耳罐、双耳罐、双耳盆、敞口盆、钵、豆、带嘴罐等。瓮类器绝大多数变为Ⅲ式，特征是比高继续增加，肩部斜溜，腹部变瘦，下腹略向内敛。盆类器比高降低，腹部更浅，腹壁斜直。小口长颈壶、单耳长颈瓶、高低耳壶等器基本匿迹；颈部高长的 C 型小口瓮开始流行。本期彩陶颈部花纹流行横条带纹、横人字纹、竖条带纹、竖曲线纹、贝纹、折线纹、X 纹、回纹、竖折线纹、万字纹、折弧线八卦纹等。腹部常用花纹有人蛙纹、四大圆圈纹、贝纹、菱格纹、齿带纹、折线纹、几何网格纹、方块几何纹、锯齿纹等，内彩花纹有人蛙纹、十字纹、毋字纹、万字纹、同心圆纹、星纹、辐射线纹等。本期花纹在配色和构图方面有很大改变，出现草率、散漫的风气。花纹的基本元素特征如下：（1）彩陶全部改用黑色单彩，极流行在器表施深红色陶衣；（2）颈基下部流行黑彩条带纹，有些在黑彩宽带中采用镂空手法处理出成排的联珠纹样，或在腹部主纹样上部加绘略窄的几何花纹带；（3）四大圆圈纹内中盛行十字花瓣或万字纹样；（4）腹部花纹下仍延续垂弧水波纹（图二十八）。与前一期相比，彩陶器形、花纹两方面变化均十分显著。本期各遗址墓葬随葬彩陶数量急剧上升，这突出表现在墓中随葬彩陶比例居高不下，在河湟地区，有些墓随葬彩陶达百件左右，数量相当惊人，暗示出彩陶制造业相当发达。本期是为马厂类型晚期，也是马厂类型持续繁荣阶段，彩陶生产已走向巅峰（图六十六）。

马厂第四期 以马厂器形第三组与花纹第五组为代表。本期彩陶典型器形态与第三期基本相同，器类明显减少，最有代表性的为Ⅲ式小口瓮，其他仅有双耳罐、双耳盆、敞口盆等几种，其他器类已很少见。特征是瓮类器比高增加，腹部偏瘦，颈部略有增高；其他器类均与第三期相近。彩陶颈部花纹仅有横条带纹、竖条带纹、折线纹、X 纹、回纹、竖折线纹等。腹部花纹仅存人蛙纹、四大圆圈纹、菱格纹、折线纹、方块几何纹、竖条带纹等少数几类。内彩花纹有十字纹、毋字纹、万字纹、同心圆纹、星纹、辐射线纹等。本期彩陶花纹与第三期相比变化不大，但构图明显草率，画风粗放、散漫，纹样更加简单。彩陶基本元素特征如下：（1）流行红衣黑彩构图，陶衣色泽浓暗，有的遗址花纹呈深灰色，与底色相比，反差减弱，色调沉闷暗滞；（2）颈基下部流行黑彩横条，或在腹部主纹样上加绘一道较窄的几何花纹带；（3）四大圆圈纹内中流行十字纹切割圆面的几何纹；（4）腹部花纹下延续垂弧水波纹。本期遗址仅局限于湟水中游一带，墓中随葬彩陶数量骤降。此时已进入马厂类型的尾声，彩陶生产已全面衰落（图六十七）。

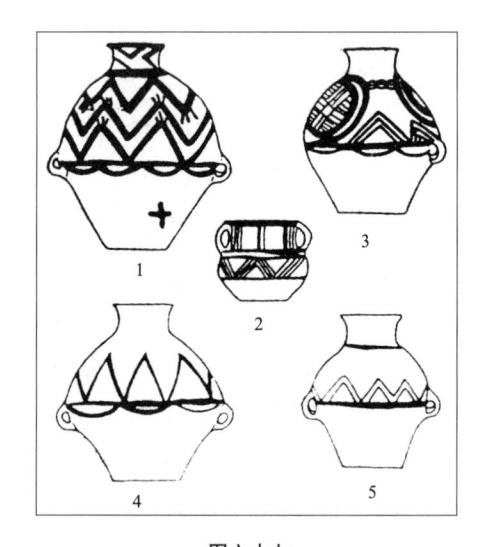

图六十七
1、2. 柳湾 M558；3—5. 柳湾 M829。

马厂类型彩陶的时空框架

马厂第一期的空间范围基本维持半山第四、第五期的格局。这一时期的遗址集中分布在兰州—湟水中下游一带，显然这里是马厂类型的分布中心区。西部的河西走廊已成为马厂类型外围的一个重要分布区，但这一阶段的遗物发现不多，这或许有工作薄弱的因素在内；在东部渭河上游、祖厉河流域有零星发现[①]，洮河流域和青海东部黄河两岸大体保持半山晚期的格局，遗

---

① 在甘肃省会宁县牛门洞、颗粒台等遗址发现马厂类型墓地，出土有彩陶。参见张朋川：《甘肃彩陶图谱》，文物出版社 1990 年版。

址数量不多（图六十八）。本期已发现的典型遗址有：兰州土谷台，民和阳山，乐都柳湾、贾湾、赵家庄，互助总寨，西宁朱家寨，永靖楚家岭、西山，古浪尕家梁，东乡范家塬，会宁牛门洞，广河黄趟家等。在文化因素的承继上，兰州—湟水流域的马厂类型更多地保留了半山晚期的传统。彩陶绝大多数绘黑红复彩，部分沿用锯齿纹等，有的纹样与半山晚期很接近。青海东部黄河上游地段的文化面貌不清，但估计应该存在这一阶段的内容。

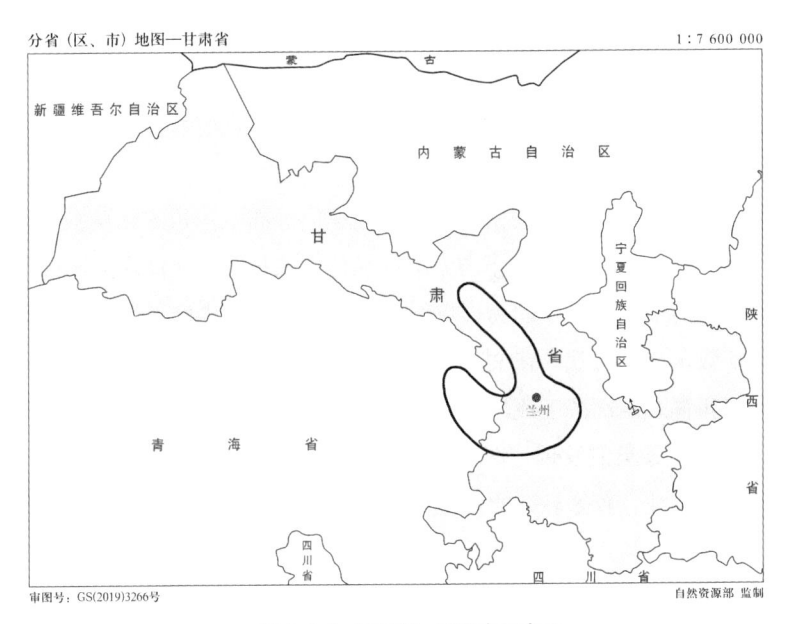

图六十八 马厂第一期分布示意图

湟水谷地发现大量这一阶段的墓葬，根据对柳湾墓地发表资料的观察，马厂第一期流行长方形竖穴土坑墓，木葬具使用普遍，以长方形木棺为数最多。墓地内不分男女老幼，均葬在同一茔域内，以仰身直肢葬式比例最高。合葬墓数量较多，人数多寡不一，一般表现为一人仰身直肢一次葬，居主位；其余皆二次葬。墓葬依山随势挖筑，墓主头向亦随山势而定，以南北向居多。民和阳山墓地流行圆角长方形竖穴土坑墓，四壁挖筑齐整，均不用葬具。埋葬形式复杂，在156座出有人骨的墓中，一次葬94座，二次葬62座；单人葬占77.4%，余为合葬墓，人数2—5人不等。葬式分俯身直肢、俯身屈肢、侧身屈肢、仰身屈肢、仰身直肢、二次葬等数种，以二次葬、俯身直肢葬数量最多，墓主头多向北，少数向西或南。有意味的是，凡头向相同的墓均集中分布，是一定社会组织形态在墓地的反映。同处湟水中游的互助总寨墓地发现的马厂墓为圆角长方形竖穴土坑形制，有的在墓底留生土二层台，均无葬具。以单人仰身直肢葬为主，墓主头朝东北。地处湟水上游的西宁朱家寨墓地均为竖穴土坑葬，以二次葬为主，随葬品很少。土谷台墓地位于湟水下游，距兰州较近，这里大约有25座墓属马厂时期，形制分为土洞、土坑、木棺三种，以木棺墓数量最多（13座），次为土洞墓（11），土坑墓极少。葬式以侧身屈肢为主，头向多朝东，次朝西。儿童与成人葬在同一墓地内。这一时期，各地所出彩陶风格较一致，随葬彩陶比例较高，平均达5—6件之多。也有个别地点数量偏低（朱家寨），而且各墓地所见丧葬习俗有一定差异。

马厂第二期呈现出新的繁荣景象，在空间分布上形成东西两大区。[①] 在河湟地区（即兰州—湟水中下游）继续保持繁荣势头，在湟水上游仅发现少量这一时期的遗存。本期的另一重心区位于甘肃河西走廊，特别是在走廊的东段遗址数量相当可观。在文化面貌上已逐渐拉大了与河湟地区的距离。在洮河流域和青海东部黄河流域大体维系前一时期的格局，在兰州以东及宁夏南部山区仅有零星的发现（图六十九）。已发现的本期典型遗址有：兰州土谷台、白道沟坪、蒋家坪、永靖陈井、盐锅峡、扬塔、塔坪、大川、民和拱北台、单家沟、马排、乐都柳湾、西宁、皋兰石洞寺、糜地岘、阳洼窑、东乡大塬、康乐东沟门、广河石垒、堡子山、临夏马家湾、会宁牛门洞、颗粒台、清水泰山庙、古浪大坡、武威磨嘴子、头墩营、永昌鸳鸯池、三角城、北山湾子、高台红崖子[②]、宁夏海原切刀把、林子梁等。本期黑色单彩花纹比例上升，锯齿纹逐渐消亡，马厂类型走向繁荣，自身特征得到进一步加强。

乐都柳湾发掘的这一时期墓葬与第一期相比有明显变化，流行带墓道的椭圆形、圆形土洞墓，有少量长方形竖穴土坑墓。普遍使用长方形木棺，流行合葬墓，尤其流行双人合葬墓。葬式以仰身直肢葬最多，次为屈肢葬，墓主头向多朝南、朝东。儿童与成人葬在同一茔域内。与柳湾同处一县的马排

---

① 参见严文明：《甘肃彩陶的源流》，《文物》1978年第10期，第62—76页；严文明等：《雁儿湾和西坡注》，《考古学文化论集》（三），文物出版社1993年版，第12—31页。
② 甘肃省文物考古研究所、北京大学考古文博学院编著：《河西走廊史前考古调查报告》，文物出版社2011年版。

遗址发现的马厂墓分为土洞、竖穴土坑两种，有的用木质葬具，以单人侧身屈肢葬居多，单人二次葬次之，合葬墓很少，墓主头向多朝南或南偏西，与柳湾墓地有一定差异。民和发现这一阶段的圆角长方形竖穴土坑墓，流行侧身屈肢葬，墓主头朝北或南。[1] 在湟水下游的土谷台墓地也发现少量这一时期的遗存，但有关细节不明。[2]

兰州附近的遗存以白道沟坪遗址为代表，这里流行边缘不甚规整的长方形、方形竖穴土坑墓和单人侧身屈肢葬，墓主头向东或西，面朝北。未发现葬具，在墓主身上发现有覆盖树枝的朽痕，可能为一种简易葬具。每墓随葬陶器2—10件不等，彩陶约占半数左右。在兰州以西的永登蒋家坪发现一座马厂类型大墓，随葬陶器30余件，墓底挖有长方形深坑，坑内葬入猪、狗、年老的女人和打碎的幼儿头颅。据此发掘者认为，马厂时期已出现用人殉葬这一极残忍的社会分层现象。[3] 在柳湾马厂墓地也有类似的发现。[4] 在临夏马家湾遗址清理出7座马厂时期的半地穴式房屋基址及一批储藏窖穴，房屋分圆形、方形两种，面积15—25平方米之间，难得地再现了马厂时期的居址建筑。

在黄河以北的皋兰糜地岘发现在马厂墓内竖立两块石板，可能为石棺或石封门，墓内合葬二人，均侧身屈肢，头向东北。[5] 同处一县的阳洼窑马厂墓为方形竖穴土坑形式，墓底两端各铺圆木一根，墓主侧身屈肢，头向西。[6] 宁夏海原切刀把发现少量出有马厂彩陶的墓，为竖穴土坑结构，墓主单人侧身屈肢，头向不一。[7]

---

[1] 贾鸿键：《青海民和核桃庄拱北台和单家沟墓葬清理记》，《青海考古学会会刊》1983年第5期，第51—52页。
[2] 1976年，在土谷台遗址发掘一座典型的马厂第二期墓葬，资料未发表。参见张朋川：《甘肃彩陶图谱》，文物出版社1990年版。
[3] 张学正等：《谈马家窑、半山、马厂类型的分期和相互关系》，《中国考古学会第一次年会论文集》，文物出版社1980年版，第50—71页。
[4] 青海省文物管理处考古队、中国社会科学院考古研究所：《青海柳湾》，文物出版社1984年版。
[5] 陈贤儒等：《甘肃皋兰糜地岘新石器时代墓葬清理记》，《考古通讯》1957年第6期，第7—8、4—5页。
[6] 甘肃省文物考古研究所、皋兰县文化馆：《甘肃皋兰阳洼窑"马厂"墓葬清理简报》，《中原文物》1986年第4期，第24—27页。
[7] 宁夏文物考古研究所：《宁夏海原县菜园村遗址切刀把墓地》，《考古学报》1989年第4期，第415—448页。

河西走廊这一阶段的遗存以永昌鸳鸯池为代表。该墓地流行不甚规整的长方形竖穴土坑墓，无葬具。葬式分单人、合葬两种，以前者居多。合葬有2人、3人、多人之别；形式有成人合葬、成人儿童合葬、儿童合葬三种。流行仰身直肢葬及少量的屈肢葬、二次葬、瓮棺葬。墓主多头向东南，个别向西或西南。这里流行一种上肢扰乱葬，为其他地区所不见。

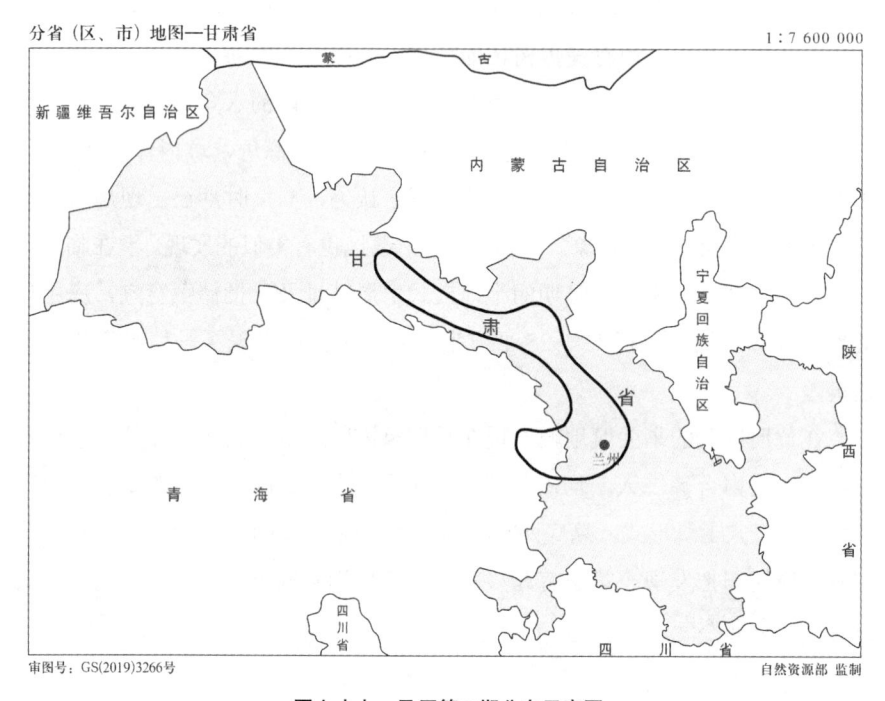

图六十九　马厂第二期分布示意图

马厂第三期亦保持鼎盛势头。本期遗址大量集中在兰州—湟水中下游地区，分布十分密集，几与现代聚落密度相当。在洮河流域、兰州以东以北，青海东部黄河上游很少发现这一阶段的遗存。在湟水谷地仅维系在乐都一线，湟水上游未见这一时期遗存。在河西走廊，马厂类型继续坚持西进战略，远端已深入到走廊西段的酒泉、金塔境内（图七十）。已发现的本期典型遗存有：乐都柳湾、马排，民和马厂塬，兰州红古山M1、M2，下海石M1，徐家山东大梁，永登蒋家坪、古浪老城、高家滩，永昌南北滩、北山

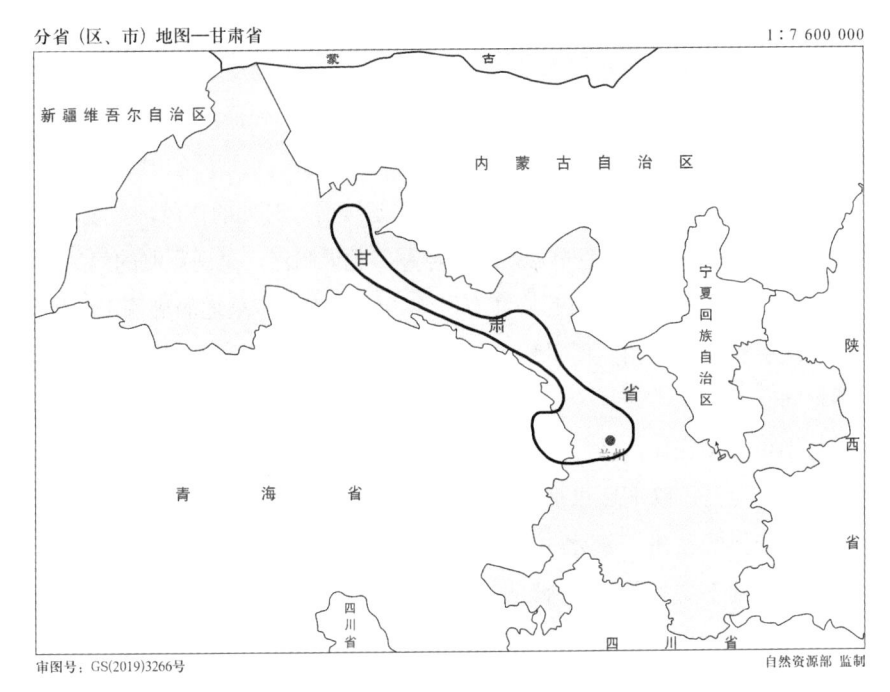

图七十　马厂第三期分布示意图

湾子、下安门[①]、焦家庄[②]、金川峡[③]，酒泉干骨崖、高苜蓿地[④]等。本期彩陶普遍施红色陶衣、绘黑色单彩，马厂彩陶的特色更加突出。

在湟水中游的柳湾墓地，这一时期几乎全部为带墓道的椭圆形、圆形土洞墓，木质葬具的使用极为普遍。以单人仰身直肢葬最为流行，也有少量单人屈肢葬，头向多朝北，次朝西。

兰州红古山发现的两座马厂墓为长方形竖穴土坑形制，无葬具，墓主单人仰身直肢，头向西。兰州徐家山东大梁发现的马厂墓亦为竖穴土坑结构，使用了长方形木棺，墓主均仰身直肢，头朝西。古浪老城发现的马厂墓为长

---

① 甘肃省文物考古研究所、北京大学考古文博学院编著：《河西走廊史前考古调查报告》，文物出版社2011年版。
② 甘肃省文物考古研究所、北京大学考古文博学院编著：《河西走廊史前考古调查报告》，文物出版社2011年版。
③ 甘肃省文物考古研究所、北京大学考古文博学院编著：《河西走廊史前考古调查报告》，文物出版社2011年版。
④ 甘肃省文物考古研究所、北京大学考古文博学院编著：《河西走廊史前考古调查报告》，文物出版社2011年版。

方形竖穴土坑形制，墓主仰身屈肢，头朝南。①

马厂第四期遗存仅在湟水中下游至兰州左近有少量发现，其他地区基本不见（图七十一），至此，马厂类型在河湟地区的辉煌使命最终完结，乐都柳湾马厂墓地完整地揭示了这一进程。在河西走廊地区，到了这一阶段，马厂类型已开始向四坝文化转变。本期彩陶基本延续前一时期的作风，数量骤减，器表流行施红色陶衣绘黑色单彩，构图潦草，色调暗滞，呈现颓败的气象。

这一阶段的墓葬仅在乐都柳湾有发现，结构均为带墓道的椭圆形、圆形土洞墓，有长方形木棺，所见均为仰身直肢葬，墓主头向北。整体特征与前一期相同。

与半山类型相比，马厂类型的空间分布大大超出，呈逐步向西、向北游移的趋势，至马厂晚期已进抵河西走廊西端。从文化发展的连续性考察，甘肃、青海交界的兰州—湟水中下游—大通河流域是为马厂类型的分布中心。据青海省的地下文物普查资料，在湟水中下游一带，马厂类型遗址的分布密度几乎与现代村落相当。② 以柳湾遗址规模最大，充分显示出该区域史前文化的规模和水平。在兰州以南的洮河—大夏河水系，所发现的马厂类型遗存多集中在第一、第二期，数量已较半山时期明显降低，到了马厂晚期（第三期），数量急剧减少，有关这一变化的原因我们留待下一章讨论。在青海东部的黄河沿岸，马厂类型遗存的分布与洮河流域一致，仅在循化、化隆等地发现有马厂早期的遗存，马厂中、晚期遗存更是微乎其微。总体看，该区域马厂遗存分布甚少，目前仅在循化找到 3 处，同仁 5 处，尖扎 7 处，贵德 1 处，总计 16 处③，这种分布稀疏的状况与湟水谷地形成巨大反差，其背后必然有着复杂的社会因素。

---

① 甘肃省文物考古研究所、北京大学考古文博学院：《河西走廊史前考古调查报告》，文物出版社 2011 年版。
② 青海省文物考古研究所：《青海省民和县古文化遗存调查》，《考古》1993 年第 3 期，第 193—211、224、212—223 页。
③ 参见卢耀光：《1980 年循化撒拉族自治县考古调查》，《青海省考古学会会刊》1982 年第 4 期，第 6—11 页；青海省文物考古研究所：《同仁县考古调查简报》，《青海文物》1990 年第 4 期，第 36—46 页；青海省文物考古研究所：《尖扎县考古调查简报》，《青海文物》1990 年第 4 期，第 47—56 页；海南民族博物馆、青海省文物考古研究所：《贵南、同德两县考古调查简报》，《青海文物》1990 年第 4 期，第 57—70 页；青海省文物考古研究所：《贵德县考古调查简报》，《青海文物》1990 年第 5 期，第 16—24 页。

在河西走廊（含古浪、天祝两县）地区，马厂类型遗存分布比较广泛，发展序列大致完整。据目前掌握的线索，该区域未见马厂第一期内容。这或许有两方面的原因：一是这里存在马厂第一期的遗存，因河西考古工作相对薄弱，尚有待新的发现证实；二是河西走廊地处一相对封闭的地理单元，从半山晚期迁徙至此的居民在当地发展成马厂类型，但在文化面貌上与河湟地区的马厂类型形成了一定的差异。考虑到马厂第一、第二两期的差异主要表现在彩陶花纹及某些花纹基本元素方面，后一种可能或许更大一些。

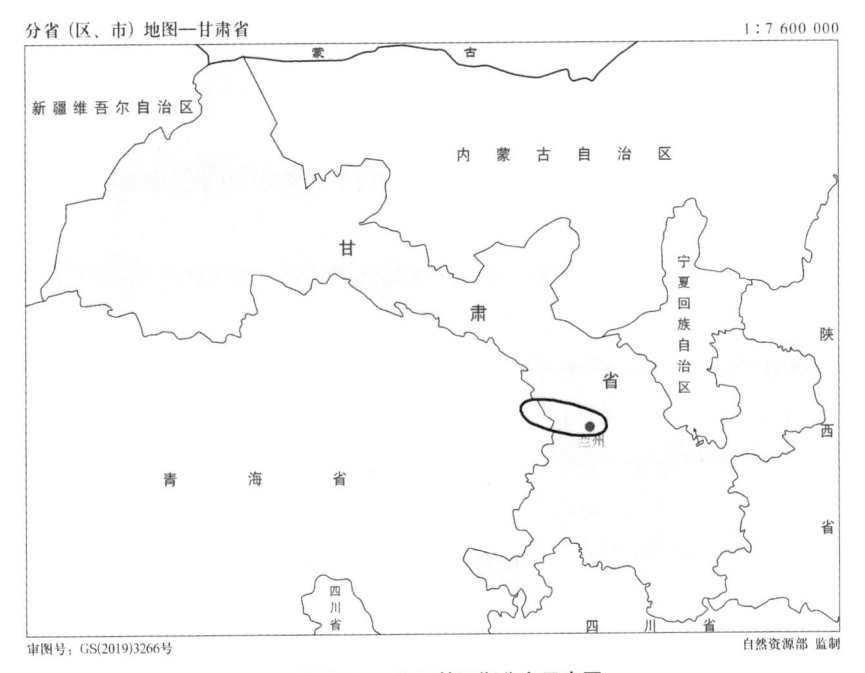

图七十一　马厂第四期分布示意图

在兰州以东，马厂类型的分布面与半山类型大致相当，但相当的零散，所见马厂遗存寥寥可数。其特点是，在这一地域发现的马厂遗存时代多偏早，特别是凡发现马厂彩陶的遗址，必然有半山类型彩陶的发现，暗示该地区的马厂遗存是在当地半山遗存的基础上发展起来的，但一直未得到充分的发展，大约在马厂类型第一、第二期以后，马厂类型在该地区基本绝迹。

半山与马厂的制陶工艺

半山时期的彩陶制作

半山类型陶器分泥质、夹砂两大类，彩陶绝大多数为细泥陶，夹砂陶极少绘彩，两类陶器在不同遗址的比例有一定偏差。大多数遗址（尤其是墓中随葬品）泥质陶比例远大于夹砂陶，如青海乐都柳湾半山墓地的随葬陶器中泥质陶占73%。[1] 生活居址日用陶器中彩陶的比例与墓地接近，经对兰州青岗岔第5号房基所出陶片统计，细泥陶占74%（多数应为彩陶），夹砂陶占26%。[2]

50年代，有学者通过在黄河流域的考察，发现在河南渑池、山东日照等地的现代窑场仍保留着手工制作红陶、黑陶、灰陶等产品的传统，制陶原料主要选择红土、黑土和黄粘土。经化验，这些土壤的化学成分十分接近史前时期的制陶原料。据此推断，新石器时代黄河流域最适合于制作陶器的原料就是这类粘土，而普通黄土和农耕土则很少用于制陶。[3] 80年代，有人撰文介绍，选用黄河沿岸及支流河滨沉淀的黄粘土和红土可烧制出类似仰韶文化的红陶、马家窑文化的橙黄陶和龙山文化的黑陶。同时提出，史前时期人类不大可能对粘土进行人工筛选、淘洗，而是利用河水自然淘洗、沉淀，并直接用河滩沉积粘土作为制陶原料。[4] 但是近年来，有学者使用河流两岸淤泥

---

[1] 青海省文物管理处考古队、中国社会科学院考古研究所：《青海柳湾》，文物出版社1984年版。
[2] 甘肃省博物馆文物工作队：《甘肃兰州青岗岔半山遗址第二次发掘》，《考古学集刊》第二集，中国社会科学出版社1982年版，第10—17页。
[3] 周仁等：《我国黄河流域新石器时代和殷周时代制陶工艺的科学总结》，《考古学报》1964年第1期，第1—27页。
[4] 李湘生：《试析仰韶文化彩陶的泥料、制作工艺、轮绘技术和艺术》，《中原文物》1984年第1期，第53—59页。

土进行模拟实验，证明用淤土很难制成陶器。在中国北方地区，史前时期主要选用可塑性能好、含钙量低的红粘土作为制陶原料。[1] 甘肃省博物馆实验室曾对该省出土的 12 种史前时期陶片进行成分分析，发现当时制陶业普遍不用马兰黄土；所测陶片成分集中在一定区域，表明当时人类对制陶原料已有较深入的了解。[2] 显然，半山时期制作彩陶的原料应该是普遍易熔粘土。

半山类型彩陶全部用手工制作。一般根据陶器个体大小选择不同的制作方法，小型器直接用手工捏塑，大、中型器多采用泥条盘筑技术，分段制作陶坯、附件，再将各部位对接成型。以器类划分，壶、瓮类器皿的器身与器底使用对接法，盆、罐类大口器皿通常从器底直接盘筑器身。使用对接法成形的陶器，接合部往往最为薄弱，也最易断裂，需要在内壁多次刮抹修整，将接茬弥合、抹光。在不少陶器内壁可见一条条由下向上层层压抹、刮捺的指印痕迹[3]，说明了这一工序的重要。器耳一类附件需单独制作，再按需要装置在陶器的相应部位。为求牢固，附件多采用榫卯套接法，如将器耳两端捏成铆钉状，穿透器壁，再经挤压、抹平，使之与器体牢固结合，在脱落器耳的陶器上常常能见到这种套接的痕迹。[4] 半山时期慢轮整修工艺较普及，不少器皿口缘、腹壁留有旋转轮修痕迹，经过轮修的陶器外形较规整、对称。

《民和阳山》报告的发掘编写者指出："该址出土的个别彩陶使用了快轮成形技术，但仅限于瓮和小口罐，说明该技术当时尚不普及，仅个别'窑口'或个别工匠掌握了这一技艺。"[5]《苏呼撒》报告编写者也提出，该址所出彩陶壶、罐、盆等器口沿有清晰的同心圆痕，"联想到红陶罐上规整的弦纹，彩陶上整齐的平行条带纹图案，若无旋转的陶轮是难以完成的"[6]。有研究者经模拟实验提出，在新石器时代晚期特别是在马家窑文化彩陶中已普遍采用了"轮绘"工艺。[7] 其中，有些花纹需快轮协助方能绘制，否则极难达到线条规整、均衡、粗细一致的效果。以半山彩陶中的平行带纹（俯视作同

---

[1] 李文杰：《中国古代制陶工艺的分期和类型》，《自然科学史研究》1996 年第 1 期，第 80—91 页。
[2] 马清林等：《甘肃古代各文化时期制陶工艺研究》，《考古》1991 年第 3 期，第 263—272、294 页。
[3] 巴尔姆格伦：《半山马厂随葬陶器》，PI. XXXI。
[4] 巴尔姆格伦：《半山马厂随葬陶器》，PI. XXXII:7。
[5] 青海省文物考古研究所：《民和阳山》，文物出版社 1990 年版。
[6] 青海省文物考古研究所：《青海循化苏呼撒墓地》，《考古学报》1994 年第 4 期，第 425—469 页。
[7] 参见李湘生：《试析仰韶文化彩陶的泥料、制作工艺、轮绘技术和艺术》，《中原文物》1984 年第 1 期，第 53—59 页；张朋川：《中国彩陶图谱》，文物出版社 1990 年版。

心圆)为例,线条繁缛密集、线与线之间空隙很小,若仅凭手工操作极难胜任,只有借助轮盘的旋转才能够做到。试验证明,用一支饱蘸颜料的笔在器表绘同心圆花纹,若要达到线条粗细均匀、水平一致的效果,陶轮必须具备一定的转速。因毛笔中饱含液体颜料,若运笔停顿,水和颜料会出现分离;若轮盘转速过慢,颜料会迅速被陶坯吸干;只有达到适当的转速,方可一次成功,而且颜色均匀,线条干净利落。[1]"轮绘"工艺的使用还可从另一角度得到验证,对那些形体比较大的器皿,"工艺师"作画时需围绕陶器团团转,很不利于工作。若将陶器放在轮盘上,利用简单的机械力使其旋转,既可提高工效,也大大减轻了劳动强度。在仰韶文化晚期,陶轮这一工具已经比较普及,除用作制陶,也可用于绘制彩陶花纹。目前,在半山时期的遗址中尚未发现陶轮盘实物,但从半山所处的时代看,掌握这一技术是不困难的。与此相关的另一个证据是,新石器时代晚期的彩陶花纹几乎都描绘在器高二分之一以上位置,而器高五分之二以下部位一般不画彩,这反映出史前时期人们在彩陶制作中有着强烈的功利性。因器高五分之二以下部位比较隐蔽,为目力所不及,因此没有必要在此耗费精力,做无用功。[2]此外,从制陶工艺的角度考虑,上述现象也很有可能是采用"轮绘"技术的结果。试想,若借用轮盘绘彩,必然要在其上设置承托陶器的支座,以确保轮盘旋转时陶器稳定。这样陶器底部以上五分之二正好隐蔽在支座内,当然无法在此作画。[3]

对于轮绘我们是这样认识的,根据对西北地区制陶工艺的总体发展状况观察,半山时期还不大可能掌握快轮成形制陶技术,有些陶器表面所谓的"轮痕",应是慢轮修整过程中留下的痕迹。至于轮绘,也只能是借助慢轮工艺辅助绘彩的一种技术手段。

半山时期对彩陶制作的工艺要求较高,一般要选用纯净、细腻的粘土为原料,陶坯制成后,器表需经抹光、打磨,甚至抛光,使之光滑细腻,有些在器表施加一层用细腻的粘土添加颜料调配成的衣浆,颜色淡红或橙黄。[4]

---

[1] 参见李湘生:《试析仰韶文化彩陶的泥料、制作工艺、轮绘技术和艺术》,《中原文物》1984年第1期,第53—59页;张朋川:《中国彩陶图谱》,文物出版社1990年版。
[2] 谷闻:《漫谈新石器时代彩陶图案花纹带装饰部位》,《文物》1977年第6期,第67—71页。
[3] 李湘生:《试析仰韶文化彩陶的泥料、制作工艺、轮绘技术和艺术》,《中原文物》1984年第1期,第53—59页。
[4] 甘肃省博物馆文物工作队:《甘肃兰州青岗岔半山遗址第二次发掘》,《考古学集刊》第二集,中国社会科学出版社1982年版,第10—17页。

施陶衣的目的是使器表色泽更加均匀,一方面利于绘彩,另一方面也能提高陶器表面的致密度。待上述工序完成后,才由画工接手,设计图案,绘画花纹。由于是在底色较浅的器表绘黑红彩花纹,画面自然呈现黑、红、橙(或黄)三种色调,对比强烈,层次丰富,具有理想的装饰效果。半山时期的花纹以几何构图见长,充分运用粗细、弧曲、斜直、横竖、方圆等线条的重复、组合、变化,达到层次分明、延绵不断、往复无穷的视觉效果。在半山类型彩陶中曾发现重复绘彩现象,即先绘红彩,再在红彩上加绘黑彩[1]。也有的彩陶在绘彩后,再用细软的物质反复打磨器表,使绘彩部位细密发亮,富有光泽,达到抛光的效果。

迄今为止,尚未在半山彩陶中发现绘彩前"打稿"的痕迹,但这一程序显然不可或缺。若仔细审视半山时期的彩陶,不得不佩服当时绘画工匠技艺的高超。那些变幻莫测的彩陶花纹无论正视还是转换角度,画面均流畅、齐整、美观;若俯视,更能产生令人意想不到的艺术效果,多数花纹呈现花团锦簇、气氛热烈的艺术效果(参见图二十八)。显然,绘画工匠在动笔之前,对花纹的设计、布局是经过深思熟虑的。有学者通过观察,在有的花纹中发现画工走笔时每一画入笔与画出笔的笔触层次,因出笔处往往拖出一至数股由粗渐细的笔锋,由此推断当时的绘画工具可能非常类似现代的毛笔。[2] 其实,早在30年代,李济先生就指出,仰韶文化彩陶的"彩用笔画是无疑问的。色的浓淡,与笔枝的叉丫都极清楚;有几笔的笔势来得很壮,可见绘彩人的工夫已到了很高的境界"[3]。有研究者通过对彩陶上留下的笔迹得出如下认识:"一、彩绘施于极薄的未经烧制的陶衣上,无划痕,说明笔头相当软。二、线条可粗可细,说明笔头有很好的弹性。三、线条流畅,表明笔头不干涩,可吸入一定量的水分。四、有些图案绘在器物内壁,说明有较长的笔杆。"据此研究者认为,当时绘彩的笔应为比较成熟的毛笔。[4] 也有学者对当时的笔做了细致的推测,认为:"半坡类型[5]彩陶上绘有纤细流畅的线条,说明当时的毛笔已有较好的凝聚性,而且笔锋较细。由于矿物质颜料较浓,用

---

[1] 马清林等:《甘肃古代各文化时期制陶工艺研究》,《考古》1991年第3期,第263—272、294页。
[2] 青海省文物考古研究所:《民和阳山》,文物出版社1990年版。
[3] 李济:《西阴村史前的遗存》,清华学校研究院印行,1927年,第18页。
[4] 田村:《关于彩陶绘笔的思考》,《中国文物报》1991年1月13日第三版。
[5] 半坡类型属于仰韶文化早期,年代距今6500年左右。

软毫笔不容易运开颜料,因此当时绘画彩陶的毛笔可能用长锋的鹿、狼之类的硬毫制成。"[1]据分析,用这种"笔"绘制一件彩陶,如仅绘单色,尽管线条有粗细之别,用笔一支足矣。若绘复色,至少需用两支笔。分析花纹中笔锋的数目,一根较粗的线条,有时一挥而就,有时则多达四笔。[2]从绘画角度观察,当时在制陶业内部已出现了"专职画师",他们与制作陶坯的工匠显然有着不同的分工,各司其职,"专职画师"负责在制好的陶坯表面绘画花纹。半山类型彩陶之所以能数百年保持比较稳定的艺术风格和构图模式,除历史文化传统的强力制约外,也是这些"专职画师"世代传递技艺的结果。同时,也不排除有彩陶贸易的存在。

彩陶生产的最后一道工序是入窑焙烧。在高温作用下,矿物颜料可牢固依附于器表,将来即使触水,颜色也不脱落。

新石器时代彩陶所用颜料的着色剂大多属无机矿物,其染色成分通常利用矿物中的铁、锰等元素。如用浓黄土、褐铁矿和赤铁矿作为黄色、红色或棕色颜料,这些矿物均为富含铁的风化物。用软锰矿、磁铁矿作为黑色颜料,用重晶石、硬石膏、高岭土作为白色颜料。[3]通过对仰韶文化彩陶进行光谱分析证明,赭红彩的着色剂为铁,其原料可能来源于赭石;黑彩的着色剂为铁和锰,其原料可能来源于一种含铁量较高的红土;白彩着色剂除含少量铁外,基本无着色剂,其原料可能来源于一种配有熔剂的瓷土;有些白彩表面富有光泽,表明其原料的熔点偏低。[4]1977年,在陕西宝鸡北首岭仰韶文化遗址的房屋、墓葬和地层中出土一批红颜料,年代距今5300—7200年之间,使用X射线粉末照相法对这些颜料块做了定性鉴定,结果表明,这些从不同单位出土的古代颜料块为a-Fe_2O_3与a-SiO_2(石英)的混合物。经对四个样品进行检测,"实验结果断定,四个样品均为天然赤铁矿(a-Fe_2O_3)

---

[1] 张朋川:《中国彩陶图谱》,文物出版社1990年版,第140页。
[2] 青海省文物考古研究所:《民和阳山》,文物出版社1990年版,第67页。
[3] 参见周仁等:《我国黄河流域新石器时代和殷周时代制陶工艺的科学总结》,《考古学报》1964年第1期,第1—27页;李湘生:《试析仰韶文化彩陶的泥条、制作工艺、轮绘技术和艺术》,《中原文物》1984年第1期,第53—59页;李文杰、黄素英:《黄河流域新石器时代制陶工艺的成就》,《华夏考古》1993年第3期,第66—77页。
[4] 周仁等:《我国黄河流域新石器时代和殷周时代制陶工艺的科学总结》,《考古学报》1964年第1期,第1—27页。

矿物颜料"[1]。另在河南淅川下王岗遗址的仰韶文化一期文化层出土一块黑色颜料块，经鉴定为锰铁矿石。[2] 半山时期使用的彩陶颜料应与仰韶文化大致相同。甘肃省博物馆实验室对该省出土的新石器时代彩陶进行了化学和光谱分析，得出如下一些认识。（1）红色主要由含 a-Fe$_2$O$_3$ 的矿物颜料组成。a-Fe$_2$O$_3$ 为显色剂，对颜色起决定性作用。红彩中 Fe$_3$O$_4$ 含量极少，从物相分析中看不到 Fe$_3$O$_4$，在荧光分析显色元素时未发现锰元素。在半山彩陶（标本号 BS2）中，红彩边缘显色较亮，色带中间发黑紫色，其元素中含锰，其中 Mn/Fe 重量比为 1∶10。可见锰元素的存在与否对铁元素的显色色调有直接影响。（2）黑彩主要显色元素为铁、锰，显色物相主要是 a-Fe$_2$O$_3$ 和 Fe$_3$O$_4$，在有些颜料中不见 Fe$_3$O$_4$。（3）白色显色物相为 CaCO$_3$，但陶器烧成温度可达 1000℃。在这一温度下，CaCO$_3$ 已经分解，由于吸附作用而附着于器表，出窑后在空气中又变为 CaCO$_3$；或许为陶器烧成后再绘彩，硬化后变为 CaCO$_3$。（4）彩色颜料一般不随烧成温度的变化而变化，烧成后颜色与绘彩时颜色相同。[3]

有学者对上述白彩颜料的说法表示怀疑，指出："CaCO$_3$、方解石、硬石膏遇高温会分解，吸水后体积膨胀脱落，不宜作为彩陶颜料使用。"[4] 白彩的主要颜料是高岭土，还可以用镁质粘土。[5]

在兰州青岗岔遗址曾发现一座半山时期的横穴式陶窑。窑室已被破坏，从残余部分观察，窑室原为方形，面积2.32平方米，火膛为椭圆形[6]。看来，这种方形窑室结构的陶窑在兰州左近比较流行，显然有别于其他地区。半山时期彩陶的烧成温度较高，质地坚硬。器表色泽匀称，大多呈橙黄、橙红色，少量红色、灰色。经检测，青海柳湾遗址所出半山彩陶的烧成温度达800℃，吸水率为9.2。[7] 甘肃省博物馆实验室对广河出土的半山类型彩陶片

---

[1] 中国社会科学院考古研究所编著：《宝鸡北首岭》附录三，文物出版社1983年版，第154页。
[2] 河南省文物考古研究所、长江流域规划办公室考古队河南分队：《淅川下王岗》，文物出版社1989年版，第51页。
[3] 马清林等：《甘肃古代各文化时期制陶工艺研究》，《考古》1991年第3期，第263—272、294页。
[4] 李文杰先生见告。
[5] 李文杰：《中国古代制陶工艺研究》，科学出版社1996年版，第10页。
[6] 严文明：《难忘的青岗岔》（上），《文物天地》1993年第1期，第37—39页；《难忘的青岗岔》（下），《文物天地》1993年第2期，第39—41页。
[7] 中国硅酸盐学会编：《中国陶瓷史》，文物出版社1982年版。

进行检测，其烧成温度达 1020±20℃；吸水率分别为 16.4 和 19.7，孔隙度分别为 28.8 和 32.5；莫氏硬度达 3 度。①

马厂时期的彩陶制作

　　马厂类型的制陶工艺基本延续前一时期的传统，包括彩陶花纹绘画、着色部位、彩绘颜料等均与半山类型相同。这一时期仍广泛采用手工制陶技术，小型器用手直接捏塑成型，大型器用泥条盘筑法或对接成型②，慢轮整修技术普及。泥质陶胎体较细腻，但一般掺有少量的细石英砂粒。彩陶以泥质红陶、橙红陶、橙黄陶为主。据统计，兰州白道沟坪—徐家坪窑场所出彩陶残片占陶片总量的 50% 以上，随葬彩陶也基本保持这一比例。③不同的是夹砂陶数量略有上升，特别是在有些生活居址中，夹砂陶比例接近泥质陶。经对甘肃临夏马家湾遗址 1 号房屋基址所出陶片进行统计，泥质陶占 54.6%，夹砂陶占 45.4%。④随葬陶器以泥质陶数量居多，其中多数为彩陶。如兰州白道沟坪墓地随葬陶器中泥质陶比例高达 75%⑤；永昌鸳鸯池墓地随葬泥质陶占 70%⑥。但也有个别例外，如民和阳山墓地随葬泥质陶仅占总量的 48%。⑦总体看，马厂类型偏早阶段的工艺与半山时期更为接近。偏晚阶段，工艺较早期草率，尤以彩陶表现得最为充分。

　　马厂时期的制陶业规模较半山时期有长足的发展，这从墓葬中随葬陶

---

① 马清林等：《甘肃古代各文化时期制陶工艺研究》，《考古》1991 年第 3 期，第 263—272、294 页。
② 巴尔姆格伦：《半山马厂随葬陶器》，PI. 33。
③ 参见甘肃省文物管理委员会：《兰州新石器时代的文化遗存》，《考古学报》1957 年第 1 期，第 1—8 页；甘肃省博物馆：《甘肃古文化遗存》，《考古学报》1960 年第 2 期，第 11—52 页。
④ 黄河水库考古队甘肃分队：《甘肃临夏马家湾遗址发掘简报》，《考古》1961 年第 11 期，第 609—610 页；中国科学院考古研究所甘肃工作队：《甘肃永靖县马家湾新石器时代遗址的发掘》，《考古》1975 年第 2 期，第 90—96、101、135—136 页；黄河水库考古队甘肃分队：《黄河上游盐锅峡与八盘峡考古调查记》，《考古》1965 年第 7 期，第 321—325 页。
⑤ 参见甘肃省文物管理委员会：《兰州新石器时代的文化遗存》，《考古学报》1957 年第 1 期，第 1—8 页；甘肃省博物馆：《甘肃古文化遗存》，《考古学报》1960 年第 2 期，第 11—52 页。
⑥ 甘肃省博物馆文物工作队、武威地区文物普查队：《永昌鸳鸯池新石器时代墓地的发掘》，《考古》1974 年第 5 期，第 299—308、289 页；甘肃省博物馆文物工作队、武威地区文物普查队：《甘肃永昌鸳鸯池新石器时代墓地》，《考古学报》1982 年第 2 期，第 199—227 页。
⑦ 青海省文物考古研究所：《民和阳山》，文物出版社 1990 年版。

器的数量可以反映出来。以乐都柳湾遗址为例，马厂时期随葬陶器总量达13227件，平均每墓超过15件。在青海民和马排遗址，出土陶器1046件，每墓平均达17件。这一时期有行"厚葬"之风，有的墓随葬陶器数量惊人，如柳湾564号墓随葬陶器91件，其中，彩陶就有86件。①再如马排46号墓，随葬陶器145件，绝大多数为彩陶。②这种超常的"厚葬"现象在半山时期绝对不见。数字的背后反映出社会性质和分配关系的变化，表面现象是制陶业有了大的发展，陶器产量增加；但实质性的因素是"贫富不均"加剧，个人占有财产数量多寡不等。具体表现是，同一地点贫富差距拉大，如马排遗址，随葬陶器最多的墓高达145件，但同一墓地中有些墓却一无所有③；再就是不同地区之间的贫富差距拉大。在自然条件比较优越的河湟谷地，随葬陶器的平均数较高。在自然环境较差的河西走廊一带，以永昌鸳鸯池墓地为例，随葬陶器最多仅十余件，且多为小件明器，每座墓平均随葬陶器仅3件左右，不少墓空无一物。④

马厂时期彩陶的突出特点是在器表普遍施加一层陶衣，颜色分红、紫红和黄白等色。其中，河湟地区流行紫红色陶衣，河西走廊一带以黄白色居多，也有的作橙红色，为该地区所流行的风格。从文化的延续性看，陶衣这种工艺是从半山时期承继下来的，到了马厂时期则广为普及。根据对青海柳湾出土物的统计，彩陶中所占比例最高的是红衣黑彩，其次为黑红复彩。其配色可细分为六种：（1）在本色陶器上绘黑红复彩；（2）在本色陶器上绘黑色单彩；（3）在本色陶器上施红衣绘黑红复彩；（4）在本色陶器上施红衣绘黑彩；（5）在本色陶器上施红衣绘黑白复彩；（6）在本色陶器上施黄白衣绘红色单彩。这其中，以2、4两项所占比例最高，1、3次之，5、6最少。⑤

---

① 青海省文物管理处考古队、中国社会科学院考古研究所：《青海柳湾》，文物出版社1984年版。
② 青海省文物管理处：《青海民和马排马厂墓葬发掘简报》，《史前研究》（辑刊），1990—1991年，第298—308、296页。
③ 青海省文物管理处：《青海民和马排马厂墓葬发掘简报》，《史前研究》（辑刊），1990—1991年，第298—308、296页。
④ 甘肃省博物馆文物工作队、武威地区文物普查队：《永昌鸳鸯池新石器时代墓地的发掘》，《考古》1974年第5期，第299—308、289页；甘肃省博物馆文物工作队、武威地区文物普查队：《甘肃永昌鸳鸯池新石器时代墓地》，《考古学报》1982年第2期，第199—227页。
⑤ 严文明：《难忘的青岗岔》（上），《文物天地》1993年第1期，第37—39页；《难忘的青岗岔》（下），《文物天地》1993年第2期，第39—41页。

将这一统计数据与我们的分期结果相比较，马厂第三期施红衣绘黑彩的陶器所占比例最高，这也正是马厂类型发展的顶峰时期。

在兰州白道沟坪—徐家坪遗址发现一处马厂时期制作陶器的窑场，考古工作者在这里共发现12座结构相同的竖穴式陶窑，窑室为正方形或近正方形，面积1平方米左右，窑底均为锅底状，筑有窑箅，箅上设火眼9枚。窑场内还发现陶作坊遗迹、揉和粘土胶泥的土坑、当时制陶搓剩下的泥条、研磨彩绘颜料的石盘、调配颜料的分格调色盘及紫红颜料等遗物，形象地再现了当时制作陶器、绘画彩陶的场景。由此可证，当时生产陶器的整个流程都是在窑场内进行的。这批窑共分4个单元，每一单元内包括数量不等的几座窑，它们共用一座"灰土坑"，构成一组联系紧密的生产单位。这种布局一方面便于操作管理，也利于劳动生产率的提高。[1] 另在兰州青岗岔遗址也发现一座马厂时期的方形陶窑。看来，在兰州左近，这种方形的陶窑从半山时期一直延续到马厂时期。[2]

经对柳湾出土的马厂类型陶器进行检测，泥质红陶烧成温度为760℃，吸水率9.85；夹砂红陶烧成温度达1020℃，吸水率8.17。[3] 甘肃省博物馆实验室对永登蒋家坪出土的马厂陶片进行检测，彩陶的烧成温度为800℃左右，吸水率13.7—15.6，孔隙度26.3—28.3，莫氏硬度达3度。[4]

---

[1] 参见甘肃省文物管理委员会：《兰州新石器时代的文化遗存》，《考古学报》1957年第1期，第1—8页；甘肃省博物馆：《甘肃古文化遗存》，《考古学报》1960年第2期，第11—52页。
[2] 甘肃省博物馆文物工作队：《甘肃兰州青岗岔半山遗址第二次发试掘》，《考古学集刊》第二集，中国社会科学出版社1982年版，第10—17页。
[3] 中国硅酸盐学会编：《中国陶瓷史》，文物出版社1982年版。
[4] 马清林等：《甘肃古代各文化时期制陶工艺研究》，《考古》1991年第3期，第263—272、294页。

半山与马厂彩陶的源流及时空框架

半山类型的空间分布比较广泛，其地理位置大致落在东经106度至东经102度，北纬38.5度至34.5度之间，这一空间范围面积达176000平方公里，恰好处在黄土高原与青藏高原临界的西部边缘（图七十二）。该区域内的水系以黄河为主干，注入黄河的一、二级支流有大夏河、洮河、湟水、庄浪河、祖厉河、渭河等。河西走廊境内均为内流河，较著名的大河有石羊河、黑河、疏勒河等；半山时期的遗址大多座落在这些河流及支流两岸的阶

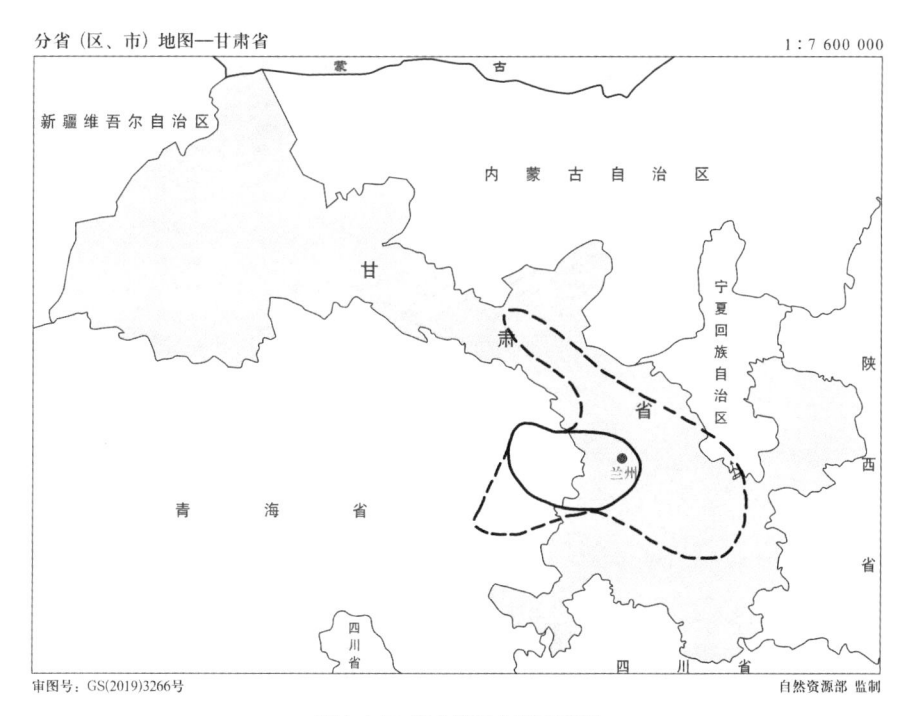

图七十二　半山类型分布示意图

地上。半山类型的分布中心位于洮河中游—兰州—湟水中下游一带。据初步统计，分布在洮河流域（包括大夏河）的半山遗址有35处，黄河沿岸有81处，湟水谷地有47处，以上三地的遗址数量占目前所知半山遗址的90%左右（见表二十三：1—3）。

马厂类型的分布空间与半山类型大面积重合，不同的是西北部更加深入，其西界已到达河西走廊西端的酒泉、金塔境内；在青海，所见地理位置最西的马厂遗址位于尖扎县境内，东部、南部与半山时期分布范围接近。上述空间的地理位置跨越东经97度至106度，北纬34.5度至40度，较半山时期的分布面明显扩大，总面积达400000平方公里（图七十三）。宏观地看，马厂的分布大面积向西北一带游移，在河西走廊有空前的发展，在洮河流域和青海东部黄河上游地区，较半山时期明显收缩，其分布中心已退缩到兰州—湟水中下游一带。据统计，在兰州左近发现的马厂类型遗址有98处，湟水中游一带高达372处，以上两地的遗址数量就占马厂遗址的80%以上（见表二十三：1—3）。

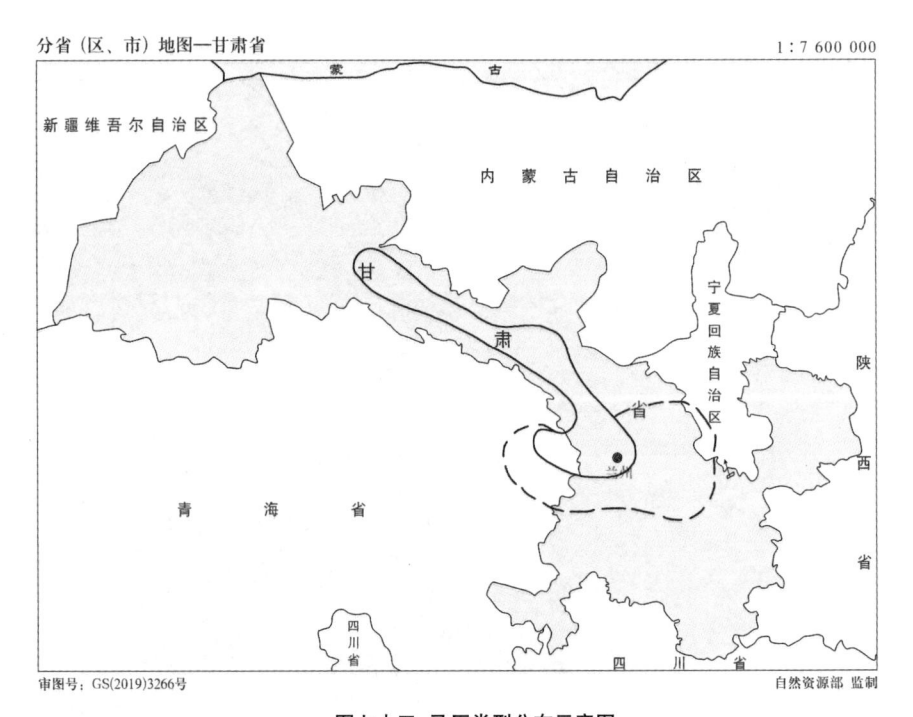

图七十三 马厂类型分布示意图

表二十三：1　甘肃半山、马厂类型遗址数量统计表

水系	地点	文化类型	
		半山类型	马厂类型
洮河	临洮	4	1
	康乐	11	2
	广河	14	4
	岷县		1
大夏河	临夏	4	6
	东乡	2	6
黄河	兰州	16	37
	永登	2	26
	榆中	8	7
	永靖	9	28
	皋兰	2	5
	景泰	3	
	白银		2
	靖远		1
河西走廊	天祝		3
	古浪	1	6
	武威	1	15
	永昌	1	12
	民勤		1
	山丹		1
	民乐		2
	张掖		1
	高台		1
	酒泉		4
	金塔		3
渭河上游	天水	2	
	清水		1
	武山	1	
	会宁	2	2
	渭源		1
	秦安	3	
	庄浪	5	

表二十三：2　宁夏半山、马厂类型遗址数量统计表

水系	地点	文化类型	
		半山类型	马厂类型
清水河	固原	5	
葫芦河	西吉	1	
	海原	3	2

表二十三：3　青海半山、马厂类型遗址数量统计表

水系	地点	文化类型	
		半山类型	马厂类型
湟水	民和	40	352
	乐都	4	17
	互助	1	3
	西宁	1	3
	湟中		1
	大通	1	
黄河	循化	21	16
	化隆	4	13
	同德	1	
	贵德	2	1
	同仁	6	6
	尖扎	2	12

20世纪30年代，瑞典学者巴尔姆格伦通过对半山、马厂陶器形制、花纹的研究，认为马厂早期的陶器形态、花纹均接近半山晚期。[1]多年的考古发现证实，这两个类型是前后相续的，属于同一考古学文化的不同发展阶段，有密切的文化传承关系。

本书从器形、花纹两个层面对半山、马厂彩陶做了分门别类的详细梳

---

[1] N. Palmgren, *Kansu Mortuary Urns of the Panshan and Machang Groups*,《中国古生物志》丁种第三号第1册，1934年。

理，在上述工作基础上，将半山类型分为五期，马厂类型分为四期。以上九期衔接紧密，基本不存在时间缺环，从半山到马厂的彩陶发展谱系得以完整地显示。

半山早期的分布中心位于兰州—洮河水系—湟水谷地，在此范围外有一些零星发现，但为数不多。稍晚一段已扩展到黄河以北的景泰县境内。[①] 半山中期大体维系早期的格局，在黄河以北景泰境内有所发展，并有可能由此沿腾格里沙漠南缘的古浪峡通道进入河西地区，寻求生存空间。由此向东可对宁夏南部山区的史前文化施加影响并进行交流。[②] 半山晚期的空间布局有较大变动，其中心区域转向兰州左近—湟水中下游一带，在兰州以东特别是兰州以南洮河流域的遗址数量明显减少。与这一格局相对应的是，开始有少部分居民西迁至甘肃河西走廊东段的武威、永昌一带。半山晚期后段（即半山第五期）开始向马厂类型转变，这一过程持续到马厂初期（即马厂第一期）。

马厂第一期与半山晚期的分布大致相同，中心区仍维持在兰州—湟水中下游地区。该区域的马厂类型比较全面地继承了半山时期的文化特征，如半山第五期与马厂第一期的彩陶花纹、器形非常接近，二者之间有不少你中有我、我中有你的内容相互交织缠绕，即便有些差异，也微乎其微，不很容易截然断开，这恰恰表明从半山到马厂是一个连续不间断的发展过程。我们判断马厂第一期的标志器皿是：小口高领瓮特别是 B 型矮领小口瓮这种马厂式典型器大量出现。包括一批典型花纹的出现。马厂第二期时，在空间上已形成两个中心，一个继续维系在兰州—湟水中下游左近，另一个已转移到甘肃河西走廊，两个地区在文化面貌上差异逐渐拉大。马厂第三期大体保持第二期的格局，文化面貌有明显变化，制陶手工业更为发达，贫富差距也更加悬殊。马厂第四期时，河湟地区的空间分布面急剧萎缩，彩陶制造全面衰落。在河西走廊地区，马厂类型继续着西进的战略，文化重心西移，并在那里完成了向青铜时代的转变。

下面将半山、马厂时期各典型遗址所跨越的时段以表格形式展示出来（表二十四），以此作为本小节的结束。

---

① 甘肃省景泰县马胡地沟口遗址所出半山类型彩陶非常接近兰州花寨子遗址丙组。
② 宁夏西吉、海原一带发现的少量半山类型彩陶很可能是循此通道自西传播而来。

表二十四

类型	分期	遗址
		张家寨 / 师赵村 / 花寨子 / 营盘岭 / 青岗岔 / 十里店 / 焦家庄 / 地巴坪 / 边家沟墓 / 半山 / 瓦罐嘴 / 王家沟 / 张家台 / 白道沟坪 / 糜地岘 / 阳洼 / 土谷台 / 蒋家坪 / 鸳鸯池 / 乐山坪 / 红古 / 徐家山 / 阳山 / 柳湾 / 马排子 / 总寨 / 朱家寨 / 苏呼撒 / 西滩墓 / 宗日
半山类型	一 二 三 四 五	
马厂类型	一 二 三 四	

半山类型的来源

70年代末，严文明先生曾撰文指出，马家窑文化的马家窑类型先后经历了四个发展阶段，然后，发展到以兰州陆家沟—小坪子等遗存为代表的一类遗存，半山类型就是在小坪子遗存的基础上发展而来的。[①] 这一观点在学术界已被多数学者所认同。

以考古发现的遗址点计，陆家沟—小坪子一类遗存的分布四至为：东达甘肃天水—陇西，西抵河西走廊武威—酒泉一线、青海湟水上游大通河谷地、黄河上游同德、尖扎一带，南临甘肃武都地区的白龙江流域，北以兰州为界。其中心区辐集在兰州、榆中、永靖、临洮，青海民和、乐都等地，这一空间恰好是日后半山类型的分布中心。陆家沟—小坪子一类遗存的器类组合为：壶、瓶、罐、瓮、盆等，与半山类型早期的陶器相比，器类基本相同。陆家沟—小坪子类遗存的彩陶风格独特，所见均绘黑色单彩，特点是选用宽

---

① 严文明：《甘肃彩陶的源流》，《文物》1978年第10期，第62—76页；严文明等：《雁儿湾和西坡洼》，《考古学文化论集》（三），文物出版社1993年版，第12—31页。

粗的几何线条组成粗放的纹样，在地域偏西的遗址中常见有在黑彩花纹中穿插、点缀少量的白彩；代表性花纹有：漩涡纹、圆圈网格纹、横条带纹、突弧纹、竖条带纹、对齿纹、水波纹等；器颈部流行横条带纹；内彩习见十字纹、漩涡纹（图七十四）。

纵观陆家沟—小坪子类遗存的彩陶，不难发现它与半山第一期彩陶在器形、花纹方面有诸多相同因素，有些器形、花纹几乎难分彼此，如半山第一期Ⅰ式小口长颈壶、AⅠ单耳罐、AⅠ单耳长颈瓶等器；花纹中的大锯齿纹、对齿纹、漩涡纹、圆圈纹、凸弧纹；内彩漩涡纹、十字纹等。显然，这些纹样都来源于陆家沟—小坪子类遗存。但二者之间也有差异，如陆家沟—小坪子类遗存的小口长颈壶、单耳长颈瓶折肩作风更强烈，锯齿纹不见或极少见，

图七十四
1. 兰州；2. 青海民和边墙；3. 榆中；4. 兰州小坪子；
5. 陇西吕家坪M1；6. 临洮马家窑；7. 天水师赵。

有些花纹构图与半山第一期还有着较明显的区别，但这并不影响二者之间密切的亲缘关系。通过我们的分期研究，不难看出半山第一期与陆家沟—小坪子类遗存的文化面貌相当接近，二者之间的演变轨迹清晰可辨，特别是半山第一期中那些不用锯齿纹的彩陶花纹与陆家沟—小坪子类遗存已无缺环可言。

但无论怎么讲，从马家窑类型到半山类型的转变还是给人以某种突兀感。其中，最强烈的莫过于花纹中红彩的出现。因为在此之前，甘青地区的史前文化中还从未有过使用黑红复彩的先例，尽管它的出现是逐步的、由少渐多的。在追溯这一变化时，我们必须将视野扩大。其实，红彩的再现是中国新石器时代晚期（距今5000年左右）出现的一种新的文化现象。以黄河中游地区为例，在仰韶文化晚期的庙底沟二期阶段，彩陶已经大幅度衰落下去，但少量孑遗的彩陶却常常表现为绘红彩、黑红彩花纹。[1] 如在山西太谷白燕第一地点庙底沟二期遗存中就发现有一组绘黑红复彩的陶器（图七十五：上），其花纹有紫红彩菱格纹、对三角纹、宽弧线纹。这其中最引人注目的是有一种红彩宽弧线纹，它是在绘好的红彩弧线边缘用黑彩勾勒出三股细线纹，其构图风格包括小口长颈壶的器形与半山类型彩陶非常相似。白燕遗址庙底沟二期的年代上限略早于半山类型，下限与半山类型早期年代接近。[2] 目前，虽然还无法证实半山彩陶中的红彩因素是否直接来源于黄河中游地区，但从中国史前时期东部原始文化历来对西部施加影响这一大趋势看，二者之间未必毫无联系。

近年来，在内蒙古自治区凉城县红台坡[3]、准格尔旗南壕[4]、周家壕[5]等遗址陆续出土一批年代相当于仰韶文化晚期的彩陶，多数采用黑红复彩构图，流行纹样有：三角纹、涡纹、纽索纹、菱形纹、圆圈纹（图七十五：下）。

---

[1] 中原地区在仰韶文化庙底沟类型出现黑红复彩或黑红白三彩构图的彩陶，到了更晚一阶段的庙底沟二期，彩陶完全衰落，但孑遗的少量彩陶开始绘画红色单彩纹样，在河南洛阳王湾遗址、山西太谷白燕等遗址均有发现。

[2] 晋中考古队：《山西太谷白燕遗址第一地点发掘简报》，《文物》1989年第3期，第1—21、98—99页。

[3] 田广金：《内蒙古岱海地区仰韶时代文化遗址的调查》，《内蒙古中南部原始文化研究文集》，海洋出版社1991年版，第31—54页。

[4] 内蒙古文物考古研究所：《准格尔旗南壕遗址》，《内蒙古文物考古文集》，中国大百科全书出版社1994年版，第205—224页。

[5] 内蒙古文物考古研究所：《准格尔旗周家壕仰韶晚期遗址》，《内蒙古文物考古文集》，中国大百科全书出版社1994年版，第167—173页。

	山西太谷白燕遗址	
内蒙古准格尔旗周家壕遗址	准格尔旗南壕遗址	内蒙古凉城县红台坡遗址

图七十五

其中，以下几点特别重要：（1）这批彩陶中有部分花纹为两股黑彩夹一道红彩的构图；（2）黑彩条带纹中有锯齿纹、对齿纹元素；（3）盆、钵类器皿内彩发达。凡此种种，均与半山时期彩陶风格相似。耐人寻味的是，内蒙古出土的这批彩陶所处时代恰好落在马家窑类型晚期范围内，这提醒我们，在追寻半山彩陶中的红彩、锯齿纹因素的来源时，应对鄂尔多斯高原一带予以足够的关注。

以往在探讨半山彩陶中的红彩元素时，有学者曾指出，青海乐都脑庄马家窑类型晚期墓出土的彩陶中有些间绘白彩，这种配色风格应与半山时期的黑红彩搭配有渊源关系。[①] 据我们的观察，从使用颜料的传统和半山彩陶花纹结构几方面考虑，白彩与红彩是否存在源流关系，还有待进一步的研究。

马厂类型的流变

马厂类型是半山类型的继续和发展。半山第五期与马厂第一期文化面貌的接近清晰地指示出二者密切的渊源关系。

从马厂早、中期开始，马厂类型分为东西两部，也从此走上了两条截然不同的发展道路。

甘肃河西走廊是为马厂类型分布的西区，这里地处青藏高原和蒙新高原之间，东西长达千余公里，南北宽数十公里，地势狭长，是通往中亚腹地的咽喉，自古即为东西交通的重要孔道。距今 5000 年左右，即马家窑类型阶段，开始向河西地区移民[②]，这一"文化西渐"的浪潮持续到马厂早期，这一地区已成为马厂类型的另一重心区。尽管在河西走廊一带所做的考古工作不多，但通过下面一组数字，还是能够反映出马家窑文化经略西北的历程。目前，在河西地区发现的马家窑类型遗址约 10 处左右，半山时期遗址数量更少，仅有 3 处。马厂类型的遗址则猛增到 40 处以上（参见表二十三：1）。

马厂类型的部分居民迁徙到河西后，由于地理环境的相对隔绝，交通

---

① 李伊萍：《半山马厂文化研究》，《考古学文化论集》（三），文物出版社 1993 年版，第 32—67 页。
② 甘肃省文物考古研究所、北京大学考古文博学院编著：《河西走廊史前考古调查报告》，文物出版社 2011 年版。

不畅，逐渐拉大了与河湟地区的文化距离，这其中又以彩陶器皿的形态、花纹表现得最为充分。河西马厂彩陶器皿的基本组合为：小口高领瓮、双耳罐、单耳罐、单把杯、敞口盆等，器类相对简单，未见豆、敛口瓮、带嘴罐等器。永昌鸳鸯池墓地出土的彩陶流行腹部带突纽的单把杯，在河湟地区极为罕见。在彩陶花纹方面，河西至今不见河湟地区最为盛行的人蛙纹。即使是两地共有的四大圆圈纹，在构图、配色及花纹元素方面也表现出不同的作风，如鸳鸯池墓地流行在四大圆圈纹内绘画大棋盘格构成的十字花纹、武威磨嘴子遗址出土的四大圆圈多作双重或多重套合的构图[1]，有的甚至将罐类器皿流行的回形网格纹绘在小口高领瓮的腹部[2]，这在河湟地区也是不见的。以永昌鸳鸯池墓地为例，当地流行的花纹大体分为三类：（1）用略宽粗的凹凸几字、X、回形、折线等几何纹作主纹样骨架，空白处填绘纤细的网格纹；（2）用略宽粗的几何线条绘W双股折线纹，形似图案化的蝙蝠；（3）流行背向排列的粗大锯齿纹，形若列列山峰和水中的倒影。总之，河西马厂最流行的图案是，用略宽粗的几何纹勾勒骨架，再用细线网纹补白；网格纹构图细腻，线条粗细搭配得当，层次分明，为该区域最富特征的纹样，与河湟地区的流行纹样有鲜明的差异。此外，河西马厂彩陶多见在器表施黄白色陶衣，与河湟地区风行暗红色陶衣形成鲜明对照。

当马厂类型在河湟地区走向全面衰落之时，河西地区的马厂类型也经历着一场大范围的文化嬗变。1986年，北京大学考古系与甘肃省文物考古研究所在河西走廊进行田野考古调查时，识别出一类新的含彩陶因素的文化遗存。发现此类遗存的遗址有：甘肃山丹四坝滩[3]、民乐东灰山[4]、酒泉西河滩[5]、

---

[1] 甘肃省文物考古研究所、北京大学考古文博学院编著：《河西走廊史前考古调查报告》，文物出版社2011年版。
[2] 甘肃省文物考古研究所、北京大学考古文博学院编著：《河西走廊史前考古调查报告》，文物出版社2011年版。
[3] 安志敏：《甘肃山丹四坝滩新石器时代遗址》，《考古学报》1959年第3期，第7—16页。
[4] 甘肃省文物考古研究所、北京大学考古文博学院编著：《河西走廊史前考古调查报告》，文物出版社2011年版。
[5] 甘肃省文物考古研究所、北京大学考古文博学院编著：《河西走廊史前考古调查报告》，文物出版社2011年版。

干骨崖[1]、金塔砖沙窝[2]、二道梁[3]、缸缸洼[4]等，所见器类组合包括双耳罐、单耳罐、四耳罐、双耳盆、瓮等。特点是罐、盆类器皿腹部盛行乳突装饰，双耳罐颈下、器耳上常常戳印有圆形小凹窝。彩陶比较多见，其质地均为夹细砂红色陶，器表经打磨处理，流行红色陶衣，绘黑色彩，所用颜料显得比较厚重。器表所绘花纹很有规律性，如颈部一般绘菱形网格纹、腹部绘斜线、横线、竖线网格纹等。整体看，此类遗存的彩陶器形与马厂类型十分接近，花纹图案也颇多一致。通过对武威皇娘娘台遗址所出此类彩陶的分析，证实这种遗存是马厂类型在河西走廊进一步演变的产物，其相对年代晚于马厂。在甘肃酒泉干骨崖遗址发现的层位关系显示，此类遗存早于四坝文化。[5]据目前掌握的线索，此类遗存的分布范围与四坝文化大致重合，其文化面貌与四坝文化有诸多相似之处，如腹部带乳突饰的双耳罐、斜条带彩绘花纹等。鉴于此类遗存有着接近马厂类型和四坝文化的中介性质，我们暂称其为"过渡类型"遗存。[6]通过"过渡类型"遗存这把钥匙，基本理顺了马厂类型在河西地区发展为四坝文化的线索。

由马厂类型演变而来的四坝文化依托河西走廊继续向西拓展，最终穿越星星峡，进入新疆东部的哈密盆地，直接参与了中亚地区的文化大角逐，在对新疆东部地区的开发中扮演了重要角色。[7]在河西走廊东段偏北的巴丹吉

---

[1] 甘肃省文物考古研究所、北京大学考古文博学院编著：《河西走廊史前考古调查报告》，文物出版社 2011 年版。

[2] 甘肃省文物考古研究所、北京大学考古文博学院编著：《河西走廊史前考古调查报告》，文物出版社 2011 年版。

[3] 甘肃省文物考古研究所、北京大学考古文博学院编著：《河西走廊史前考古调查报告》，文物出版社 2011 年版。

[4] 甘肃省文物考古研究所、北京大学考古文博学院编著：《河西走廊史前考古调查报告》，文物出版社 2011 年版。

[5] 四坝文化，青铜时代早期文化。1948 年首次发现于甘肃山丹四坝滩遗址，曾使用过"四坝式陶器"、"火烧沟类型"、"火烧沟文化"等名称。其分布范围东起甘肃山丹，西至新疆哈密。距今 3950—3550 年。其族属为古代西羌人中的一支。参见李水城：《四坝文化研究》，严文明主编：《考古学文化研究》（三），文物出版社 1997 年版，第 80—121 页。

[6] 李水城：《四坝文化研究》，严文明主编：《考古学文化研究》（三），文物出版社 1997 年版，第 80—121 页。

[7] 哈密地区文物管理所、博物馆编：《哈密古代文明》，新疆美术摄影出版社 1997 年版；常喜恩：《哈密市雅满苏矿、林场办事处古代墓葬》，《中国考古学年鉴（1989）》，文物出版社 1990 年版，第 274 页；李水城：《从考古发现看公元前二千纪东西方文化的碰撞与交流》，北京大学中国传统文化研究中心编：《文化的馈赠——汉学研究国际会议论文集》（考古卷），2000 年，第 256—270 页。

林沙漠与腾格里沙漠之间的民勤—永昌盆地，马厂类型的后裔与北方南下的游牧民族有所接触，其部分文化因素融入后来兴起在当地的沙井文化之中。[①]

半山与马厂彩陶的历史地位

半山与马厂彩陶在我国西北地区新石器时代末期至青铜时代诸考古学文化中有着深远的影响。从文化渊源上溯，半山、马厂隶属的马家窑文化是在陇东地区仰韶文化[②]基础上派生出来的。仰韶文化晚期正当彩陶全面衰退之时，但马家窑文化却一枝独秀，并将彩陶这种工艺发展到极致。在马家窑类型阶段，彩陶花纹还保留有若干仰韶文化基本母题和元素；进入半山类型以后，在器形、花纹和配色等方面完全摆脱了传统的羁绊，呈现出新的艺术格调，并将这一新的风格延续到马厂阶段。公元前2000年以降，马厂类型在河湟地区全面衰落，但彩陶艺术的影响并未随着马厂类型的衰落而消亡，其后续影响可谓绵绵不绝，在西北地区持续了相当长的一段时间。比如说与马厂类型曾共存了一段时间的齐家文化[③]就接纳了个别的彩陶工艺；特别是在西部一带的齐家文化表现得更为突出。在洮河流域和青海东部，继齐家文化之后有辛店文化[④]，彩陶制作亦相当发达；与辛店文化基本同时分布在青海东部

---

① 沙井文化：青铜时代晚期至铁器时代早期文化。1924年首次发现于甘肃省民勤县沙井子遗址。主要分布在河西走廊东部的民勤、永昌、金昌一线。距今3000—2400年。其族属可能是从古西羌人分化出的一支。参见李水城：《沙井文化研究》，《国学研究》（二），北京大学出版社1994年版，第493—523页。
② 仰韶文化：新石器时代晚期文化。1921年首次发现于河南省渑池县仰韶村遗址。分布广阔，其中心区位于陕西关中、河南省西部和山西省南部，东抵太行山东麓的华北平原，西达黄河上游的青海东部，北至内蒙古河套平原至河北张家口一线，南临汉水中游的鄂西北至豫南地区。距今7000—4500年。仰韶文化从早到晚分为半坡类型、庙底沟类型、西王村类型、庙底沟二期四个阶段。根据空间分布和文化差异，还可再分出若干地域类型。参见严文明：《仰韶文化研究》，文物出版社1989年版。
③ 齐家文化：新石器时代晚期至青铜时代早期文化。1924年首次发现于甘肃省广河县齐家坪遗址。其分布范围东至陕西宝鸡，西抵河西走廊、湟水上游及黄河上游，南达洮河上游，北抵内蒙古自治区阿拉善左旗。距今4300—3600年。
④ 辛店文化：青铜时代文化。1923年首次发现于甘肃省临洮县辛店（甸）村。主要分布在甘青两省交界的黄河沿岸及洮河、大夏河、湟水流域。其族属为古代西羌族人中的一支。距今3600—2600年。详见张学正等：《辛店文化研究》，《考古学文化论集》（三），文物出版社1993年版，第122—152页。

广大地区的卡约文化①,也继承了少量的彩陶因素;在地域更为偏远的柴达木盆地,以畜牧业为主要生计的诺木洪文化②,也发现有少量彩陶。这里我们不准备诠释河湟地区史前至青铜时代复杂的文化传递关系,但需要指出的是,该区域内在马厂类型以后的数支考古学文化均不同程度地制作和使用彩陶,应该是半山与马厂类型彩陶文化因素深远影响的直接结果。

在甘肃河西走廊,马厂类型通过"过渡类型"遗存演变为四坝文化,并将彩陶这种文化特质全盘植入四坝文化。随着四坝文化的继续西迁,又将彩陶引入新疆东部地区,对那里的古文化产生了深远影响。由此不难理解,半山—马厂类型彩陶在甘青地区乃至中亚腹地这一广阔范围内的史前—青铜时代文化中所起到的承上启下的重要作用。

文化"西渐"——历史的大趋势

宏观地看,中国西部的史前文化一直处于不断"西渐"的发展进程,这一现象与中国所处的地理环境密切相关。中国地处欧亚大陆的东方,地质构造为西北高耸、东南低平,自西而东形成三个落差很大的"台阶"。第一阶为喜马拉雅山脉、青藏高原、帕米尔高原、阿尔泰山等,平均海拔3000—4000米;第二阶为蒙古高原、黄土高原和云贵高原,这里北接戈壁瀚海,东北有大兴安岭和长白山脉,平均海拔1000米左右;第三阶为东北平原、华北平原、长江中下游平原及珠江三角洲,海拔平均降至200米以下;再向东即为浩渺的太平洋。这一独特的环境使得中国大陆成为一个相对封闭的地理单元,造成面向海洋的一面相对开放,背向海洋的一面相对封闭,这在很大程度上决定了中国的史前文化具有强烈的土著色彩,并长期遵循独立发展的

---

① 卡约文化:青铜时代文化。1923年首次发现于青海省湟中县云固川卡约村遗址,曾译为"卡窑文化"。主要分布在青海省东部的黄河沿岸及湟水中上游地区,东部进入甘肃省永靖县,西达海南州西部。其族属应为古西羌人中的一支。距今3555—2690年。
② 诺木洪文化:中国西部地区青铜时代文化。1959年首次发现于青海省都兰县诺木洪搭里他里哈遗址。主要分布在柴达木盆地东缘的海西州境内,可能是齐家文化或卡约文化向西扩散的产物。该文化畜牧经济占较大比重,其族属应为古西羌人中的一支。距今3000年左右。详见青海省文物管理委员会、中国科学院考古研究所青海队:《青海都兰县诺木洪搭里他里哈遗址调查与试掘》,《考古学报》1963年第1期,第17—44页。

道路。

地理环境的差异造成中国史前文化发展的不平衡，东部沿海一线和中部黄河中下游、长江中下游地区开发时间早，文化发展程度也相对比较高，在西部高海拔地区，文化发展相对迟缓。随着人类文化的成长，生产力的不断提高，才逐步有能力开始并加强对西部的开发。这一文化"西渐"进程到了马家窑文化时期，无论在深度上还是广度上均明显得到加强。

从半山到马厂，其空间分布一直处在不断变动之中。半山早、中期的空间分布范围尚比较稳定，到了半山晚期，开始发生变化。具体表现是，洮河流域—青海东部黄河沿岸的半山类型遗址数量锐减。与此相呼应的是，在甘肃河西走廊东段一带出现了少量半山时期的遗址。我们认为，导致这一变化的直接动因是外部势力开始进入洮河谷地，并最终迫使半山、马厂居民放弃该地区，将分布中心退至兰州—湟水中下游一带，同时也逐渐加大了向河西走廊迁移的力度。到了马厂早、中期（马厂第一、二期），洮河流域、青海东部黄河两岸的马厂遗存进一步减少；反之，河西走廊一带的遗址数量则明显增加。马厂晚期（马厂第三期）时，洮河流域和青海东部黄河两岸已很难见到马厂类型遗存；马厂末期（马厂第四期）已全面走向衰落。至此，在河湟地区辉煌了长达600余年的半山、马厂类型终于退出了历史舞台。

半山、马厂类型空间分布的变更是这一时期中国史前文化大动荡的间接反映。约在公元前3500年以降，中原腹地势力强大的史前文化开始向周边扩张，这一趋势必然对周边诸多考古学文化产生深远影响，并引起一系列多米诺骨牌效应。在西北地区的陇山左近，特别是陇山以东地区，很早就是仰韶文化的势力范围，聚集在这里的土著群体长期觊觎着陇山西侧、河湟谷地的广阔空间，而小规模的群体迁徙则从未间断。约当公元前四千纪中叶，先期进入陇山西侧的部分仰韶系统文化逐渐发展为马家窑文化。[①]但该文化自生成伊始，就一直未能摆脱受到来自东部地区原始文化的挤压，这也决定了马家窑文化的发展方向只能是更为偏远的西北地区。从目前掌握的信息看，尽管有来自东部原始文化扩张的压力，但马家窑类型的中心一直比较稳固地盘踞在兰州左近和洮河流域，并尚有能力在陇山西侧至渭河上游与东部的原始

---

① 根据现有的考古发现和研究，马家窑文化由陇东一带的仰韶文化发展演变而来。

文化相抗衡，这一局面使得陇山左近的文化接触带呈现出数种文化并存的混杂局面。或许正是因为这种特殊的环境使马家窑文化有机会与来自东部的原始文化接触、交流，并最终在向半山类型的裂变中从东部原始文化汲取了红彩和锯齿纹等花纹因素。

马家窑文化是最早对河西走廊进行开发的。在马家窑类型的中期阶段，其"先头部队"已进驻青海东部黄河上游的同德县、甘肃河西走廊东段；马家窑类型晚期再向西扩展到走廊西端的酒泉市。[①] 总体看，在马家窑类型阶段，向西迁徙的规模不大，比较平稳，这种局面一直持续到半山早、中期。到了半山晚期，随着东部地区原始文化的不断扩张，洮河流域成为角力的前沿，半山类型已无力抗衡，只能步步退守，并最终丧失了这一地区。而这股来自东部、势力强大的力量即日后称雄于西北广大地区的齐家文化。

马厂早中期阶段，齐家文化已扩张至洮河—大夏河水系，它在自东而西的文化渗透中造成一股滚雪球似的强大惯性，其后果是马厂类型的势力范围不断遭到蚕食、侵消。下面一组统计数字清晰地传递出马厂类型与齐家文化之间彼此力量消长的信息。在洮河—大夏河流域，马厂类型遗址仅发现不足20处，而齐家文化的遗址则高达96处。在青海东部黄河流经的几个县，仅发现马厂类型遗址16处，而且这些遗址的时代均属于马厂早期。在兰州左近，马厂类型与齐家文化的遗址数量比与洮河流域大同小异。[②] 与此形成鲜明反差的是，在湟水流域，仅民和一个县发现的马厂遗址就达351处，这些遗址绝大多数分布在湟水及支流沿岸，在同属民和县境内的黄河支流河谷仅有马厂遗址不到20处。[③] 随着齐家文化不断西进，到了马厂晚期后段，兰州—湟水中下游一带的马厂居民只好委曲求全，与齐家居民杂处一地[④]，最终也未能摆脱被齐家文化吞并的结局。而远走河西的马厂类型居民，则偏安一隅。

---

① 甘肃省文物考古研究所、北京大学考古文博学院编著：《河西走廊史前考古调查报告》，文物出版社2011年版。
② 以上统计数字参见本书附录一、二、三。
③ 青海省文物考古研究所：《青海省民和县古文化遗存调查》，《考古》1993年第3期，第193—211、224页。
④ 参见苏秉琦主编：《远古时代》，第四章第二节，白寿彝主编：《中国通史》第二卷，上海人民出版社1994年版；李伊萍：《半山马厂文化研究》，《考古学文化论集》（三），文物出版社1993年版，第32—67页；许永杰《河湟青铜文化的谱系》，《考古学文化论集》（三），文物出版社1993年版，第166—203页。

除去社会、文化因素外，环境、气候的突变是导致齐家文化西进并挤压半山与马厂类型西退的另一重要原因。陇山西侧葫芦河水系的环境考古研究证明，在仰韶文化晚期（距今 5000 年左右）至齐家文化早期（距今 4200 年左右），陇山两侧的气候正处在高温高湿的稳定阶段，对农业生产极为有利。考古资料显示，这一时期的农业北界大致维持在北纬 36°30′。在葫芦河沿岸，仰韶文化晚期遗址呈现分布密度高、面积大、文化堆积深厚的特点，说明这一阶段农业的发展相当理想。但是，经济的增长势必造成人口增加。约从齐家文化晚期开始，葫芦河一带的气温与降水迅速下降，农业北界回归至 35°30′，气温下降 2.8℃，年平均降水量减少 100 毫米，其变率是仰韶文化中晚期的 4 倍，为下降突变期。经对甘肃秦安大地湾剖面土壤粒度分析，距今 4500 年以后，当地河水动力减弱，造成河流加速沉积，气候再度干冷。考古资料显示，齐家文化早期，遗址个数和遗址面积增加，但遗址埋藏量却有所减少，变化大致由此开始。齐家文化后半段，单位遗址面积和埋藏量呈大幅度下降趋势。土壤的岩性分析结果与上述文化变异现象正相吻合。[①]

葫芦河流域的人文与环境两方面的变化表明，仰韶文化晚期良好的气候条件刺激了当地经济的发展和人口的增长，但随之而来的气候变化对该地区原有的农业环境造成直接威胁。齐家文化时期遗址的埋藏量减少、单位遗址面积下降的现象说明，此时的群体规模开始分化，各聚落点人群的停留时间缩短，这一变化与部分改变原有生产方式相关，即农业比重相应缩小，畜牧业比重逐渐加大。在已经发掘的齐家文化晚期遗址中，羊的骨骼明显增多，并出现用羊头、羊下颚骨作为随葬品的现象，也发现有用羊肩胛制作卜骨的实物，说明这一阶段以养羊为代表的畜牧业经济确实有所增加。[②] 畜牧业经济需要更大的生存空间，这是造成齐家文化向西北扩张的另一重要因素，陇山西侧地广人稀，必然是移民的第一选择。

文化人类学的研究证明，作为一种独立的经济形态，畜牧业不可能从狩猎经济直接发展而来，它产生的时代要晚于农业。在园圃农业（即刀耕火

[①] 李非、李水城、水涛：《葫芦河流域的古文化与古环境》，《考古》1993 年第 9 期，第 822—842 页；莫多闻等：《甘肃葫芦河流域中全新世环境演化及其对人类活动的影响》，《地理学报》1996 年第 1 期，第 59—69 页。

[②] 水涛：《甘青地区青铜时代的文化结构和经济形态研究》，《中国西北地区青铜时代考古论集》，科学出版社 2001 年版，第 194—327 页。

种）早期阶段，人类尚能兼营种植、畜养经济。随着人口的增长，耕地面积也在不断扩大，这就迫使人们将家畜赶到更远的地方去放牧，为此花费的时间和投入的精力大大增加。与此同时，随着耕地面积的扩大又造成了对劳动力的更大需求。这样一来，农人要想兼顾畜养已不现实，如此便加快了农牧业的分野，最终使得一部分人专门从事农业，另一部分人则迁移到那些不适宜农耕的地方经营畜牧业。总之，畜牧业是以农业生产为依托并依赖农业的一种经济生产活动，也是人类利用不同环境、不同资源，寻求生存、发展的必由之路。[1] 齐家文化向西北扩张的历史，揭示了我国西北地区史前时期一些原来从事农业经济的群体向畜牧业经济转化阶段所经历的特殊历程。

---

[1] Fred Plog and Daniel G. Bates (1980), *Cultural Anthropology*, Alfred A. Knopf, Inc. New York.

黄土的儿女——彩陶与黄土地带及旱地农业的关系

苏秉琦先生曾指出:"以秦岭为界,中国可以分成面向海洋和面向内陆的两大部分,面向内陆的这一部分的彩陶是比较发达的。"[1]而面向内陆的这一部分恰恰是我国黄土最为发育的地区。

黄土是世界范围内第四纪广大干旱地区经特殊风化,再经风力搬运而形成的特殊堆积。在中国境内,黄土主要分布在昆仑山、秦岭、泰山、鲁山逻辑性线以北的干旱和半干旱区,其地理坐标跨越北纬39度—49度之间。就中国境内黄土所占的纬度看,有从西向东逐渐南偏的趋势。与欧洲大陆的黄土地带相比,中国的黄土地带分布位置偏南。中国科学院地质研究所根据《中国黄土分布图》测算,中国黄土分布总面积超过100万平方公里。其中,以黄河中上游黄土高原区的分布最为集中,其范围北起长城,南至秦岭,西抵日月山,东临太行山,总面积约30万平方公里。[2]

黄土高原的植被状况显示,早在第四纪,这里就呈现半干旱的草原景观,植物种属普遍为耐旱、耐碱类蒿属、藜属植物。孢子花粉分析结果显示,该地区以蒿属及禾本科植物为主,木本植物花粉仅占从属地位。这反映出黄土在堆积之时,气候相当干旱。此外,在黄土中保存的脊椎动物化石以性喜干燥的啮齿类动物最多(啮齿类动物代表干旱、半干旱草原生态环境),而喜湿类动物则很少。[3]

---

[1] 苏秉琦、殷玮璋:《关于考古学文化的区系类型问题》,《文物》1981年第5期,第10—17页。
[2] 参见刘东生等:《中国的黄土堆积》,科学出版社1965年版;陈正祥:《中国文化地理》,生活·读书·新知三联书店1983年版。
[3] 参见刘东生等:《中国的黄土堆积》,科学出版社1965年版;陈正祥:《中国文化地理》,生活·读书·新知三联书店1983年版。

彩陶是新石器时代出现的一种世界性文化现象。从全球范围看，最早产生彩陶的地区往往是农耕最早出现的地区[①]，如中近东一带的土耳其安那托利亚地区、地中海东岸的利凡特（Levant）地区、两河流域、伊朗高原的扎格罗斯山地以及东南欧一带。上述区域最早的彩陶出现在公元前6000—前5000年之间。有意味的是，上述地区史前居民均从事旱地农业经济。

中国最早的彩陶出现在西北地区的渭河流域和陕西南部的汉水上游[②]，这里也是我国旱地农业最早发生的地区之一。以该地区最早出现彩陶的老官台文化[③]为例，其绝对年代刚好落在公元前6000—前5000年之间。可见，亚洲大陆东西两端史前时期彩陶的出现时间及内部机制有着极大的相似性。

大约从距今7000年开始，中国新石器时代文化进入晚期。[④]这一时期，彩陶在各地的考古学文化中几乎都不同程度地有所发现，但最发达的地区依然在北方黄河中上游地带，这里恰好也是黄土分布最为集中的地区。彩陶是一种特殊的文化现象，它的出现需要具备相应的技术能力和物质条件，要受到社会、经济和环境等诸多因素的制约，也是制陶手工业发展到一定阶段的产物。从考古发现看，彩陶的分布往往与某种特定的地理环境相关，而黄土地带恰恰最易滋生彩陶这一文化特质，从中国所在的东亚到整个欧亚大陆莫不如此。严文明先生曾指出，这种规律性现象或许与黄土中所蕴藏的粘土略带碱性、较之酸性红土更宜于制作精致的浅色陶器有关。因为只有在红色、橙红色、橙黄色等浅色陶器表面最适合绘画彩色花纹。[⑤]另一原因是，黄土的风化程度较差，土壤中所含钙、镁及碳酸盐类比较丰富，

---

① G. Dniel (1968), *The First Civilizations*, London: Thames & Hudson.
② 参见甘肃省博物馆、秦安县文化馆、大地湾发掘小组：《甘肃秦安大地湾新石器时代早期文化遗存》，《文物》1981年第4期，第1—8页；甘肃省博物馆文物工作队：《甘肃秦安大地湾遗址1978至1982年发掘的主要收获》，《文物》1983年第11期，第21—30页；吴耀利：《我国最早的彩陶在世界早期彩陶中的位置——再论我国新石器时代彩陶的起源》，《史前研究》（辑刊），1988年，第88—99页。
③ 老官台文化：新石器时代中期文化。1950年代末首次发现于陕西省华县老官台遗址。主要分布在甘肃省东部至陕西境内的渭水流域及陕西南部的汉水流域。老官台文化为仰韶文化的前身，也有人称"前仰韶文化"。距今8500—7000年。老官台文化分两个类型：分布在渭水流域的称老官台类型；分布在汉水流域的称李家村类型。
④ 中国的新石器时代分为三大期。早期年代距今12000—9000年；中期年代距今9000—7000年；晚期年代距今7000—4000年。新石器时代晚期包括了铜石并用时代，其早期阶段距今5500—4600年；晚期阶段距今4600—4000年。
⑤ 严文明：《略论仰韶文化的起源和发展阶段》，《仰韶文化研究》，文物出版社1989年版，第130页。

这造就了黄土具有疏松易垦、土质肥沃等特性。因此，黄土地带也是最适合发展旱地农业的地区。①以上两点使彩陶首先出现并流行于黄土地带成为一种必然。

新石器时代晚期，含有彩陶因素的考古学文化的分布与黄土地带呈大面积重合，这绝非偶然。在山西和陕西北部，黄土高原、蒙古高原大致以长城为界，此界线相当于年积温3000摄氏度和干燥度大于1.5的等值线，这里是中国古代最主要的文化地理界线之一。②在黄土高原的沟谷及河流两岸阶地上，地势一般高出恒常洪水线，既可避水患，又便于防御，常常被史前时代的居民选作理想的聚落场所。此外，原生黄土具有特殊的垂直节理，能够掏穴挖窑，此类建筑具有冬暖夏凉、简便易行、安全牢固的特点。这些无疑对史前时期定居生活的形成有着积极意义。也正因为如此，黄土地带率先成为中国古代文明的重要发祥地之一。

在中国史前时期含彩陶因素的诸考古学文化中，尤以甘青地区的马家窑文化的彩陶最为发达，在彩陶的数量、种类及绘画水平等方面均达到了前所未有的水平。马家窑文化集中分布在大西北的黄土高原上，在蒙新高原区及青藏高原区的边缘也有零星发现。在这一空间范围内，黄土覆盖面积之大、土层堆积之厚，超过世界上任何地区。在兰州附近，黄土埋藏厚度深达250米；在乌鞘岭以西的甘肃河西走廊地区，黄土分布逐渐减少，但次生黄土仍很发育，多数形成山前洪积扇前缘沉积。③研究结果表明，近两万年以来，该地区干旱的自然环境和植被景观已经形成，其环境状况与今日并无大的差异。甘青地区的马家窑文化及后续诸青铜文化一直保持着制作和使用彩陶的传统，这一方面与该地区特有的历史文化传统相关，另一方面也证明了彩陶的发达与黄土地带和旱地农业经济有着千丝万缕的联系。

与上述结论相悖的问题是，假若彩陶与黄土地带、旱地农业存在必然的因果关系，那么，对于非黄土地带、非旱地农业区出现的彩陶又做何解释？我们认为，非黄土地带、非旱地农业区的彩陶是在黄土地带、旱地农业区彩陶

---

① 参见陈正祥：《中国文化地理》，生活·读书·新知三联书店1983年版，第135页。
② 参见陈正祥：《中国文化地理》，生活·读书·新知三联书店1983年版，第142页。
③ 参见刘东生等：《中国的黄土堆积》，科学出版社1965年版，第15页。

文化直接或间接影响下产生的。如果把黄土地带的彩陶看作是"原生彩陶"，那么或可将非黄土地带的彩陶称之为"次生彩陶"。但这一解释只具备一般意义，因为我们并不否认在某些非黄土地带或非旱地农业区也有独立产生彩陶的可能。但多年的考古实践表明，即使存在类似实例，也不具有普遍意义。

这里有一点需要说明，尽管我们阐明了彩陶与旱地农业的关系，但这一结论并不等于说凡是经营旱地农业的考古学文化均有发明彩陶的机制；也不等于说凡具备彩陶文化特质的考古学文化必须经营旱地农业。以我国西北地区的考古学文化为例，自公元前2000年以降，该地区的考古学文化均不同程度地转向或引入了畜牧业经济成分。如卡约文化（青海东部）、诺木洪文化（青海西部柴达木盆地）、沙井文化（河西走廊东部）、四坝文化（河西走廊中西部）、焉不拉克文化（新疆东部）[①]、察吾呼沟文化（新疆中部）[②]等，这些文化均不同程度地制作和使用彩陶，一方面是它们继承了西北地区史前文化固有的历史传统；除此之外，还有一个不容忽视的方面，即技术系统的因素。

如前所述，彩陶的繁荣与制陶工艺的发展有非常密切的关系。通过对彩陶的研究，我们发现这样一个有规律的现象，即凡具有彩陶制作传统的考古学文化，其制陶工艺均停留在手工制陶阶段，一旦掌握了快轮制陶术，彩陶工艺便很快随之消亡。纵观中国各地含彩陶特质的考古学文化，莫不循此规律。我国西北地区的彩陶生产之所以能长期延续，即使到了青铜时代依旧十分发达，其中一个重要原因就是该地区长期以来一直未能掌握快轮制陶术。这一现象在我国新疆地区表现得更为突出，彩陶工艺延续的时间也更为长久，而手工制陶术也保留得最为充分。直到汉代，快轮制陶技术引入后，彩陶才在新疆地区彻底消失。

此外，陶窑也与彩陶的发生有着必然联系，只有当陶窑出现以后，人们才有可能掌握并熟练地控制窑温，把握陶器的烧成火候，也才能烧出充分氧化的浅色陶器。也只有在这种器表色泽匀称的浅色陶器上绘画花纹，才能得到美观、醒目的视觉艺术效果。[③]

[①] 焉不拉克文化：青铜时代晚期至铁器时代早期文化。1957年发现于新疆维吾尔自治区哈密市三堡焉不拉克遗址，1986年正式发掘命名。该文化分布在新疆哈密至吐鲁番一带。距今3300—2800年。
[②] 察吾呼沟文化：青铜时代晚期至铁器时代早期文化。1983年因新疆和静县察吾乎（蒙语：极难走通）沟口遗址发掘得名，主要分布在新疆焉耆盆地、博斯腾湖西部及北部的库尔勒、和硕、焉耆、和静、温宿一带。距今3000—2500年。
[③] 严文明：《略论仰韶文化的起源和发展阶段》，《仰韶文化研究》，文物出版社1989年版，第130页。

共时与多元——彩陶花纹演化规律的探索

在新石器时代，陶器是人类物质资料生产的一个重要门类。陶器以其用量大，易破损，使用周期短，形态变化快等特点，成为考古学家进行分期断代和编年研究的重要对象。一般而言，在以往的研究案例中，考古学家比较重视陶器的形态变化，这方面的分析研究极其详尽。反之，对彩陶花纹的重视程度则相对薄弱，编年研究更多地表现为粗线条的处理。其实，这应是一个问题的两个方面，作为陶器来讲，其类别、形态主要受技术系统的控制，与自然环境呈强互动关系。直观的表现是：第一，随着人类制陶技术的发展，陶器的类别和造型也从简单变得复杂，这反映了陶器的时间特征；第二，地处不同地理环境的考古学共同体，由于对外界适应方式不同，经济形态的差异，制造和使用的陶器种类、组合存在差异，这反映了陶器的空间差异。以上两方面均反映了陶器的种类和外形变化与制陶技术水平之间存在密切的关系。彩陶花纹是以陶器为载体的另一种文化特质，它属于装饰工艺的范畴。花纹所表现的内容、构图和形式更多地受考古学文化共同体所固有的历史文化传统的制约，要受到文化共同体内人们的价值观念、风俗、宗教信仰等观念形态的影响。彩陶花纹则从认知的角度传递着史前时期人们的审美心理、对客观世界的经验、分类以及当时人们的宇宙观、宗教观等，以其特有的艺术形式积淀了人类观念系统中的某些重要信息。正因为如此，我们认为，史前时期的彩陶花纹对原始氏族成员具有更为强烈的群体认同价值。其中，某些奇特的纹样很可能就是某一氏族群体尊崇的神圣象征符号，如仰韶文化半坡类型的人面鱼纹，庙底沟类型的花瓣纹，马家窑文化的蛙纹等。这些不同的纹样在各个考古学文化中显然有着特殊的功能和感召力。总之，不同的考古学文化因循不同的文化传统,并造就不同的艺术表现形式,形成不同的艺术风格。根据我们对半山、马厂彩陶花纹发展谱系的研究,不难理解,彩陶花纹与陶器的变化一样,有着鲜明的时代特征和变化规律,只有兼顾器形、花纹两个方面的内容,我们所获得的历史信息才是完整的。

彩陶花纹与器形之间的变化速率及对应关系也是一个需要再讨论的议题。对这一问题,有学者曾指出:"在一般情况下,器形的变化要先于花纹的变化,花纹往往是随着器形的变化而相应地发生变化,因此彩陶上的花纹所构成的图案格式通常受着陶器器形的制约。"[1] 我们通过对半山、马厂彩陶的研究,得出这样的认识:从总体看,在一个大的时段内,彩陶器形与花纹呈大体对应的变化;但从局部看,二者变化并非同步,这突出地显示了花纹的变化幅度要大于器形的变化。也就是说,在同一时段内,器形变化一式,花纹要变化两式或更多。以半山石器的彩陶为例,依器形变化分为五组,依花纹的变化至少可分八组。马厂时期的彩陶也是这样,依器形的变化分为三组,依花纹的变化则分五组。总之,无论是半山,还是马厂,花纹的变率均超出器形。以上仅仅是参照彩陶花纹演变的整体风格而言。若具体到某一时段内花纹的式别变化,其变异率更要超出器形许多。以半山第一期为例,彩陶流行黑色单彩,花纹可细分为两类,A 类不用锯齿纹,B 类出现少量对齿纹、锯齿纹,个别还使用了红彩。据我们对花纹图案的排比,A 类早于 B 类。可是,如果仅考虑彩陶的外形,则反映不出这两个阶段的细微变化。再看半山第二期,据花寨子墓地的打破关系,可分为早晚两段,依彩陶花纹的变化,则分为甲、乙、丙三组。甲组属半山第一期后段;乙、丙两组绘黑红复彩花纹,乙组腹部主花样一般不用锯齿纹;丙组出现粗犷的大锯齿纹,其风格与兰州营盘岭遗址所出彩陶一致。与半山第一期一样,乙组、丙组彩陶的器形差异也很难区分,我们将这两组归并为一期,即出于器形方面的考虑。同样的例证还有一些,如半山第三期的漩涡纹、葫芦纹变化均十分复杂,其式别变化超出同期器形式别的数倍。以上诸多例证表明,在同一时段内,器形的变率滞后于花纹,这一事实再次证明:"由于纹饰的构图远比器形的结构复杂,所以在一段单位的时间内,纹饰的变化较器形变化为多,也

---

[1] 张朋川:《中国彩陶图谱》,文物出版社 1990 年版,第 142 页。

较容易识别，往往是器形变了一式，而纹饰则变了几式，但这并不妨碍二者之间有规律的对应关系。"①

马厂时期彩陶在器形与花纹两方面的变化亦呈规律的对应关系，但表现方式与半山略不相同。半山时期典型器的形态变化极富规律，以小口长颈壶和单耳长颈瓶为例，第一期为Ⅰ式，第二期为Ⅱ式，余下可类推。在同一式别器形中，花纹变率普遍大于器形。马厂时期有一些变化，具体表现以小口瓮这一器形为例，情况较为复杂。马厂第一期以Ⅰ式器为主，但也存在一些Ⅱ式器；马厂第二期仍延续这种格局，仍以Ⅰ式器为主，但Ⅱ式器增多，甚至出现个别的Ⅲ式器；马厂第三期时，基本以Ⅲ式器为主；马厂第四期延续第三期的特点。假若以彩陶花纹为准，从马厂第一期到第二期可划出三个时间段，而马厂第三期到第四期，无论器形还是花纹变化均不大，之所以将其断为两期，除依据地层关系外，更多的是出于彩陶数量比率的变化。整体观察，在马厂第三期以前，花纹变率依然大于器形。但器形、式别有少量交错；马厂第三期以后，器形与花纹的变化相对稳定。彩陶花纹较器形变率大这一事例表明，在史前社会，人类观念形态（彩陶花纹）的变化较之于技术手段（彩陶器形）的变化更为敏感。如此，以花纹变异为准，能够更为精确地把握考古学文化的编年。

在马厂第一、第二两期，不同式别的小口瓮有少量交错现象，尽管并不十分突出，但却是个不容回避的事实。按照考古类型学的原理，若同一单位内共存有早、晚不同形制的器类，应以晚期器类作为判定年代的依据。但在研究中我们注意到，若兼顾彩陶花纹的风格，有些在同一单位共存、式别不同的小口瓮则绘有同时期特征的彩陶花纹。从制陶工艺的角度出发，这一矛盾现象是不难理解的，特别是在手工制陶阶段，工匠们能够把握器形的总体特征，因循同一时代风格。但也正因为是手工操作，会不可避免地出现一些与时代风格偏差的作品。马厂第一、第二两期少量不同式别的彩陶共存很可能就是由此造成的。此外，还有另一方面的解释，即马厂时期厚葬成风，每座墓葬随葬陶器数量增加，为满足社会对随葬明器的大量需求，难免会有一些粗制滥造的行为，使得某些典型器形态出现偏差。反之，彩陶花纹的绘画

---

① 严文明：《论庙底沟仰韶文化的分期》，《仰韶文化研究》，文物出版社1989年版，第52页。

则严格地受历史文化传统的制约，亦受制于当时人类群体审美心理和价值观的左右，花纹母题的创作和着色风格会稳定、规范得多。这也从另一个角度说明，彩陶花纹的风格有着更为稳定的变化规律，花纹所传递的时代信息较之器形更为敏感。鉴于此，有必要对彩陶花纹这一文化特质给予更多的关注。

  对于彩陶花纹的演变规律，以往学术界比较流行这样一种看法，即彩陶花纹的变化经历了简单—复杂—再简单的发展过程，或者说存在"自然写实—几何图案化"的演变模式。从艺术发生学的宏观角度看，彩陶艺术显然也经历了这样一个发展历程。我们的研究只是截取彩陶花纹发展过程中的一个阶段。透过这一时段反映出的则是另外一种规律现象。以半山马厂时期广为流行的人蛙纹为例，这种花纹自半山中期开始出现（据现有资料），而且自出现起就已经存在肢体完整（写实）与肢体简化（抽象）两种不同的构图形式。在同一时段内，构图繁简不同的人蛙纹在配色及线条搭配组合上遵循共时的风格。在不同的时段内，构图不同的人蛙纹呈现同步演进的态势。如半山中晚期的人蛙纹均绘黑红复彩，黑彩花纹中锯齿纹流行（图十九）。马厂第一期时，延续半山晚期的风格，但锯齿结构变得较为松散、齿尖圆钝；马厂第二期，继续黑红复彩的构图，锯齿纹消失；至马厂第三期，一律改用黑色单彩构图（图五十、六十），直至人蛙纹最终消亡。但在每一时段内，完整的、简化的人蛙纹是并存的，有着同步的演化规律。人蛙纹的谱系变化表明，彩陶花纹的变化实际上因循了"纵"—"横"两个轴，在"纵轴"（时序性）上，花纹母题始终保持"原型"。在这一前提下，随时间推移，在配色和线条设计方面逐渐改变。在"横轴"（共时性）方面，完整（写实）与简化（抽象）两种构图方式并列存在，体现出同一时代所遵循的相同艺术风格。假如仅仅以"写实"或"抽象"作为评判人蛙纹时代早晚的标准，必然会得出与人蛙纹演变规律相悖的结论。半山、马厂时期人蛙纹的演变模式在史前时期的像生类花纹中有一定的典型性，其他几何类花纹也基本遵循这一规律。上述认识的提出，既强调了彩陶花纹变量因子所具备的时代特征，也揭示了原始艺术表现手法的共时性与多元性，比较接近史前时期彩陶花纹的演变实际。当然，也许彩陶花纹的这一演变规律更多地体现出彩陶艺术发展到成熟阶段的特征。

附录一 甘肃省半山、马厂类型遗址一览表

	遗址	文化	地理位置	资料出处
临洮	牛头沟	半山	太石镇	④
	徐家坪	半山	连儿湾乡	④
	靳家坪	半山	衙下集镇	④
	杨家崖	半山	玉井镇	④
	车刘家	马厂墓	洮河西岸	①⑧
岷县	中寨坪	马厂	洮河东岸	①
和政	寺头坪	马厂	洮河西岸	①
康乐	边家林	半山	洮河西岸	④
	张寨	半山	三岔河南岸	⑫
	关北	半山	虎关乡	④
	杨家塄	半山	康丰乡	④
	辛雍家	半山	康丰乡	④
	堡洼	半山	虎关乡	④
	三十里铺	半山	虎关乡	④
	范家	半山	流川乡	④
	流川	半山	流川乡	④
	清水	半山	流川乡	④
	东沟门	马厂	上湾乡	④
	流川	马厂	流川乡	④
广河	李家河	半山	城关镇	④
	嘴上	半山	三甲集镇	④
	瓦罐嘴	半山	洮河西岸	⑩
	半山	半山	洮河西岸	⑩
	王家沟	半山	洮河西岸	⑩
	边家沟	半山	洮河西岸	⑩
	排子坪	半山	洮河西岸	⑩
	皇后沟	半山	洮河西岸	⑤
	田家嘴	半山	洮河西岸	⑤
	董坪	半山	洮河西岸	⑤
	地巴坪	半山	祁家集镇	④⑮
	园子坪	半山	齐家镇	④
	寨子坪	半山	城关镇	④
	黄赵家	马厂	祁家集镇	④⑮
	石磊	马厂	官坊乡	④
	堡子山	马厂	城关镇	④
	地巴坪	马厂	祁家集镇	④

续表

遗址		文化	地理位置	资料出处
临夏	张家嘴	半山	南龙镇	④
	雍家村	半山	刘家集河东岸	①⑳
	开西买村	半山	刘家集河东岸	①⑳
	周家坡头	马厂	大夏河北岸	①⑧
	盐场村	马厂	河滩乡	①
	新寨村	马厂	尹集镇	①
	北小塬	马厂	安家坡乡	④
	元山	马厂	石塬乡	④
	朱家墩	马厂	桥寺乡	④
东乡	塔石沟	半山	唐汪镇	④
	范家塬	马厂	董岭乡	④
	王家庄	马厂	果园镇	①
	庙坪寺	马厂	唐汪镇	①
	河滩大塬	马厂	河滩镇	④
	大塬	马厂	河滩镇	④
	盐场	马厂	河滩镇	④
兰州	盘旋路	半山	黄河南岸	⑥
	关帝坪	半山墓	黄河南岸	④
	杏树坡	半山	黄河南岸	④
	花寨子	半山	花寨子乡	⑬
	青岗岔	半山	西果园乡	①④⑭
	华林坪	半山	黄河南岸	④
	牟家坪	半山	黄河南岸	④
	焦家沟	半山	黄河北岸	④
	西北师院	半山	黄河北岸	⑤
	村车厂	半山	黄河北岸	⑤
	徐家湾	半山	黄河北岸	⑤
	红古土谷台	半山	湟水流域	④
	红山大坪	半山	湟水流域	④
	关庙坪	半山	湟水流域	④
	下海石	半山	湟水流域	④
	东岗镇	马厂	黄河南岸	⑨
	西柳沟大坪	马厂	黄河南岸	①⑨
	土门墩上坪	马厂	黄河南岸	①⑨
	范家坪	马厂	黄河南岸	①⑨
	陈管营大坪	马厂	黄河南岸	①⑨
	古城坪	马厂	黄河南岸	①
	圆盘岭	马厂	黄河南岸	①
	马家山风岭	马厂	黄河南岸	①
	上果园	马厂	黄河南岸	①
	牟家坪	马厂	黄河南岸	①
	宋家山	马厂	黄河南岸	①
	牟家台	马厂	黄河南岸	①④
	岗山上	马厂	黄河南岸	①
	庄儿地	马厂	黄河南岸	①
	大金沟	马厂	黄河南岸	①
	青岗岔	马厂	西果园乡	①④⑭
	四墩坪	马厂	黄河南岸	①
	中山林	马厂	黄河南岸	①⑤
	兰工坪	马厂	黄河南岸	①④

续表

	遗址	文化	地理位置	资料出处
	张家岭	马厂	黄河南岸	①
	华林坪	马厂	黄河南岸	①④
	东大梁	马厂	黄河北岸	⑰
	枣树沟东坪	马厂	黄河北岸	①
	下徐家湾	马厂	黄河北岸	①
	白道沟坪	马厂	黄河北岸	①④
	十里店	马厂	黄河北岸	①④
	沙井驿	马厂	黄河北岸	④
	红山大坪	马厂	湟水流域	④
	下海石	马厂	湟水流域	④
	红古土谷台	马厂	湟水流域	④
	四渠村	马厂	大通河西岸	①
	庙儿坪	马厂	大通河西岸	①
	耿家坪 把家坪	马厂	大通河西岸	①
	小岭坪	马厂	大通河西岸	①
	红古城	马厂	红古乡	④
榆中	祁家崖湾	半山	清水驿乡	④
	转嘴子	半山	定远镇	④
	哈岘	半山	哈岘乡	④
	朱家沟	半山	连搭镇	⑥
	林家窑	半山	连搭镇	⑥
	高崖湖滩	半山	高崖镇	⑥
	湖滩青石洼梁	半山	高崖镇	⑥
	马家嘴青石洼梁	半山	高崖镇	⑥
	红寺村	马厂	小康营乡	⑥
	祁家崖湾	马厂	清水驿乡	①
	尖沟山	马厂	夏官营镇	①
	小康营	马厂	小康营乡	①
	小石峡	马厂	甘草店镇	①
	方家沟	马厂	清水驿乡	①
永靖	红城寺	半山	西河镇	④
	杏树台	半山	陈井镇	④
	陈井	半山	陈井镇	④
	扬塔	半山	扬塔乡	④
	青和花园	半山	三条岘乡	④
	樱桃山	半山	徐顶乡	④
	沈家圈	半山	三塬镇	④
	刘家峡	半山	刘家峡镇	④
	王家庄	半山	花庄镇	④
	褚家岭	马厂	陈井镇	④
	西山	马厂	陈井镇	④
	陈井	马厂	陈井镇	④
	盐锅峡	马厂	盐锅峡镇	④
	扬塔	马厂	扬塔乡	④
	塔坪	马厂	王台镇	④
	大川	马厂	太极镇	④
	陈家岭	马厂	关山乡	④
	刺沟	马厂	刘家峡镇	④
	红柳台	马厂	刘家峡镇	④

续表

遗址		文化	地理位置	资料出处
	石嘴湾	马厂	刘家峡乡	①
	孔家寺	马厂	刘家峡乡	①
	魏家川	马厂	刘家峡乡	①
	马家湾	马厂	西河乡	④
	黄寺滩	马厂	西河乡	①
	党家川	马厂	西河乡	①
	下钰村	马厂	西河乡	①
	新庄	马厂	西河乡	①
皋兰	高营	半山	和平镇	④
	蔡家河	马厂	石洞镇	①
	石洞寺	马厂	石洞镇	④
	糜地岘	马厂	石洞镇	④
	西湾	马厂	黑石镇	①④
	阳洼窑庙梁	马厂	石洞镇	⑯
景泰	张家台	半山	芦阳乡	②
	马胡地沟口	半山	芦阳镇	②
	喜集水	半山	喜泉镇	②
白银 靖远	狄家台	马厂	白银区	①
	和保口	马厂	乌兰镇	①
永登	乐山坪	半山墓	大通河流域	②
	城关东山	半山	大通河流域	②
	蒋家坪	马厂	大通河流域	④
	省家庄	马厂	大通河流域	①
	连城	马厂	大通河流域	④
	莪卜坪	马厂	大通河流域	④
	乐山坪	马厂墓	大通河流域	②
	蒋家坪	马厂	大通河流域	①
	鳌塔	马厂	大通河流域	①
	岔路村	马厂	庄浪河东岸	①
	张家河沿	马厂	庄浪河东岸	①
	长阳㠀	马厂墓	河桥镇	④
	满城	马厂	城关镇	④
	中堡	马厂	中堡镇	④
	红大板坪	马厂	窑街镇	④
	前坪子	马厂	庄浪河东岸	①
	红沙川	马厂	庄浪河东岸	①
	朱家沙湾	马厂	庄浪河东岸	①
	马长沟口	马厂	庄浪河东岸	①
	大沙沟	马厂	庄浪河西岸	①②
	大沙沟口	马厂	庄浪河西岸	①
	薛家湾坪	马厂	庄浪河西岸	①④
	贾家场	马厂	庄浪河西岸	①
	李家坪	马厂	庄浪河西岸	①
	柴家坪	马厂	庄浪河西岸	①
	满城	马厂	城关镇	②
	中堡	马厂	中堡镇	②
天祝	谷家坪滩	马厂	古浪河西岸	①
	定宁寨	马厂	定宁镇	①
	罗家湾	马厂	东坪乡	②

续表

遗址		文化	地理位置	资料出处
古浪	朵家梁	马厂	土门镇	④
	大坡	马厂	黑松驿镇	④
	青石湾子	马厂	土门乡	②
	小坡	马厂	龙沟乡	②
	老城营盘梁	马厂	裴家营乡	②
	高家滩	马厂	直滩乡	②
武威	半截墩滩	半山	红柳湾河西岸	②
	头墩营	马厂	洪水河西岸	②④
	磨嘴子	马厂	杂木河东岸	①②
	王家台	马厂	西营镇	①
	李家新庄	马厂	黄羊镇	①
	六坝坪	马厂	六坝乡	①
	小崖子疙瘩	马厂	谢河镇	②
	吴家井三队	马厂	长城乡	②
	吴家井六队	马厂	长城乡	②
	桦杨墩滩	马厂	长城乡	②
	红水北湾	马厂	长城乡	②
	乱墩子滩	马厂	水源镇	②
	茂林山	马厂	新华乡	②
	寺底下	马厂	新华乡	②
	李府寨村	马厂	庙山乡	②
	青嘴子	马厂	南营乡	②
永昌	鸳鸯池	半山	金川河西岸	②
	鸳鸯池	马厂墓	金川河西岸	②④
	二坝	马厂	东寨乡	②
	北滩	马厂	六坝乡	①④
	三角城外	马厂	双湾镇	⑲
	乱墩子	马厂	水源乡	①
	圃园庄	马厂	焦家庄乡	②
	风垄庄	马厂	二坝乡	②
	下安门	马厂	焦家庄乡	②
	北山湾子	马厂	东寨镇	④
	新队	马厂	毛卜喇乡	②
	金川峡水库	马厂	城关镇	②
山丹	四坝滩	马厂	清泉乡	②
民乐	东灰山	马厂	六坝镇	②
	西灰山	马厂	李寨乡	②
张掖	下崖子	马厂	明永乡	②
高台	红崖子	马厂	新坝镇	②
酒泉	高苜蓿地	马厂	丰乐乡	②
	干骨崖	马厂	丰乐乡	②
	西河滩	马厂	清水镇	①
金塔	缸缸洼	马厂	大庄子乡	②
	二道梁子	马厂	大庄子乡	②
	砖沙窝	马厂	羊井子湾乡	②

续表

遗址		文化	地理位置	资料出处
天水	陈家山	半山	五龙乡	⑪
	师赵村	半山	藉河北岸	①
清水	泰山庙	马厂	城关乡	④
武山	滩歌	半山	滩歌镇	④
渭源	上坪	马厂	渭河南岸	⑦
会宁	牛门洞	半山	头寨子镇	④
	窠立台	半山	头寨子镇	④
	牛门洞	马厂	头寨子镇	④
	颗粒台	马厂	头寨子镇	④
秦安	安湾	半山	叶堡乡	③
	阳屲庄子	半山	安伏乡	③
	崖湾	半山	叶堡乡	③
庄浪	徐家碾	半山	葫芦河沿岸	③
	孔家沟	半山	葫芦河沿岸	③
	赵家	半山	南湖乡	③
	唐家高庄	半山	南坪乡	③
	李家碾	半山	水洛乡	③

以上总计遗址 246 处。

资料出处（截至 1998 年）：

①甘肃省博物馆：《甘肃古文化遗存》，《考古学报》1960 年第 2 期，第 11—52 页。

②甘肃省文物考古研究所、北京大学考古文博学院：《河西走廊史前考古调查报告》，文物出版社 2011 年版。

③李非、李水城、水涛：《葫芦河流域古文化、古环境及其古气候情境的重建》，《中国历史气候变化》，山东科学技术出版社 1996 年版，第 179—194 页。

④张朋川：《中国彩陶图谱》，文物出版社 1990 年版。

⑤裴文中：《中国西北甘肃走廊和青海地区的考古调查》，《裴文中史前考古学论文集》，文物出版社 1987 年版，第 256—273 页。

⑥甘肃省榆中县博物馆馆藏资料。

⑦甘肃省文物管理委员会：《甘肃渭河上游渭源、陇西、武山三县考古调查》，《考古通讯》1958 年第 7 期，第 6—16 页。

⑧甘肃省文物管理委员会：《甘肃临洮临夏两县考古调查简报》，《考古通讯》1958 年第 9 期，第 36—48 页。

⑨甘肃省文物管理委员会：《兰州市几处新石器时代遗址调查》，《考古》1959 年第 7 期，第 323—325 页。

⑩ J. G. Andersson (1943), Researches into the Prehistory of the Chinese, *BMFEA*. No.15, Stockholm.

⑪ 中国社会科学院考古研究所甘肃工作队：《甘肃天水地区考古调查纪要》，《考古》1983年第12期，第1066—1075、1107页。

⑫ 石龙：《甘肃康乐县张寨出土新石器时代陶器》，《文物》1992年第4期，第77—81页。

⑬ 甘肃省博物馆：《兰州花寨子"半山类型"墓葬》，《考古学报》1980年第2期，第221—238页。

⑭ 甘肃省博物馆：《甘肃兰州青岗岔遗址试掘简报》，《考古》1972年第3期，第26—31页。

⑮ 甘肃省博物馆文物工作队：《广河地巴坪"半山类型"墓地》，《考古学报》1978年第2期，第193—210页。

⑯ 甘肃省文物考古研究所\皋兰县文化馆：《甘肃皋兰阳洼窑"马厂"墓葬清理简报》，《中原文物》1986年第4期，第24—27页。

⑰ 甘肃省文物考古研究所：《兰州市徐家山东大梁马厂类型墓葬》，《考古与文物》1995年第3期，第11—18页。

⑱ 苏裕民：《永登团庄、长阳洼出土的一批新石器时代器物》，《考古与文物》1993年第2期，第14—25页。

⑲ 甘肃省博物馆文物工作队、武威地区展览馆：《甘肃永昌三角城沙井文化遗址调查》，《考古》1984年第7期，第598—601页。

⑳ 甘肃省博物馆：《黄河寺沟峡水库新石器时代遗址调查简报》，《考古》1960年第3期，第7—9页。

注：本书此次再版，对初版时表内缺失遗址地理位置或资料来源的部分做了补充。后文附录三同。

附录二 宁夏回族自治区半山、马厂类型遗址一览表

	遗址	文化	地理位置	资料出处
西吉	沙沟乡	半山	沙沟乡	①②③
固原	廿里铺	半山	南郊乡	①②
	上台村	半山	河川乡	①②
	上店村	半山	河川乡	①②
	郭庙	半山	郭庙乡	①②③
	海趟村	半山	七营乡	①②③
海原	菜园	半山	西安乡	①
	切刀把	半山	西安乡	①
	林子梁	半山	西安乡	①
	切刀把	马厂	西安乡	①
	林子梁	马厂	西安乡	①

以上总计遗址 11 处。

资料出处（截至 1998 年）：

① 宁夏回族自治区文物管理委员会、宁夏回族自治区文化厅：《中国文物地图集·宁夏回族自治区分册》（未定稿），1990 年。

②宁夏回族自治区文化厅、文管会编印：《文物普查资料汇编》（内部资料），1986 年。

③李非、李水城、水涛：《葫芦河流域古文化、古环境及其古气候情境的重建》，《中国历史气候变化》，山东科学技术出版社 1996 年版，第 179—194 页。

附录三　青海省半山、马厂类型遗址一览表

遗址		文化	地理位置	资料出处
民和	阴山	半山	新民乡	⑪
	官户台	半山	新民乡	⑬⑲
	马莲滩阳山	半山	芦草沟乡	⑪
	五方村西	半山	核桃庄乡	⑪
	大草沟	半山	核桃庄乡	⑪
	钟家村北	半山	核桃庄乡	⑪
	大庄	半山	核桃庄乡	⑪
	吉家堡甲	半山	川口镇	⑪
	南庄子戊	半山	川口镇	⑪
	严家	半山	西沟乡	⑪
	月城山	半山	柴沟乡	⑪
	阴山村东	半山	柴沟乡	⑪
	杨家湾乙	半山	联合乡	⑪
	波古拉坡	半山	隆治乡	⑪
	塬嘴嘴乙	半山	隆治乡	⑪
	武家塬	半山	隆治乡	⑪
	寇家下塬头	半山	隆治乡	⑪
	大邦坡	半山	隆治乡	⑪
	塔尔李家	半山	隆治乡	⑪
	秦家塬甲	半山	隆治乡	⑪
	罗家塬	半山	总堡乡	⑪
	白家山	半山	大庄乡	⑪
	东山	半山	大庄乡	⑪
	李家岭乙	半山墓	大庄乡	⑪
	李家岭丙	半山	大庄乡	⑪
	魏家台甲	半山	大庄乡	⑪
	牛家疙瘩	半山墓	大庄乡	⑪
	三十亩	半山	古鄯镇	⑪
	白崖沟	半山	前河乡	⑪
	田家甲	半山墓	前河乡	⑪
	肖家	半山	转导乡	⑤⑥⑪
	大庄廓	半山	转导乡	⑤⑥⑪
	腰庄坡	半山墓	转导乡	⑪
	东岭	半山	塔城乡	⑤⑥⑪
	胡家甲	半山	塔城乡	⑪
	寺家乙	半山	峡口乡	⑪

续表

遗址	文化	地理位置	资料出处
喇家甲	半山	官亭镇	⑪
塬坡	半山	湟水流域	⑲⑳
大塬	半山	川口镇	⑲⑳
巴州	半山	巴州镇	⑲⑳
松树庄	马厂	松树乡	⑪
加仁庄	马厂	松树乡	⑪⑲
胡拉海	马厂	松树乡	⑪
洪沟岭	马厂	松树乡	⑳
百姓	马厂	松树乡	⑳
下白虎	马厂	松树乡	⑳
小下垣甲	马厂	松树乡	⑪
小下垣乙	马厂	松树乡	⑪
草台坡	马厂墓	松树乡	⑪
中庄学校	马厂墓	松树乡	⑪
下庄	马厂	松树乡	⑪
上庄	马厂墓	松树乡	⑪
泉儿湾	马厂	松树乡	⑪
石膏厂头垣	马厂墓	松树乡	⑪
下路家堡	马厂	松树乡	⑪
刘家坡	马厂	松树乡	⑪
崖湾	马厂	松树乡	⑪
兔儿台	马厂	松树乡	⑪
杨家店甲	马厂墓	松树乡	⑪
阴山	马厂	新民乡	⑪
三岔沟甲	马厂	新民乡	⑪
洪沟	马厂	新民乡	⑪
上面川地	马厂	新民乡	⑪
下古岱尖哨	马厂	新民乡	⑪
卡拉马沟	马厂	新民乡	⑪
阳山台丙	马厂	新民乡	⑪
下古岱村	马厂	新民乡	⑪
官户台	马厂墓	新民乡	②⑪
阳山	马厂墓	新民乡	⑪
下坡头	马厂	新民乡	⑪
阳山台乙	马厂	新民乡	⑪
草各	马厂	新民乡	⑪
公巴台	马厂	新民乡	⑪
沙巴沟乙	马厂	新民乡	⑪
麻莲滩阳山	马厂	芦草沟乡	⑪
罗家源	马厂	李二堡镇	⑪
寺头顶乙	马厂	李二堡镇	⑪
祁家村南	马厂	李二堡镇	⑪
拱巴塬	马厂	李二堡镇	⑪
小坪	马厂	李二堡镇	⑪
拱巴垣	马厂	李二堡镇	⑪
罗巴垣	马厂	李二堡镇	⑪
小旱地	马厂	李二堡镇	⑪
团庄	马厂	核桃庄乡	⑪
拱北台	马厂墓	核桃庄乡	⑪
钟家村北	马厂	核桃庄乡	⑪

续表

遗址	文化	地理位置	资料出处
苏家庄护坡	马厂墓	核桃庄乡	⑪
桃家	马厂墓	核桃庄乡	⑪
单家沟	马厂墓	核桃庄乡	⑪
堡子	马厂墓	核桃庄乡	⑪
巴家头	马厂	核桃庄乡	⑪
陈家丙	马厂	核桃庄乡	⑪
旱台	马厂	核桃庄乡	⑪
大庄甲	马厂	核桃庄乡	⑪
大庄三社	马厂	核桃庄乡	⑪
团庄上旱台	马厂	核桃庄乡	⑪
大庄村北	马厂	核桃庄乡	⑪
马排甲	马厂墓	核桃庄乡	⑪㉑
钟家	马厂	核桃庄乡	⑪
里长	马厂	核桃庄乡	⑪
东旱地	马厂	核桃庄乡	⑪
大庄村护坡	马厂	核桃庄乡	⑪
苏家庄	马厂	核桃庄乡	⑪
安家小旱地	马厂	核桃庄乡	⑪
安家旱地	马厂	核桃庄乡	⑪
木拉沟	马厂	北山乡	⑪
窑洞沟	马厂	北山乡	⑪
吉家堡甲	马厂	川口镇	⑪
吉家堡乙	马厂	川口镇	⑪
山城台	马厂墓	川口镇	②⑪
大庄乙	马厂	川口镇	⑪
大庄丙	马厂	川口镇	⑪
南庄子戊	马厂	川口镇	⑪
巴塬	马厂	川口镇	⑪
南庄子丙	马厂	川口镇	⑪
山金台	马厂	川口镇	⑪
果园甲	马厂	川口镇	⑪
果园乙	马厂	川口镇	⑪
果园丙	马厂	川口镇	⑪
吉家堡丁	马厂	川口镇	⑪
米拉湾	马厂墓	川口镇	⑪
南庄子甲	马厂墓	川口镇	⑪
南庄子乙	马厂	川口镇	⑪
边墙甲	马厂	川口镇	⑪
边墙乙	马厂墓	川口镇	⑪
边墙丙	马厂墓	川口镇	⑪
边墙丁	马厂	川口镇	⑪
边墙戊	马厂	川口镇	⑪
红崖	马厂	川口镇	⑪
红崖砖瓦厂	马厂	川口镇	⑪
川口砖瓦厂	马厂	川口镇	⑪
享堂村水泥厂	马厂	川口镇	⑪
吉家堡丙	马厂	川口镇	⑪
尕塬	马厂	川口镇	⑪
小塬乙	马厂墓	川口镇	⑪
大庄甲	马厂	川口镇	②⑪

续表

遗址	文化	地理位置	资料出处
小塬甲	马厂	川口镇	⑪
南庄子丙	马厂	川口镇	⑪
小口村	马厂	川口镇	⑪
大塬转嘴子	马厂	川口镇	⑪
王家塬	马厂	巴州镇	⑪
下马家甲	马厂	巴州镇	⑪
红崖头乙	马厂	巴州镇	⑪
包家丙	马厂	巴州镇	⑪
王家甲	马厂	巴州镇	⑪
王家乙	马厂	巴州镇	⑪
巴州阴山	马厂	巴州镇	⑪
羊羔滩甲	马厂	巴州镇	⑪
羊羔滩乙	马厂	巴州镇	⑪
羊羔滩丙	马厂	巴州镇	⑪
铁家甲	马厂	巴州镇	⑪
铁家乙	马厂墓	巴州镇	⑪
铁家丙	马厂	巴州镇	⑪
竹子沟	马厂	巴州镇	⑪
王家	马厂	巴州镇	⑪
祁家塬	马厂	巴州镇	⑪
巴家塬甲	马厂	巴州镇	⑪
巴家塬乙	马厂	巴州镇	⑪
酒力池甲	马厂	巴州镇	⑪
酒力池乙	马厂	巴州镇	⑪
酒力池丙	马厂	巴州镇	⑪
酒力池丁	马厂	巴州镇	⑪
张家	马厂	巴州镇	⑪
州砖瓦厂乙	马厂	巴州镇	⑪
尕高崖甲	马厂	巴州镇	⑪
尕高崖乙	马厂	巴州镇	⑪
巴州塬甲	马厂	巴州镇	⑪
巴州塬乙	马厂	巴州镇	⑪
巴州塬丙	马厂	巴州镇	⑪
巴州塬丁	马厂	巴州镇	⑪
巴州塬戊	马厂	巴州镇	⑪
红崖头甲	马厂	巴州镇	⑪
碱旱水沟	马厂墓	巴州镇	⑪
下马家乙	马厂	巴州镇	⑪
下马家丙	马厂	巴州镇	⑪
麻酒	马厂	巴州镇	⑪
包家甲	马厂	巴州镇	⑪
包家乙	马厂	巴州镇	⑪
高崖明坡	马厂	巴州镇	⑪
东沟河	马厂	西沟乡	⑪
甘家	马厂	西沟乡	⑪
上庄	马厂	西沟乡	⑪
山城	马厂	西沟乡	⑪
水库北	马厂墓	西沟乡	⑪
坡顶	马厂	西沟乡	⑪
古城垣甲	马厂	西沟乡	⑪

续表

遗址	文化	地理位置	资料出处
古城垣乙	马厂	西沟乡	⑪
严家	马厂	西沟乡	⑪
南塬	马厂	西沟乡	⑪
范家滩	马厂	东沟乡	⑪
阴山村东北	马厂	柴沟乡	⑪
邓家山村	马厂	柴沟乡	⑪
月城山	马厂	柴沟乡	⑪
马家堡	马厂	柴沟乡	⑪
邓家山村东	马厂	柴沟乡	⑪
甘家坪	马厂	柴沟乡	⑪
大沟嘴	马厂	柴沟乡	⑪
童家山	马厂	柴沟乡	⑪
杨家湾甲	马厂	联合乡	⑪
杨家湾乙	马厂	联合乡	⑪
徐家村南	马厂	联合乡	⑪
徐家村北	马厂	联合乡	⑪
阳山疙瘩	马厂	联合乡	⑪
石家疙瘩	马厂	联合乡	⑪
河坎疙瘩	马厂	联合乡	⑪
哈石隆	马厂	联合乡	⑪
马聚塬丙	马厂	马厂塬	⑪
香水沟	马厂墓	马厂塬	⑪
下川口甲	马厂	马厂塬	⑪
下川口乙	马厂	马厂塬	⑪
下川口丙	马厂	马厂塬	⑪
座座塬甲	马厂	马厂塬	⑪
座座塬乙	马厂	马厂塬	⑪
座座塬丙	马厂	马厂塬	⑪
座座塬丁	马厂	马厂塬	⑪
座座塬戊	马厂	马厂塬	⑪
阳团山	马厂	马厂塬	⑪
阳团山北	马厂	马厂塬	⑪
四角滩	马厂	马厂塬	⑪
希拉沟	马厂	马厂塬	②⑪
阳盘沟	马厂	马厂塬	⑪
下川口	马厂	马厂塬	⑪
白土窑	马厂	马厂塬	⑪
黄土山	马厂	马厂塬	⑪
新庄子	马厂	马厂塬	⑪
土山地	马厂	马厂塬	⑪
三条沟	马厂	马厂塬	⑪
瓦窑台甲	马厂	马厂塬	⑪
王家沟门	马厂	隆治乡	⑪
白土坡	马厂	隆治乡	⑪
波古拉坡	马厂	隆治乡	⑪
阳山村东北	马厂	隆治乡	⑪
阳山村北	马厂	隆治乡	⑪
灰拉拉塬	马厂	隆治乡	⑪
小垣	马厂	隆治乡	⑪
池内塬	马厂	隆治乡	⑪

续表

遗址	文化	地理位置	资料出处
武家塬	马厂	隆治乡	⑪
武家塬村东北	马厂	隆治乡	⑪
李家塬	马厂	隆治乡	⑪
护坡	马厂	隆治乡	⑪
寇家下塬头	马厂	隆治乡	⑪
家下塬头乙	马厂	隆治乡	⑪
塬嘴嘴甲	马厂	隆治乡	⑪
塬嘴嘴乙	马厂	隆治乡	⑪
塬嘴嘴丙	马厂	隆治乡	⑪
灰山塬	马厂	隆治乡	⑪
山王庙	马厂	隆治乡	⑪
李家塬	马厂	隆治乡	⑪
大邦坡	马厂	隆治乡	⑪
塔尔李家	马厂	隆治乡	⑪
秦家塬甲	马厂	隆治乡	⑪
秦家塬乙	马厂	隆治乡	⑪
胡拉拉塬	马厂	隆治乡	⑪
铁家塬	马厂	隆治乡	⑪
白家甲	马厂	隆治乡	⑪
白家乙	马厂	隆治乡	⑪
桥头塬	马厂	隆治乡	⑪
铁家寺塬	马厂	隆治乡	⑪
滩子坡	马厂	总堡乡	⑪
下塬坡塬	马厂墓	总堡乡	⑪
马王家塬	马厂墓	总堡乡	⑪
西沟塬	马厂墓	总堡乡	⑪
垣坡	马厂墓	总堡乡	⑪
总塬甲	马厂墓	总堡乡	⑪
总塬乙	马厂墓	总堡乡	⑪
王家塬甲	马厂墓	总堡乡	⑪
王家塬乙	马厂墓	总堡乡	⑪
冉家	马厂墓	总堡乡	⑪
黑堡子哈坡	马厂墓	总堡乡	⑪
上塬	马厂	总堡乡	⑪
三家塬	马厂	总堡乡	⑪
水管所	马厂	总堡乡	⑪
后塬	马厂	总堡乡	⑪
光角寺塬甲	马厂	总堡乡	⑪
光角寺塬乙	马厂	总堡乡	⑪
光角寺塬丙	马厂墓	总堡乡	⑪
白乃堡	马厂	总堡乡	⑪
光角寺甲	马厂	总堡乡	⑪
光角寺乙	马厂	总堡乡	⑪
李家山	马厂	总堡乡	⑪
马家塬甲	马厂	总堡乡	⑪
马家塬乙	马厂墓	总堡乡	⑪
马家塬丙	马厂	总堡乡	⑪
马家塬丁	马厂	总堡乡	⑪
叉白沟	马厂	总堡乡	⑪
小塬	马厂	总堡乡	⑪

续表

遗址	文化	地理位置	资料出处
总堡甲	马厂	总堡乡	⑪
总堡乙	马厂	总堡乡	⑪
台儿哇塬	马厂	总堡乡	⑪
下塬坡塬	马厂	总堡乡	⑪
潭家	马厂	总堡乡	⑪
李家塬甲	马厂墓	总堡乡	⑪
李家塬丙	马厂	总堡乡	⑪
黑堡子	马厂	总堡乡	⑪
塬坡塬甲	马厂	总堡乡	⑪
张贵地	马厂墓	总堡乡	⑪
李家山学校	马厂	总堡乡	⑪
中鼻梁	马厂	总堡乡	⑪
李家岭甲	马厂	大庄乡	⑪
李家岭乙	马厂墓	大庄乡	⑪
李家岭丁	马厂	大庄乡	⑪
前湾	马厂墓	大庄乡	⑪
白家山	马厂墓	大庄乡	⑪
魏家台甲	马厂	大庄乡	⑪
魏家台乙	马厂	大庄乡	⑪
魏家台丙	马厂	大庄乡	⑪
沟阳坡台	马厂墓	大庄乡	⑪
东山	马厂墓	大庄乡	⑪
牛家疙瘩	马厂墓	大庄乡	⑪
哈家圈	马厂	大庄乡	⑪
阳山	马厂	大庄乡	⑪
三十亩	马厂	古鄯镇	⑪
新庄子	马厂	古鄯镇	⑪
南关	马厂	古鄯镇	⑪
古鄯村	马厂	古鄯镇	⑪
水管所	马厂	古鄯镇	⑪
关塬	马厂	古鄯镇	⑪
边塬	马厂	古鄯镇	⑪
邓曹湾甲	马厂	古鄯镇	⑪
邓曹湾乙	马厂	古鄯镇	⑪
河口	马厂	满坪镇	⑪
韩家阴山甲	马厂	甘沟乡	⑪
韩家阴山乙	马厂	甘沟乡	⑪
邦塘	马厂	甘沟乡	⑪
尕日家甲	马厂	甘沟乡	⑪
尕日家乙	马厂	甘沟乡	⑪
隆家	马厂	甘沟乡	⑪
乔家	马厂	甘沟乡	⑪
李家甲	马厂	甘沟乡	⑪
李家乙	马厂	甘沟乡	⑪
韩家嘴甲	马厂	甘沟乡	⑪
韩家嘴乙	马厂	甘沟乡	⑪
张铁水库	马厂	马营镇	⑪
芒拉寺	马厂	前河乡	⑪
田家乙	马厂	前河乡	⑪
田家丙	马厂	前河乡	⑪

续表

遗址	文化	地理位置	资料出处
龙布乙	马厂	前河乡	⑪
儿官乙	马厂墓	前河乡	⑪
儿官丙	马厂	前河乡	⑪
塌湾	马厂	前河乡	⑪
上红庄台	马厂	前河乡	⑪
老芒沟	马厂	前河乡	⑪
小锁甲	马厂墓	前河乡	⑪
小锁乙	马厂墓	前河乡	⑪
杨家川	马厂	前河乡	⑪
巴旦	马厂	前河乡	⑪
龙布甲	马厂	前河乡	⑪
张家甲	马厂	前河乡	⑪
张家乙	马厂	前河乡	⑪
张家丙	马厂	前河乡	⑪
窑巴山	马厂	前河乡	⑪
下甘家	马厂	前河乡	⑪
孟家	马厂	前河乡	⑪
乌拉	马厂	前河乡	⑪
上儿官甲	马厂	前河乡	⑪
贡巴	马厂	前河乡	⑪
肖家	马厂	转导乡	⑥⑪
界村	马厂	转导乡	⑪
褶子坪甲	马厂	转导乡	⑤⑥⑪
褶子坪乙	马厂	转导乡	⑪
郭家坪乙	马厂	转导乡	⑤⑪
甜草沟	马厂	转导乡	⑪
大胡同	马厂	转导乡	⑪
下堡子	马厂	转导乡	⑤⑥⑪
坡埂	马厂	转导乡	⑪
下牙酒乙	马厂	转导乡	⑪
戴家	马厂	转导乡	⑪
戴家乙	马厂	转导乡	⑪
十四晌地	马厂墓	转导乡	⑤⑪
代家地	马厂墓	转导乡	⑤⑪
下牙酒丙	马厂	转导乡	⑥⑪
郭家坪甲	马厂	转导乡	⑥⑪
寺滩	马厂	转导乡	⑥⑪
下牙酒	马厂	转导乡	⑥⑪
李家河	马厂	转导乡	①
后坪	马厂墓	转导乡	⑪
黑圈甲	马厂	转导乡	⑪
下红庄甲	马厂	峡口乡	⑪
下红庄乙	马厂	峡口乡	⑪
昂光堂	马厂	峡口乡	⑪
吴家	马厂	峡口乡	⑪
民主村甲	马厂	峡口乡	⑪
民主村乙	马厂	峡口乡	⑪
上红庄	马厂	峡口乡	⑪
张家甲	马厂	峡口乡	⑪
大庄乙	马厂	峡口乡	⑪

续表

遗址		文化	地理位置	资料出处
	昂索乙	马厂	峡口乡	⑪
	山城	马厂	中川乡	⑪
	辛家甲	马厂	中川乡	⑪
	喇家乙	马厂	官亭镇	⑪
	南家	马厂	官亭镇	⑪
	台子甲	马厂	官亭镇	⑪
乐都	贾湾	半山	碾伯镇	⑪
	柳湾	半山	高庙镇	⑲
	申家旱台	半山	碾伯镇	⑲⑳
	柳湾	马厂	高庙镇	⑲
	加浪坡	马厂	共和乡	⑳
	段堡子	马厂墓	高庙镇	⑭⑮
	贾湾	马厂	碾伯镇	⑮⑲
	赵家庄	马厂	碾伯镇	⑲⑳
	汉庄子	马厂	雨润镇	⑬⑯
	蒲家墩	马厂	高庙镇	⑬⑯
	西坪	马厂	洪水镇	⑬
	晁马家	马厂	高庙镇	⑬
	瓦窑嘴	马厂墓	蒲台乡	⑬
	西坪台	马厂	洪水镇	⑬
	上阳洼	马厂墓	峰堆乡	⑬
	东门巷	马厂	碾伯镇	⑬
西宁	朱家寨	半山	大堡子镇	⑯
	西杏园	马厂	马坊乡	⑯
	花园台	马厂	二十里铺镇	⑯
	朱家寨	马厂	大堡子镇	⑯
互助	加塘	半山	加定镇	⑯
	三其	马厂	塘川镇	⑯
	加塘	马厂	加定镇	⑯
大通	长宁	半山	长宁镇	⑫⑯
循化	苏呼撒	半山墓	白庄乡	⑰⑱
	旦麻	半山墓	文都乡	⑰⑱
	乔日旦	半山	文都乡	⑱
	江加乙	半山	文都乡	⑱
	尕土麻	半山	文都乡	⑱
	交日当	半山	文都乡	⑱
	苏合札	半山	黄河南岸	④
	塌城	半山	黄河南岸	④
	西滩	半山	清水乡	④
	大寺古	半山	清水乡	⑱
	乙寺日西	半山	清水乡	⑱
	红庄西滩甲	半山墓	清水乡	⑰⑱
	拉卜加山顶	半山墓	清水乡	⑱
	那哈拉甲	半山	街子乡	⑱
	那哈拉乙	半山	街子乡	⑱
	唐坊清真寺	半山	街子乡	⑯
	那哈拉烽火台	半山	街子乡	⑱
	占群	半山	尕楞乡	⑱
	石板矿	半山	城镇乡	⑱

续表

遗址		文化	地理位置	资料出处
	草花细	半山	城镇乡	⑱
	鸭子山	半山	查都汗斯乡	⑱
	白土山	马厂	查汗都斯乡	④⑱
	白土山	马厂墓	查汗都斯乡	⑰⑱
	鸭子山	马厂	查都汗斯乡	⑱
	果实滩	马厂	黄河南岸	④
	棺材沟	马厂墓	街子乡	⑱
	背其乙	马厂	街子乡	⑱
	果哈拉	马厂	街子乡	⑱
	乔日旦	马厂	文都乡	⑱
	交日当	马厂	文都乡	⑱
	拉兄	马厂	文都乡	⑱
	杂日让	马厂	文都乡	⑱
	黑城子甲	马厂	文都乡	⑱
	坪头	马厂	城镇乡	⑱
	尕庄滩	马厂	清水乡	⑱
	乙麻亥乙	马厂	清水乡	⑱
化隆	那兰龙洼	半山墓	牙什尕乡	⑱
	阿吉拉尕台	半山	支扎乡	⑱
	沙么之坡	半山墓	昂思多乡	⑱
	文卜具甲	半山墓	群科镇	⑱
	那兰龙洼	马厂墓	牙什尕乡	⑱
	文卜具甲	马厂墓	群科镇	⑱
	文卜具乙	马厂墓	群科镇	⑱
	文卜具	马厂	群科镇	⑱
	拉格堂甲	马厂	支扎乡	⑱
	谢玛东	马厂	支扎乡	⑱
	官却乎拉卡	马厂墓	黑城乡	⑱
	土桥坡	马厂墓	黑城乡	⑱
	贡什加乙	马厂	甘都镇	⑱
	瓦巴西	马厂墓	甘都镇	⑱
	电灌台	马厂墓	甘都镇	⑱
	百土山	马厂墓	甘都镇	⑱
	杂让盖	马厂	甘都镇	⑱
	烽火台	马厂	甘都镇	⑱
同德	宗日	半山墓	巴沟乡	⑨
贵德	堂那岗	半山	黄河北岸	⑩
	下堂那	半山	黄河南岸	⑩
	堂那岗	马厂	黄河南岸	⑩
同仁	上吾屯	半山	隆务镇	⑦
	科什藏	半山	年都乎乡	⑦
	朝阳	半山	年都乎乡	⑦
	西山	半山墓	保安乡	⑦
	下贡卡	半山	保安乡	③
	下庄	半山	保安乡	⑦⑲
	吾羌	马厂	年都乎乡	⑦
	苗圃园北	马厂	年都乎乡	⑦
	尕沙日	马厂	年都乎乡	⑦

续表

遗址		文化	地理位置	资料出处
	年都乎	马厂墓	年都乎乡	⑯
	西山	马厂墓	保安乡	⑦
	哈日拉尕	马厂	麻巴乡	⑦
尖扎	格曲新滩	半山	康杨乡	⑧
	格曲新滩	半山墓	康杨乡	⑧
	尕马堂东台地	马厂	康杨乡	⑧
	乙过拉尕	马厂	加让乡	⑧⑯
	勒见	马厂	加让乡	⑨
	藏昂台	马厂	直岗拉卡乡	⑧
	尕布滩	马厂	直岗拉卡乡	⑧
	赛什扎	马厂	直岗拉卡乡	⑧
	乔什旦	马厂	直岗拉卡乡	⑧
	拉毛	马厂	直岗拉卡乡	⑯
	勒冗	马厂墓	马克唐镇	⑧
	格日西	马厂	昂拉乡	⑧
	河东台乙	马厂	昂拉乡	⑯

以上总计遗址 499 处。

资料出处（截至1998年）：

①青海省文管会：《青海湟中古代文化调查简报》，《文物》1960年第6期，第35—36页。

②格桑本：《民和县新石器时代遗址调查》，《青海省考古学会会刊》1981年第2期，第20—22页。

③青海文物考古队：《青海隆务河流域考古调查》，《考古与文物》1982年第3期，第4—9页。

④卢耀光：《1980年循化撒拉族自治县考古调查》，《青海省考古学会会刊》1982年第4期，第6—11页。又见卢耀光：《1980年循化撒拉族自治县考古调查》，《考古》1985年第7期，第602—607页。

⑤和政雅、高东陆：《民和县转导公社古代文化调查》，《青海省考古学会会刊》1982年第4期，第14—17页。

⑥青海文物考古队：《民和县转导公社古文化遗址调查》，《史前研究》1985年第3期，第60—73页。

⑦青海省文物考古研究所：《同仁县考古调查简报》，《青海文物》1990年第4期，第36—46页。

⑧青海省文物考古研究所：《尖扎县考古调查简报》，《青海文物》1990年第4期，第47—56页。

⑨海南民族博物馆、青海省文物考古研究所：《贵南、同德两县考古调查简报》，《青海文物》1990年第4期，第57—70页。

⑩青海省文物考古研究所：《贵德县考古调查简报》，《青海文物》1990年第5期，第16—24页。

⑪青海省文物考古研究所：《青海省民和县古文化遗存调查》，《考古》1993年第3期，第193—211、224页。

⑫青海省文物考古研究所：《青海大通县文物普查简报》，《考古》1994年第4期，第320—329页。

⑬裴文中：《中国西北甘肃走廊和青海地区的考古调查》，《裴文中史前考古学论文集》，文物出版社1987年版，第256—273页。

⑭赵生琛：《青海省文物考古工作大事记略》(1923—1983)，《青海省考古学会会刊》1984年第6期，第9—29页。

⑮格桑本：《一九八四年至一九八七年青海省文物工作大事记》，《青海文物》1988年第1期，第7—20页。

⑯袁复堂：《青海省国家级、省、县级文物保护单位资料（549）处》，《青海文物》1989年第2期，第119—141页。

⑰王国道、刘国宁：《循化县古遗址分布概况》，《青海文物》1987年第3期，第22—27页。

⑱青海省文物考古研究所：《青海化隆、循化两县考古调查简报》，《考古》1991年第4期，第313—331页。

⑲张朋川：《中国彩陶图谱》，文物出版社1990年版。

⑳青海省文物考古队：《青海彩陶》，文物出版社1980年版。

㉑青海省文物管理处：《青海民和马排马厂墓葬发掘简报》，《史前研究》（辑刊）1990—1991年，第298—308页。

参考文献

A

Andersson J. G. (1934), *Children of the Yellow Earth*, London.

Andersson J. G. (1943), Researches into the Prehistory of the Chinese, *BMFEA*. No. 15, Stockholm.

Andersson J. G. (1945), The Site of Chu Chia Chai, *BMFEA*. No. 17, Stockholm.

安特生：《中华远古之文化》，袁复礼译，《地质汇报》第五号第1册，北平京华印书局，1923年。

安特生：《甘肃考古记》，乐森璕译，《地质专报》甲种第五号，1925年。

安志敏：《中国史前考古学书目》，《燕京学报》专号之二十三，燕京大学出版社1951年版。

安志敏：《甘肃远古文化及其有关的几个问题》，《考古通讯》1956年第6期，第9—19页。

安志敏：《甘肃山丹四坝滩新石器时代遗址》，《考古学报》1959年第3期，第7—16页。

安志敏：《青海的古代文化》，《考古》1959年第7期，第375—383页。

安特生：《西宁朱家寨遗址》，刘竞文译，青海人民出版社1992年版。

B

北京大学考古系资料室编：《中国考古学文献目录》（1900—1949），文物出版社1991年版。

滨田耕作：《甘肃ノ彩绘土器》，《民族》1/2，1926年；《东亚考古学研究》，1930年。

C

岑家梧：《图腾艺术史》，学林出版社1986年版。

长江流域规划办公室考古队甘肃分队：《白龙江流域考古调查简报》，《文物资料丛刊》2，文物出版社1978年版，第26—37页。

常喜恩：《哈密市雅满苏矿、林场办事处古代墓葬》，《中国考古学年鉴（1989）》，文物出版社1990年版，第274—275页。

陈贤儒等：《甘肃皋兰糜地岘新石器时代墓葬清理记》，《考古通讯》1957年第6期，第7—8页。

陈国显：《青海互助县发现新石器时代遗址》，《考古》1959年第4期，第204—205页。

陈戈：《略论新疆的彩陶》，《新疆社会科学》1982年第2期，第77—103页。

陈正祥：《中国文化地理》，生活·读书·新知三联书店1983年版。

陈雍：《关于半山文化和马厂文化关系的讨论》，《考古学文化论集》（三），文物出版社1993年版，第69—79页。

D

Daniel, G. E. (1968), *The First Civilizations*, London: Thames & Hudson.

戴春阳：《试论马家窑文化的渊源及有关问题》，《西北史地》1988年第3期，第42—52页。

戴春阳：《从半山、马厂类型看马家窑文化的社会性质及演进》，《西北史地》1989年第3期，第75—81页。

丁广学：《庄浪出土的彩陶器》，《平凉文博》1984年第2期，第40—42页。

F

〔美〕弗朗兹·博厄斯：《原始艺术》，金辉译，刘乃元校，上海文艺出版社1989年版。

Fred Plog and Daniel G. Bates (1980), *Cultural Anthropology*, Alfred A. Knopf, Inc. New York Second Edition.

G

甘南藏族自治州文化局：《甘肃卓尼县纳浪乡考古调查简报》，《考古》1994年第7期，第587—599页。

高东陆：《同德巴沟乡兔儿滩马家窑文化半山类型遗址发掘记》，《青海考古学会会刊》1985年第7期，第43—47页。

甘肃省文物管理委员会：《甘肃古浪黑松驿谷家坪滩新石器时代遗址》，《文物参考资料》1955年第8期，第46—48页。

甘肃省文物管理委员会：《甘肃武威大垯附近的两个新石器时代遗址》，《文物参考资料》1955年第11期，第63—66页。

甘肃省文物管理委员会：《甘肃永昌南滩和北滩的古遗址及古墓葬》，《文物参考资料》1955年第12期，第42—48页。

甘肃省文物管理委员会：《皋兰县蔡家河在改造自然中挖出彩陶器》，《文物参考资料》1956年第4期，第79页。

甘肃省文物管理委员会：《兰州新石器时代的文化遗存》，《考古学报》1957年第1期，第1—8页。

甘肃省文物管理委员会：《渭河上游天水、甘谷两县考古调查简报》，《考古通讯》1958年第5期，第1—5页。

甘肃省文物管理委员会：《甘肃渭河上游渭源、陇西、武山三县考古调查》，《考古通讯》1958年第7期，第6—16页。

甘肃省文物管理委员会：《甘肃临洮临夏两县考古调查简报》，《考古通讯》1958年第9期，第36—49页。

甘肃省博物馆：《甘肃西汉水流域考古调查简报》，《考古》1959年第3期，第138—142页。

甘肃省博物馆：《甘肃渭河支流南河、榜沙河、漳河考古调查》，《考古》1959年第7期，第326—328页。

甘肃省文物管理委员会：《兰州市几处新石器时代遗址调查》，《考古》1959年第7期，第323—325页。

甘肃省博物馆：《甘肃武威郭家庄和磨嘴子遗址调查记》，《考古》1959年第11期，第583—584页。

甘肃省博物馆：《甘肃古文化遗存》，《考古学报》1960年第2期，第11—52页。

甘肃省博物馆：《黄河寺沟峡水库新石器时代遗址调查简报》，《考古》1960年第3期，第7—9页。

甘肃省博物馆：《甘肃兰州青岗岔遗址试掘简报》，《考古》1972年第3期，第26—31页。

甘肃省博物馆文物工作队、武威地区文物普查队：《永昌鸳鸯池新石器时代墓地的发掘》，《考古》1974年第5期，第299—308、289页。

甘肃省博物馆文物工作队：《兰州马家窑和马厂类型墓葬清理简报》，《文物》1975年第6期，第76—84、97—98页。

甘肃省博物馆：《甘肃景泰张家台新石器时代的墓葬》，《考古》1976年第3期，第180—186页。

甘肃省博物馆、北京大学历史系考古专业：《从马家窑类型驳瓦西里耶夫的"中国文化西来说"》，《文物》1976年第3期，第24—30页。

甘肃省博物馆文物工作队：《广河地巴坪"半山类型"墓地》，《考古学报》1978年第2期，第193—210页。

甘肃省博物馆、甘肃省文物工作队编：《甘肃彩陶》，文物出版社1979年版。

甘肃省博物馆文物工作队：《甘肃兰州焦家庄和十里店的半山陶器》，《考古》1980年第1期，第7—10、97—98页。

甘肃省博物馆：《兰州花寨子"半山类型"墓葬》，《考古学报》1980年第2期，第221—238页。

甘肃省博物馆、秦安县文化馆大地湾发掘小组：《甘肃秦安大地湾新石器时代早期遗存》，《文物》1981年第4期，第1—8页。

甘肃省博物馆、秦安县文化馆大地湾发掘组：《1980年秦安大地湾一期文化遗存发掘简报》，《考古与文物》1982年第2期，第1—4页。

甘肃省博物馆文物工作队、武威地区文物普查队：《甘肃永昌鸳鸯池新石器时代墓地》，《考古学报》1982年第2期，第199—227页。

甘肃省博物馆文物工作队：《甘肃兰州青岗岔半山遗址第二次发掘》，《考古学集刊》第二集，中国社会科学出版社1982年版，第10—17页。

甘肃省博物馆、兰州市文化馆：《兰州土谷台半山—马厂文化墓地》，《考古学报》1983年第2期，第191—222、283—292页。

甘肃省博物馆文物工作队、兰州市城关区文化馆：《兰州皋兰山营盘岭出土半山类型陶器》，《考古与文物》1983年第6期，第1—4页。

甘肃省博物馆文物工作队：《甘肃秦安大地湾遗址1978至1982年发掘的主要收获》，《文物》1983年第11期，第21—30页。

甘肃省测绘局：《甘肃省地图册》（内部），1983年。

甘肃省文物考古研究所、皋兰县文化馆：《甘肃皋兰阳洼窑"马厂"墓葬清理简报》，《中原文物》1986年第4期，第24—27页。

甘肃省文物考古研究所：《兰州市徐家山东大梁马厂类型墓葬》，《考古与文物》1995年第3期，第11—18页。

〔德〕格罗塞：《艺术的起源》，蔡慕晖译，商务印书馆1986年版。

格桑本：《民和县新石器时代遗址调查》，《青海省考古学会会刊》1981年第2期，第20—22页。

格桑本：《一九八四年至一九八七年青海省文物工作大事记》，《青海文物》1988年第1期，第7—20页。

谷闻：《漫谈新石器时代彩陶图案花纹带装饰部位》，《文物》1977年第6期，第67—71页。

H

哈密地区文物管理所、博物馆编：《哈密古代文明》，新疆美术摄影出版社1997年版。

海南民族博物馆、青海省文物考古研究所：《贵南、同德两县考古调查简报》，《青海文物》1990年第4期，第57—70页。

河南省文物考古研究所、长江流域规划办公室考古队河南分队：《淅川下王岗》，文物出版社1989年版。

和政雅、高东陆：《民和县转导公社古代文化调查》，《青海省考古学会会刊》1982年第4期，第14—17页。

黄河水库考古工作队甘肃分队：《临夏范家村马家窑文化遗址试掘》，《考古》1961年第5期，第281页。

黄河水库考古队甘肃分队：《甘肃临夏马家湾遗址发掘简报》，《考古》1961年第11期，第609—610页。

黄河水库考古工作队甘肃分队：《黄河上游盐锅峡与八盘峡考古调查记》，《考古》1965年第7期，第321—325页。

J

贾鸿键：《青海民和核桃庄拱北台和单家沟墓葬清理记》，《青海考古学会会刊》1983年第5期，第51—52页。

贾兰坡：《彩陶文化东来西向，甘肃考古获得结论》，《世界日报》1948年9月16日。

荆三林：《安特生彩陶分布说之矛盾》，《新中华》（复刊）1948年第6卷第7期。

晋中考古队：《山西太谷白燕遗址第一地点发掘简报》，《文物》1989年第3期，第1—21、98—99页。

K

考古编辑部：《〈考古〉200期总目索引（1955.1—1984.5）》，科学出版社1984年版。

考古编辑部：《〈考古学报〉四十年（1951—1991）总目索引》，《考古学报》1991年第4期。

L

〔美〕罗伯特·莱顿：《艺术人类学》，靳大成等译，文化艺术出版社1992年版。

李非、李水城、水涛：《葫芦河流域的古文化与古环境》，《考古》1993年第9期，第822—842页。

李济：《西阴村史前的遗存》，清华学校研究院，1927年。

李家治：《我国古代陶器和瓷器工艺发展过程的研究》，《考古》1978年第3期，第179—188页。

李学曾编著：《黄土高原》，商务印书馆1959年版。

李俊德：《宁夏海原龚弯新石器时代遗址》，《考古》1965年第5期，第254—255页。

李湘生：《试析仰韶文化彩陶的泥料、制作工艺、轮绘技术和艺术》，《中原文物》1984年第1期，第53—59页。

李水城：《四坝文化研究》，《考古学文化论集》（三），文物出版社1993年版，第80—121页。

李水城：《沙井文化研究》，《国学研究》（二），北京大学出版社1994年版，第493—523页。

李水城：《从考古发现看公元前二千纪东西方文化的碰撞与交流》，北京大学建校100周年国际汉学大会提交论文，1998年。又见北京大学中国传统文化研究中心编：《文化的馈赠——汉学研究国际会议论文集》（考古学卷），北京大学出版社2000年版，第256—270页。

李文杰、黄素英：《黄河流域新石器时代制陶工艺的成就》，《华夏考古》1993年第3期，第66—87页。

李文杰：《中国古代制陶工艺的分期和类型》，《自然科学史研究》1996年第1期，第80—91页。

李文杰：《中国古代制陶工艺研究》，科学出版社1996年版。

李伊萍：《半山马厂文化研究》，《考古学文化论集》（三），文物出版社 1993 年版，第 32—67 页。

〔法〕列维-布留尔：《原始思维》，丁由译，商务印书馆 1986 年版。

〔法〕列维-施特劳斯：《野性的思维》，李幼蒸译，商务印书馆 1987 年版。

临夏回族自治州博物馆：《甘肃康乐县边家林新石器时代墓葬清理简报》，《文物》1992 年第 4 期，第 63—76 页。

刘启益：《永靖县刘家峡水库考古调查工作结束》，《文物参考资料》1956 年第 8 期，第 71 页。

刘东生等：《中国的黄土堆积》，科学出版社 1965 年版。

刘小何等：《民和县官亭、中川两公社古代文化调查》，《青海省考古学会会刊》1982 年第 4 期，第 18—22 页。

楼宇栋等：《西北五省（区）考古学文献目录》（1900—1986），青海人民出版社 1989 年版。

〔美〕鲁道夫·阿恩海姆：《艺术与视知觉》，滕守尧、朱疆源译，中国社会科学出版社 1984 年版。

卢耀光：《1980 年循化撒拉族自治县考古调查》，《青海省考古学会会刊》1982 年第 4 期，第 6—11 页。

卢耀光：《循化西滩半山类型墓葬清理简报》，《青海省考古学会会刊》1983 年第 5 期，第 27—29 页。

卢耀光：《1980 年循化撒拉族自治县考古调查》，《考古》1985 年第 7 期，第 602—607 页。

M

马承源：《评"彩陶"一书》，《考古通讯》1955 年第 6 期，第 72—76 页。

马承源：《仰韶文化的彩陶》，上海人民出版社 1957 年版。

马承源：《甘肃灰地儿及青岗岔新石器时代遗址的调查》，《考古》1961 年第 7 期，第 355—358 页。

马承源：《略论仰韶文化和马家窑文化的问题》，《考古》1961 年第 7 期，第 375—379 页。

马德璞等：《永登乐山坪出土一批新石器时代的陶器》，《史前研究》（辑刊），1988 年，第 201—211、99 页。

马清林等：《甘肃古代各文化时期制陶工艺研究》，《考古》1991 年第 3 期，第 263—272、294 页。

缪亚绢等：《中国新石器时代考古文献目录》（1923—1989），科学出版社 1993 年版。

〔美〕摩尔根：《古代社会》，杨东莼等译，商务印书馆 1971 年版。

莫多闻等：《甘肃葫芦河流域中全新世环境演化及其对人类活动的影响》，《地理学报》1996 年第 1 期，第 59—69 页。

N

内蒙古文物考古研究所:《准格尔旗周家壕仰韶晚期遗址》,《内蒙古文物考古文集》, 中国大百科全书出版社 1994 年版, 第 167—173 页。

内蒙古文物考古研究所:《准格尔旗南壕遗址》,《内蒙古文物考古文集》, 中国大百科全书出版社 1994 年版, 第 205—224 页。

宁夏回族自治区博物馆:《宁夏固原海家湾齐家文化墓葬》,《考古》1973 年第 5 期, 第 290—291 页。

宁夏回族自治区文化厅、文管会编印:《文物普查资料汇编》(内部资料), 1986 年。

宁夏文物考古研究所:《宁夏固原店河齐家文化墓葬清理简报》,《考古》1987 年第 8 期, 第 673—677、769 页。

宁夏文物考古研究所:《宁夏海原县菜园村遗址、墓地发掘简报》,《文物》1988 年第 9 期, 第 1—14 页。

宁夏文物考古研究所:《宁夏海原县菜园村遗址切刀把墓地》,《考古学报》1989 年第 4 期, 第 415—448 页。

宁夏博物馆考古队:《海原县西安乡田野调查简报》,《考古与文物》1990 年第 5 期, 第 7—11 页。

宁夏回族自治区文物管理委员会、宁夏回族自治区文化厅:《中国文物地图集·宁夏回族自治区分册》(未定稿), 1990 年。

P

Palmgren N., *Kansu Mortuary Urns of the Panshan and Machang Groups*,《中国古生物志》丁种第三号第 1 册, 1934 年。

裴文中:《新疆之史前考古》,《中央亚细亚》1942 年第 1 期。

裴文中:《中国之彩陶文化》,《历史与考古》第一号(沈阳博物馆专刊), 1946 年。

裴文中:《中国史前时期之研究》, 商务印书馆 1948 年版。

裴文中:《史前时期之西北》, 西北通讯社, 1948 年。

裴文中:《裴文中史前考古学论文集》, 文物出版社 1987 年版。

裴文中:《甘肃史前考古报告》,《裴文中史前考古学论文集》, 文物出版社 1987 年版, 第 208—255 页。

裴文中:《中国西北甘肃走廊和青海地区的考古调查》,《裴文中史前考古学论文集》, 文物出版社 1987 年版, 第 256—273 页。

Q

青海省文管会:《青海湟中古代文化调查简报》,《文物》1960 年第 6 期, 第 35—36 页。

青海省文物管理委员会、中国科学院考古研究所青海队:《青海都兰县诺木洪搭里他里哈遗址调查与试掘》,《考古学报》1963 年第 1 期, 第 17—44 页。

青海省文物管理处考古队、北京大学历史系考古专业:《青海乐都柳湾原始社会墓葬第一次发掘的初步收获》,《文物》1976年第1期,第67—78页。

青海省文物管理处考古队、中国社会科学院考古研究所:《青海柳湾》,文物出版社1984年版。

青海省文物考古队:《青海彩陶》,文物出版社1980年版。

青海省文物考古队:《青海隆务河流域考古调查》,《考古与文物》1982年第3期,第4—9页。

青海省文物考古队:《青海民和县阳山墓地发掘简报》,《考古》1984年第5期,第388—395页。

青海省文物考古队:《民和县转导公社古文化遗址调查》,《史前研究》1985年第3期,第60—66页。

青海省文物考古队:《青海互助土族自治县总寨马厂、齐家、辛店文化墓葬》,《考古》1986年第4期,第306—317页。

青海省文物考古研究所:《民和阳山》,文物出版社1990年版。

青海省文物考古研究所:《同仁县考古调查简报》,《青海文物》1990年第4期,第36—46页。

青海省文物考古研究所:《尖扎县考古调查简报》,《青海文物》1990年第4期,第47—56页。

青海省文物考古研究所:《贵德县考古调查简报》,《青海文物》1990年第5期,第16—24页。

青海省文物管理处:《青海民和马排马厂墓葬发掘简报》,《史前研究》(辑刊),1990—1991年,第298—308页。

青海省文物考古研究所:《青海化隆、循化两县考古调查简报》,《考古》1991年第4期,第313—331页。

青海省文物考古研究所:《青海省民和县古文化遗存调查》,《考古》1993年第3期。

青海省文物考古研究所:《青海循化苏呼撒墓地》,《考古学报》1994年第4期,第425—469页。

青海省文物考古研究所:《青海大通县文物普查简报》,《考古》1994年第4期,第320—329页。

青海省文物处、青海省文物考古研究所:《青海文物》,文物出版社1994年版。

青海省文化厅、文物处:《中国文物地图集·青海分册》,中国地图出版社1996年版。

R

任美锷等:《中国自然地理纲要》,商务印书馆1979年版。

S

〔日〕山本正之等:《中国のタイル—悠久の陶·砖史》,INAXラギセリ—企画委员会,1994年。

陕西省文物考古研究所、陕西省安康水电站库区考古队：《陕南考古报告集》，三秦出版社 1994 年版。

矢岛恭介：《甘肃省出土ヲ传フ—彩文土器ニ就ィテ》，《考古学杂志》1929 年第 1 期。

石兴邦：《黄河流域原始社会考古研究上的若干问题》，《考古》1959 年第 10 期，第 566—570 页。

石兴邦：《有关马家窑文化的一些问题》，《考古》1962 年第 6 期，第 318—329 页。

石龙：《甘肃康乐县张寨出土新石器时代陶器》，《文物》1992 年第 4 期，第 77—81 页。

史念海等：《黄土高原森林与草原的变迁》，陕西人民出版社 1985 年版。

史学英：《天水普查出千余处遗存》，《中国文物报》1988 年 3 月 25 日第 2 版。

水涛：《甘青地区青铜时代的文化结构和经济形态研究》，北京大学博士研究生学位论文，1993 年 12 月。

Sommarstrom B. (1956), Thes Site of Ma-kia-yao, *BMFEA*. No. 28, Stockholm.

宋兆麟等：《中国原始社会史》，文物出版社 1983 年版。

苏秉琦：《关于仰韶文化的若干问题》，《考古学报》1965 年第 1 期，第 51—82 页。

苏秉琦、殷玮璋：《关于考古学文化的区系类型问题》，《文物》1981 年第 5 期，第 10—17 页。

苏秉琦：《中国彩陶图谱·序》，《中国彩陶图谱》，文物出版社 1990 年版。

苏秉琦主编：《中国通史·远古时代》，上海人民出版社 1994 年版。

苏裕民：《永登团庄、长阳洼出土的一批新石器时代器物》，《考古与文物》1993 年第 2 期，第 14—25 页。

T

田村：《关于彩陶绘笔问题》，《中国文物报》1991 年 1 月 13 日第三版。

田广金：《内蒙古岱海地区仰韶时代文化遗址的调查》，《内蒙古中南部原始文化研究文集》，海洋出版社 1991 年版，第 31—54 页。

W

瓦西里耶夫：《中国文明的起源问题》，郝镇华等译，莫润先校，文物出版社 1989 年版。

王昌燧等：《班村遗址出土彩陶的陶彩分析》，《中国历史博物馆馆刊》1995 年第 1 期，第 78—80、84 页。

王国道、刘国宁：《循化县古文化遗址分布概况》，《青海文物》1987 年第 3 期，第 22—27 页。

王仁湘：《甘青地区新石器时代彩陶图案母题研究》，《中国考古学研究论集——纪念夏鼐先生考古五十周年》，三秦出版社 1987 年版，第 171—202 页。

文物编辑委员会编：《文物》350 期总目索引，文物出版社 1986 年版。

吴山：《略论我国黄河流域、长江流域和华南地区新石器时代的装饰图案》，《文物》1975年第5期，第59—72页。

吴山：《中国新石器时代陶器装饰艺术》，文物出版社1982年版。

武威地区博物馆：《甘肃古浪县老城新石器时代遗址试掘简报》，《考古与文物》1983年第3期，第1—4页。

武威地区博物馆：《古浪县高家滩新石器时代遗址试掘简报》，《考古与文物》1983年第3期，第5—7页。

吴耀利：《略论我国新石器时代彩陶的起源》，《史前研究》1987年第2期，第22—31页。

吴耀利：《我国最早的彩陶在世界早期彩陶中的位置——再论我国新石器时代彩陶的起源》，《史前研究》（辑刊），1988年，第88—99页。

X

夏鼐、吴良才：《兰州附近的史前遗存》，《中国考古学报》第5册，1951年，第63—100页。

夏鼐：《临洮寺洼山发掘记》，《考古学论文集》甲种第四号，科学出版社1961年版，第11—50页。

夏鼐：《碳-14测定年代和中国史前考古学》，《考古》1977年第4期，第217—232页。

肖琦：《陕西陇县出土马家窑文化彩陶罐》，《考古与文物》1990年第5期，第110页。

谢端琚：《齐家文化是马家窑文化的继续与发展》，《考古》1976年第6期，第352—355页。

谢端琚：《马家窑文化诸类型及其相关的问题》，《考古与文物》1985年第1期，第63—74页。

谢端琚：《马家窑文化渊源试探》，《中国考古学研究——夏鼐先生考古五十年纪念论文集》，科学出版社1986年版，第19—32页。

许永杰：《永昌鸳鸯池墓地彩陶图案的分类研究》，《文物》1992年第11期，第58—67页。

许永杰《河湟青铜文化的谱系》，《考古学文化论集》（三），文物出版社1993年版，第166—203页。

Y

杨建芳：《略论仰韶文化和马家窑文化的分期》，《考古学报》1962年第1期，第49—80页。

严文明：《甘肃彩陶的源流》，《文物》1978年第10期，第62—76页。

严文明：《仰韶文化研究》，文物出版社1989年版。

严文明：《难忘的青岗岔》（上），《文物天地》1993年第1期，第37—39页；

《难忘的青岗岔》(下),《文物天地》1993 年第 2 期,第 39—41 页。

严文明等:《雁儿湾和西坡洼》,《考古学文化论集》(三),文物出版社 1993 年版,第 12—31 页。

佚名:《青海乐都发现大量的彩陶遗址和古代遗物》,《文物参考资料》1954 年第 8 期,第 158—159 页。

佚名:《甘肃兰州白道沟坪发掘出古代遗址和墓葬》,《文物参考资料》1955 年第 5 期,第 110—111 页。

佚名:《刘家峡地区的考古调查》,《考古通讯》1956 年第 5 期,第 42—43 页。

袁樾方:《甘肃洮河上游发现的几处新石器时代遗址调查》,《考古》1959 年第 9 期,第 477 页。

袁复堂:《青海省国家级、省、县级文物保护单位资料(549)处》,《青海文物》1989 年第 2 期,第 119—141 页。

袁靖:《试论马厂墓地的几个问题》,《中国原始文化论集——纪念尹达八十诞辰》,文物出版社 1989 年版,第 109—134 页。

俞伟超:《中国早期的"模制法"制陶术》,《文物与考古论集》,文物出版社 1986 年版,第 228—238 页。

Z

赵生琛:《(青海互助县)总寨发现彩陶文化遗址》,《文物参考资料》1957 年第 6 期,第 89 页。

赵生琛:《青海省文物考古工作大事记略》(1923—1983),《青海省考古学会会刊》1984 年第 6 期,第 9—29 页。

赵生琛等:《青海古代文化》,青海人民出版社 1985 年版。

张锡英:《兰州白道沟坪新石器时代墓葬》,北京大学历史系考古专业 1963 年实习报告,现藏北京大学考古学系资料室。

张学正等:《谈马家窑、半山、马厂类型的分期和相互关系》,《中国考古学会第一次年会论文集》,文物出版社 1980 年版,第 50—71 页。

张忠培:《齐家文化研究》(上),《考古学报》1987 年第 1 期,第 1—18 页;《齐家文化研究》(下),《考古学报》1987 年第 2 期,第 153—176 页。

张波:《西北农牧史》,陕西科学技术出版社 1989 年版。

张忠培、李伊萍:《关于马家窑文化的几个问题》,《庆祝苏秉琦考古五十五年论文集》,文物出版社 1989 年版,第 265—272 页。

张朋川:《中国彩陶图谱》,文物出版社 1990 年版。

张学正、水涛等:《辛店文化研究》,《考古学文化论集》(三),文物出版社 1993 年版,第 122—152 页。

张弛:《半山式文化遗存分析》,《考古学研究》(二),北京大学考古学系编,北京大学出版社 1994 年版,第 33—77 页。

郑为:《中国彩陶艺术》,上海人民出版社 1985 年版。

中村清兄：《书评"半山马厂随葬陶器"》，《史林》20/3，《考古学》6/3，1935年。

中国硅酸盐学会编：《中国陶瓷史》，文物出版社1982年版。

中国科学院考古所绘图室编：《彩陶》，人民美术出版社1955年版。

中国科学院考古研究所甘肃工作队：《甘肃永靖马家湾新石器时代遗址的发掘》，《考古》1975年第2期，第90—96、101、135—136页。

中国社会科学院考古研究所图书资料室编：《中国考古学文献目录》（1949—1966），文物出版社1978年版。

中国社会科学院考古研究所编著：《宝鸡北首岭》，文物出版社1983年版。

中国社会科学院考古研究所甘肃工作队：《甘肃天水地区考古调查纪要》，《考古》1983年第12期，第1066—1075、1107页。

中国社会科学院考古研究所编：《新中国的考古发现与研究》，文物出版社1984年版。

中国社会科学院考古研究所甘青工作队：《甘肃天水师赵村史前文化遗址发掘》，《考古》1990年第7期，第577—586、673页。

中国社会科学院考古研究所编：《中国考古学中碳十四年代数据集》，（1965—1991），文物出版社1991年版。

中国植被编委会：《中国植被》，科学出版社1980年版。

钟长发：《武威地区文物普查硕果累累》，《中国文物报》1988年9月2日第1版。

钟侃、张心智：《宁夏西吉县兴隆镇的齐家文化遗址》，《考古》1964年第5期，第322—323页。

周仁等：《我国黄河流域新石器时代和殷周时代制陶工艺的科学总结》，《考古学报》1964年第1期，第1—27页。

宗日遗址发掘队：《青海宗日遗址有重要发现》，《中国文物报》1995年9月14日第一版。

朱狄：《艺术的起源》，中国社会科学出版社1982年版。

朱狄：《原始文化研究》，生活·读书·新知三联书店1988年版。

索 引

A

安特生（Andersson, J. G.）Ⅱ, 5-9, 11-13, 15, 51, 54, 55, 138, 143, 191

乔治·安德鲁（Andrew, G. F.）5

安佛拉罐 286

安诺（Anau）7

B

巴尔姆格伦（Palmgren, Nils）Ⅱ, 6, 191, 270

半山 Ⅰ-Ⅲ, 4-8, 10, 11, 191, 192, 210, 238, 245, 250, 260, 261, 270, 271, 273, 279-281, 283, 290-292

半山区 Ⅱ, 13, 133

半山遗址 5, 11, 13, 135, 268

半山遗存 12, 19, 132, 135, 143, 144, 257

半山遗迹 18

半山墓 14, 48, 50, 107, 109, 111, 120, 122, 134, 135, 141, 143, 192

半山墓葬 15, 47, 49, 109, 120, 132, 134

半山墓地 11, 17, 26, 47, 48, 50, 52, 107, 133, 135, 136, 258

半山类型 4, 11-13, 192, 194, 200, 201, 203, 206, 210, 229, 238, 245, 256-259, 261-265, 267, 268, 271, 272, 274, 276, 279, 281, 282

半山期 5, 138

半山式 Ⅱ, 6, 11, 13, 236, 238

半山文化 7

半山时期 11, 192-194, 197, 200, 201, 203, 204, 206, 207, 209, 210, 212, 213, 215, 216, 218, 226, 228, 229, 231, 236, 244-256, 259-261, 263, 266-268, 271, 276, 281, 291

《半山马厂随葬陶器》6, 76, 85, 96

孢子花粉 285

白道沟坪 139, 145, 152, 157, 161, 164, 170, 171, 174, 176, 189, 196, 204, 207, 213, 216, 218, 219, 226, 239, 241, 242, 252, 253, 264, 266

白燕 274

边家沟 Ⅱ, 11, 13, 26, 40, 41, 51, 52, 115, 119, 121, 128, 133, 134

边家林 18, 19, 21, 24, 26, 27, 30, 31, 33, 34, 41, 43, 50, 51, 58, 59, 61, 62, 64, 65, 67, 69, 72, 73, 75, 78, 79, 81, 87, 98, 111, 119-121, 131, 132

北洋政府 5

贝纹 85, 91, 94, 109, 112, 118, 120-122, 127, 129, 204, 206, 236, 237, 242, 243, 248, 249

焙烧 1, 3, 262

钵 16, 17, 21-23, 39, 46, 47, 49, 51, 55, 98, 99, 102, 105, 106, 129, 138, 146, 147, 149, 173, 174, 239, 241, 242, 245, 249, 276

卜骨 283

C

菜园 20

彩绘符号 55

察吾呼沟文化 288

敞口盆 37, 168, 171, 189, 219, 241, 242, 249, 277

屈肢葬 11, 16, 18-20, 133-136, 139-141, 144, 146, 147, 252-254, 255

层位 14, 16, 26, 46, 48, 278

沉积 283, 287

沉积粘土 258

橙黄陶 20, 258, 264

磁铁矿 262

次生彩陶 288

齿带纹 62, 65, 67, 69, 72, 73, 76, 81, 84, 90, 91, 94-96, 98, 105-107, 109, 111-113, 115, 116, 120-123, 126, 135, 194, 201, 203, 207, 210, 212, 215, 216, 219, 236, 238, 239, 240, 242, 243, 245, 248, 249

赤铁矿 262

瓷土 262

抽象 292

串贝纹 196, 204, 206

垂直节理 287

垂弧纹 78, 79, 109, 111, 112, 118, 120-122, 126, 127, 129, 144, 209, 216, 221, 236, 238, 239, 242, 243, 245

D

大地湾 283

大口矮领瓮 23, 27, 29, 30, 40, 43, 47-53, 67, 72, 119, 120, 123, 126-130, 135, 152, 153, 185, 188, 238, 239, 241, 242, 245, 246, 249

大通河 16, 22, 45, 136, 137, 144, 145, 148, 256, 272

打破关系 II, 14, 17, 19, 45-53, 106, 109, 141, 142, 144, 181, 184, 185, 187, 188, 192, 290

单把杯 43, 49, 50, 120, 129, 147, 178, 179, 186, 187, 241, 246, 277

单耳长颈瓶 21, 26, 27, 29, 33, 34, 46-53, 119, 120, 123, 126-130, 153, 155, 183, 188, 189, 203, 215, 238, 239, 241

单耳罐 17, 20, 21, 23, 30, 31, 46, 47, 49-51, 58, 72, 84, 94, 106, 119, 120, 123, 126, 130, 149, 163, 164, 166, 187, 215, 241, 242, 245, 246, 249, 273, 277, 278

单位 13, 23, 27, 29, 46, 49, 51, 52, 53, 113, 189, 244, 245, 262, 266, 283, 290, 291

带嘴锅 99, 101, 120

带嘴罐 242, 249, 277

刀耕火种 283

倒锯齿纹 58, 121, 122, 193, 242, 243, 245, 248

地巴坪 13-17, 19, 21, 22, 30, 31, 34, 37, 39, 41, 51-53, 56, 61, 62, 64, 69, 73, 76, 78, 81, 84, 87, 88, 90, 94-96, 99, 101, 112, 113, 115, 116, 118, 119, 121, 128, 133-135, 144

第四纪 285

东大梁 145, 254, 255

东灰山 277

豆 98, 143, 176, 178, 188, 241, 242, 246, 249, 277

独木棺 17, 141

对齿纹 58, 73, 84, 87, 91, 105-107, 111, 112, 120-122, 126, 194, 242, 243, 245, 273, 276, 290

对接法 259

对三角纹 96, 118, 121, 274

对应关系 58, 122, 244, 290, 291

多元 289, 292

索引

E
二次葬 12, 16, 17-19, 132, 133, 135, 136, 140-143, 146, 251-254
二道梁 278
鄂尔多斯 276

F
方解石 263
方块几何纹 95, 96, 107, 109, 111, 121, 122, 128-130, 215, 236, 238, 239, 242-245, 248, 249
分类 9, 23, 141, 173, 289
风俗 133, 289
辐射线纹 98, 99, 228, 235, 240, 244, 249
腹耳壶 41, 52, 96, 119, 120, 157, 183, 185, 189, 241, 242, 245

G
高低耳罐 23, 31, 33, 49, 50, 78, 119, 120, 123, 155, 241, 242
高低耳壶 33, 50, 79, 94, 120, 155, 183, 189, 203, 241, 242, 245, 246, 249
高家滩 147, 254
高岭土 262, 263
高苜蓿地 148, 255
缸缸洼 278
干骨崖 148, 255, 278
《甘肃考古记》5, 8, 54
甘肃仰韶文化 6
干燥度 287
戈盖（Coquet）2
冈内维勒（Gonneville）2
拱北台 143, 252
共时 289, 292
构图 19, 54-56, 58, 59, 61, 62, 64, 65, 67, 69, 72, 73, 75, 76, 78, 79, 81, 84, 85, 87, 88, 90, 91, 94-96, 98, 99, 101, 102, 105-107, 115, 118, 121, 122, 125, 126, 128-130, 135, 192-194, 196, 197, 199-201, 203, 204, 206, 207, 209, 210, 212, 213, 215, 216, 218, 219, 221, 222, 224, 226, 228, 229, 231, 233, 235-237, 244, 245, 248-250, 256, 261, 262, 274, 276, 277, 289, 290, 292
陶鼓 120, 130, 178, 185, 241
广通河 14
"过渡类型" 278, 280

H
汉水 4, 286
旱地农业 285-288
蒿属 285
河湟地区 20, 144, 153, 249, 252, 256, 257, 265, 271, 277, 279-281
河南仰韶文化 6
核桃庄 26, 133, 138, 143, 146
河西走廊 10, 129, 136-138, 144, 148, 179, 219, 246, 249, 250, 252, 254, 256, 257, 265, 267, 268
褐铁矿 262
禾本科 285
黑河 267
黑陶 258
黑土 258
横人字纹 55, 62, 111, 112, 127
横条带纹 56, 58, 59, 64, 65, 67, 73, 75, 81, 90, 94, 107, 111, 118, 120-122, 125, 126, 193, 216, 237, 242, 243, 245, 248, 249, 273
横轴 292
红古山 142, 190, 240, 242, 243, 254, 255
红崖子 148, 252
红陶 258, 259, 264, 266
红土 258, 262, 286
红粘土 259
红台坡 274

洪积扇 287
葫芦纹 16, 76, 84, 85, 87, 88, 105-107, 111, 112, 116, 120-122, 125-127, 129, 238, 290
葫芦河 132, 133, 137, 283
弧折线八卦纹 219, 236
花瓣十字纹 231
花瓣纹 99, 243, 244, 289
花寨子 15, 16, 21, 26, 27, 30, 31, 36, 37, 39, 45-48, 50, 51, 61, 69, 75, 81, 102, 105-107, 109, 111, 119-121, 125, 126, 131-133, 290
黄粘土 258
湟水 5, 11, 16, 17, 19, 45, 129-138, 142, 144, 152, 163, 250-256, 267, 268, 271, 272, 281, 282
黄土高原 5, 267, 280, 285, 287
灰坑 18
灰陶 258
回纹 20, 90, 102, 141, 196, 197, 221, 222, 224, 228, 231, 233, 236, 237, 239, 240, 243, 244, 248, 249
火葬 19, 135
环境 8, 129, 135, 137, 265, 276, 280-287, 289

J

夹砂陶 39, 258, 264
价值观念 289
肩耳壶 179
蒋家坪 145, 164, 189, 194, 210, 213, 218, 221, 240-242, 252-254, 266
焦家庄 21, 62, 72, 136, 255
近东 7, 8, 286
锯齿纹 11, 13, 14, 16-18, 20-22, 54-56, 58, 64, 65, 67, 69, 73, 75, 76, 78, 79, 84, 87, 88, 90, 95, 96, 102, 105-107, 109, 111, 112, 115, 118, 120-123, 125-130, 144, 192-194, 197, 199-201, 203, 204, 206, 207, 215, 218, 219, 222, 226, 237-239, 242-245, 248, 249, 251, 252, 273, 274, 276, 277, 282, 290, 292
聚落 13, 52, 132, 254, 283, 287

K

卡约文化 11, 280, 288
蝌蚪纹 105, 109, 122, 129
科哇河 19
孔隙度 264, 266
跨文化 2
快轮成形 259, 260

L

喇叭口瓮 150, 152, 185, 189, 241, 242, 245, 246
联珠纹 206, 209, 213, 233, 235, 240, 242, 243, 245, 249
敛口瓮 153, 189, 241, 242, 246, 249, 277
两河流域 4, 286
老城 147, 176, 243, 254, 255
乐山坪 22, 45, 101, 120, 122, 136, 148, 242, 243
藜属 285
李济 8, 261
利凡特（Levant） 286
菱格纹 90, 107, 109, 112, 115, 116, 120-122, 125, 127, 129, 130, 138, 207, 209, 236-240, 242-245, 248, 249, 274
菱形纹 235, 274
菱形网格纹 130, 143, 196, 236, 242, 243, 245, 248, 278
林子梁 20, 136, 147, 252
柳湾 11, 17, 19, 24, 26, 27, 36, 39, 40, 47, 48, 50, 51, 58, 59, 61, 65, 67, 73, 81, 95, 96, 98, 101, 102, 107, 109, 111, 119-122, 125, 131-133, 135, 136, 141, 142, 144,

145, 149, 150, 152, 153, 155, 157-160, 163, 166, 168, 170-174, 176, 178, 179, 181-186, 189, 190, 192-194, 196, 197, 199-201, 203, 204, 206, 207, 209, 210, 212, 213, 215, 216, 219, 221, 222, 224, 229, 231, 233, 235-243, 251-256, 258, 263, 265, 266

芦阳河 15
陆家沟—小坪子 272-274
轮痕 260
轮修 259, 260
轮绘 259, 260
螺旋纹 15, 204, 231, 240, 242, 243, 245

M

马厂 I-III, 4, 6, 7, 14, 17, 47, 49, 50, 142, 144, 182, 183, 186, 187, 189-191, 200, 236-244, 249, 252, 256, 257, 268, 271, 276-279, 281, 290
马厂沿 5
马厂垣 5
马厂塬 II, 5, 138, 142, 163, 173, 228, 254
马厂遗址 268, 282
马厂遗存 256, 257, 281
马厂墓 14, 141, 145, 146, 183, 184, 189, 190, 192, 237, 240, 241-243, 252, 253, 255
马厂墓葬 16, 139, 142, 146
马厂墓地 149, 152, 153, 158, 181, 183, 238, 241, 253, 256
马厂类型 4, 6, 7, 10, 11, 13, 14, 17, 20, 22, 49, 50, 131, 136, 138, 140-143, 145-149, 184, 187, 192, 213, 216, 238, 241, 244-246, 249, 252-254, 256, 257, 264, 266, 268, 271, 276-283
马厂期 5, 12
马厂式 II, 138, 191, 271
马厂文化 7, 17, 147

马厂时期 5, 6, 138-143, 145-150, 153, 158, 160, 161, 163, 166, 168, 170, 171, 173, 176, 179, 181, 186, 192-194, 196, 197, 200, 204, 207, 210, 212, 213, 215, 219, 221, 222, 226, 228, 231, 233, 235, 244, 252, 253, 264-266, 271, 290-292
马承源 12
马家湾 140, 178, 252, 253, 264
马家窑 II
马家窑式 6, 138
马家窑文化 4, 6, 7, 10, 11, 138, 258, 259, 272, 276, 279, 281, 282, 287, 289
马家窑类型 4, 7, 10, 11, 16-19, 23, 26, 27, 30, 36, 37, 39, 43, 58, 59, 65, 72, 75, 79, 84, 98, 101, 125, 272, 274, 276, 279, 281, 282
马家窑遗址 6, 13
马克西米林（Maximilian）2
马兰黄土 259
马排 146, 152, 168, 173, 174, 178, 188, 209, 228, 239, 242, 243, 252, 254, 265
马缨子梁 20
曼丹（Mandan）2
慢轮修整 260
镁质粘土 263
锰铁矿 263
蒙新高原 276, 287
糜地岘 139, 242, 252, 253
米拉沟 138, 143, 146
庙底沟类型 289
《民和阳山》259
明器 6, 13, 141, 178, 265, 291
莫氏硬度 264, 266
磨嘴子 148, 243, 252, 277
"模制法" 3
《墨子》3
母题 9, 54, 84, 90, 91, 126, 237, 245, 279, 292

N

南北滩 254

南壕 274

脑庄 276

内彩 20, 36, 37, 39, 55, 98, 101, 102, 105-107, 109, 111-113, 120-122, 125, 126, 128-130, 138, 166, 170, 176, 226, 228, 233, 235, 237, 239, 240, 242-245, 248, 249, 273, 276

粘土 1, 2, 3, 258-260, 263, 266, 286

碾伯县（今乐都县）5, 138

泥质陶 140, 258, 264

泥条盘筑 259, 264

啮齿类 285

宁定（今广河县）II, 5, 11

诺木洪文化 280, 288

P

盘 55, 173, 176, 178, 188, 242, 266

盆 12, 16, 17, 19-21, 23, 36, 37, 39, 46-52, 55, 98, 99, 101, 102, 105, 106, 119, 120, 123, 126, 127, 129, 135, 142, 147, 149, 166, 168, 170, 171, 173, 182, 183, 185, 188, 189, 209, 219, 236, 241, 242, 245, 246, 249, 259, 272, 276-278

裴文中 6, 8, 9, 12

偏洞墓 135

谱系 I, 23, 55, 65, 98, 115, 149, 192, 197, 226, 271, 290, 292

Q

齐家文化 II, 8, 11, 13, 279, 282-284

棋盘格纹 84, 85, 88, 96, 129, 143, 212, 215, 228, 229, 236, 239, 240, 242, 243, 245, 248

切刀把 20, 136, 147, 252, 253

青岗岔 II, 12, 13, 52, 55, 115, 119, 121, 128, 133-135, 144, 258, 263, 266

《青海柳湾》17

青铜文化 287

青藏高原 267, 276, 280, 287

屈肢葬 11, 16, 18-20, 133-136, 139-141, 144, 146, 147, 252-255

R

扰乱葬 18, 140, 254

人类学 III, 2, 283

人面鱼纹 289

人首器盖 45, 120

人蛙纹 84, 85, 102, 105, 121, 122, 128, 129, 143, 197, 199, 200, 226, 235-240, 242-245, 248, 249, 277, 292

软锰矿 262

S

撒拉族 18

丧纹 13, 54, 55

三岔河 18, 21

三角纹 55, 58, 90, 96, 99, 101, 102, 118, 121, 201, 228, 229, 231, 240, 242, 274

三角网纹 98, 99, 196, 228

沙井文化 279, 288

沙井驿 13

单家沟 143, 252

烧成温度 263, 264, 266

神农 3

生态 285

四坝滩 277

四坝文化 II, 10, 256, 278, 280, 288

四大圆圈纹 143, 144, 192, 201, 203, 236-239, 242-245, 248-250, 277

四耳盆 170, 241

师赵遗址 20

十里店 21, 91, 105, 119, 121, 133, 135

十字纹 20, 98, 99, 105-107, 111, 120-122, 126, 128-130, 138, 219, 228, 229, 231, 233, 237, 239, 240, 242-245, 248-250, 273

石铜器时代 7
《史前中国之研究》9, 138
石羊河 267
《世本》3
疏勒河 267
舜 3
竖曲线纹 196, 197, 243, 249
竖条带纹 64, 87, 107, 121, 122, 196, 216, 218, 219, 224, 236, 237, 240, 242-244, 249, 273
竖穴土坑墓 13, 19, 135, 136, 139, 141-143, 145-147, 251, 252-254
竖折线纹 64, 65, 121, 197, 213, 215, 243, 244, 249
双耳长颈瓶 34, 36, 119, 120, 158, 241
双耳罐 8, 14, 17, 20, 21, 33, 34, 49-53, 78, 94, 96, 119, 120, 123, 127, 129, 130, 138, 141, 143, 147, 149, 158, 160, 161, 163, 182, 183, 185-188, 190, 203, 209, 215, 236, 241, 242, 245, 246, 249, 277, 278
双耳盆 39, 166, 168, 170, 182, 183, 185, 188, 209, 219, 236, 241, 242, 245, 246, 249, 278
双口壶 43, 79
水波纹 55, 65, 67, 69, 72, 73, 75, 76, 78, 79, 81, 84, 85, 87, 90, 91, 94-96, 98, 111, 113, 126, 129, 131, 215, 216, 243, 245, 248-250, 273
宋应星 1
苏秉琦 285
苏呼撒 19, 30, 37, 41, 52, 58, 69, 72, 115-117, 119, 121, 129, 133, 135, 259
随葬品 12-14, 18, 19, 47, 107, 130, 132, 136, 138, 141, 146, 147, 238, 252, 258, 283
榫卯套接法 259

T
塔松纹 98

台地 14-18, 22, 139, 140, 142, 146, 148
爱德华·泰勒（Tylor, E. B.）2
碳十四 II, 14
洮河 5, 6, 11, 12, 16, 19, 45, 128, 131-137, 144, 250, 252, 254, 256, 267, 268, 271, 279, 281, 282
陶轮 259, 260
陶坯 3, 259, 260, 262
陶器 II, 1-3, 5-8, 11-19, 21, 22, 46-48, 54, 98, 135, 138-149, 158, 166, 181, 182, 185, 191, 192, 212, 253, 258-261, 263-266, 270, 272, 274, 286, 288-291
陶窑 12, 263, 266, 288
陶衣 13, 138, 143, 147, 192, 249, 250, 255, 256, 261, 265, 277, 278
特利波里文化（Tripolje Culture）7, 8
腾格里沙漠 271, 279
同心圆纹 112, 143, 228, 229, 233, 243, 244, 249
凸弧纹 72, 73, 75, 96, 107, 111, 112, 115, 120-122, 125-127, 129, 209, 210, 221, 236, 242, 243, 245, 273
土谷台 16, 17, 29, 30, 31, 33, 36, 37, 43, 49, 50, 58, 61, 62, 72, 76, 79, 81, 90, 209, 222, 224, 226, 228, 229, 235, 238, 241, 242, 245, 251-253
土洞墓 16, 20, 136, 141, 142, 146, 252, 255, 256
土坑墓 13, 15, 16, 19, 135, 136, 139, 141-143, 145-147, 251-254
团庄 148, 242, 243

W
蛙卵纹 226, 242
蛙纹 84, 144, 289
瓦罐嘴 11, 20, 29, 33, 34, 39, 40, 43, 56, 59, 78, 99, 102, 133, 136
万字纹 143, 222, 231

王家沟 11, 27, 40, 41, 133
网格纹 59, 61, 64, 65, 79, 91, 96, 105, 107, 109, 111, 112, 118, 120-122, 126, 129, 130, 143, 204, 245, 248, 277
网纹 59, 61, 62, 64, 79, 81, 84, 85, 87, 90, 91, 94, 95, 98, 99, 101, 105, 112, 115, 122, 126, 127, 129, 143, 144, 147, 193, 196, 197, 207, 209, 212, 215, 222, 224, 235, 242, 243, 277
渭河 3, 6, 16, 131-133, 250, 267, 281, 286
瓮棺葬 13, 16, 134, 140, 142, 254
文化地理 287
文化特质 4, 54, 280, 286, 288, 289, 292
纹样 3, 54, 55, 58, 59, 61, 62, 64, 65, 67, 72, 73, 75, 78, 79, 81, 84, 85, 88, 90, 91, 94-96, 98, 99, 101, 105, 107, 111, 112, 116, 126, 127, 129, 130, 192-194, 196, 197, 200, 201, 203, 204, 206, 209, 210, 212, 213, 215, 216, 218, 219, 221, 222, 224, 226, 228, 229, 231, 233, 235, 236, 239, 244, 245, 248-251, 273, 274, 277, 289
毋字纹 99, 121, 122, 128, 229, 231, 242-245, 248, 249

X

西河滩 277
"西渐说" 7, 10
"西来说" 7, 9
西滩 18, 52, 55, 117, 121, 129, 133, 135
西阴村 8
吸水率 263, 264, 266
习俗 134, 135, 252
细泥陶 13, 258
夏鼐 6, 8, 12
下王岗 263
辛店文化 279
新石器时代 1, 3, 4, 9, 10, 15, 258-260, 262, 263, 274, 279, 286, 287, 289
小瓮 19, 135
小口长颈壶 20, 21, 23, 24, 26, 27, 29, 34, 46-53, 106, 118-121, 123, 126-130, 143, 157, 183, 185, 203, 238, 241, 245, 246, 249, 273, 274, 291
小口高领瓮 20, 23, 29, 30, 49-53, 56, 58, 59, 61, 62, 64, 67, 72, 75, 78, 84, 85, 88, 90, 94, 95, 98, 115, 119, 120, 127-130, 138, 149, 185, 186, 188, 238, 271, 277
小口瓮 141, 147, 149, 150, 152, 181-190, 192, 200, 215, 235, 236, 239, 241, 242, 244-246, 249, 271, 291
小南川 138
写实 84, 91, 197, 204, 292
斜条带纹 88, 90, 107, 118, 121, 128, 206, 218, 243
享堂（今民和县）5, 138
星形纹 233, 239
形态 2, 23, 24, 26, 27, 29-31, 33, 34, 36, 37, 39-41, 43, 45, 47, 48, 51-56, 58, 65, 72, 85, 88, 91, 94, 95, 105, 112, 122, 125, 127, 129, 130, 133, 141, 143, 149, 150, 152, 153, 155, 157, 158, 160, 161, 163, 164, 166, 168, 170, 171, 173, 174, 176, 178, 179, 181-183, 186, 192, 200, 203, 209, 212, 222, 224, 236, 237, 239, 249, 252, 270, 277, 283, 289, 291
漩涡纹 13, 15, 64, 67, 69, 73, 75, 76, 78, 81, 88, 101, 102, 105-107, 109, 111-113, 115, 116, 118, 120-122, 125-130, 192, 200, 201, 204, 228, 238, 242, 243, 245, 273, 290
徐家坪 133, 139, 264, 266

Y

鸭形壶 20, 43, 49, 50, 119, 120, 158, 200, 241, 245

焉不拉克文化 288
盐锅峡 252
颜料 3, 135, 260-264, 266, 276, 278
严文明 III, 10, 272, 286
阳山 30, 59, 143, 144, 150, 152, 155, 157, 158, 161, 164, 166, 168, 171, 178, 179, 184, 185, 196, 200, 201, 203, 206, 207, 209, 210, 212, 213, 215, 216, 218, 219, 222, 226, 228, 229, 238, 241, 242, 245, 251, 264
仰韶文化 I, 6, 8-10, 258, 260-263, 274, 279, 281, 283, 289
仰韶期 5, 6, 12, 13, 191
阳洼窑 145, 242, 252, 253
窑箅 266
窑场 258, 264, 266
窑口 259
遗存分析 143
易熔粘土 1, 259
印第安人 2
荧光分析 263
营盘岭 21, 31, 34, 39, 41, 61, 69, 72, 99, 118, 119, 121, 126, 132, 290
硬石膏 262, 263
鱼鳞纹 96, 121, 194
盂 16, 23, 41, 51, 96, 120, 127, 129, 176, 241, 242, 245
宇宙观 289
鸳鸯池 14, 27, 34, 50, 96, 111, 120, 122, 129, 136, 140, 141, 148, 157, 158, 160, 164, 171, 179, 181, 187, 189, 192, 201, 210, 213, 215, 219, 221, 224, 228, 233, 235, 239, 241, 243, 249, 252, 254, 264, 265, 277
园圃农业 283
原生彩陶 288
圆坪子 139
圆圈纹 13, 20, 76, 79, 81, 84, 85, 91, 99, 101, 105-107, 109, 111-113, 116, 120-

122, 125-127, 129, 130, 143, 144, 192, 201, 203, 206, 236-239, 242-245, 248-250, 273, 274, 277
元素 III, 125, 126, 129, 130, 200, 203, 215, 236, 237, 245, 248-250, 257, 262, 263, 276, 277, 279
原型 292

Z
扎格罗斯山 286
栅线纹 67, 84, 96, 121
寨子梁 20
张家台 15, 22, 53, 56, 79, 91, 96, 118, 119, 121, 129, 133-136, 144
张寨 21, 24, 26, 34, 36, 37, 56, 58, 59, 61, 65, 67, 81, 90, 94, 98, 119-121, 131, 132
折线纹 58, 59, 64, 65, 94, 95, 107, 111-113, 116, 118, 120-122, 125-127, 194, 213, 215, 218, 219, 221, 229, 236, 237, 239, 240, 242-245, 248, 249, 277
折块纹 98, 121
赭石 262
直肢葬 11, 17, 19, 135, 141, 143, 144, 146, 251, 252, 254, 255, 256
制陶工艺 3, 135, 260, 264, 288, 291
制陶术 2, 3, 288
《中国古生物志》II
《中华远古之文化》7
中亚 7, 276, 278, 280
重晶石 262
周家壕 274
总寨 120, 146, 242, 251, 252
纵轴 292
朱家寨 11, 33, 76, 78, 120, 122, 131, 132, 136, 138, 241, 242, 246, 251, 252
组合 III, 2, 16, 17, 19, 21, 45-53, 67, 84, 99, 107, 109, 111, 113, 115, 118, 127, 129, 141-144, 181, 183-190, 212, 236, 237,

246, 249, 261, 277, 278, 289, 292
装饰　2, 3, 9, 24, 26, 29, 34, 41, 55, 98, 176,
　　261, 278, 289
砖沙窝　278
庄浪河　137, 267
祖厉河　133, 250, 267

再版后记

1998年，本书由北京大学出版社出版。本次再版时，仅对书中错别字句、有问题的器物及纹样编号做了更正，对部分文献注释做了修订增补。为方便读者，增加了引用文献的页码，并重新制作了名词索引。其他方面均未做改动。

本次再版编辑初期，北京大学考古文博学院研究生温成浩、艾婉乔对原书的英文目录做了修订，美国哈佛大学人类学系的傅罗文（Rowan K. Flad）教授对英文目录和摘要做了审核。遗憾的是，由于这套丛书在体例上没有安排英文目录和摘要，故这部分内容也只能舍弃。再次向他们表示衷心的感谢！

李水城
2011年5月于北京蓝旗营

本书再版的编辑工作停滞多年，今年夏天重新启动。在这一过程中，商务印书馆编辑程景楠女士用力甚勤，兢兢业业，与我往返十余次商讨书稿中的问题，核校出不少错讹，并提出中肯的建议。此外，中国社科院考古研究所的王辉先生为本书重新制作了半山—马厂的分布图；青海省文物考古所王倩倩副所长帮助核实了青海柳湾、阳山遗址个别彩陶的器物编号；上海大学的宋蓉副教授制作了本书的名词索引；周静（甘肃省文物考古研究所）、杜玮（青海省文物考古研究所）、杨剑（宁夏自治区文物考古研究所）帮助我核校了本书的附录部分，并补充了部分遗址缺失的地理位置。今拙作即将付梓，谨向他们送上我深深的谢忱！

2021年12月补记于四川大学望江校区